"双碳"目标
与绿色低碳发展
十四讲

陈迎 ◎ 主编

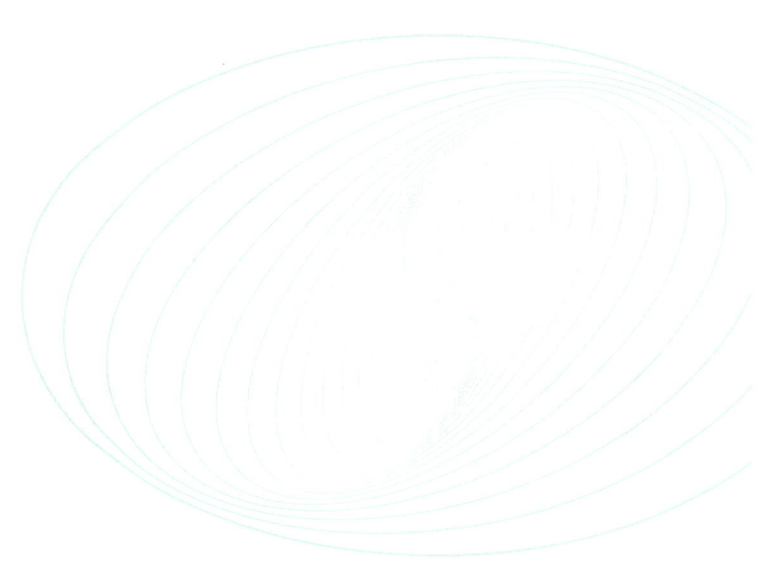

人民日报出版社
北京

"双碳"目标与绿色低碳发展十四讲

陈迎 ◎ 主编

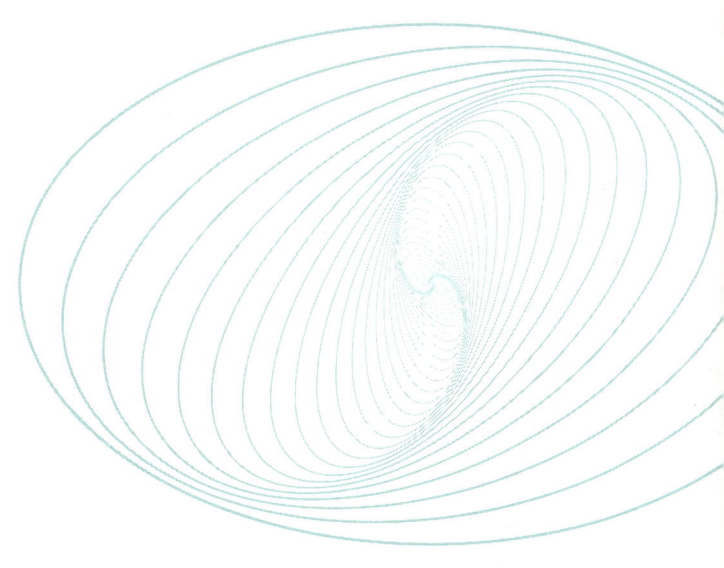

人民日报出版社
北京

图书在版编目（CIP）数据

"双碳"目标与绿色低碳发展十四讲 / 陈迎主编.
— 北京：人民日报出版社，2023.4
ISBN 978-7-5115-7670-5

Ⅰ.①双… Ⅱ.①陈… Ⅲ.①绿色经济—低碳经济—经济发展—研究—中国 Ⅳ.①F124.5

中国国家版本馆CIP数据核字（2023）第002183号

书　　名：	"双碳"目标与绿色低碳发展十四讲 "SHUANGTAN" MUBIAO YU LÜSE DITAN FAZHAN SHISIJIANG
主　　编：	陈　迎
出 版 人：	刘华新
责任编辑：	蒋菊平　李　安
版式设计：	九章文化
出版发行：	人民日报出版社
社　　址：	北京金台西路2号
邮政编码：	100733
发行热线：	（010）65369509　65369527　65369846　65369512
邮购热线：	（010）65369530　65363527
编辑热线：	（010）65369528
网　　址：	www.peopledailypress.com
经　　销：	新华书店
印　　刷：	大厂回族自治县彩虹印刷有限公司
法律顾问：	北京科宇律师事务所　（010）83622312
开　　本：	710mm×1000mm　1/16
字　　数：	418千字
印　　张：	30.25
版次印次：	2023年5月第1版　2023年5月第1次印刷
书　　号：	ISBN 978-7-5115-7670-5
定　　价：	86.00元

编写委员会

主 任
解振华　中国应对气候变化特别代表

副主任
金之钧　中国科学院院士，北京大学能源研究院院长
潘家华　中国社会科学院学部委员，国家气候变化专家委员会副主任
仇保兴　国务院参事，住建部原副部长
周大地　国家发展改革委员会能源研究所原所长，中国能源研究会常务
　　　　副理事长

委 员
江　亿　中国工程院院士，清华大学建筑学院教授
王金南　中国工程院院士，生态环境部环境规划院院长
张希良　清华大学能源环境经济研究所所长、教授
魏一鸣　北京理工大学副校长、教授
高士楫　国务院发展研究中心资源与环境政策研究所所长、研究员
黄　晶　中国21世纪议程管理中心主任
杨富强　北京大学能源研究院资深研究员

编写专家

巢清尘	国家气候中心主任、研究员
陈　迎	中国社会科学院生态文明研究所研究员
郭兆晖	中央党校（国家行政学院）社会和生态文明部教授
徐晓婧	中央党校（国家行政学院）经济学部博士生
杨玉峰	北京大学能源研究院研究员
禹　湘	中国社会科学院生态文明研究所副研究员
仇保兴	国务院参事，住建部原副部长
李玉娥	中国农业科学院农业环境与可持续发展研究所研究员
王卫权	中国能源研究会能源与环境专业委员会秘书长
王　斌	中国农业科学院副研究员
李　丹	中国能源研究会可再生能源专业委员会执行秘书长
欧训民	清华大学能源环境经济研究所副教授
彭天铎	清华大学气候变化与可持续发展研究院助理研究员
任　磊	清华大学能源环境经济研究所博士生
李丽平	生态环境部环境与经济政策研究中心减污降碳协同研究部主任
朱建华	中国林业科学研究院森林生态环境与自然保护研究所研究员
赵　鹏	海南大学南海海洋资源利用国家重点实验室副研究员
钱国强	北京中创碳投科技有限公司副总经理
林立身	北京中创碳投科技有限公司碳市场首席分析师
郑　平	北京大学能源研究院气候变化与能源转型项目主任
张　莹	中国社会科学院生态文明研究所副研究员
张　贤	中国21世纪议程管理中心处长
蓝　虹	中国人民大学环境学院环境经济与管理系教授
王　谋	中国社会科学院生态文明研究所研究员

代　序

积极稳妥推进碳达峰碳中和，助力实现中国式现代化

2020年9月22日，习近平主席在第七十五届联合国大会一般性辩论上代表中国政府和人民向国际社会郑重承诺，"中国将采取更加有力的政策和措施，二氧化碳排放力争于2030年前达到峰值，努力争取2060年前实现碳中和"。碳达峰碳中和是党中央经过深思熟虑作出的重大战略决策，事关中华民族永续发展和构建人类命运共同体，受到全社会的高度关注。

党的二十大报告从推动绿色发展和促进人与自然和谐共生，助力实现中国式现代化的高度，就积极稳妥推进碳达峰碳中和作出新的部署。要求立足我国能源资源禀赋，坚持先立后破，有计划分步骤实施碳达峰行动，强调要统筹产业结构调整、污染治理、生态保护、应对气候变化，协同推进降碳、减污、扩绿、增长，推进生态优先、节约集约、绿色低碳发展，积极参与应对气候变化全球治理。

碳达峰碳中和是当前及今后几十年我国绿色低碳发展转型面临的重大课题。首先，要保证经济增长，社会稳定繁荣，能耗是刚性的，以煤为主的能源体系是中国的基本国情，决定了中国实现碳中和的艰巨性。其次，中国提出用30年时间达到碳中和，意味着2030年至2060年，每年需减碳3亿吨左右，减碳的强度和速度前所未有。在这样的情况下，要积极稳妥实现碳达峰碳中和目标，其路径探索极其重要，总原则是社会总成本最低。现在政治家、企业家和学者都在积极探索中国实现碳中和的路径，全球也

在关注着我们。我的个人观点，可以概括为"两个轮子驱动，两大领域发力，一个核心抓手"。具体包括以下几个方面。

"两个轮子驱动"是指发挥好政府导向作用和市场主体作用。政府的导向作用在起步阶段非常重要，但也是一把"双刃剑"，必须实事求是，防止出现一刀切或层层加码。从长远来看，一定要发挥市场的主体作用，政府和市场需要很好地配合，相互补充。

"两大领域发力"是指减碳和消纳领域。减碳方面涉及五大领域：能源领域、交通领域、建筑领域、工业领域和农业领域，其中能源转型是重中之重。我国能源转型呈现多元化、低碳化、分散化、再电气化、数字化与智能化、全球化的"六化"特征。应调整钢铁、建筑、交通等工业领域结构，改造工业流程，实现再电气化等。消纳方面，应着力进行陆地生态系统现状与潜力分析、海洋生态系统与潜力分析，发展碳捕集、利用与封存（CCUS/CCS）技术、二氧化碳直接利用技术等。

"一个核心抓手"指定价，包括碳交易与碳税。世界银行2020年数据显示，全球已有61项碳定价机制正在实施或计划实施中，其中31项属于碳排放交易体系，30项属于碳税，共覆盖约120亿吨二氧化碳，占全球温室气体排放量约22%。中国推动全国碳市场于2021年7月16日正式启动上线交易，是全球覆盖排放量规模最大的碳市场。全国碳市场第一个履约周期累计运行114个交易日，碳排放配额累计成交量1.79亿吨，累计成交额76.61亿元。12月31日收盘价54.22元/吨，较2021年7月16日首日开盘价上涨13%；北京、天津、上海、重庆、广东、湖北和深圳7省（市）碳市场试点共覆盖电力、钢铁、水泥等20余个行业近3000家重点排放单位，截至2022年7月8日，试点碳市场配额累计成交量5.37亿吨，成交额136.76亿元；碳排放权交易市场是连接市场和政府的重要纽带，这种基于市场的碳定价机制旨在通过提高多个碳密集型行业的碳排放成本，实现碳强度持续下降。未来碳市场将继续扩大覆盖面，更好发挥促进低成本减排的作用。

我们必须认识到，碳中和涉及社会的方方面面，仅从技术、能源、生态环境等任何单一部门考虑问题都是片面的，应处理好五大关系。一是要处理好经济社会发展、能源安全与碳中和的关系，把经济发展与能源安全作为首要目标。二是要处理好国家层面的减排目标与各省市、企业减排目标以及路线图的关系，积极做好在国家层面的统筹协调。三是要处理好传统化石能源和新能源之间的关系，在国家层面重视行业之间的平衡性与协同性，不应把两者对立起来，更不应改抹黑化石能源。化石能源进一步清洁利用，为清洁能源发展赢得发展时间，清洁能源为化石能源清洁开发与利用提供保障。四是要处理好近期与长远的关系，着眼长期、着手近期，积极培育变革性技术，用技术改变能源格局、创造未来能源；五是要处理好中国与全球的关系，既要顺应或引领时代潮流，积极应对全球气候变化，又要防止被国外制约发展，二氧化碳排放权说到底是发展权和生存权，既要看当前更要看过去，人均累计排放量是公正合理的平衡指标，而中国人均累计二氧化碳排放量尚未达到世界平均水平。

碳达峰碳中和是一项长期性、全局性的重要工作，全社会都需要加强学习，特别是各级领导干部。2022年1月24日，习近平在中共中央政治局第三十六次集体学习时，要求各级领导干部要加强对"双碳"基础知识、实现路径和工作要求的学习，做到真学、真懂、真会、真用。然而，当前市面上已经出版部分关于碳达峰碳中和的书籍，对于"双碳"知识普及起到了积极作用，但总体数量不多，尤其是针对领导干部的全面系统、深入浅出、理论结合案例的教材还不多见。为此，北京大学能源研究院特聘研究员、资深能源专家杨富强博士牵头，中国社会科学院生态文明研究所陈迎研究员作为主编，组织了"双碳"领域一批有经验的专家学者，合作编写这本《"双碳"目标与绿色低碳发展十四讲》。在编写过程中，由院士和资深专家组成的学术指导委员会对本书的思路框架提出了宝贵意见。作者团队克服困难，几易其稿，不断打磨。人民日报出版社的编辑团队精心编辑，为本书出版付出了辛勤的劳动。在此一并致谢！希望本书为各级领导干部提高"双碳"意识，增强推动绿色低碳发展的本领，发挥积极作用，共同助力"双碳"目标的落实。

北京大学能源研究院院长 金涌

2022年10月24日

前言

2020年9月，习近平主席在参加第七十五届联合国大会一般性辩论时提出，中国将提高国家自主贡献力度，采取更加有力的政策和措施，二氧化碳排放力争于2030年前达到峰值，努力争取2060年前实现碳中和。两年多来，"双碳"工作全面扎实推进，"双碳"目标日益深入人心。2022年1月24日，习近平总书记在中央政治局第三十六次集体学习时要求各级领导干部要加强对"双碳"基础知识、实现路径和工作要求的学习，做到真学、真懂、真会、真用。要把"双碳"工作作为干部教育培训体系重要内容，增强各级领导干部推动绿色低碳发展的本领。党的二十大报告提出推动绿色发展，建设人与自然和谐共生的现代化，积极稳妥推进碳达峰碳中和。

本书旨在帮助各级党政干部与企业高管学"双碳"，更好推进"双碳"工作，促进绿色低碳发展转型，内容包括十四讲，故以《"双碳"目标与绿色低碳发展十四讲》为书名。从逻辑框架看，十四讲的内容按"总分总"的逻辑展开：第一讲以全球可持续发展的大视野，概括介绍了"双碳"目标的科学基础、概念内涵、战略意义，推进"双碳"工作的"1+N"政策体系等，帮助读者建立起大框架；第二至第七讲，针对"双碳"工作的一些重点领域、重点部门展开论述，涉及产业发展、能源转型、工业绿色发展、城乡建设、乡村振兴、绿色交通体系等；第八至第十三讲，讨论了

"双碳"工作推进中的共性问题,如"双碳"与生态环境保护的协同、生态系统固碳增汇、企业应对、社会发展转型、科技创新、绿色金融等;第十四讲,将崛起的中国置于全球碳中和进程大背景,思考中国如何把握新的发展机遇,引领和促进全球绿色低碳合作的重大命题。

本书内容设置全面系统,作者均为"双碳"领域有经验的资深专家学者,写作风格力求深入浅出。书中正文前的拉页强调了核心要点,目录设置了各讲导读,使读者能快速了解主要内容。具体到各讲,在讲述相关知识和观点的同时,或结合一些实际案例,或设置"知识窗"补充相关信息,最后还提出几个思考题,非常适合广大党政干部和普通读者学习参考。

虽然受到新冠疫情的影响,但在大家共同努力下本书最终成稿出版,为宣传和推动"双碳"工作尽一份绵薄之力,倍感欣慰。在此一并向编写委员会、编写专家和编辑团队表示衷心感谢!"双碳"目标和绿色低碳转型是一个宏大的课题,也是未来几十年全局性、长期性的工作,涉及领域广、学科多,受知识储备和时间精力所限,难免有疏漏之处,敬请读者批评指正,以便今后再版时补充完善。

陈迎

2023年2月21日

目 录

代　序　积极稳妥推进碳达峰碳中和，助力实现中国式现代化 / 1

前　言 / 1

第一讲　"双碳"目标与人类可持续发展 / 001

全球气候变化是人类面临的最严峻挑战之一，严重威胁着人类社会的可持续发展。国际社会应对气候变化已走过了30多年的漫长历程。2020年被称为碳中和元年，各国纷纷提出碳中和目标。2020年9月22日，习近平主席在第七十五届联合国大会一般性辩论上提出了2030年前碳达峰、2060年前碳中和目标。深入学习"双碳"目标，需要从气候变化的基本知识入手，理解气候变化与人类可持续发展的密切联系，明确"双碳"目标的概念和内涵，以及我国落实"双碳"目标的"1+N"政策体系，为后续具体部门领域和各专题的学习打好基础。

　　第一节　气候变化的科学新认识 / 002
　　第二节　气候变化与人类可持续发展 / 011
　　第三节　"双碳"目标的提出和内涵 / 019
　　第四节　保持"双碳"目标的战略定力 / 026

第二讲 "双碳"目标与产业发展 / 033

实现碳达峰、碳中和是一场广泛而深刻的经济社会系统性变革。构建绿色低碳循环发展的产业体系,实现以生产环节绿色化、低碳化、循环化为基础的社会活动链条和经济发展系统的全面绿色转型。我国把握污染防治和气候治理的整体性,以结构调整、布局优化为重点,以政策协同、机制创新为手段,推动减污降碳协同增效一体谋划、一体部署、一体推进、一体考核,协同推进环境效益、气候效益、经济效益多赢,走出一条符合国情的绿色低碳发展道路。

第一节 产业结构和产业政策的历史演进 / 033
第二节 "双碳"目标下的产业发展转型 / 040
第三节 数字经济助力产业转型 / 053

第三讲 "双碳"目标与能源转型 / 059

过去 200 多年里,伴随着工业文明的兴起和历次产业革命,人类使用能源的方式在不断发生变化,从使用传统生物质能到煤炭、油气、核能、可再生能源及近些年开始的绿色氢能、新型储能等,而且越来越重要的金属矿物锂、镍、钴、铝等也以能源资源的形态进入能源系统,推动能源的低碳、绿色转型。这一能源转型过程也体现了应对全球气候变化的重要性,支撑着"双碳"目标的实现。那么,全球能源转型的特点和趋势是什么?我国能源转型的形势和面临的挑战是什么?我国推进能源转型的主要政策措施有哪些?本讲围绕这些问题进行了详细阐述。

第一节 全球能源转型趋势 / 060
第二节 我国能源转型形势 / 073
第三节 推进我国能源转型的政策措施 / 077

第四讲 "双碳"目标与工业绿色发展 / 084

党的十八大以来,以习近平同志为核心的党中央高度重视制造业发展，强调"工业是我们的立国之本""加快建设制造强国"。工业也是我国应对气候变化最重要的领域之一，实现碳达峰、碳中和是我国工业现代化的新机遇和新使命。未来还需进一步推动工业领域在优化产业结构、调整产业布局、加大技术创新等方面持续发力，加速构建我国绿色低碳的工业体系。

  第一节 中国工业发展及其能耗与碳排放 / 084
  第二节 "双碳"目标下工业绿色低碳转型趋势 / 089
  第三节 工业领域碳达峰的重点 / 101
  第四节 工业领域碳中和的展望 / 107

第五讲 "双碳"目标与城市建设 / 110

  城市是人口和人类活动聚集的综合体，也是所有问题包括社会、经济和可持续发展等的根源所在，更是人为温室气体排放的主要来源，占人为温室气体排放总量的75%，解铃仍须系铃人，城市的问题还需要通过城市自身规划建设管理来解决。我国正经历着空前绝后的城镇化，而且作为全球人口最多的我国城镇化的进程与全球化、市场化、信息化、机动化等相伴交织，从而使发展模式的判断选择方面更加扑朔迷离。以绿色发展理念推进新型城镇化建设，不仅是落实"双碳"战略的核心课题，还是确保我国国民经济长期持续、健康、有序发展之关键。

  第一节 城市建设与碳排放 / 110
  第二节 城市建筑 / 121
  第三节 城市交通 / 137
  第四节 城市废弃物处理 / 146

第六讲 "双碳"目标与乡村振兴 / 158

  "双碳"目标是党中央经过深思熟虑作出的重大决策部署，事关中华民族伟大复兴、永续发展和构建人类命运共同体，是倒逼我国坚持走高质量发展和高水平保护的内在要求，也是保护人类地球家园的最低限度的行动。因此,"双碳"目标与乡村振兴密切相关。能源消费和农业生产是农村碳排放的主要来源,通过可再生能源和可持续农业,不仅能降低农业农村的碳排放,还能够改善农村的生态环境、保护耕地、创造就业、增加农民的收入,具有良好的经济效益、社会效益和环境效益。

第一节　农村发展与乡村绿色振兴 / 159

第二节　农村能源低碳发展路径 / 164

第三节　农业减排增汇 / 181

第七讲 "双碳"目标与绿色交通体系 / 203

中国居民出行需求仍将增加,货物运输需求在一定时期内将保持旺盛,交通部门的能源消费和碳排放仍有增长空间,交通污染物排放治理的任务仍然任重道远。在碳中和目标下,中国需在交通运输结构优化、替代燃料技术推广和能效提升等多方面努力,力争在2030年前实现碳达峰,并在2060年将排放控制在1亿吨以内。交通运输部门的低碳发展与能源和电力部门、城市规划部门、环境保护领域乃至宏观经济领域会产生协同效用,需要统筹考虑。

第一节　交通部门碳排放与污染物排放情况 / 204

第二节　"双碳"目标下交通部门绿色低碳发展趋势 / 214

第三节　交通与其他部门协同发展 / 228

第八讲 "双碳"目标与生态环境保护协同推进 / 238

当前我国生态文明建设同时面临实现生态环境根本好转和碳达峰碳中和两大战略任务,因此,协同推进"双碳"目标实现与生态环境保护已成为我国新发展阶段经济社会发展全面绿色转型的必然选择。"十四五"时期,我国生态文明建设进入了以降碳为重点战略方向、推动减污降碳协同增效、促进经济社会发展全面绿色转型、实现生态环境质量改善由量变到质变的关键时期。为此,需要深入理解"双碳"目标与生态环境保护的协同性内涵、政策和取得的成效,研究实现路径和保障措施,确保"双碳"目标与生态环境保护协同推进。

第一节 "双碳"目标与生态环境保护的协同性 / 238
第二节 减污降碳协同增效的政策和成效 / 244
第三节 "双碳"目标与生态保护修复协同增效的政策和成效 / 255
第四节 实现途径和保障措施 / 264

第九讲 "双碳"目标与生态系统固碳增汇 / 271

包括陆地和海洋在内的生态系统是地球上最重要的天然碳库。保护、修复和管理好生态系统是降低大气二氧化碳浓度、减缓气候变化的重要手段，同时能够实现多样的生态系统服务和价值。我国生态文明建设为维持并增加生态系统碳汇提供了重要保障，是实现碳达峰碳中和目标的"基于自然的解决方案"。

第一节 生态系统的碳汇作用 / 272
第二节 林草固碳增汇 / 277
第三节 蓝碳 / 284
第四节 生态系统固碳增汇的政策措施 / 288

第十讲 "双碳"目标与企业碳管理 / 295

碳中和正在重新定义商业竞争，无论是为了实现法律政策合规，还是为了规避财务、投资或者市场风险，抑或是为构筑竞争护城河，维护自身竞争优势、超越竞争对手，开展碳排放管理已经是企业不得不修炼的基本功。企业碳排放管理有其内在逻辑、方法论和行动框架，需要结合不同行业特点和企业自身发展目标定位，本着"一企一策"的原则，并将碳排放管理纳入企业的日常经营活动。

第一节 企业碳管理综述 / 296
第二节 企业碳核算和信息披露 / 310
第三节 企业参与碳市场 / 320
第四节 企业碳资产管理 / 331

第十一讲 "双碳"目标与社会发展转型 / 339

"双碳"目标将带来广泛而深刻的经济社会系统性变革,对每个人的生活也有着直接而深远的影响。推动社会公正的能源转型,需要关注与之相关的所有群体的福祉,提升公众的认知水平,促进所有人更深入地参与到这场转型中来,主动选择更加绿色、低碳、健康的消费和生活方式。

  第一节 就业影响与公正转型 / 340
  第二节 促进转变消费行为和生产方式 / 349
  第三节 引导公众有效参与"碳达峰、碳中和"行动 / 361

第十二讲 "双碳"目标与技术创新 / 368

纵观人类文明发展史,科技进步一直是经济社会发展的主要动力。当前,全球气候变化问题对社会发展模式产生新的挑战,也对技术创新提出新的需求。为实现碳中和这一项复杂、长期的系统性工程,未来技术路径和发展方向更应立足国情,精心设计、统筹谋划。在碳中和背景下,能源系统、产业链条与消费模式将发生重大变化,需要在分析供给侧能力和消费侧需求及未来发展趋势的基础上,从低碳到零碳和负碳等方面统筹部署,构建碳中和技术体系。

  第一节 "双碳"目标的技术需求 / 369
  第二节 实现"双碳"目标的关键技术及发展趋势 / 373
  第三节 鼓励技术创新和应用的政策措施 / 395

第十三讲 "双碳"目标与绿色金融 / 399

实现"双碳"目标需要大量的资金支持,绿色金融政策、工具和手段是实现"双碳"目标的必要保障。央行、银保监会等机构颁布了很多政策推动绿色金融市场和碳金融市场的发展,绿色金融市场也创新了各类金融工具和衍生产品支持"双碳"目标实现,包括碳信贷、碳债券、碳保险、碳基金等。

第一节 "双碳"目标与绿色信贷 / 399
第二节 "双碳"目标与绿色债券 / 404
第三节 "双碳"目标与绿色保险 / 416
第四节 "双碳"目标与ESG / 432

第十四讲　全球碳中和目标下的国际合作 / 441

气候变化关系到人类生存和可持续发展，需要国际社会携手应对。全球气候治理进程已经走过了30多年曲折坎坷的历程，树立了《联合国气候变化框架公约》《京都议定书》《巴黎协定》等重要的里程碑。面向碳中和目标的国际进程已经开启，碳中和目标对于世界经济和国际政治格局都将产生重要而深远的影响，关键技术领域的国际竞争日趋激烈。在全球碳中和目标下，迫切需要加强国际绿色低碳合作，构建人类命运共同体。

第一节　国际气候治理进程 / 441
第二节　碳中和目标与全球排放差距 / 448
第三节　主要发达国家的政策和做法 / 452
第四节　全球碳中和目标下国际合作的前景展望 / 457

第一讲 "双碳"目标与人类可持续发展

巢清尘　陈　迎

气候是人类赖以生存的自然环境，也是经济社会可持续发展的重要基础资源。受自然和人类活动的共同影响，全球正经历着以变暖为显著特征的气候变化，已经且仍将持续影响人类的生存与发展。2020年9月22日，习近平主席在第七十五届联合国大会一般性辩论上代表中国政府和人民向国际社会郑重承诺，"中国将提高国家自主贡献力度，采取更加有力的政策和措施，二氧化碳排放力争于2030年前达到峰值，努力争取2060年前实现碳中和"。碳达峰碳中和是党中央经过深思熟虑作出的重大战略决策，事关中华民族永续发展和构建人类命运共同体，受到了全社会的高度关注。

党的二十大报告从推动绿色发展和促进人与自然和谐共生，助力实现中国式现代化的高度，就积极稳妥推进碳达峰碳中和作出新的部署，要求立足我国能源资源禀赋，坚持先立后破，有计划分步骤实施碳达峰行动，强调要统筹产业结构调整、污染治理、生态保护、应对气候变化，协同推进降碳、减污、扩绿、增长，推进生态优先、节约集约、绿色低碳发展，积极参与应对气候变化全球治理。

然而，社会上对"双碳"目标的概念由来、科学基础、国际背景以及战略意义等尚存在认识不清晰、理解不到位的问题。本讲针对这些问题进行系统讲解，首先介绍气候变化的一些基本知识，通过翔实数据介绍地球气候系统发生的变化，气候变化对自然生态系统和人类社会经济发展的影响和风险，作为理解"双碳"目标的科学基础。在此基础上，深入分析"双碳"目标的概念内涵和"1+N"政策体系，厘清认识，深刻理解"双碳"目标对社会经济可持续发展的深远影响，对我国经济高质量发展和构建人类命运共同体的重要战略意义。

第一节　气候变化的科学新认识

气候变化是当前人类社会面临的最严峻挑战之一。理解"双碳"目标首先要从天气、气候、气候系统、气候变化等基本概念讲起。

一、气候变化问题的基本知识

我们生活在地球上，无时无刻不与天气、气候打交道。天气是指短时间（几分钟到几天）发生的气象现象，如雷雨、冰雹、台风、暴雨、寒潮、大风等。气候是指一个地区在某段时间内所经历的天气"总结"，是一段时间内天气的平均情况或统计状况，反映一个地区的冷、暖、干、湿等基本特征。现在谈论的气候变化是指气候平均值和气候极端值出现了统计意义上的显著变化，并持续很长一段时间，通常是几十年或更长时间。平均值的升降，表明气候平均状态的变化；气候极端值增大，表明气候状态不稳定性增加，气候异常明显。气候变化是一个与时间尺度密不可分的概念，在不同的时间尺度下，气候变化的要素、展现方式以及影响的驱动因子均不相同。从时间尺度和影响因子考虑，气候的变化一般可分为三类，即地质时期的气候变化、历史时期的气候变化和现代气候变化。万年以上尺度的气候变化为地质时期的气候变化,如冰期和间冰期循环。人类文明产生以来（一万年以内）的气候变化可纳入历史时期气候变化。1850年有全球器测记录以来的气候变化一般被视为现代气候变化。

从现代气候变化视角,气候变化体现的是气候系统的变化。气候系统是由地球表层的大气圈、水圈、冰冻圈、生物圈和岩石圈表层等五个圈层组成的。气候系统五个圈层中的任何一个圈层的变化都视之为气候变化,例如,全球变暖不仅表现在器测数据显示的地表平均温度的上升,还包括海洋热含量增加、冰川退缩、多年冻土活动层加厚、积雪和海冰范围缩小,生物多样性锐减等,这些都属于气候系统相关气候变量发生了变化。

联合国政府间气候变化专门委员会（IPCC）定义的气候变化是指基于自然变化和人类活动所引起的气候变动,而《联合国气候变化框架公约》（UNFCCC）定义的气候变化是指经过一段相当时间的观察、在自然气候变化之外由人类活动直接或间接地改变全球大气组成所导致的气候改变。可以看到,IPCC定义的气候变化包括了"人为气候变化"和"自然气候变化",而UNFCCC定义的气候变化只涉及"人为气候变化"。

 知识窗

政府间气候变化专门委员会（IPCC）及其评估报告

1988年11月,世界气象组织（WMO）和联合国环境规划署（UNEP）根据联合国大会决议,建立了联合国政府间气候变化专门委员会（IPCC）,旨在就气候变化问题为国际组织和各国决策者提供科学咨询,共同应对气候变化。IPCC是一个政府间科学技术机构,所有联合国成员国和世界气象组织会员国都是IPCC的成员,可以参加IPCC及其各工作

组的活动和会议。IPCC下设三个工作组和一个专题小组：第一工作组负责气候变化科学的自然科学基础，第二工作组负责气候变化的影响、适应和脆弱性研究，第三工作组负责减缓气候变化的研究；专题小组负责编制国家温室气体清单的方法和指南。IPCC主要任务是以科学问题为切入点，在全球范围内就气候变化及其影响、脆弱性、适应和减缓气候变化等有关问题，依据当时的国际科学认知水平、经审议通过的评估程序和议事规则，从科学、技术、社会、经济等方面进行评估，再经过科学界和各国政府审查和IPCC全会逐句逐段审议通过，形成系列评估报告，为国际组织和各国决策者，以及《联合国气候变化框架公约》提供科学技术咨询。

自1990年起，IPCC组织编写出版了六轮评估报告以及二十余份特别报告、技术报告和指南等，对国际社会科学认识气候变化及其影响、对气候变化国际谈判产生了重要影响，这些出版物已经成为气候变化领域的标准参考著作，被决策者、科学家和其他专家广泛使用，为《联合国气候变化框架公约》及其一系列国际应对气候变化机制的建立提供了重要的科学基础。

资料来源：IPCC网站（https://ipcc.ch）

《联合国气候变化框架公约》

《联合国气候变化框架公约》（UNFCCC，以下简称《气候公约》）是1992年5月9日联合国政府间谈判委员会就气候变化问题达成的公约，于1992年6月4日在巴西里约热内卢举行的联合国环发大会（地球首脑会议）上通过。《气候公约》是世界上第一个为全面控制二氧化碳等温室气体排放、应对全球气候变暖给人类经济和社会带来不利影响而达成的国际公约，也是国际社会在对付全球气候变化问题上进行国际合作的一个基本框架，提出的公平、"共同但有区别的责任"和各自能力的原则成为应对气候变化国际合作的基本原则。

《气候公约》于1994年3月21日正式生效，1995年召开了第一次缔约方会议（COP1），此后每年年底召开一次，仅2020年受新冠疫情影响，第26次缔约方会议延迟到2021年在英国格拉斯哥召开。2022年是《气候公约》签署30周年。30年来，在《气候公约》框架下，国际气候谈判形成了以《京都议定书》、"巴厘路线图"、《哥本哈根协议》和《巴黎协定》为代表的成果。

资料来源：UNFCCC网站 https://unfccc.int/

气候系统的长时间观测是气候变化的重要资料基础和气候模式发展的必要支撑，对提高气候系统及其可预测的认识以及开展气候变化影响评估和提出适应对策都具有十分重要的作用。气候系统的观测主要包括实地观测和遥感观测两种手段。实地观测主要指在某一地点直接获取对气候系统要素的观测结果。卫星遥感是当代气候系统观测的一种重要的遥感手段。最近几十年来，气象卫星和其他类型的卫星提供了地-气系统辐射收支、陆表植被、土地使用、土壤特征和海面温度等信息，为解决海洋、沙漠、高山等地区记录稀少的问题开辟了新途径。综合的多圈层全球气候变化观测系统是提供高质量气候变化资料和相关产品信息的基础。

从国际上看，对气候系统各个要素的观测主要通过全球气候观测系统（GCOS）进行。全球气候观测系统强调气候系统整体观测，分为大气、海洋、陆地三个观测子系统，利用实地和空基观测技术，获取大气、海洋、陆地系统关于气候的物理、化学和生物特征参数，供所有用户共享。最新的观测要素见表1-1。

表1-1　GCOS实施计划（IP-10）基本气候变量

领域		基本气候变量
大气 （包括陆面、 海面和冰面 以上）	表面[1]	气温，风速和风向，水汽，气压，降水，地表辐射收支
	高空大气[2]	温度，风速和风向，水汽，云特征，地球辐射收支（包括太阳辐照度）
	大气成分	二氧化碳，甲烷，其他长生命周期温室气体[3]，臭氧和气溶胶，及其前体物[4]
海洋	表面[5]	海表温度，海表盐度，海平面，海况，海冰，海表洋流，海色，二氧化碳分压，海洋酸度，浮游植物
	次表层	温度，盐度，洋流，营养物，二氧化碳分压，海洋酸度，氧，海洋示踪物
陆地		河流流量，水利用，地下水，湖泊，积雪，冰川和冰帽，冰盖，多年冻土，反照率，地表覆盖（包括植被类型），光合有效辐射，叶面积指数，地上生物量，土壤碳，火干扰，土壤湿度

注：1.指接近地面的标准高度处的测量；2.至平流层顶；3.包括N_2O，CFC_S，$HCFC_S$，HFC_S，SF_6，PFC_S；4.尤其是指SO_2，HCHO，CO；5.包括表面混合层的测量，通常在上部15m范围内；6.基本气候变量：表征气候特征的单个物理、化学和生物学变量或一组紧密相关的变量，对于表征气候系统及其变化至关重要，且应具观测技术上的可行性和成本效益。

资料来源：The Global Observing System for Climate：Implementation Needs. 2016，GCOS-198.

气候系统模式和地球系统模式是对未来气候系统变化进行预估的重要工具。20世纪70年代中期到20世纪80年代初，通过气候敏感性实验，科学家研究地质时期海陆分布、地球轨道要素的变化，以及历史时期太阳辐射、二氧化碳、极冰、海温的变化对气候变化的影响。20世纪80年代以来，全球气候观测系统不断完善、国际大型外场观测试验成功实施以及高性能计算机飞速发展，为气候系统模式和地球系统模式的迅猛发展提供了基础和条件。目前，气候系统模式和地球系统模式已成为研究全球和区域气候形成及变异、气候系统各圈层之间的相互作用以及全球变化的有力工具。此外，人类社会经济发展会影响气候变化，同时气候变化给社会经济带来的影响也不容忽视。经济系统作为一个整体，需要利用综合评估模型的思想对气候变化的经济影响进行分析与评估。一般均衡模型（CGE模型）是目前进行综合评估较为常见的经济模型。有人将局部均衡模型与一般均衡模型进行综合，既反映了气候变化给社会经济带来的影响，同时又反映出一定的适应措施带来的经济应对状况。对第五阶段气候模式比较计划（CMIP5）和第六阶段气候模式比较计划（CMIP6）的评估显示，气候系统模式对大尺度地表气温分布型和大尺度降水特征的模拟与观测有较好的一致性。但在年际及以上的模拟，以及一些小尺度气候要素的模拟上仍存在一定差异，造成这种差异主要是因为气候系统的自然内部年际变率在很大程度上导致了观测和模拟之间的差异，模式模拟不能重现内部变率变化的时间。另外，对于云（及云辐射影响）的模拟还存在明显的偏差，这种偏差很可能导致云反馈模拟的不确定性。

二、气候变化的科学事实

温度。IPCC第六次评估报告（AR6）指出[1]，相比1850—1900年，全球平均地表温度（GMST）在1995—2014年和2011—2020年这两段时期分别升高了0.85℃和1.09℃。过去50年观测到的GMST的升高速度至少在过去2000年历史上前所未有。GMST自大约6500年前的全新世中期以来缓慢下降，直到19世纪中叶开始呈现上升趋势。在1900—2020年和1980—2020年，北半球热带外的大多数陆地区域变暖速度快于GMST平均值，陆地增温大于海洋，高纬度地区大于中低纬度地区，冬半年大于夏半年。在全球范围内，过去四十年中连续的每一个十年均是器测时期以来最暖的。2015—2020年的六年中，每一年都比1850—1900年的平均温度至少高出

---

[1] IPCC. Summary for Policymakers. In：Climate Change 2021：The Physical Science Basis. Contribution of Working Group I to the Sixth Assessment Report of the Intergovernmental Panel on Climate Change. Cambridge University Press，2021.

0.9℃。这种全球变暖是非线性的，大多数变暖发生在两个阶段：1900—1940年和1970年左右至今。两个全球平均变暖时期展现出明显的空间特征。20世纪早期变暖大部分发生在北半球中高纬度，而近期的变暖则更多是全球性的变暖。全球海洋平均温度在2011—2020年相比1850—1900年升高了0.88℃。

降水。1901—2019年北美东部、欧亚大陆北部、南美南部和澳大利亚西北部的降水显著增加，而热带西部和赤道非洲以及南亚是明显下降的。总体而言，全球平均陆地降水量可能有所增加，20世纪80年代以来全球陆地降水量增加速率更快，并伴有更大的年际变率和空间异质性。

海洋。1850—1900年到2011—2020年，海洋表面平均温度升高了0.88℃，其中0.60℃是自1980年以来发生的。自1970年以来，全球海洋的热含量有所增加，并将在21世纪继续增加。1971年到2018年，海洋热含量增加了约0.42焦耳。海洋热浪在20世纪变得更加频繁，自20世纪80年代以来，其频率大约翻了一番，并且变得更加强烈和更加持续。20世纪全球平均海平面的上升速度比过去三千年中的任何一个世纪都要快，1901—2018年上升了0.20米。20世纪60年代后期以来，全球平均海平面上升速度加快，1971—2018年的平均增长速率为2.3mm/年，2006—2018年上升率3.7mm/年。通过吸收更多的CO_2，海表酸度不断增加。从表面到1000米海水的溶解氧含量在不断降低，20世纪80年代以来，全球海洋表面pH每十年下降0.016。1970—2010年，从海洋表面到1000米，公海总体上正在脱氧。

冰冻圈。对气候变化最为敏感的是冰冻圈系统。自1950年以来冰川的退缩至少是过去2000年来前所未有的[1]。格陵兰冰盖在过去的20年里一

---

[1] IPCC. Summary for Policymakers. In：Climate Change 2021：The Physical Science Basis. Contribution of Working Group I to the Sixth Assessment Report of the Intergovernmental Panel on Climate Change. Cambridge University Press，2021.

直在融化,这种高速率的融化现象已经扩大到了更高海拔的地区,并且很可能自1992年以来逐渐加速。自21世纪初以来,格陵兰冰盖的质量损失率有所增加。1992年至2020年间,格陵兰冰盖损失了4890Gt(相当于海平面上升13.5mm)的冰量。冰盖在20世纪90年代接近质量平衡,但此后质量损失有所上升。格陵兰冰盖(包括外围冰川)的质量损失率从1901—1990年的120Gt/年(相当于海平面每年上升0.33mm)上升至2006—2018年间的330Gt/年(相当于海平面每年上升0.91mm),2019年的冰盖质量损失(−532Gt/年)是有记录以来质量损失最大的一年。1800年到2010年,南极洲表面物质的平均增长率约为每十年7.0Gt,而自1900年以来则以每十年增长14.0Gt的速率增长。1979—2000年,南极范围内的表面物质平衡变化呈现不显著的负趋势。在1992年至2020年间,南极冰盖损失了2670Gt(相当于海平面上升7.4mm)的冰量。冰盖(包括外围冰川)的质量损失率从1901—1990年的0Gt/年(相当于全球海平面每年上升0.0mm)升至2006—2018年的192Gt/年(相当于全球海平面每年上升0.54mm)。多年冻土主要分布在高纬度的环北极地区、南极地区以及中低纬度的高海拔地区。北半球约15%的陆地和60°N以北50%以上的未冰川化的陆地为多年冻土区。在全球变暖背景下,各地区冻土总体上呈现出温度上升,活动层厚度增加,冻土退化的趋势。

温室气体浓度变化。2019年全球大气中CO_2、CH_4和N_2O的平均浓度分别约为410.5ppm、1877ppb和332.0ppb,较工业化前时代(1750年)水平分别增加48%、160%和23%,达到过去80万年来的最高水平[1]。2019年大气主要温室气体增加造成的有效辐射强迫已达到3.14瓦/平方米,明显高于太阳活动和火山爆发等自然因素所导致的辐射强迫,是全球气候变暖最主要的影响因子。

---

[1] WMO. WMO Greenhouse Gas Bulletin. 2021. No.17.

三、人类活动是气候变化的主因

气候变化有自然原因和人为原因。自然原因包括太阳活动、火山喷发等。人为原因包括温室气体排放、气溶胶、土地利用和城市化等。

越来越多的科学证据表明，工业化以来人类活动燃烧煤炭、石油、天然气等化石能源和工业过程排放大量二氧化碳，造成大气中二氧化碳浓度升高，二氧化碳等温室气体的温室效应是气候系统变暖的主要原因。众多科学理论和模拟实验均验证了温室效应理论的正确性，只有考虑人类活动的作用才能模拟再现近百年全球变暖的趋势，只有考虑人类活动对气候系统变化的影响才能解释大气、海洋、冰冻圈以及极端天气气候事件等方面的变化（图1-1）。换言之，在百年尺度上，人为活动成为气候变化的主要原因。

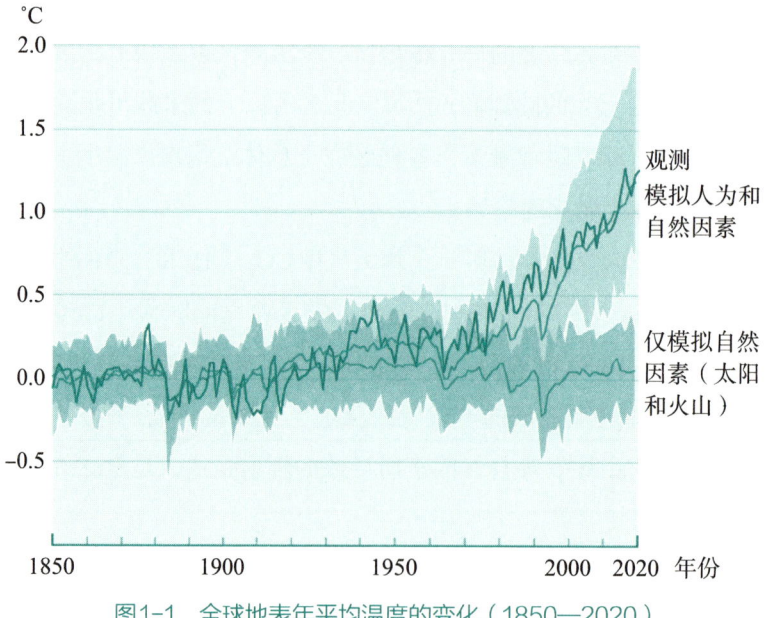

图1-1　全球地表年平均温度的变化（1850—2020）

资料来源：IPCC AR6 WGI，2021

更多的观测和研究进一步证明，人类活动导致的温室气体排放也是极端温度事件变化以及全球范围内陆地强降水加剧的主要原因。此外，在区域尺度上，土地利用和土地覆盖变化或气溶胶浓度变化等人类活动也会影响极端温度事件的变化，城市化则可能加剧城市地区的升温幅度。

第二节　气候变化与人类可持续发展

气候系统与自然和人类社会经济系统密不可分。人类活动排放的大量温室气体积聚在大气层中，改变了气候系统，气候变化对自然和人类系统造成广泛而深刻的影响，威胁人类可持续发展。面对气候变化的严峻挑战，人类不能坐以待毙，必须主动应对。

一、气候变化的影响和风险

全球气候变化对自然和人类社会经济系统的影响绝不仅是温度上升那么简单，气候变化对自然和人类系统产生直接和潜在的影响与风险，是非常广泛且复杂的。社会和系统的高危害或高脆弱度暴露时，气候变化的影响幅度大、概率高或具有一定的不可逆性。

水循环。气候变化正在加剧水循环，一方面带来更强的降雨和洪水，但在另外一些地区则意味着更严重的干旱。气候变化正在影响降雨特征，在高纬度地区，降水可能会增加，而在亚热带的大部分地区则可能会减少，预估季风降水将发生变化并因地而异。气候系统与水循环的交互作用，使得气候变暖最重要和最直接的效应就是局地和区域水资源可利用性的改变。这些改变涉及降水格局和极端事件、河流产流量和产流过程、洪水和干旱的频率和强度，进而影响淡水资源的水量和质量。全球很多地区的降水变化和冰雪消融正在改变水文系统，并影响到水资源量和水质；许多区域的冰川持续退缩，影响下游的径流和水资源，全世界200条大河中近1/3

的河流径流量减少[1]；高纬度地区和高海拔山区的多年冻土层变暖和融化。气候变化会改变全球水循环的现状，通过影响相关水文途径或者指标，使得全球水资源时空分布重新分配。除了直接影响以外，通过发生在陆面和土壤中控制陆面与大气之间水分、热量和动量交换的陆面过程，气候因子间接地影响水分循环，如气温、日照、风和相对湿度对陆面蒸散发过程的影响等。

生态系统。受气候变化和人类活动的共同作用，植被覆盖、生产力、物候或优势物种群已经发生变化，这些陆地生态系统的变化反过来也会对局地、区域甚至全球的气候产生影响。气候变化还改变了生态系统的干扰格局，并且这些干扰很可能已经超过了物种或生态系统自身的适应能力，从而导致生态系统的结构、组成和功能发生改变，增加了生态系统的脆弱性。气候变化加大了对生物多样性的不利影响，较大幅度的气候变化会降低特殊物种的群体密度，或影响其存活能力，从而加剧其灭绝的风险。受气候变化影响，世界各地树种死亡现象越来越普遍，从而影响到气候、生物多样性、木材生产、水质以及经济活动等诸多方面，有些地区甚至出现森林枯死，显著增加当地的环境风险。人类和生态系统的脆弱性是相互依赖的。当前不可持续的发展模式正在增加生态系统和人类对气候危害的暴露度。模式结果表明，在所有气候情景下，物种灭绝风险都是增加的，并且灭绝的风险还随气候变化幅度增大而提高。在21世纪内，一些区域生态系统的组成、结构和功能可能会发生突变或是不可逆的变化，如亚马孙和北极地区，而这些变化反过来又将对气候产生影响，从而导致气候发生新的变化。

海岸带。气候变化和海洋酸度的改变给海岸带生态系统带来显著的负面影响。由于相对海平面的上升，海岸带系统和低洼地区正经历着越来越多的洪水淹没、极端潮位和海岸侵蚀，并承受着由此带来的不利影响。海

---

[1] IPCC. Climate change 2014：Impacts，adaptation，and vulnerability. Part A：Global and sectoral aspects：Working group II contribution to the IPCC fifth assessment report. United Kingdom and New York，NY，USA. Cambridge：Cambridge University Press，2014.

水温度上升和海水酸化导致珊瑚白化，甚至死亡，珊瑚礁成为最脆弱的海洋生态系统。除了受气候变化的影响，海岸带地区生态系统的许多变化，还受到人类活动的强烈影响，如土地利用变化、沿海开发以及污染等。整个21世纪，沿海地区的海平面将持续上升，这将导致低洼地区发生更频繁和更严重的沿海洪水，并将导致海岸受到侵蚀；在全球许多地区，历史上百年一遇的极端海平面高度将成为常态。鱼类和无脊椎动物等海洋生物地理分布已经发生迁移，低纬度海域及近岸与近海区域渔业捕捞量减少，珊瑚白化和死亡率增加，导致海洋生物多样性、渔业资源丰富度减少，珊瑚礁生态保护作用减弱，海平面上升、极端事件、降水变化和生态恢复能力降低，引发沿岸洪涝增加，海洋生境丧失，海洋酸化对甲壳类动物和造礁珊瑚等海洋生物生长发育受到影响。受海洋变暖、酸化、含氧量和碳酸盐等物理化性质的变化对海洋生物生态的影响，渔业捕捞、海水养殖以及数以百万计以此为生的人们面临着气候变化影响的风险。未来海洋大部分区域还将持续变暖和酸化，其变率和影响随区域变化而变化。除了全球变暖将导致更频繁的极端事件外，海洋生态系统及与此相关的人类社会将面临更多更严重的风险和脆弱性。进一步的变暖将加剧多年冻土融化，季节性积雪减少，冰川和冰盖融化，以及夏季北极海冰减少。

农业和粮食安全。气候变化对全球大部分地区作物和其他粮食生产负面影响比正面影响更为普遍，正面影响仅见于高纬度地区。更多证据显示，在大多数情况下二氧化碳对作物产量具有刺激作用，可以增加水分利用效率和产量，尤其对水稻、小麦等作物。臭氧对作物产量具有负面作用，通过减少光合作用和破坏生理功能导致作物发育不良，产量和品质下降，包括改变碳含量和养分摄入量，谷物蛋白质含量下降。气候变化与二氧化碳浓度增高改变了重要农艺措施和入侵杂草的分布，同时增加了它们之间的竞争关系。二氧化碳浓度增高降低了除草剂的效果，并改变了病虫害的地理分布。气候变化对粮食安全的各个方面均有潜在的影响，包括粮食的获取、使用和价格稳定。近年来，粮食生产区遭受极端事件之后，出现了食品和谷物价格骤涨的现象，这表明市场对极端事件的敏感性。气候变化可能推高粮食价格，在发展中国家尤其值得关注。农业生产中纯粮食购买者尤为脆弱，同样依靠农业的低收入国家是粮食净出口国，本身粮食安全不稳定，还面临着国内农业生产效益降低和全球粮价升高的双重影响，加剧粮食获得的难度。

城市气候风险。大部分关键和正在出现的全球气候风险集中在城市地区。热胁迫、极端降水、滑坡、空气污染、干旱和水资源短缺对城市地区的居民、资产、经济和生态系统构成风险。当前，气候变化风险、脆弱性与所受的影响在全球范围不同规模、不同经济水平和地理位置的城市中心均在增加。孩子、老人和非常弱势群体是城市地区最脆弱的群体。低、中收入国家的低收入人群（包括移民）风险非常高，居住在质量差的房屋和暴露地区的人风险更高。目前全球约1/7的人生活在城市地区住房质量差、过度拥挤的地方，其中大部分为临时住所，缺乏甚至没有基本的基础设施与服务。大部分健康风险和气候变化脆弱性集中在这些区域。随着快速城市化以及低、中收入国家大城市的增多，生活在非正式定居点的高脆弱城市社区迅速增多，其中有许多位于极端天气的高风险区。城市气候变化的相关风险正在增大，对居民、当地经济、生态系统产生广泛的负面影响。气候变化还给城市地区的水和能源供应、下水道和排水系统、交通和电信等基础设施系统以及包括卫生保健和急救在内的服务、建成环境和生态服务带来广泛的影响。对于与城市地区灾害相关的关键气候变化，在当前适应水平下，其风险等级从目前到2040年前后呈增加趋势，但高适应水平能够显著降低这些风险等级。气候变化对农村地区的主要影响体现在淡水供应、粮食安全和农业收入，许多地区不得不调整粮食和非粮食生产区，这些在短期和长期都会对农村产生重大影响，对诸如女性起主导作用的家庭以及不容易获取土地、现代农村原料、基础设施和教育资源的农村地区贫穷人口的福利将产生不利影响。

人类健康风险。最近几十年，气候变化对人类健康造成了负面影响，但相对于其他因素的影响而言还较小。温度的升高已经导致人类热相关疾病和死亡风险增加。局地温度和降水的变化已经改变了水源性疾病和病媒生物的分布范围，减少了脆弱人群的粮食产量。在气候变化背景下，可能会出现新的健康问题，而现有的疾病（如食源性疾病）可能会在目前的非流行区出现。

极端天气气候事件。全球气温每升高0.5℃都会造成极端高温、极端降水和部分地区极端干旱事件频率增多、强度增大。当全球增温2℃时，极端高温更容易超过农作物生长和人体健康的临界阈值。全球增温2℃较之增温1.5℃，将造成诸多因地区而异的变化，这包括热带气旋和热带外风暴的增强、径流洪水增多、部分地区平均降水减少和变干，以及火险天气增加等风险。类似热浪和干旱同时出现这种复合型极端事件的发生概率更高。气候变化对于热浪的影响最为显著和确定，最近几年全球范围内强降水天气的增多也可能是人为活动下气候变化的结果，而洪水、干旱等仍有巨大的不确定性，因为这些极端天气与水文、土地利用等非气候变化影响也紧密关联。

气候临界点。地球上还有一些系统，如北极夏季海冰、格陵兰冰盖、海洋甲烷水合物、多年冻土、喜马拉雅冰川、西南极冰盖、北美西南部干旱、印度夏季风、西非季风、厄尔尼诺-南方涛动变化、北半球（北美）森林、北半球（欧亚大陆）森林、亚马孙雨林、冷水区珊瑚礁、热带珊瑚礁、南大洋海洋生物碳泵等，都属于对气候敏感的成员，它们的变化可能主要发生在某个区域，但是其影响范围能达到1000公里以上的次大陆尺度，会对半球甚至全球的气候造成影响。这些临界成员的状态一旦达到某个临界点，就会引发大范围气候突变，对地球自然系统和社会经济系统产生重要影响。目前已经认识到有9个成员十分接近临界点[1]，分别为亚马孙

---

[1] Lemoine, D. 2012. Abrupt changes: To what extent are tipping points a concern in coping with global change? PAGES news[J]. 20（1）: 42.

热带雨林干旱频发、北极海冰面积减少、温盐环流变缓、北方森林火灾和虫害、珊瑚礁大规模死亡、格陵兰冰盖加速消融、多年冻土退化、西南极冰盖和东南极威尔克斯盆地加速消融等。尽管温度上升到何种程度和何时会突破这些成员的阈值目前还存在相当大的不确定性,但一般认为,随着温度的上升,达到临界点的概率也在加大。有研究表明,当温度上升到较工业革命前2℃时,触发某些临界要素的风险就会加大,而且由于气候变化的加速以及临界成员之间的反馈还会引发"临界级联",从而触发一系列的临界成员。如果单独看待每个临界点,在21世纪触发大部分成员的可能性很小,但是也不排除其可能性。

二、适应、减缓和可持续发展

人类社会应对气候变化的两个主要途径是适应和减缓(图1-2),人类不断探索适应、减缓与可持续发展协同推进的新理念、新技术和新途径。

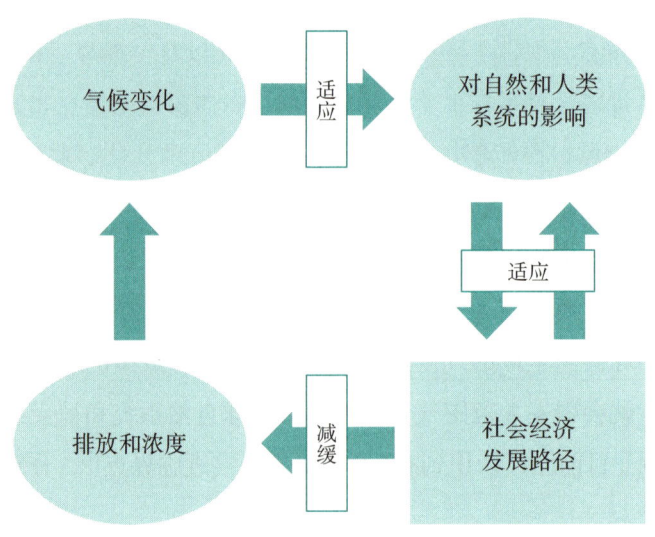

图1-2 人类社会应对气候变化的主要途径

资料来源:根据IPCC AR4 WGIII报告改绘

适应。适应气候变化是自然或人类系统在实际或预期的气候变化影响下作出的一种调整反应,这种调整能够使气候变化的不利影响得到减缓或能够充分利用气候变化带来的各种有利条件。气候变化导致的后果包括海平面上升、气候极端事件增加、水资源分布变化、健康风险增加、农业生产变化、森林植被变化等,那么就需要针对这些方面采取措施减少其影响,如构建沿海堤坝防止海水入侵,通过强化基础设施来加强社区防洪和泥石流能力,改善季节性气候预报、粮食保障、淡水供应、救灾应急等。有效的适应技术与措施可以降低气候变化带来的不利影响,减轻未来气候变化的风险。中国幅员辽阔,不同区域的自然环境千差万别、经济社会发展水平不一,气候变化带来的影响和风险也各异。因此,需要各区域、各部门制定与实施符合当地自然条件和经济社会发展水平的适应措施。同时,也需要在实践中加强区域和部门之间合作,才能收到更加积极的效果。

减缓。减缓气候变化是指通过经济、技术、生物等各种政策、措施和手段,控制温室气体的排放和/或增强温室气体汇。为保证气候变化在一定时间段内不威胁生态系统、粮食生产、经济社会的可持续发展,将大气中温室气体的浓度稳定在防止气候系统受到危险的人为干扰的水平上,必须通过减缓气候变化的政策和措施来控制或减少温室气体的排放,如提高能源使用效率、减少化石能源使用、增加风能、太阳能等清洁能源比例、增加碳汇等。无论在哪个区域哪个部门采取减缓行动,减缓的效果都具有全球性、长期性等特征。减缓除了依靠技术创新之外,促进低碳发展的政策工具也非常关键,常用的政策工具包括命令控制型、市场机制型、财税调节型以及公共参与型四类。在实践中,这些政策工具也经常需要配合使用,形成"组合拳"。

协同与权衡取舍(synergy and trade-off)。在微观行动层面,减缓与适应之间差异显著。减缓行动虽然在本地实施,但其影响是全球的、长期的。而适应行动在本地实施,可以短期见效,但效益也多为局地或区域的。减缓与适应之间可能存在协同作用或者权衡取舍。一些行动兼有减缓和适应的作用，具有协同效应。例如，生态工业园建设，通过清洁生产、能源审计、生命周期分析的国际认证、产业共生、城市共生等手段，在增强城市可恢复力的同时具有非常明显的节能减排效果。又如林地和湿地保护、生态系统修复在增强生态系统可恢复力的同时增加碳汇。光伏治沙，在可再生能源发电的同时一定程度起到固沙的作用。但在很多情况下，减缓和适应之间难以兼顾，需要权衡取舍。例如，工程类适应措施往往需要能源消耗和碳排放，碳中和需要大规模生物质利用和碳封存技术，在实现减排的同时还带来土地利用、水资源和生态环境风险，需要通过政策减少或者管控风险。

适应和减缓必须并重。从宏观层面看，减缓和适应气候变化影响存在区域内和区域间的相互影响，尤其在水、能源、土地利用和生物多样性等之间的交叉点。适应和减缓作为应对气候变化的两大战略在减少和管理气候变化风险方面是相辅相成、缺一不可的。未来几十年，如果人类不能大幅度减排，将难以有效适应未来日益增大的气候风险。在全球面向碳中和的转型进程中，适应的需求依然非常紧迫。因为气候变化的很多影响已经发生了，对这些已经发生的影响，如果不通过适应手段来加以调整，就难以将负面影响降到最低。例如，气候变化改变了农业生产所需的光、热、水等要素的分布，农业生产就需要采取调整种植布局、选配更好抵御灾害的品种等适应措施。此外，不同温室气体的寿命不同，从十几年、几十年，到几百年甚至更长时间。即使人类未来通过减缓措施达到了净零排放，过去和现在排放的温室气体所产生的气候效应还会影响几十年、几百年甚至更长时间，特别是对海洋、冰冻圈等缓变过程。

在可持续发展框架下应对气候变化。应对气候变化并不是人类发展的唯一目标，实现可持续发展是人类永恒的主题。2015年联合国通过的2030年可持续发展议程包含了一套覆盖17个领域的可持续发展目标（SDGs），其中应对气候变化是第13个目标（图1-3）。

应对气候变化与可持续发展之间在很大程度上目标一致，存在双向互动的协同关系。气候变化是工业革命以来人类不可持续的发展方式带来的恶果，那么改变人类不可持续的发展方式，促进全球绿色低碳转型是应对气候变化的根本之道。需要加强国家与地区之间、部门内与部门间的协调互动。通过额外的气候政策、投资和金融伙伴关系、技术开放与转让、能力建设等工具整合气候变化减缓和适应行动。尽管不同地区和部门实施应对气候变化行动的速度和规模可能存在差异，但共同采取更为广泛的减缓努力，不仅可以提升温室气体减排的速度、深度和广度，也同时推动了整个经济社会的可持续发展。

图1-3　2030年全球可持续发展目标

第三节　"双碳"目标的提出和内涵

碳中和最早是一个生态学意义的概念，碳循环包括地球化学循环和生物循环。地球化学大循环非常缓慢，而碳的生物循环则比较活跃。动植物所含的碳在整个生物碳循环过程中是中性的。碳中和概念在实践中不断演变和传播，目前已上升为全球和国家目标，并日益深入人心。

一、减缓气候变化全球目标的演进

《气候公约》和《京都议定书》提出稳定浓度目标。 应对气候变化的全球长期目标一直是国际气候谈判中的关键议题之一。1992年6月，联合国环境与发展大会达成《联合国气候变化框架公约》，其中第2条规定了应对气候变化的最终目标，"将大气中温室气体的浓度稳定在防止气候系统受到危险的人为干扰的水平上。这一水平应当在足以使生态系统能够自然地适应气候变化、确保粮食生产免受威胁并使经济发展能够可持续地进行的时间范围内实现"[1]，但如何确定危险浓度水平，一直是国际气候政治谈判的一个难题。1997年通过的《京都议定书》规定了附件一国家（发达国家和转轨经济国家）2008—2012年二氧化碳等6种温室气体的排放量在1990年基础上减少5.2%，这是中短期的绝对减排目标（部分国家是控排目标）[2]，但全球长期目标仍不明确。

《坎昆协议》明确2℃温控目标。 1996年6月，欧盟委员会卢森堡会议首次提出控制全球温升不超过2℃作为应对气候变化的长期目标。2006年，英国主导编写的《斯特恩报告》论证2℃的经济学含义。2009年7月，在欧盟的力推下，G8集团峰会就2℃目标达成政治共识。2009年，哥本哈根气候谈判未达成具有法律地位的法律文件，直到2010年的《坎昆协议》才以法律形式规定"控制全球平均温升相比工业革命之前低于2℃；基于最佳可得的科学知识，包括全球平均温升1.5℃相关的知识，加强全球长期目标"[3]，完成了全球目标由浓度目标向温升目标的转变。

《巴黎协定》提出碳中和目标。 2015年12月，巴黎气候大会达成《巴黎协定》，确立了控制全球温升不超过2℃并努力实现1.5℃的全球长期目标[4]，并在第4.1条提出"在本世纪下半叶实现温室气体人为排放源与吸收汇之间的平衡"，这是气候大会法律文件中首次出现类似碳中和的"温室

---

[1] 《联合国气候变化框架公约》第2条，1992年
[2] 《京都议定书》，1997年。
[3] 《坎昆协议》，2010年。
[4] 《巴黎协定》第2.1（a），2015年。

气体平衡"的概念，标志全球目标在进一步强化温升目标的同时向碳中和目标转变。

随后，政府间气候变化专门委员会（IPCC）应公约秘书处邀请就1.5℃目标进行评估。2018年10月IPCC发布的《1.5℃特别报告》（SR15）指出，要实现1.5° 温控目标，全球二氧化碳就要在2050年左右实现净零排放。实现2℃目标，则需要在2070年左右实现净零排放。同时还要深度减排非二氧化碳温室气体。根据报告术语表，这里的净零二氧化碳排放等同于碳中和。

2021年11月，格拉斯哥气候大会达成《格拉斯哥协议》，重申《巴黎协定》目标并力推1.5℃，同时引用IPCC《1.5℃特别报告》的结论，"控制全球温升1.5℃，需要快速、深入和持续地减少温室气体排放，包括到2030年相比2010年水平全球二氧化碳减排45%，在本世纪中叶达到净零排放，同时深度减排其他温室气体"[1]，正式将净零二氧化碳排放（碳中和）目标写入国际法律文件。

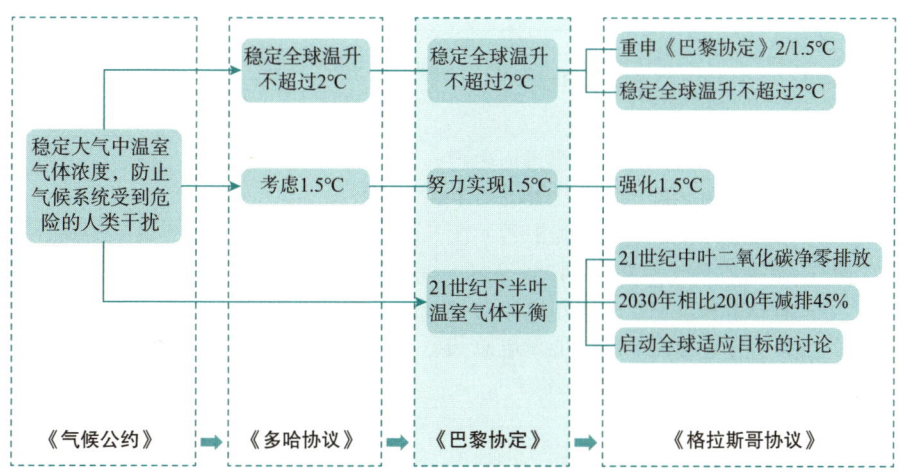

图1-4 全球应对气候变化目标的演化

---

[1] 《格拉斯哥协议》减缓部分第17条，2021年。

二、"双碳"目标的概念内涵

2020年9月22日,习近平主席在第75届联合国大会一般性辩论上向国际社会郑重提出中国"将提升国家自主贡献力度,采取更加有力的政策和措施,二氧化碳排放力争在2030年前达到峰值,努力争取2060年前实现碳中和"。

2020年被称为"全球碳中和元年",各国纷纷提出碳中和目标。根据国际机构Zerotracker的统计,截至2022年底,全球已有133个国家和国家集团(含欧盟)、116个地区、242个城市和811个公司提出碳中和目标,覆盖了全球83%排放、91%的GDP(PPP)和80%的人口[1]。不同国家和地区对减排目标的具体表述不尽相同,例如,中国提出"双碳"目标,美国提出全经济范围的净零温室气体排放目标,欧盟提出气候中和目标,并等同于温室气体中和,印度提出净零排放目标,但具体细节尚不清晰。[2][3]

表1-2 世界主要大国中期和长期气候目标

国家	2030年中期目标	长期目标		
		时间	目标表述	状态
中国[3]	2030年前碳达峰,单位国内生产总值二氧化碳排放将比2005年下降65%以上,非化石能源占一次能源消费比重将达到25%左右,森林蓄积量将比2005年增加60亿立方米,风电、太阳能发电总装机容量将达到12亿千瓦以上	2060年前	碳中和	政策文件

---

[1] 仅统计全球前25位的排放大国中的地区和人口超过50万的城市,仅考虑国家层面计算各项占比,详见 https://zerotracker.net/

[2] 陈迎.碳中和概念再辨析[J].中国人口资源·环境,2022(4).

[3] 中国,https://unfccc.int/sites/default/files/resource/China%E2%80%99s%20Mid-Century%20Long-Term%20Low%20Greenhouse%20Gas%20Emission%20Development%20Strategy.pdf

续表

国家	2030年中期目标	长期目标		
		时间	目标表述	状态
美国[1]	净温室气体排放相比2005年水平减排50%–52%	不晚于2050年	净零温室气体排放	政策文件
欧盟[2]	净温室气体排放相比1990至少减排55%	到2050年	气候中和	完成立法
印度[3]	相比2005年水平单位GDP排放强度下降33%–35%；非化石能源发电累计装机占比40%，为有条件目标，取决于技术转让和包括绿色气候基金在内的低成本国际资金	到2070年	净零排放	领导人讲话

资料来源：根据中国、美国、欧盟提交公约秘书处的长期低碳发展战略，印度总理莫迪在格拉斯哥气候大会期间的讲话，作者整理[1][2][3]。

碳达峰概念比较好理解，是指全球、国家、城市、企业等不同主体的二氧化碳排放由上升转为稳定下降，其最高点称为碳排放峰值[4]。碳中和概念则有不少模糊认识，甚至争议。根据IPCC术语的权威解释，碳中和是指一定时期内特定主体（国家、组织、地区、商品或活动等）的人为二氧化碳排放与人为二氧化碳移除之间达到平衡。所谓碳移除（CDR），是指从大气中移除二氧化碳并长期储存在地质、陆地或海洋库里或产品中，包括通过人为活动增强生物或地球化学碳汇或通过直接空气碳捕获和封存技术移除大气中的二氧化碳[5]。

---

[1] 美国：https://www.whitehouse.gov/wp-content/uploads/2021/10/US-Long-Term-Strategy.pdf
[2] EU：https://ec.europa.eu/clima/eu-action/climate-strategies-targets/2050-long-term-strategy_en
[3] 印度：https://in.mashable.com/science/25635/india-is-targeting-net-zero-emissions-by-2070
[4] 陈迎，巢清尘，等．2021.碳达峰、碳中和100问［M］.北京：人民日报出版社.
[5] IPCC AR6 WGI glossary

三、避免"双碳"目标的认识误区

"双碳"目标提出后,受到全社会的高度关注,但在实践中,存在不少对"双碳"目标的认识误区,必须澄清。只有基于科学对相关概念进行辨析,统一思想,才能更好落实"双碳"目标。

将碳达峰错误理解为"碳冲锋",还要"攀高峰"。碳达峰、碳中和目标提出之后,一些地方和企业认为碳达峰之后就不能上项目了,因此急于在碳达峰之前抢上"两高"项目。实际上,落实"双碳"目标,不是限制发展,而是促进绿色低碳可持续发展。碳达峰与碳中和是一个目标的两个阶段,不能割裂。只有面向碳中和的高质量碳达峰,努力"削峰",尽早达峰,才能为后续碳中和目标留下更大的空间和灵活性。如果抢上"两高"项目,就会锁定在高碳发展路径上,很可能人为推高峰值,使碳排放长期在高位震荡,给后续实现碳中和目标带来更大的挑战。

混淆碳中和概念,寄希望于自然碳汇来平衡碳排放。碳中和是指一段时间内人为碳排放源与人为碳吸收汇相平衡的状态。目前全球人类活动排放的温室气体,大约31%被陆地生态系统吸收,23%被海洋吸收,只有46%留在大气中。那么有人就以为如果全球碳排放减少一半,就可以碳中和了。其实不然。碳中和概念强调,如果没有人为影响,自然生态系统本来是平衡的,人为碳排放打破了自然平衡,因此只有人为碳吸收汇才能平衡人为碳排放。自然生态系统的确吸收了一定的人为碳排放,但吸收能力在逐步下降,而且已经不堪重负。例如,海洋吸收了人为排放增加热量的90%,导致海洋变暖,海平面升高,海洋酸化,严重影响海洋生态系统。实现碳中和首先必须大力减排,不能寄希望于自然碳汇来平衡碳排放。

混淆碳汇概念,高估森林碳汇的作用。碳中和概念中的人为碳吸收汇,不仅必须是人为的,还必须是增量,而不是存量。碳汇必须能长期保持,生态系统中固定的碳存量,如果不好好维护,不仅不是碳汇,还可能释放出来转变为碳排放源。例如，城市化带来的土地利用变化，森林火灾，湿地的不合理开发等都会带来碳排放。我国森林覆盖率大约24%，森林碳汇占生态系统碳汇的大约80%，而我国生态系统碳汇每年已超过100亿吨的碳排放，占比在10%~12%。林业专家认为我国未来极限森林覆盖率不会超过30%。随着树龄老化，碳汇潜力还可能下降。一些地方以为森林覆盖率高则森林碳汇潜力大，是错把存量当增量，高估了碳汇的作用。

混淆碳减排和碳移除。 图1-5中左图是网络上常用的碳中和示意图，其实存在两个明显的错误。一是没有强调"人为"的特征，这个问题前面已经分析，这里不再赘述。二是将风车放在吸收一侧，混淆了碳减排和碳移除的概念。因为风车代表的可再生能源替代传统化石能源是碳减排措施，不是碳吸收。右图中，通过风能、太阳能开发和智能电网组成的电力系统逐渐替代传统的化石能源，实现大幅度减排，剩余少量的排放再通过右侧增加森林碳汇和人工技术手段去吸收，以达到人为碳排放源与人为碳移除之间的平衡。因此，右图更符合碳中和内涵。

图1-5　碳中和概念示意图

只控制二氧化碳排放，忽视其他非二氧化碳类温室气体。 当前，"双碳"工作主要聚焦二氧化碳，实际上，《京都议定书》规定了6种温室气体，包括二氧化碳、甲烷、氧化亚氮、氢氟碳化物（HFCs）等三种含氟气体2012年《京都议定书》的多哈修正案又将三氟化氮（NF3）纳入管控范围。甲烷是人类活动排放的仅次于二氧化碳的全球第二大温室气体，虽寿命较短，但增温效应较强。如果不考虑气候系统的反馈，在百年尺度上的增暖效应（GWP）是二氧化碳的28倍，而20年尺度内短期GWP高达84倍。控排、减排非二温室气体也是"双碳"工作的重要组成部分，是对"双碳"工作提出的更高要求。中国已接受2016年通过的《〈蒙特利尔议定书〉基加利修正案》，2024年要将氢氟碳化物的生产和消费冻结在基线水平，2029年在基线水平上削减10%，到2045年削减80%。

混淆碳中和、温室气体中和与气候中和。 人类活动对气候系统的影响是多方面的。即使实现了碳中和、温室气体中和，也并不意味着全球地表平均气温就不再变化，因为人类活动还通过改变土地利用和土地覆盖方式等手段影响气候变化。改变土地利用和土地覆盖方式将使地表反照率发生变化，这就改变了地表和大气之间的能量以及物质交换，影响了地表的能量平衡，进而影响气候发生变化。因此，要想真正控制温升，还需要通过更大力度的负碳技术去中和，使人类活动的其他影响也达到净零，从而实现气候中和。

第四节　保持"双碳"目标的战略定力

自2020年9月22日习近平主席向国际社会郑重承诺"2030年前碳达峰，2060年前碳中和"目标以来，党中央国务院高度重视"双碳"工作，出台了一系列重要文件。2021年3月15日召开的中央财经委员会第九次会议提出要将碳达峰碳中和纳入生态文明建设整体布局。据初步统计，习近平总书记在国际国内不同场合提及"双碳"目标多达数十次。2021年6月，在中央层面成立了碳达峰碳中和工作领导小组，由国家发展改革委履行领导小组办公室职责，在全面战略部署同时强化组织领导和统筹协调，促进上下联动，各地区、各部门协同推进，实现了良好开局。

一、碳达峰碳中和"1+N"政策体系基本建立

所谓"1+N"政策体系，"1"是中国实现碳达峰碳中和的指导思想和

顶层设计，由2021年发布的《中共中央 国务院关于完整准确全面贯彻新发展理念做好碳达峰碳中和工作的意见》（以下简称《意见》）[1]和《2030年前碳达峰行动方案》（以下简称《方案》）[2]两个文件共同构成，明确了碳达峰碳中和工作的时间表、路线图、施工图。"N"包括能源、工业、交通运输、城乡建设等重点领域，钢铁、有色金属、石化、化工、建材等重点行业的实施方案，以及价格税收、金融、统计考核、科技支撑等方面的保障方案。同时，各省区市均已制定了本地区碳达峰行动方案。这一系列文件构建起目标明确、分工合理、措施有力、衔接有序的碳达峰碳中和政策体系。目前，我国的碳达峰碳中和"1+N"政策体系已基本建立，标志着我国"双碳"行动迈入了实质性落实阶段。

2021年10月24日发布的《意见》作为落实"双碳"目标的顶层设计，强调"三新"，即立足新发展阶段，贯彻新发展理念，构建新发展格局；提出了五大基本原则，即全国统筹、节能优先、内外畅通、双轮驱动、防范风险；还设定了到2025年、2030年、2060年的主要目标，提出10方面31项重点任务，明确了碳达峰碳中和工作的路线图、施工图，并首次提到2060年非化石能源消费比重目标要达到80%以上。

2021年10月26日发布的《方案》依据总体部署、分类施策；系统推进、重点突破；双轮驱动、两手发力；稳妥有序、安全降碳的工作原则，提出了到2025年，非化石能源消费比重达到20%左右，单位国内生产总值能源消耗比2020年下降13.5%，单位国内生产总值二氧化碳排放比2020年下降18%，到2030年，非化石能源消费比重达到25%左右，单位国内生产总值二氧化碳排放比2005年下降65%以上等具体目标。《方案》确定了包含十大行动的重点任务，如能源绿色低碳转型行动、节能降碳增效行动，

---

[1] 《中共中央 国务院关于完整准确全面贯彻新发展理念做好碳达峰碳中和工作的意见》，2022年10月24日。http://www.gov.cn/zhengce/2021-10/24/content_5644613.htm

[2] 《2030年前碳达峰行动方案》，2021年10月26日，http://www.gov.cn/zhengce/zhengceku/2021-10/26/content_5644984.htm

涵盖工业、城乡建设、交通运输、循环经济、科技创新、固碳增汇、全民行动，以及各地区梯次有序碳达峰等不同领域。

此外，国务院印发的《"十四五"节能减排综合工作方案》[1]《关于加快建立健全绿色低碳循环发展经济体系的指导意见》[2]，国家发改委印发的《完善能源消费强度和总量双控制度方案》[3]，生态环境部印发的《关于统筹和加强应对气候变化与生态环境保护相关工作的指导意见》[4]等也都是指导"双碳"工作的重要文件。根据"零碳录（CCNT）"不完全统计，自2021年以来，我国出台了国家级政策行动159项，省级政策行动333项，能源、交通、工业、建筑等行业制定了近500项政策行动[5]。"1+N"政策体系不仅为落实"双碳"目标指明了方向，绘制了蓝图，更重要的是提供了可以具体操作的政策工具，促进各项工作落在实处。

二、全社会齐动员积极支持和参与"双碳"

在中央碳达峰碳中和"1+N"政策体系的引导下，各级地方政府也积极结合当地社会经济发展水平和资源禀赋特征，探索和制定适合本地实际情况落实"双碳"目标的政策和措施。城市是人口和经济活动高度聚集的地区，也是能源消耗和碳排放的主要来源。我国从2010年起陆续启动了三批包括广东、辽宁、湖北、陕西、云南、海南和天津、重庆、深圳、厦门

---

[1] 《"十四五"节能减排综合工作方案》，2022年1月24日，http://www.gov.cn/zhengce/content/2022-01/24/content_5670202.htm

[2] 《关于加快建立健全绿色低碳循环发展经济体系的指导意见》，2021年2月22日，http://www.gov.cn/zhengce/content/2021-02/22/content_5588274.htm

[3] 《完善能源消费强度和总量双控制度方案》，2021年9月14日，http://www.gov.cn/zhengce/zhengceku/2021-09/17/5637960/files/49cb6c96c1384ed89c6e61269ee69da0.pdf

[4] 《关于统筹和加强应对气候变化与生态环境保护相关工作的指导意见》2021年1月13日，https://www.mee.gov.cn/xxgk2018/xxgk/xxgk03/202101/t20210113_817221.html

[5] 零碳录 https://ccnt.igdp.cn

等在内的共87个省、区、市作为低碳试点。试点城市以低碳经济为发展模式及方向，市民以低碳生活为理念和行为特征，政府公务管理层以低碳社会为建设标本和蓝图，不仅低碳城市建设成效显著，在落实"双碳"目标中也起到先锋示范作用。

企业是落实"双碳"目标的主力军。越来越多企业关注气候变化和"双碳"政策，结合本行业发展规划加强环境、社会和公司治理（ESG），调整企业发展战略，提出自己的"双碳"目标，其中中央企业作为国民经济的重要支柱，在关系国家安全和国民经济命脉的主要行业和关键领域占据支配地位，推动"双碳"工作发挥引领示范作用。2021年底，国资委印发《关于推进中央企业高质量发展做好碳达峰碳中和工作的指导意见》，2022年6月29日出台《中央企业节约能源与生态环境保护监督管理办法》，将中央企业节约能源与生态环境保护考核评价结果纳入中央企业负责人经营业绩考核体系，落实碳达峰碳中和目标是重点工作之一。

推进"双碳"工作迫切需要培养更多"双碳"人才。2022年4月，教育部印发了《加强碳达峰碳中和高等教育人才培养体系建设工作方案》[1]，强调加强绿色低碳教育，为实现碳达峰碳中和目标提供坚强的人才保障和智力支持。各地科研院所纷纷成立碳中和研究院，编写"双碳"主题的图书，设立"双碳"相关的课程等。2022年10月，教育部印发《绿色低碳发展国民教育体系建设实施方案》[2]，强调构建特色鲜明、上下衔接、内容丰富的绿色低碳发展国民教育体系，引导青少年牢固树立绿色低碳发展理念，为实现碳达峰碳中和目标奠定坚实思想和行动基础。

此外，结合世界环境日、节能宣传周和全国低碳日等活动的科普宣传，倡导简约适度、绿色低碳、文明健康的生活方式，社会公众的"双碳"意

---

[1] 教育部关于印发《加强碳达峰碳中和高等教育人才培养体系建设工作方案》的通知，教高函〔2022〕3号，http://www.moe.gov.cn/srcsite/A08/s7056/202205/t20220506_625229.html

[2] 教育部关于印发《绿色低碳发展国民教育体系建设实施方案》的通知，教发〔2022〕2号，http://www.gov.cn/zhengce/zhengceku/2022-11/09/content_5725566.htm

识也在不断增强,绿色低碳理念日益深入人心。越来越多的普通人认同并积极践行"光盘行动",反对食物浪费,自觉节电、节水、节纸、减少一次性用品的使用。全社会已初步形成积极支持和主动参与落实"双碳"目标的良好氛围。

三、坚定落实"双碳"目标的战略定力

2022年10月,党的二十大报告强调要推动绿色发展,促进人与自然和谐共生,并对"双碳"工作作出了新部署。积极稳妥推进碳达峰碳中和,立足我国能源资源禀赋,坚持先立后破,有计划分步骤实施碳达峰行动,深入推进能源革命,加强煤炭清洁高效利用,加快规划建设新型能源体系,积极参与应对气候变化全球治理[1]。2023年是全面贯彻二十大精神的开局之年,全国上下必须深刻理解"双碳"工作的战略意义,将落实"双碳"目标作为一项全局性、长期性工作,坚定落实"双碳"目标的战略定力。

第一,落实"双碳"目标是为了应对气候变化。 IPCC第六次评估进一步强化人类活动是造成全球气候变化的主要原因,整个气候系统的变化广泛而快速,气候变化已经发生并将继续,给自然和人类社会带来复杂严峻和不可逆转的风险。因此,减缓和适应气候变化刻不容缓,实现1.5℃的时间窗口即将关闭,呼吁全球加速减缓行动,向具有气候恢复力的低排放发展路径转型。

第二,实现全球碳中和,不仅是为了应对气候变化。 摆脱人类活动对化石能源的依赖,意味着经济发展方式的根本转型,对世界经济具有深远影响。一些经济活动、技术,甚至行业,将被新的模式替代。传统化石能源,尤其煤炭行业,将受到很大冲击,相关的基础设施、制造和服务部门

---

[1] (受权发布)习近平:高举中国特色社会主义伟大旗帜 为全面建设社会主义现代化国家而团结奋斗——在中国共产党第二十次全国代表大会上的报告,新华网,2022-10-25,http://www.news.cn/politics/cpc20/2022-10/25/c_1129079429.htm

将逐渐萎缩，就业下降。同时，实现碳中和目标所需的新能源、新技术、新市场、新业态、新模式、新投资、新规则、新标准等都将不断涌现，创造新的就业机会。

第三，在全球碳中和的新赛道上，国际竞争和大国博弈将愈演愈烈。在碳中和目标下，那些依靠传统化石能源拥有权力的国家的影响力可能逐步下降，而掌握碳中和关键技术和装备制造能力、关键金属资源和加工能力，在全球清洁能源市场、碳市场、碳金融领域占优势的国家可能争取到更大的话语权，甚至成为引领者，从而重塑国际政治经济格局。在碳中和进程中，各国都在探索符合自身国情的绿色低碳发展道路，不同国家不仅比拼经济、科技等硬实力，也需要加强政治、文化、外交等软实力。需要强调的是，国家之间的竞争并非零和博弈，碳中和需要加强国际合作，实现"共赢"。

第四，全球碳中和进程是一场人类的自我革命，不会一帆风顺，可能出现波动、反复，但短期因素的干扰不改长期趋势和大方向。例如，新冠疫情使得2020年全球能源相关碳排放比2019年大约下降5.9%，而2021年随着经济复苏，碳排放反弹6%，创出历史新高。经济复苏也使得全球能源价格持续走高，俄乌冲突更加剧了短期内欧洲能源供应紧张，一些国家被迫重启煤电或核能以应对能源危机。但欧盟是否就放弃碳中和目标了？2022年3月6日，欧盟发布《欧洲廉价、安全、可持续能源联合行动》，明确表示能源绿色转型的决心，正如欧盟委员会主席冯德莱恩所说，"越快转向可再生能源、水电并提高能效，就越早能真正独立掌控我们的能源系统"。欧盟陆续公布了一系列加速能源转型的政策，如REPover计划、欧盟氢能战略、能源系统一体化战略等。9月14日，欧洲议会通过立法，支持欧盟将2030年可再生能源占比目标由40%提高到45%。葡萄牙新政府宣布，到2026年将可再生能源在发电量中的占比提升至80%，较原计划提早四年。可见，欧洲不仅不会放弃碳中和战略，还会加速能源转型的步伐。

实现"双碳"目标，不是别人让我们做，而是我们自己必须要做。中国落实"双碳"目标不仅为了国际形象，更是出于"两个由内到外"的自身需求。一是要充分认识到，以"双碳"目标为抓手关键在于促进绿色低碳发展转型，这是我国可持续发展和美丽中国建设的内在需求。二是要充分认识到，加强气候和绿色低碳发展国际合作是国内绿色低碳发展的自然延伸，国内行动和国外行动具有内在一致性。国际合作服务国内转型，国内行动支持国际治理，必须统筹推进。即使部分国家放慢转型的步伐，中国也不能因暂时的困难动摇对"双碳"目标的信心，而应在国内复杂局面下增强治理能力，更加积极扎实精准地落实好"双碳"工作，努力在碳中和国际竞争与合作中抢占先机。

回顾历史，人类社会已经经历了煤炭代替木材、石油天然气代替煤炭的两次全球能源转型，目前正处于可再生能源替代石油天然气的关键转型期。中国已经错过了前两次能源转型及其工业革命的机遇，再不能错失当前新一轮新技术革命的发展良机。我们要充分认识到，加速能源绿色低碳转型是同时应对全球能源危机和气候危机的必由之路，也是参与世界经济政治新格局下发展红利的重大战略机遇。中国已有一定的基础和有利的条件，如可再生能源开发利用，风光总装机容量、新增量、发电量均居世界首位；中国拥有完整的新能源产业链，设备制造产业产值也高居世界首位。到21世纪中叶，碳中和的世界与当前世界完全不同，如果不能在碳中和经济技术竞争中取得优势地位，在国际气候和能源治理中拥有相应的话语权，就称不上建成社会主义现代化强国，中国必须勇于担当全球碳中和进程的引领者。

思考题

1. "双碳"目标与气候变化有什么关系？
2. 如何避免对"双碳"的认识误区？
3. 我国提出"双碳"目标有什么战略考量？

第二讲 "双碳"目标与产业发展

郭兆晖　徐晓婧

中央反复强调实现碳达峰、碳中和目标，习近平总书记对碳达峰、碳中和目标高度重视，提出了对构建绿色低碳的产业体系的新要求。要坚决遏制"两高"项目盲目发展，升级改造传统产业，加快发展战略性新兴产业，打造绿色低碳现代服务业体系。同时，要加强区域协同和产业布局，深入推进区域协调发展战略。当前适逢新一轮科技革命和产业变革浪潮，产业数字化已成趋势。通过数字化转型助推产业绿色低碳发展，是"双碳"目标下产业转型升级面临的新任务和迫切要求。

第一节　产业结构和产业政策的历史演进

中国产业结构实现了从"一二三"到"三二一"的转变，农业基础地位不断巩固，工业主导地位不断提升，服务业对经济社会的支撑效应不断强化。在新常态下，为适应经济发展，产业结构优化升级已成为各地区的一种发展趋势，产业结构与能源消费、碳排放具有相关性。加快产业结构的转换和升级离不开产业政策的支持，根据经济体制和发展策略，可将新中国成立以来的产业政策的演进分为计划经济体制（1949—1977）、市场经济体制的确立与完善（1978—2012）和全面深化改革（2013年至今）三个阶段。

一、产业结构的历史演变

1949年新中国成立以来，经过全国上下砥砺奋进，中国经济发展取得前所未有历史性成就的同时，经济结构不断优化，产业国际竞争力稳步提高，产业结构经历了从严重失衡到总体平衡的发展历程，实现了从"一二三"到"三二一"的转变，特别是党的十八大以来，产业结构向高级化和服务化迈进的步伐加快，经济增长进入新旧动能转换的新时期。农业基础作用不断加强，工业主导地位迅速提升，服务业对经济社会的支撑效应日益突出，三大产业发展趋于合理，经济发展呈现全面性、协调性和可持续性，可分为三个阶段。[1]

第一阶段：形成以农业为基础，工业为主导的产业格局（1949—1977）。新中国成立初期，受到当时国际环境及特殊历史条件等因素的影响，中国采取倾斜支持重工业发展的工业化道路，虽然加强了国防，但也使经济结构出现了较大偏差。从整体上看，中国产业结构严重不协调，农业和第三产业发展严重滞后，工业发展以重工业为纲，对轻工业重视不够，国民经济结构比例严重失调。经济基础薄弱、产业结构落后、工业体系不健全，社会总产值仅为557亿元，其中第一产业产值高达326亿元，占到社会总产值的58.5%，在国民经济发展中占据主导地位。

1949—1977年，经过28年的艰辛建设，新中国三大产业均得到了较大

---

[1] 惠宁，刘鑫鑫.新中国70年产业结构演进、政策调整及其经验启示［J］.西北大学学报（哲学社会科学版），2019，49（6）：5-20.

发展，人民生活水平相较新中国成立之初得到了显著提高，奠定了较好的工业基础特别是重工业基础，形成了以农业为基础、工业为主导的产业格局，逐步建立了独立的、比较完整的国民经济体系。

第二阶段：健全工业门类，形成完整的现代工业体系（1978—2012）。1978年底开始的改革开放推动了新中国产业结构的巨大变化。随着党的十一届三中全会胜利召开，经济体制改革从农村到城市、从农业到工业渐次推进，深刻地改变了长期以来三大产业间的不协调和不合理，充分释放了产业发展的活力，推动了产业结构的合理化和协调化。面对人民日益增长的生活用品需求和相关产业的瓶颈制约，国家确立了"优先发展轻工业"战略，着力破解产业结构不协调问题，实施轻重工业均衡化发展战略。这一时期调整轻重工业之间关系，优先发展以纺织工业为代表的轻工业，政策向能源、交通等基础性产业倾斜。随着产业结构的合理化，高新技术产业和第三产业得到一定发展，产业结构现代化的趋势加快，而新兴产业和改造传统产业的进展相对缓慢。[1]我国产业结构得到进一步优化升级，但是与发达国家相比，产业技术仍然处于低端水平，在引进外资过程中没能通过自主研发有效提升技术水平，使我国核心技术和关键零部件的供给严重依赖发达国家。

经过1978—2012年的建设，新中国建立了完整的现代工业体系，成为全世界唯一拥有联合国产业分类中全部工业门类的国家。正是这个完整的现代工业体系，使得中国产业具备了最完善的配套能力，保证中国经济在外界不可控因素的冲击下仍能够持续发展。同时，伴随快速的工业化进程，中国制造业不断发展壮大，世界230多个国家和地区都能见到"中国制造"的身影，2010年以后中国就已成为世界产出第一的制造大国。

---

[1] 汪晓文，李明，张云晟.中国产业结构演进与发展：70年回顾与展望［J］.经济问题，2019（8）：1-10.

第三阶段：第三产业产值超越第一、二产业，中国进入服务型经济社会（2013年至今）。党的十八大以来，在市场机制和产业政策的双重作用下，中国工业转型升级成效明显，以数字化、网络化、智能化为特征的智能制造异军突起，成为制造业的新生力量，工业发展质量提升。2013年第三产业产值占比超过了第二产业，2015年产值占比超过了50%，成为三大产业中的主导力量，标志着中国进入服务型经济社会。2018年，第一、二、三产业对经济增长的贡献率分别为4.9%、36.1%和59.7%，形成了"三二一"的产业格局。我国进入工业化后期，三次产业之间的协调性不断提高，三次产业内部结构基本合理。这一时期的政策更加强调产业发展的科技含量，更加注重经济发展和环境保护的相互协调。我国产业层次有了较快提升，高新技术产业和战略新兴产业发展十分迅速。在高铁、核电、4G移动通信、电商、特高压输变电等领域我国已处于和发达国家"并跑"甚至"领跑"的地位。[1]

二、产业结构与能源消费、碳排放的相关性

在新常态下，为适应经济发展，产业结构优化升级已成为各地区的一项促进节约能耗、降低污染排放的重要措施，可以通过结构调整、技术效应等减少碳排放，但是存在地区差异性，其作用效果的显著性还需要视地区实际情况而定，具体可以从规模效应、结构效应和技术效应三个方面进行解释。[2]

一是在规模效应上，当产业结构升级带来社会经济规模扩大时，虽然要素投入越来越多，但不同发展阶段所需要的要素类别不同，因此经济活动所带来的环境污染也呈现不同的情况变化，在经济规模扩大的早期，重

---

[1] 张小筠, 刘戒骄. 改革开放40年产业结构政策回顾与展望 [J]. 改革, 2018（9）: 42-54.
[2] 黎振强, 周秋阳. 产业结构升级是否有助于促进碳减排——基于长江经济带地区的实证研究 [J]. 生态经济, 2021, 37（8）: 34-40+111.

工业生产率最高，能源投入较多，因此碳排放水平也越来越高，到后期，随着产业技术含量的不断提高，生产要素也逐渐流向高生产率部门，而这些部门主要的投入要素是技术、信息、人才等，并不是能源，因此并不会导致碳排放的大幅度提高。

二是在结构效应上，三次产业的能源消费需求和能源消费结构存在明显区别，而且各类能源的二氧化碳排放系数也不一样，因此各产业的碳排放强度也不尽相同。第一产业中，占据主导地位的农业对能源消耗的需求并不高，因此其碳排放强度和碳排放总量都处于较低的水平。第二产业以工业为主，在工业化初期，以重工业为主的第二产业对煤炭等能源的需求量较大，再加上粗放的经济增长方式和较为落后的技术水平，因此碳排放总量较多。第三产业对能源的消耗相对较低，随着第三产业所占比重逐渐增大，碳排放强度出现一定程度的下降，当第三产业成为主导产业时，经济增长方式将发生明显改变，对能源的需求结构也会发生变化，从而导致碳排放量的变动，即产业结构改变将造成整个社会碳排放量发生变化。若碳排放强度高的产业在经济中占比较大，那么整个社会的碳排放量就会上升；若碳排放强度低的产业发展迅速，那么整个社会的碳排放量将下降。

三是在技术效应上，产业结构升级影响碳排放的技术效应主要通过两方面实现，一方面，技术进步可以通过调整产业内部的投入分配比例来减少高碳型生产要素的投入；另一方面，技术进步有助于开发低碳型生产能源，提高能源利用率，从而有助于减少煤炭、石油等高碳型生产要素的使用，降低相关产业的碳排放。

三、调整产业结构的相关政策

加快产业结构的转换和升级离不开产业政策的支持。中国长期以来一直实施具有产业政策特点的经济政策，1989年颁布的《国务院关于当前产业政策要点的决定》标志着产业政策正式列入我国政策体系。根据经济体制和发展策略,可将新中国成立73年以来产业政策的演进分为1949—1977年、1978—2012年、2013年至今三个阶段。[1]

计划经济体制(1949—1977)。1949—1952年,新中国成立初期最重要的任务是国民经济的恢复。1950年6月,毛泽东在党的七届三中全会上做了《为争取国家财政经济状况的基本好转而斗争》的报告,指出用三年的时间恢复国民经济,为大规模经济建设创造条件。1952年9月,毛泽东又提出要逐步实现对农业、手工业和资本主义工商业的社会主义改造,以促进工、农、商业的社会变革和整个国民经济的恢复。经过三年的发展,我国的产业得到了快速增长,国防力量增强,国民经济基本恢复,但重工业发展仍然滞后,1952年工业产值中重工业仅占到35.5%,故1953年以后经济建设的重心从国民经济恢复转向了重工业发展。1952年12月发布的《关于编制1953年计划及长期计划纲要若干问题的指示》明确强调以发展重工业为建设重点,集中有限的资金和建设力量保证重工业和国防工业的基本建设。第一个五年计划(1953—1957)报告指出,要集中主要力量完成包括苏联帮助中国设计的156个建设单位在内的、在限额以上的694个,加上农林、水利、交通运输、文化等共计1600个建设单位,以期形成国家工业化和国防现代化的初步基础,同时有步骤地促进农业、手工业的合作化,继续对资本主义工商业进行社会主义改造。1956年4月,毛泽东发表了《论十大关系》,深刻探讨了重工业和轻工业、农业的关系,指出重工业是我国建设的重点,但不能舍弃农业和轻工业,要用多发展一些农业、轻工业的办法来发展重工业。

市场经济体制的确立与完善(1978—2012)。1978—1992年,进行经济体制改革,纠正结构严重失衡的产业政策。为改变改革开放初期中国产业结构严重失衡的局面,中国初步实施了经济体制改革,在1982年党的

---

[1] 惠宁,刘鑫鑫.新中国70年产业结构演进、政策调整及其经验启示[J].西北大学学报(哲学社会科学版),2019,49(6):5-20.DOI:10.16152/j.cnki.xdxbsk.2019-06-001.

十二大上提出了"计划经济为主、市场调节为辅"的方针,在1984年党的十二届三中全会上进一步提出发展有计划的商品经济,市场力量得到初步释放。1993—2002年,市场经济体制初步确立,明确了推动基础工业发展的产业政策。以1992年南方谈话和党的十四大召开为标志,我国社会主义市场经济体制初步确立。党的十四大报告明确提出,"我国经济体制改革的目标是建立社会主义市场经济体制","要使市场在国家宏观调控下对资源配置起基础性作用"。1997年党的十五大报告又提出"要加快国民经济市场化进程"。2002年党的十六大报告继续提出"在更大程度上发挥市场在资源配置中的基础性作用",2007年党的十七大报告进一步提出"从制度上更好发挥市场在资源配置中的基础性作用"。随着计划经济体制壁垒被真正打破,市场机制被正式引入。中国的产业政策发生了阶段性变化,强调在产业结构调整的同时注重产业结构升级,着力推动细分行业的发展,高度重视基础产业、支柱产业和高新技术产业的发展,重视产业发展中增长模式转换的问题。同时城镇化和工业化的推进,将居民消费需求不断从衣食的日常生活品向住房、交通工具、家用电器、通信工具、计算机等耐用消费品升级,在需求导向之下引发了新一轮重工业的重启。

全面深化改革(2013年至今)。以2012年党的十八大召开为标志,我国社会主义市场经济体制逐步完善,2013年党的十八届三中全会在政府与市场关系这一改革核心问题上提出"让市场在资源配置中起决定性作用"。这意味着我国经历了多年的市场化改革,对于政府与市场关系的认识更加深化,并到达了一个新的高度。2015年中央提出着力加强供给侧结构性改革,推进"去产能、去库存、去杠杆、降成本和补短板"的"三去一降一补"五大任务,着力提高供给体系的质量和效率。2016年,"十三五"规划提出"创新、协调、绿色、开放、共享"的发展理念,要求深入实施创新驱动发展战略,着力构建创新能力强、品质服务优、协作紧密、环境友好的现代产业新体系。2017年,党的十九大报告指出,目前我国经济正处在转变发展方式、优化经济结构、转换增长动力的攻关期,必须坚持以供给侧结构性改革为主线，推动互联网、大数据、人工智能和实体经济深度融合，加快传统产业优化升级，促进我国产业迈向全球价值链的高端。同时加强国家创新体系建设，强化战略科技力量，着力加快建设实体经济、科技创新、现代金融、人力资源协同发展的产业体系。2018年12月中央提出了"巩固、增强、提升、畅通"八字方针，要求按照高质量发展的要求，运用市场化、法治化手段，推动质量变革、效率变革、动力变革。这一阶段的重点在于产业结构的转型和产业的高质量发展，在政策的支持和引领下，经济发展在短期内获得了一定的成效。供给侧结构性改革深入推进，产业转型升级态势持续；经济结构不断优化，农业现代化稳步推进，服务业保持稳中向好的发展态势，数字经济等新兴产业蓬勃发展。

第二节 "双碳"目标下的产业发展转型

实现碳达峰、碳中和是一场广泛而深刻的经济社会系统性变革。中央反复强调实现碳达峰、碳中和目标，习近平总书记对碳达峰、碳中和目标高度重视，提出了对构建绿色低碳的产业体系的新要求。要坚决遏制"两高"项目盲目发展，升级改造传统产业，加快发展战略性新兴产业，打造绿色低碳现代服务业体系。同时，要加强区域协同和产业布局，深入推进区域协调发展战略。

一、构建绿色低碳的产业体系的新要求

党的十八大以来，在习近平生态文明思想引领下，中国贯彻新发展理念，将应对气候变化摆在国家治理更加突出的位置，不断提高碳排放强度削减幅度，不断强化自主贡献目标，以最大努力提高应对气候变化力度，把碳达峰、碳中和纳入生态文明建设，推动经济社会发展全面绿色转型，建设人与自然和谐共生的现代化。2021年9月22日，《中共中央　国务院

关于完整准确全面贯彻新发展理念做好碳达峰碳中和工作的意见》提出，"到2025年，绿色低碳循环发展的经济体系初步形成""到2060年，绿色低碳循环发展的经济体系和清洁低碳安全高效的能源体系全面建立"的阶段性目标。全面建立绿色低碳循环发展的经济体系的关键是构建绿色低碳循环发展的产业体系，实现以生产环节绿色化、低碳化、循环化为基础的社会活动链条和经济发展系统的全面绿色转型。加快构建绿色低碳的产业体系与经济社会发展全面绿色转型有着内在的密切联系。加快构建绿色低碳循环发展的产业体系是全面建立绿色低碳循环发展经济体系的核心任务，是推动经济社会发展全面绿色转型、重塑经济发展新优势、形成可持续发展新动力、开拓高质量发展新局面的重要举措，更是2060年前实现碳中和目标的基础和保障。[1]

构建绿色低碳循环产业体系是碳中和目标下实现高质量发展的必要保证。习近平总书记关于"碳达峰、碳中和"目标的重要论述，就是要立足新发展阶段，贯彻新发展理念，构建新发展格局，坚持系统观念，处理好发展和减排、整体和局部、短期和中长期的关系，把碳达峰、碳中和纳入经济社会发展全局，以经济社会发展全面绿色转型为引领，以能源绿色低碳发展为关键，以确保如期实现碳达峰、碳中和。以创新、协调、绿色、开放、共享为核心的新发展理念，是永续发展的必要条件和人民对美好生活追求的重要体现，也是应对气候变化问题的重要遵循。绿水青山就是金山银山，尊重自然、顺应自然、保护自然就是实践新发展理念的理念先行。我国站在对人类文明负责的高度，积极应对气候变化，构建人与自然生命共同体。应对气候变化推动形成人与自然和谐共生的新发展格局，代表了全球绿色低碳转型的大方向。中国摒弃损害甚至破坏生态环境的发展模式，顺应当代科技革命和产业变革趋势，抓住绿色转型带来的巨大发展

---

[1] 王坤岩.碳中和目标下构建绿色低碳循环产业体系的思考[J].中国国情国力，2021（11）：8-11.

机遇，以创新为驱动，大力推进经济、能源、产业结构转型升级，推动实现绿色复苏发展，让良好生态环境成为经济社会可持续发展的支撑。

构建绿色低碳循环产业体系是共建人类命运共同体的关键抓手。在实现碳中和目标的严峻形势下，必须依靠全面重构以绿色低碳循环为特征的新型产业体系，形成推动绿色低碳循环发展的系统动力，才能有效推动经济发展方式产生变革。我国已经成立了中央层面的碳达峰、碳中和工作领导小组，组织制定并将陆续发布"1+N"政策体系。"1"是中国实现碳达峰、碳中和的指导思想和顶层设计，"N"是重点领域和行业实施方案，包括能源绿色转型行动、工业领域碳达峰行动、交通运输绿色低碳行动、循环经济降碳行动等。坚决遏制高耗能、高排放行业盲目发展，推动能源、钢铁等传统产业优化升级。发展新一代信息技术、高端装备、新材料、生物、新能源、节能环保等战略性新兴产业，发展智能制造与工业互联网，努力构建高效、清洁、低碳、循环绿色制造体系。气候变化给各国经济社会发展和人民生命财产安全带来严重威胁，应对气候变化关系最广大人民的根本利益。面对全球气候挑战，人类作为一荣俱荣、一损俱损的命运共同体，应该携手团结、推进合作。这是各国人民的共同期待，也是中国为人类发展提供的新方案。减缓与适应气候变化不仅是增强人民群众生态环境获得感的迫切需要，而且可以为人民提供更高质量、更有效率、更加公平、更可持续、更为安全的发展空间。我国坚持人民至上、生命至上，充分考虑人民对美好生活的向往、对优良环境的期待、对子孙后代的责任，探索应对气候变化和发展经济、创造就业、消除贫困、保护环境的协同增效，在发展中保障和改善民生，在绿色转型过程中努力实现社会公平正义，增加人民获得感、幸福感、安全感。

构建绿色低碳循环产业体系是实现减污降碳的重要手段。大力推进"碳达峰、碳中和"，实现减污降碳协同增效。实现"碳达峰、碳中和"是我国解决资源环境约束突出问题、实现中华民族永续发展的必然选择，也是对世界的庄严承诺。将"碳达峰、碳中和"纳入新发展格局，必须以经济社会发展全面绿色转型为引领,实现质量协同增效。"碳达峰、碳中和"的目标建设对经济结构、能源结构、交通运输结构和生产生活方式都会产生深远的影响,有利于倒逼和推动经济结构绿色转型,助推高质量发展;有利于减缓气候变化带来的不利影响,减少对人民生命财产和经济社会造成的损失;有利于推动污染源头治理。我国把握污染防治和气候治理的整体性,以结构调整、布局优化为重点,以政策协同、机制创新为手段,推动减污降碳协同增效一体谋划、一体部署、一体推进、一体考核,协同推进环境效益、气候效益、经济效益多赢,走出一条符合国情的绿色低碳发展道路。

二、坚决遏制"两高"项目盲目发展

实现碳达峰、碳中和是我国向世界作出的庄严承诺。兑现这项承诺时间紧、任务重,我国面临的能源和产业转型任务极为艰巨。当前,我国产业结构一直在调整,但问题依旧存在,结构型污染问题依然突出。2021年是"十四五"开局之年,全国各地为实现碳达峰、碳中和目标积极采取行动,但同时也暴露出"两高"项目盲目扩张的问题。[1] 一些地方"两高"项目上马冲动、管控不严,去产能工作不严不实,借碳达峰来"攀高峰、冲高峰",发展高耗能产业的冲动强烈,严重影响了碳达峰目标的实现和区域环境质量的改善。

"十四五"规划和2035年远景目标纲要提出,要坚决遏制"两高"项目盲目发展,推动绿色转型实现积极发展。"十四五"时期是实现2030年前二氧化碳排放达峰目标、持续改善环境质量的关键时期,要把实现减污降碳协同增效作为促进经济社会发展全面绿色转型的总抓手,不符合要求

---

[1] "两高"项目主要是指国家统计局发布的国民经济和社会发展统计公报中明确的"煤电、石化、化工、钢铁、有色金属冶炼、建材"六个行业中高能耗、高排放的投资项目。

的高耗能、高排放项目要坚决拿下来。严格控制"两高"项目盲目发展是实现碳达峰、碳中和目标的必然要求，也是推动绿色转型低碳发展的必由之路。如果任由"两高"项目盲目发展，将会直接影响产业结构优化升级和能源结构调整，直接影响碳达峰、碳中和目标的如期实现。

正确处理好"增量和存量"的关系。我国工业二氧化碳排放量占全国总排放量的80%左右，火电、钢铁、水泥、有色、石化、化工、煤化工等重点行业又占其中的80%以上[1]，是实现"双碳"目标的重点。一方面，上述"两高"行业确实单体能耗高、碳排放量大，但又都是不可或缺的重要基础产业，而新上项目的技术工艺往往处于本行业先进水平，如果把"降耗减碳"的发力点大部分放在控制增量上，实质上是保护"落后"生产力，一定程度上阻碍了生产力发展；另一方面，现有存量"两高"项目以及其他行业，点多面广且有很大的技术进步空间，更应作为"降耗减碳"的重点，以腾出发展空间给新项目、好项目，进而推动全产业提质增效。因此，总体上既要控"增量"，更要减"存量"，同时区别对待整体行业和个体项目；在当前有序控制增量的同时，更要加快存量改造升级，把握窗口时间、争取发展空间。

做好"两高"项目管理工作。对"两高"项目实行碳排放权总量控制、倍量交易和区域调控等，并对重点行业实行"只出不进"，防止出现区域和企业"越有钱越能买到排放权"的情况，促进产业布局优化、加快结构调整。进一步扩大交易行业范围，实现"两高"项目全覆盖，并允许跨区域、跨行业流转，防止交易碎片化。

健全碳配额管理机制。改革当前按照"自下而上"方法，即由地方逐级核算重点排放单位配额数量，加总形成行政区域配额总量基数的方式，以碳排放监测统计核算体系为依托，以碳达峰碳中和总体目标为依据，全

---

[1] 董战峰.抓好"两高"项目源头防控推进全面绿色转型发展［EB/OL］.新华网，http://www.xinhuanet.com/comments/2021-06/16/c_1127566299.htm，2021-06-16.

面摸清全国碳排放现状和控制目标，由国家层面统一分解下达各省份碳配额总量，同步建立"两高"项目等各类重点碳排放行业全口径管理台账，有的放矢精准管理，由上而下扁平化推进碳减排工作，增强碳配额管理体系对碳减排的刚性约束力。

优化资金投入机制。针对碳达峰过程中，因限制"两高"项目而造成的地方财政收入减少等情况，可以采取加大财政转移支付、生态补偿等方式。同时，分阶段、渐进式征收碳税，加强碳税与碳排放权交易市场联动，税率参照碳市场价格分档确定，对碳税收入实行专款专用，专门用于低碳科技发展与项目投资建设；辅以节能降碳、资源综合利用等税收优惠政策，更好发挥税收对市场主体绿色低碳发展的促进作用。

三、升级改造传统产业

实现碳达峰、碳中和目标，根本上要依靠经济社会发展全面绿色转型。作为中国国民经济的主导产业，推动工业绿色低碳循环发展是实现碳达峰、碳中和目标的本质要求，也是解决中国资源环境生态问题的基础之策。要下大气力推动钢铁、有色、石化、化工、建材等传统产业优化升级，调整传统工业行业结构，严格能源消耗总量和强度"双控"，加快工业领域低碳工艺革新和数字化转型。

推动高耗能行业产量尽快达峰。贯彻落实新发展理念，推动构建"双循环"发展新格局，严控高耗能行业新增产能，落实推进钢铁、石化、化工等传统的高耗能行业的绿色化改造，加快高耗能行业的转型升级。同时，随着全球的低碳转型，中国高耗能产品出口面临碳关税征收导致竞争力不足的问题，需要建立绿色贸易体系，大力发展高质量、高附加值的绿色产品贸易，需从严控制高污染、高耗能产品出口，推动国际贸易高端化发展，实现国内国际双循环相互促进。尽快制定电力、钢铁、水泥、有色、石化、煤化工等重点行业碳达峰行动方案和路线图，明确行业达峰时间和达峰排放量，制定相关配套政策工具和手段措施，推动重点行业碳排放尽早达峰。在电力、钢铁、水泥等高碳排放行业开展碳排放总量控制，在排污许可证制度基础上探索试点碳排放许可制度。[1]

统筹低碳转型与工业化、城镇化进程。一方面，抓住中国正逐步从工业化中期向后期转变过程中生产要素组合方式和增长动能发生重大变化的机遇，推动经济绿色低碳转型，走好新型工业化道路。另一方面，抓住产业发展推动和消费升级推动城镇化加速的新机遇，完善绿色基础设施建设，同步加大对居民节约绿色消费习惯的培养和引导，推动全社会绿色低碳转型，加快城镇化进程。

制定出台制造业稳定发展支持政策和保障机制。在促进工业低碳转型中，发达国家普遍采用财税激励手段确保制造业稳定发展。美国通过减税的方式以鼓励企业进行节能和绿色低碳发展；日本对于采购节能低碳设备的企业给予税收减免，并对节能改造项目予以财政补助，同时安排了专项资金支持节能技术的研发；德国为保障制造业比重稳定，赋予制造业比民生领域更低的用能成本。借鉴发达国家对制造业低碳绿色发展转型的相关做法，中国可以根据不同行业的用能成本负担，适时出台税收抵免等优惠政策。同时，要重视完善就业保障和财政转移机制，对重点区域和行业进行补贴，推进制造业绿色转型、可持续发展。[2]

四、加快发展战略性新兴产业

要紧紧抓住新一轮科技革命和产业变革的机遇，发展新一代信息技

---

[1] 农工党中央参政议政部.关于加快推进产业结构调整早日实现碳达峰的提案［EB/OL］.中国农工民主党，http://www.ngd.org.cn/lzjy/yzjy/146c1234543e475f95422f226e3ef6ad.htm，2021-03-01.

[2] 王利宁、戴家权、陆亚晨等：《中国经济与能源发展关系及趋势分析》，《国际石油经济》2021年第8期。

术、高端装备、新材料、生物、新能源、节能环保等战略性新兴产业，发展智能制造与工业互联网，努力构建高效、清洁、低碳、循环绿色制造体系。支持低碳发展创新可以在国际竞争中保持主动性，未来中国能否在低碳领域处于世界发展前列，很大程度上取决于技术创新能力。

化石能源一直以来都是我国能源提供的基石，无法在短期内全面被替代，因此，在全面考虑资源禀赋、经济发展等要素的基础上，逐步实现以新能源为基础的低碳化发展模式，是符合我国当前基本国情、基本能情的必然选择[1]。

随着低碳技术的创新和成果转化，"双碳"目标将在未来催生百万亿数量级的绿色低碳产业和市场，带来广阔投资机会。既有传统制造业高端化、智能化、绿色化改造机会，又有培育战略性新兴产业、发展新业态新模式机会，相应新材料、新技术、新工艺、新装备的发展潜力巨大，需要进行长期大规模的绿色投资。特别是在许多赛道将出现"换道超车"的难得机会，有利于不断推动制造强国建设取得新进展、实现新突破。截至2022年4月，我国新能源汽车保有量达891.5万辆，占比2.9%[2]，如果这个比例提高到30%甚至50%，将成为巨大的增长源。

在全球能源转型、实现碳中和过程中，氢能承担着不可替代的重要角色。氢能是未来零碳能源体系中至关重要的组成部分，是目前唯一大规模跨季节存储可再生能源的手段。其中，绿氢是诸多行业深度脱碳的唯一手段，包括以石化、化工、钢铁为代表的工业领域，以冷暖供应为代表的建筑行业以及以重卡、航运和航空为代表的交通行业。可再生能源成本下降、绿氢制备应用技术进步和全球"双碳"转型要求，推动绿氢快速发展。欧盟、美国、德国、英国、日本、韩国等主要经济体纷纷推出氢能发展战

---

[1] 《中国能源系统现状及低碳能源转型趋势》，《能源与节能》2021年第6期。
[2] 公安部：《全国机动车保有量突破4亿辆，一季度新注册登记新能源汽车111万辆，同比增加138.20%》，2022年4月。

略。我国具有良好制氢基础和大规模应用市场，氢能产业呈现积极发展态势。2020年是我国氢能产业发展的重要年份。氢能首次写入《中华人民共和国能源法（征求意见稿）》，从法律上正式步入能源体系。随着"双碳"目标和"1+N"体系确立，我国氢能规划从以燃料电池为主，向能源、工业、建筑等多领域拓展。2022年，国家发展改革委、国家能源局联合印发《氢能产业发展中长期规划（2021—2035年）》，从战略层面对氢能产业发展进行了顶层设计，即从生产端：氢能是未来国家能源体系的重要组成部分；从消纳端：氢能是用能终端实现绿色低碳转型的重要载体；从产业端：氢能产业是战略性新兴产业和未来产业重点发展方向。2020年启动的燃料电池示范城市群申报工作，进一步推动了氢燃料电池汽车行业发展。从各城市群发布规划来看，北京、上海、山东、内蒙古等11个重点省（区、市）将在2025年实现共计超过8万辆燃料电池汽车的应用推广。2021年我国氢燃料电池汽车年销售1881辆，建成加氢站264座。[1]

近年来，我国光伏制造技术获得了重大突破、快速迭代，量产单晶硅、多晶硅电池平均转换效率不断提高，分别达到22.8%和20.8%[2]，已领先全球；与此同时，成本同步降低，光伏电池组件成本下降超过90%，2021年我国占据全球市场份额超过70%[3]。奥地利《信使报》网站7月7日报道，国际能源署（IEA）报告指出，目前中国在全球太阳能组件市场份额已超80%，过去十年中国对光伏产业投资超500亿美元（合486亿欧元），为欧洲的十倍，十大领先光伏企业均位于中国。IEA秘书长比罗尔（Fatih Birol）表示，中国的大规模投资使全球光伏发电成本下降80%，但也造成了高度依赖，全球供应链的地理高度集中构成潜在挑战，根据目前投资，中国将很快在关键原材料方面达到95%的市场份额，特别是目前供不应求

---

[1] 徐向梅.氢能产业如何健康有序发展［N］.经济日报，2022-06-22（011）.

[2] 数据来源于《"十四五"可再生能源发展规划》，2022年6月。

[3] 王青等：《中国光伏行业2021年回顾与2022年展望》，《电气时代》，2022年第5期。

的原料多晶硅。据IEA估计，为实现可再生能源转型目标，到2030年太阳能电池板产能需增加一倍，行业新增投资达1200亿美元，从业人员翻一番至100万人。如世界其他地区加大投资，拓宽供应链，将能带来更大机会。[1]

生物质能是自然界中植物提供的能量，植物光合作用可将太阳能储存在生物质之中。生物质能是利用历史最为久远的能源，最初的利用方式为直接燃烧。生物质能的来源有两大类，一是植物燃料，包括柴草、树叶、作物秸秆；二是动物粪便，部分农业废弃物、林业剩余物、家庭生活垃圾、人畜粪便等有机废弃物以及工业及城市有机废弃物也被用作燃料[2]。虽然我国西南地区、东北、山东等地是生物质能资源丰富区域，但是生物质能利用的产业化水平并不高。

核能也称原子能，是原子核结构发生变化时释放出来的巨大能量，包括裂变能和聚变能两种主要形式。目前核能发电利用的是裂变能。要时刻记住日本福岛核事故教训，在安全、技术、管理方面严格把关，保证核能的安全、高效供给。除此之外，培养备灾管理能力，做好风险对冲和能源储备设计。2019年，中国核电消费量为74170.40亿千瓦时，占全球消费总量的12.5%，居世界核电第三位；同比增长18.2%，是全球核能大国中增速最快的国家；但核能在中国一次能源结构中占比仅2.19%[3]。2021年8月31日，国家能源局发布落实中央生态环境保护督察报告反馈问题整改方案，其中提出：切实做好核电厂址保护，在确保安全的前提下积极有序推进沿海核电建设。未来几年内，中国核能的核心任务是沿小型反应堆、可控核聚变和低能核聚变3个方向的多条技术路线加快技术突破和商业化[4]。

---

[1] 驻法兰克福总领事馆经济商务处.中国光伏产业领军全球市场［EB/OL］.中华人民共和国商务部官网.http://frankfurt.mofcom.gov.cn/article/xgjg/202207/20220703335020.shtml，2022-07-21.
[2] 邓雅文：《低碳经济下慈利县的农林产业结构调整》，《中国集体经济》2018年第16期。
[3] 数据来自：BP世界能源统计年鉴（2020年）
[4] 张映红：《关于能源结构转型若干问题的思考及建议》，《国际石油经济》2021年第2期。

五、打造绿色低碳现代服务业体系

提升服务业绿色发展水平。促进商贸企业绿色升级，培育一批绿色流通主体。有序发展出行、住宿等领域共享经济，规范发展闲置资源交易。加快信息服务业绿色转型，做好大中型数据中心、网络机房绿色建设和改造，建立绿色运营维护体系。推进会展业绿色发展，指导制定行业相关绿色标准，推动办展设施循环使用。推动汽修、装修装饰等行业使用低挥发性有机物含量原辅材料。倡导酒店、餐饮等行业不主动提供一次性用品。

大力发展绿色金融。完善有利于绿色低碳发展的财税、价格、金融、土地、政府采购等政策。发展绿色信贷和绿色直接融资，加大对金融机构绿色金融业绩评价考核力度。统一绿色债券标准，建立绿色债券评级标准。发展绿色保险，发挥保险费率调节机制作用。支持符合条件的绿色产业企业上市融资。支持金融机构和相关企业在国际市场开展绿色融资。推动国际绿色金融标准趋同，有序推进绿色金融市场双向开放。推动气候投融资工作。

健全绿色低碳循环发展的消费体系。加大政府绿色采购力度，扩大绿色产品采购范围，逐步将绿色采购制度扩展至国有企业。加强对企业和居民采购绿色产品的引导，鼓励地方采取补贴、积分奖励等方式促进绿色消费。推动电商平台设立绿色产品销售专区。加强绿色产品和服务认证管理，完善认证机构信用监管机制。推广绿色电力证书交易，引领全社会提升绿色电力消费。严厉打击虚标绿色产品行为，有关行政处罚等信息纳入国家企业信用信息公示系统。[1]

---

[1]《国务院关于加快建立健全绿色低碳循环发展经济体系的指导意见》，中国政府网，http://www.gov.cn/zhengce/content/2021-02/22/content_5588274.htm

六、"双碳"目标下的区域协同和产业布局

深刻分析当前面临的需求收缩、供给冲击、预期转弱三重压力,做好逆周期调节、跨周期调控,推动制造业升级和技术改造,培育若干世界级先进制造业集群,增强我国制造业的韧性。对钢铁、电解铝、水泥、平板玻璃等重点行业,通过差异化产能置换政策,优化产能规模。充分考虑生产力、能源资源的综合平衡,注重有色金属、钢铁、造纸等行业生产力布局与可再生能源发电装机、原料资源等相匹配。综合考虑产业基础、资源禀赋、环境承载力等,促进中部地区加强与东部地区对接,高水平、高起点承接产业转移,特别是引导发展县域特色制造业。

我国仍然处于工业化、城镇化进程中,在现有技术条件下,能源供给以化石能源为主、产业结构偏重偏传统,决定了我国经济高碳特征明显。资本密集、高碳排放的重化工项目,仍是部分地方经济增长的主要支撑。由于各地区经济发展水平、资金、技术、产业结构、能源体系、能力建设等方面存在较大差异,碳达峰、碳中和难以同步实施。《2030年前碳达峰行动方案》中提出"确保如期实现2030年前碳达峰目标",同时强调,各地区因地制宜、分类施策,明确既符合自身实际又满足总体要求的目标任务,各地区梯次有序推进碳达峰。

目前,东部地区多数省份已经进入后工业化阶段,初步建立起了绿色低碳循环的产业体系,有望在"十四五"期间实现碳达峰;西部地区地广人稀,风、光资源丰富,具有通过合理布局人口、产业和清洁能源基础设施实现尽早碳达峰的客观条件;中部地区产业偏重,且人口较为稠密,短期内碳达峰仍然面临较大挑战。因此,国家需要从一盘棋的角度,通过顶层设计和目标分解,引导探索分批次、差异化降碳路径,支持有条件的地方和重点行业、重点企业率先碳达峰、碳中和。既不允许搞运动式"减碳",又要坚决遏制"两高"项目盲目发展,还不能降低经济社会发展水平。

各地资源禀赋、经济基础、发展阶段差异较大，在化石能源仍然占据能源消费主体地位的条件下，部分地区的经济发展与节能降碳存在较大矛盾。特别是内蒙古、山西、河北等煤炭资源富集地区，不仅当地的经济发展和民生福祉都在很大程度上依托能源资源，也为其他省份提供能源密集型产品。在碳达峰、碳中和目标导向下，此类地区脱煤脱碳的压力巨大，面临转型阵痛。碳达峰、碳中和针对不同的行动主体具有不同的评价标准，既不是地区行业的"齐步走"，也不能简单照搬国际气候治理中"共同但有区别的责任"原则。要求各主体同步碳达峰、碳中和或全部碳中和，既不科学也不现实。

各地应树立碳达峰、碳中和工作的全局观，立足于本地经济和社会发展实际，分类施策，确立科学合理的降碳目标和切实可行的行动方案，促进经济发展与减污降碳协同增效。要尊重经济发展和技术创新的客观规律，在调研摸底的基础上，根据地方实际循序渐进地布局差异化、个性化减排路径。也要坚持帕累托改进原则和卡尔多补偿原则相结合，在成本最小的前提下，不妨碍乃至提升所有人的福利水平。由于区位发展条件不同，并非各个省份最终都要实现碳中和，部分地区只需将碳排放降到最低即可。这就要求已经明显迈过和接近达到碳峰值的减排潜力较大的省份尽早碳达峰、碳中和，甚至走向负碳排放，为降碳难度较大的地区预留空间。[1]

强化政策多目标协同，保障"双碳"实现有效实施。要从根本上树立减碳降碳是一种发展过程和发展方式的转变、碳达峰只是高质量发展的一个阶段性目标、碳中和才是高质量发展的最终结果这样一种观念。坚持发展是第一要义，安全是第一前提，效率是第一任务，持续是第一原则，公平是第一准则，改革是第一路径。

碳达峰、碳中和是为全面建成社会主义现代化强国而设定的众多目标之一，"双碳"行动必须保障碳达峰、碳中和全局目标的衔接性、协同性，

---

[1] 庄贵阳，周宏春，郭萍等."双碳"目标与区域经济发展[J].区域经济评论，2022（1）：16-27.DOI：10.14017/j.cnki.2095-5766.2022.0003.

防止拉大地方、行业、个体差距。在认识上，要坚决克服部门主义、本位主义倾向，坚持全国一盘棋，先立后破，做到统筹兼顾。在策略上，要聚焦全局性、长远性、根本性、基础性领域和方向，强化战略思维，谋定而后动。要从发展与减排并行的角度，基于替代效应进行前瞻性思考、系统性谋划，进一步强化降碳脱碳路径中不同行业间、不同领域间、不同产品间、不同地区间的统筹平衡。不仅要切实落实碳达峰、碳中和"1+N"政策体系，也要严格防控政策风险，安全降碳。

深入推进区域协调发展战略，是走共同富裕道路的要求。实现碳达峰、碳中和与共同富裕目标的政策协同，需要把区域协调发展纳入政策设计考虑。在"全国一盘棋"的工作思路下，发挥制度优势和市场优势，以协同适配的一揽子政策推进碳达峰、碳中和目标实现。既关注能源电力、工业、建筑、交通等重点部门，也关注典型城市的引领作用；既需要差异化的行动方案，也需要东中西部地区之间要素禀赋的深度融合。

以能源部门转型作为全社会去碳化发展的首要重点，但要以持久战的思维和系统安全为首要的底线思维，规划化石能源有序退出和低经济代价的、可持续的新能源为主体的电力系统构建。要统筹考虑经济社会的可接受能力、超高转型成本的时空转移和群体分摊问题，特别要注意解决好去碳化转型过程中的公平性问题，要通过各种方式减轻转型过程受冲击人群的痛苦，千方百计创造就业岗位。展望未来，不管哪个行业或者哪个部门，无论是何种技术路线，如果不满足经济可担、技术可靠、商业可行的约束条件，都难以成为主流脱碳化手段。[1]

第三节　数字经济助力产业转型

当前适逢新一轮科技革命和产业变革浪潮，产业数字化已成趋势。通

---

[1] 庄贵阳，周宏春，郭萍等．"双碳"目标与区域经济发展［J］．区域经济评论，2022（1）：16-27．

过数字化技术助推产业绿色低碳转型,是"双碳"目标下产业转型升级面临的新任务和迫切要求。

一、数字经济的概念

随着大数据、物联网、人工智能、区块链等数字技术迅猛发展,数字经济已成为国家经济增长的"新引擎"。根据《2019年数字经济报告》,全球数字经济活动及其创造的财富增长迅速,数字经济规模估计占世界国内生产总值的4.5%~15.5%,并持续扩大。作为一种新经济形态,数字经济以数字技术为核心驱动力,通过新技术形成新产业、新产业催生新模式、新技术赋能传统产业三条路径,推动全球经济的数字化转型与高质量发展。中国高度重视数字经济发展,习近平总书记多次指出,要抢抓数字经济发展机遇,推进数字产业化和产业数字化,推动数字经济和实体经济深度融合。如何高效利用信息技术、有效配置数字资源,实现数字经济赋能经济高质量变革,成为当前经济社会可持续发展的重大研究课题。[1]

自1996年Tapscott提出"数字经济"这一术语以来,数字经济研究大致经历了信息经济、互联网经济和新经济3个阶段。但是,数字经济的内涵界定在不同历史阶段各有侧重,并没有统一标准。早期定义侧重于涵盖数字技术生产力,强调数字技术产业及其市场化应用,如通信设备制造业、信息技术服务行业、数字内容行业等。随着研究的深入,关注点逐渐转移到对数字技术经济功能的解读以及数字技术对生产关系的变革。

数字经济是以数字化信息(包括数据要素)为关键资源,以互联网平台为主要信息载体,以数字技术创新驱动为牵引,以一系列新模式和业态为表现形式的经济活动。根据该定义,数字经济的内涵包含4个核心内容:

---

[1] 陈晓红,李杨扬,宋丽洁等.数字经济理论体系与研究展望[J].管理世界,2022,38(2):208-224+13-16.

一是数字化信息，指将图像、文字、声音等被存储在一定虚拟载体上并可多次使用的信息。二是互联网平台，指由互联网形成，搭载市场组织、传递数字化信息的载物，如共享经济平台、电子商务平台等。三是数字化技术，是能够将数字化信息解析和处理的新一代信息技术，如人工智能、区块链、云计算、大数据等。四是新型经济模式和业态，表现为数字技术与传统实体经济创新融合的产物，如个体新经济、无人经济等。[1]

二、数字化、智能化技术应用场景

在碳达峰、碳中和的战略引领下，实现"碳达峰、碳中和"目标必须依靠科技创新，数字化转型是其中的重要基础和主要支撑。因而，在减碳、低碳发展背景下，通过应用低碳数字化平台，助力低碳发展创新体系构建。一方面，数字化的应用可以使能源变"轻"，提升能源使用、配置效率，为传统行业碳中和赋能；另一方面，在平台中企业端、政府端、金融机构端等可有效合作、互利共赢，进而助力于提升国家环境治理的智能化、全域化、精细化水平。低碳技术对低碳产业发展起着关键性作用，低碳产业必须建立在低碳技术体系基础之上。2021年中央财经委员会第九次会议提到，要加强关键核心技术攻关；要推动绿色低碳技术实现重大突破，抓紧部署低碳前沿技术研究，加快推广应用减污降碳技术。

以5G、大数据、云计算、人工智能、工业互联网、数字孪生为代表的新一代信息技术，为制造业"升维"注入融合新动力，实现生产过程精准协同、生产资源高效配置，形成"工业互联网+绿色低碳"模式。共性上，广泛推广应用数字化、网络化、智能化新技术，对工艺流程和生产设备进行低碳改造。个性上，对钢铁、建材、石化化工、有色金属等行业强化精

---

[1] 陈晓红，李杨扬，宋丽洁等.数字经济理论体系与研究展望[J].管理世界，2022，38（2）：208-224+13-16.

细化管理，基于平台和数据分析实现工艺改进、运行优化和产品质量管控；对家电、纺织等行业推行柔性生产、个性化定制，满足消费者多样化需求；对电子、机械、汽车等行业实施产品溯源，构建数字化协同供应链。

通过在三方面运用好数字化技术，助力产业绿色低碳转型。[1]

在数字化与低碳运营方面：企业自身的绿色运营，要涵盖企业生产、内部管理到日常办公等方方面面，企业依托于数字技术，可以更好地实现低碳运营。在绿色办公方面，企业可以通过推行无纸化办公，推进财务、IT、HR、行政等系统的信息化建设，减少线下沟通成本和办公用品消耗；在绿色建筑方面，企业可以建设智能能耗监控系统，通过在线的能源数据监测帮助企业了解日常用能情况，通过碳排放分析，发现并及时淘汰老旧设备，更换高能源利用率的照明、供暖、供冷、供热水系统，从而减少碳排放；在企业生产方面，企业可以通过集成物联、工业互联网、云计算、大数据、AI等新型ICT技术，实现企业生产中碳排放数据的全面采集、全生命周期监控，并借助智能算法，借助数据引导企业改善生产计划、提升设备运行效率、优化生产方案，帮助企业在降低能源消耗的同时，提高工业产值。

在数字化与低碳产品开发方面：在绿色运营基础上，企业可以进一步加强对数据的分析和价值挖掘，按照全生命周期理念开展产品绿色设计，扩大高质量绿色产品有效供给。企业可以通过数字技术精细管理工业企业工艺、制造、采购、营销、物流供应链及服务等各个环节，对产品进行全生命周期碳足迹评价，获得可信的单位产品（或服务）的碳排放信息。在全球各国纷纷推出碳中和目标之时，碳足迹相关国际标准及碳标识对产品制造、金融投资、国际贸易等的影响越来越大，企业聚焦产品侧碳数据，提供碳溯源、碳足迹、碳标签等应用，可以帮助企业有效应对绿色贸易壁垒。同时产品碳足迹核算可向消费者传达产品的温室气体排放信息，以引

---

[1] 房彤玥,贾明.每经热评｜用好数字化技术　助力工业企业低碳转型［EB/OL］.https://baijiahao.baidu.com/s?id=1736255525879307704&wfr=spider&for=pc, 2022-06-21.

导消费者选择气候友好的产品,促进绿色低碳消费,也提升产品的自身价值,树立企业绿色发展的社会形象。

在数字化与低碳供应链方面:麦肯锡报告显示,在工业制造等减碳重点行业,90%的碳排放来自上游供应链,包括采购的生产相关物料如原材料、零部件,以及部分服务采购如物流运输、人员商旅等。而基于数字化技术,进行全生命周期的低碳供应链管理,通过碳盘查数据收集把握各流程中(供应链上下游各环节)的碳排放影响因素,可以使企业系统地认识到产品、服务全生命周期各个过程的碳足迹贡献,有的放矢地提出降低碳足迹的建议,协同供应链采取行动来降低整个供应链中的温室气体排放。同时,企业还可进一步通过内外部合作,推动绿色产业链与绿色供应链协同发展,通过构建数据支撑、网络共享、智能协作的绿色供应链管理体系,提升资源利用效率及供应链绿色化水平。例如,供应链企业之间可以通过协同量化碳排放基准、设置减排目标、制定减排方案与路线图、监测与评估减排效果等,来实现供应链碳中和的目标。

建立数字化碳管理体系,加速布局"数据、算力、算法"驱动的公共关键技术和底层技术平台,打造新"IT"数字基座。设备层,推动重点用能设备上云上平台,形成感知、管控等能力。企业层,推行万物互联,促进企业构建碳排放数据计量、监测、分析体系,优化生产工艺流程。行业层,建设重点行业"双碳"公共服务平台,建立产品全生命周期碳排放基础数据库。区域层面,为跨行业耦合、跨区域协同、跨领域配给等提供数据支撑。

2017年,国家发展和改革委员会发布了《国家重点节能低碳技术推广目录》,涵盖非化石能源、燃料及原材料替代、工艺过程等非二氧化碳减排、碳捕集利用与封存(CUSS)、碳汇等领域,共27项国家重点推广的低碳技术。[1]2019年12月,欧盟在《欧洲绿色新政》中提出了7个重点领域

---

[1] 《中华人民共和国国家发展和改革委员会公告2017年 第3号》,国家发改委官方网站,https://www.ndrc.gov.cn/xxgk/zcfb/gg/201704/t20170401_961177.html?code=&state=123.

的关键政策、核心技术及相应详细计划，其中包括零碳炼铁技术等。现如今欧盟、美国已提前部署了碳中和实施路径和技术研发。我国已进入新发展阶段，积极推进碳达峰、碳中和，有利于推动低碳技术、低碳经济的快速发展，提升我国相关产业和技术的国际竞争力，为全球低碳绿色发展作出中国贡献。

思考题

1. "双碳"目标下，如何进行产业发展转型？
2. 数字经济如何助力产业转型？

第三讲 "双碳"目标与能源转型

杨玉峰

我国"双碳"目标实质上与能源转型目标相一致。2030年前尽快实现碳达峰是近期目标,是实现碳中和的基础和前提;2060年前实现碳中和是长期目标,是碳达峰后需要更有力度的碳减排和能源转型才能实现的目标。碳达峰是以碳中和为目标的达峰,是保证经济高质量发展同时的达峰,是产业结构优化和技术进步促进碳排放强度逐步降低的达峰。碳中和为我国经济社会发展开创了一条兼具成本效益、经济效益和社会效益的崭新发展路径,与实现国家第二个百年目标同步,是我国全面实现经济社会低碳转型和高质量增长的里程碑。而确保国家能源安全既是我国保民生的基本任务,又是中长期可持续发展永恒的战略选择。在不同发展阶段,虽然能源结构有所差异,主导能源系统的能源类型和品种数量不同,但总体趋势是能源结构从高碳向低碳发展,未来能源系统最终向零碳转变。能源安全战略的任务就是在能源清洁、低碳转型进程中确保可以持续用得上、用得起能源(无论清洁的新能源可再生能源占比多大)。那么,如何深刻理解在能源转型过程中既要实现碳达峰、碳中和目标,又要确保国家能源安全呢?

第一节 全球能源转型趋势

本节的主要内容是全球能源转型趋势,目的是让读者了解全球能源转型大的方向、面临的主要形势、如何发展和演变等。也包括：全球能源转型具体都普遍发生在什么行业？涉及能源系统中什么样的技术变化、管理需求？主要经济体是否有所差异？全球能源格局是否会因能源转型而改变？等等。

1. 能源转型的长期总趋势

在过去的200年里，人类使用能源的方式在不断发生变化，这些变化是由蒸汽机、油灯、内燃机和大规模使用电力而创新驱动的。这就是典型的"能源转型过程"（见图3-1），这一过程既说明了能源与经济社会向前发展的历史进程，也说明从以农业为主的全球经济向工业经济的转变不断需要新的资源来提供更有效的能源投入。当前的能源转型体现了为避免气候变化的灾难性影响需要减少温室气体排放，进而需要大规模减少化石能源的消费，尤其是需要减少煤炭的消费。这也是为什么可再生能源成为能源转型的核心。随着各国加大力度减少碳排放，太阳能和风能装机容量正在全球范围内扩大。在2000—2010年的十年，全球可再生能源的份额在能源结构中仅增加了1.1%。但在2010—2020年，这一数字变为3.5%。然而，历史表明，仅仅增加发电能力并不足以促进能源转型。完全转向低碳能源还需要对自然资源、基础设施和电网存储进行大量投资，同时需要改变能源消费习惯。

从能源转型的长期趋势看，由于越来越多地使用低碳化石能源（如天然气和LNG等）、零碳能源（如新能源、可再生能源），随着主要贡献碳排放化石能源的减少，经济产出越来越依赖低碳、零碳能源，故经济增长（GDP）与CO_2排放量变化趋势的一致性（同步特性）会逐渐变弱，最终脱钩，如"发达国家俱乐部"OECD的经济增长与CO_2排放量的变化趋势就是经历了这样一个缓慢的过程。而我国作为最大的发展中国家，由于仍处于工业化时期，加上我国能源结构更多依赖的是煤炭这样的高碳能源，故GDP与CO_2排放仍然在同步进行中，还没有出现碳排放与GDP明显脱钩的趋势（见图3-2）。

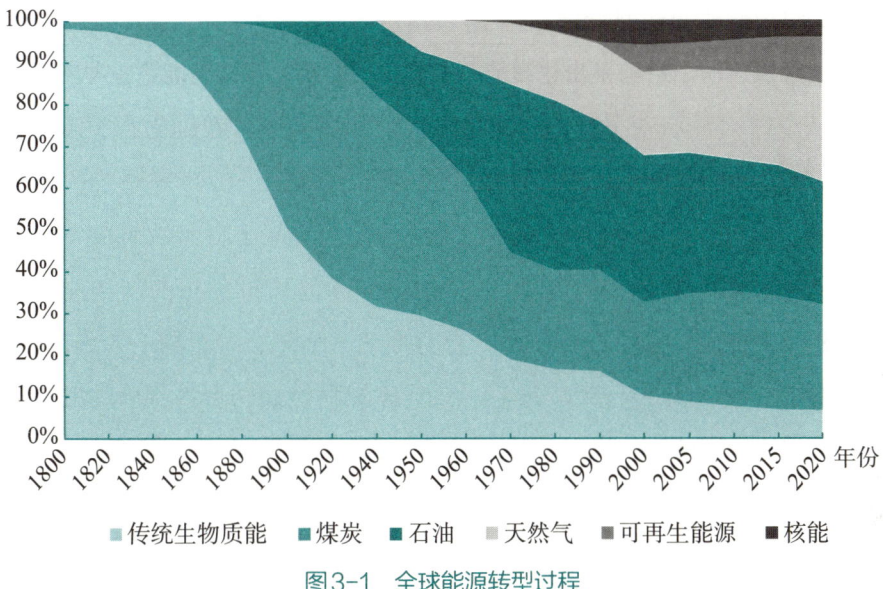

图3-1 全球能源转型过程

资料来源：The History of Energy Transitions

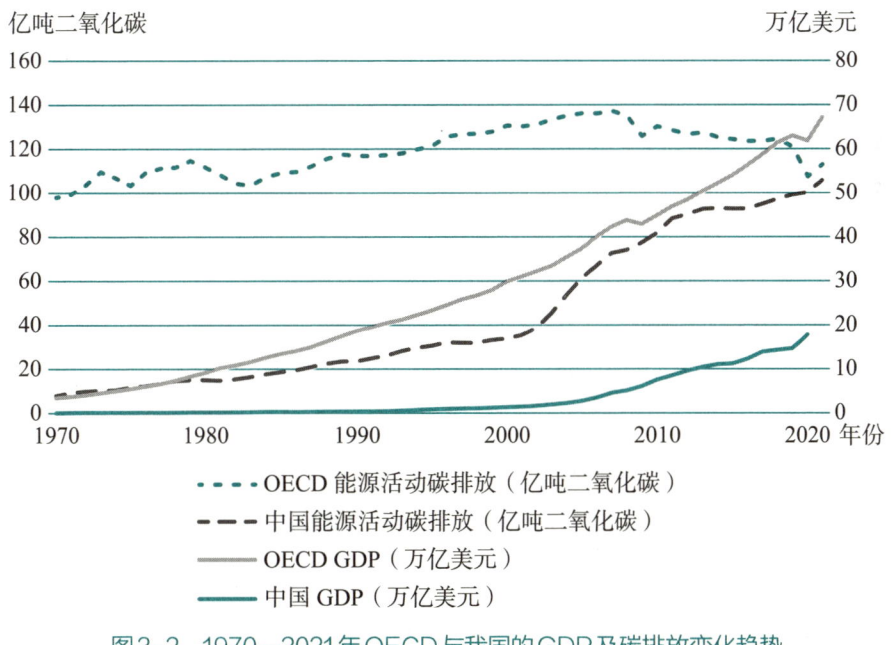

图3-2 1970—2021年OECD与我国的GDP及碳排放变化趋势

资料来源：BP世界能源统计2022、世界银行GDP数据

2. 供应侧能源转型趋势

能源供应的总趋势是由化石能源主导向新能源、可再生能源主导发展。

从全球中长期一次能源供应结构看，能源供应正在由化石能源主导向新能源、可再生能源主导发展。这实际上得益于多年来联合国所倡导和推动的全球可持续、绿色、低碳/零碳以及基于自然的解决方案等发展理念。其中，全球气候行动（SD13）和倡导可负担的清洁能源发展（SD7）直接发挥了重要作用，有力推动了全球金融机构、各国政府、企业持续不断的绿色行动、行为。尤其体现在能源转型进程中的资金流向，自从可再生能源开始被重视以来，投资在逐年增长，也带动了其他绿色能源的进一步发展，包括绿氢、交通和供热领域电气化、CCS、储能等。

根据彭博社数据，2021年，全球能源系统转型脱碳投资高达7550亿美元，比2020年高出27%。其中，清洁能源和电气化（包括可再生能源、核能、储能和电气化运输和热力）占投资的绝大部分，为7310亿美元，氢能及碳捕集与储存（CCS）等领域的总投资是240亿美元。主要原因是随着风能、太阳能装置以及电动汽车销量的飙升，可再生能源和电气化交通的投资也在2021年创下新纪录，其中，可再生能源投资3660亿美元，同比增长6.5%；电动汽车及相关充电基础设施投资达到2730亿美元，增长了77%。核能和地热电能（如热泵等）的投资分别达到310亿美元的和530亿美元（见图3-3）。

3. 需求侧能源转型的特点

电在终端用能中的比例会越来越大，深度电气化正在持续。

随着全球低碳经济和绿色发展的大趋势，终端能源正在向越来越多的电力转变，这也是全球能源转型的核心和必然结果。各类机构预测显示，到2050年，终端用能中非化石能源占比将从目前的68%下降到13%~30%，电力在终端能源的比例将从目前的约20%增加到2050年的约50%。这种

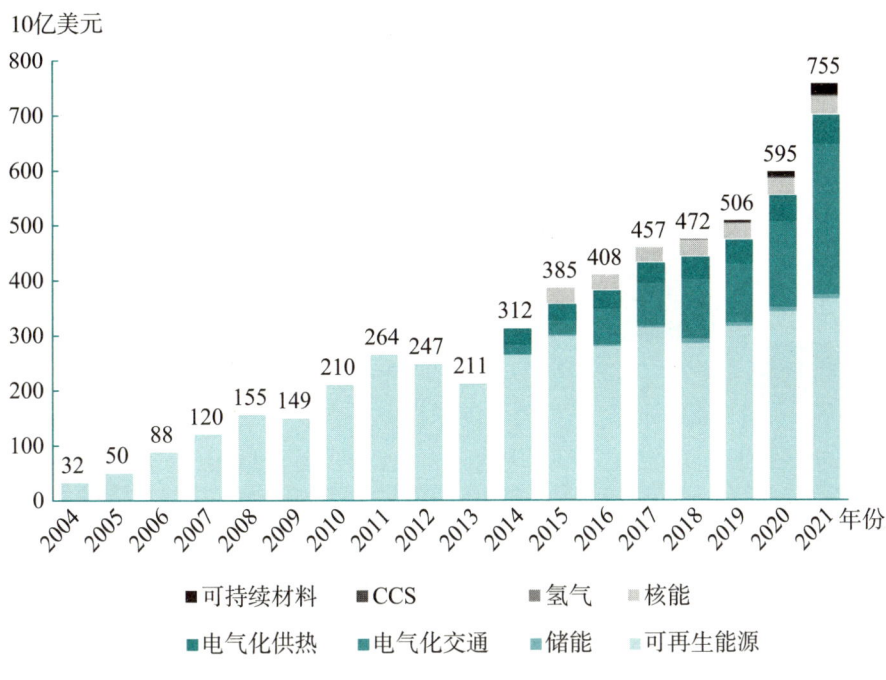

图3-3　全球能源转型投资变化趋势

资料来源：Bloomberg

转变在电动汽车出现的道路交通中最为突出并占主导地位；而在建筑领域中，传统的燃油和燃气供暖系统也将被电和热系统取代；在工业领域，在低温工业过程中也可以大量使用电力。这种再"电气化"过程将使总体电力需求进一步增加。相应地，在终端能源消费中，煤炭、天然气和石油产品的消费需求量都将急剧下降。到2050年，煤炭和天然气在终端能源消费中的份额都将下降到约10%。这也和在煤炭和天然气领域使用碳捕集与封存技术有关，如工业余热利用。另外，氢能将在终端能源中扮演重要角色，从目前不足0.002%增长到2050年的6%。未来，氢在工业中的使用量最大，其中约40%用于钢铁生产，其次是电力、航运、建筑等部门。总的来说，到21世纪中叶，各类情景分析中预测约71%的最终用能将直接或间接地来自电力（见图3-4）。

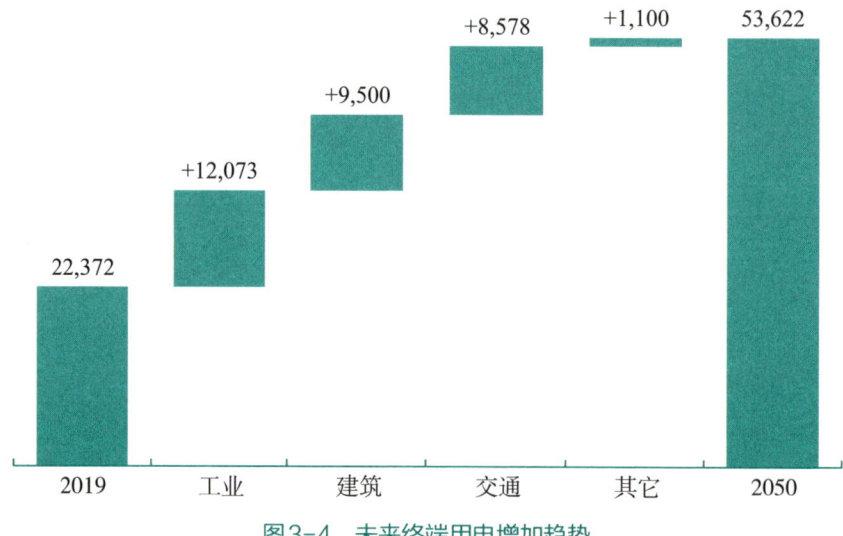

图3-4 未来终端用电增加趋势

资料来源：Bloomberg

4.氢能在能源转型中的地位

氢是一种清洁燃烧的分子，可以成为难减排行业中化石燃料的绝佳零碳替代品。由可再生能源生产的氢（俗称"绿氢"），其成本有望大幅度降低，但降低成本的前提是进一步创造需求，并且大范围、大规模建设氢能基础设施。所以，如果初期没有政府发展目标和适当的补贴，绿氢发展将很难。氢作为清洁能源，在化石燃料的高能量密度应用、依赖碳作为反应物的工业过程或季节性需求的应用中具有明显优势。而且，像可再生电力一样，氢有助于减少公路运输、低温工业过程和建筑供暖中的碳排放，助力实现气候目标。而且，氢能有着通用性、可储存性、可运输性、可清洁燃烧、可低碳排放或零碳排放生产的特点。目前，氢能的价格依然昂贵，但成本已经有下降趋势。2018年，超过99%的氢是使用化石燃料制造的，但氢也可以使用可再生电力在电解槽中通过分解水来清洁生产。随着风能和太阳能成本的持续下降，电解槽和可再生氢的成本也可随之下降。比如，北美和欧洲制造的碱性电解槽成本在2014年至2019年间下降了40%，而中国制造的此类系统已经比西方制造的系统便宜了近80%。如果能够扩大电解槽制造规模，使电解成本持续下降，那么，在2050年前，世界大部分地区可以以约0.7美元至1.6美元/公斤的价格生产可再生氢。这相当于氢能的单位价格是6~12美元/百万英热单位的天然气，这将使其在能源当量上与巴西、中国、印度、德国等地目前的天然气价格相比具有竞争力，并且比使用碳捕集与封存（CCS）的天然气或煤制氢还要便宜。对难减排工业部门来说，氢是一种很有前景的减排途径，在许多应用场景中，氢可以以惊人的低碳价格实现从化石燃料的转变。例如，以1美元/公斤计算，50美元/吨二氧化碳的碳价足以在炼钢中改用可再生氢（绿氢），60美元/吨二氧化碳足以在水泥生产中使用可再生氢来加热，78美元/吨二氧化碳可用于合成氨，90美元/吨可用于铝和玻璃制造等。

目前，各类机构较为一致的研究结果是氢在运输中的作用应该集中在卡车和船舶上。氢可以在长途、重卡车脱碳方面发挥重要作用。预计到2030年，使用氢燃料电池比柴油发动机更为便宜。但大部分的汽车、公共汽车和轻型卡车市场等采用电池电力系统，比燃料电池更便宜的解决方案。目前，燃料电池汽车行业也将是扩大规模过程中较为昂贵的行业，需要一定规模的补贴。对船舶而言，氢制绿色氨将是一个很有前景的技术选择，并且可以与含碳重质燃料油竞争。

总之，如果能够实施强有力的综合政策，氢能可以满足1.5度情景下24%的终端能源。这将需要超过11万亿美元的生产、储存和运输基础设施投资。根据Bloomberg统计，未来大规模碱性制氢项目成本下降曲线（见图3-5）。

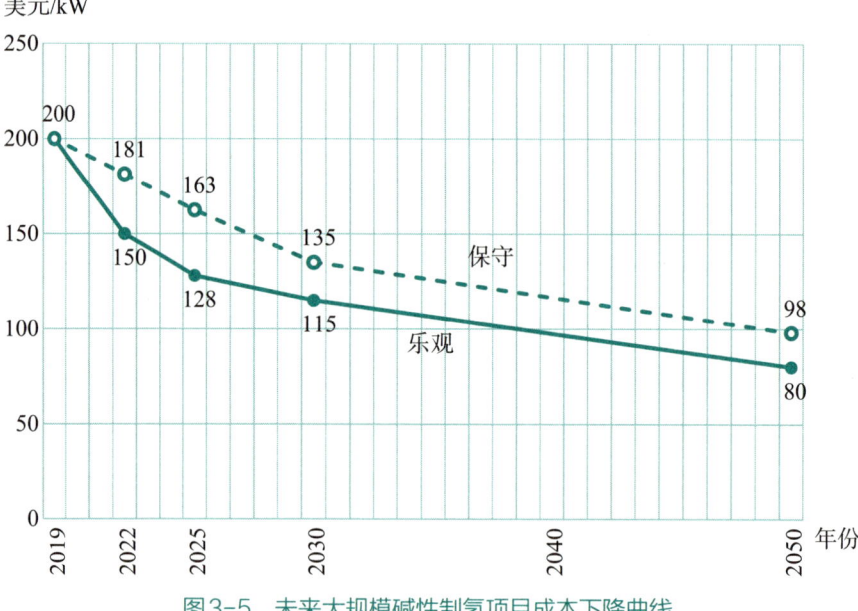

图3-5 未来大规模碱性制氢项目成本下降曲线

资料来源：Bloomberg

5. 稀土、稀有矿物资源在能源转型中的作用

根据国际能源署2022年的研究报告 The Role of Critical World Energy Outlook Special Report Minerals in Clean Energy Transitions，当前世界能源结构正在向清洁能源过渡，矿物和金属在众多使用广泛的清洁能源技术中发挥非常关键的作用，矿物和能源领域之间的联系也在进一步加强。从风力涡轮机和太阳能电池板到动力电池，随着清洁能源技术的推广，矿物和金属正在逐渐成为能源领域的重要组成部分。所以，清洁能源技术的广泛应用将大幅提升世界对关键矿产资源的需求，包括那些对芯片制造非常关键的各类稀土和稀有金属等。

不同清洁能源技术对矿产资源的需求差异很大，全球清洁能源转型将对未来20年的矿产资源需求产生深远影响。清洁能源技术也将成为推动关键矿产需求增长的主要力量，这也有助于大大减少气候行动的不确定性，并能够带动新的投资和就业，显著降低气候风险。目前，各类金属元素在各类新能源使用场景中越来越广泛。例如,在过去十年中全球太阳能光伏发电能力增长了近20倍,商业硅片组件的平均效率从12%提高到17%,而碲化镉(CdTe)组件的效率从9%增加到19%;风力涡轮机由塔架、机舱和安装在地基上的转子组成,需要混凝土、钢、铁、玻璃纤维、聚合物、铝、铜、锌和稀有金属等材料,其中的"锌"作为防止腐蚀的保护层在各类涡轮机都需大量使用;铜和铝是电线和电缆的两种主要材料,部分还被用于变压器。据估计,约有1.5亿吨铜和2.1亿吨铝被"锁定"在目前运行的电网中;电动汽车和储能设备中使用的锂离子电池是由电池组电池模块中的电池单元组成,电池单元通常占电池总重量的70%~85%,其活性阴极材料(如锂、镍、钴和锰)、阳极(如石墨)和集电体(如铜)中含有多种矿物;制氢用的碱性电解器,根据目前的设计1MW(兆瓦,1MW=106W)电解器需要超过1吨镍、100kg锆,半吨的铝和超过10吨的钢,以及少量的钴和铜作为催化剂,而目前质子交换膜(PEM)电解器,每兆瓦的质子交换膜(PEM)电解器催化剂使用约0.3kg的铂和0.7kg的铱。综上所述,未来这些新能源发展所必须使用的稀土、稀有矿物资源在能源转型中越来越重要。根据IEA预测,未来全球对稀土、稀有矿物资源的需求将呈现倍数增长。即使是可持续发展情景,锂、石墨、钴、镍、稀土在2040年也分别将是2020年的42倍、25倍、21倍、/19倍、7倍(见图3-6)。

6.能源转型的推手:数字化、智能化

数字化、智能化已开始全方位、立体式武装能源系统。其中需求端(各类终端用户)通过统一的控制中心信息网,将电、气、氢、冷、热及储能系统等各类能源公用事业运营商进行统一调度,形成电网、热网、气网、能源物流网多网融合互补的一体化高效协同系统,最大限度达到节能、高效、低碳/零碳的目标(见图3-7)。数字技术及智能化技术正在渗透各行业、各领域,目前,能源公用事业类公司作为终端能源系统典型的运营商,随着终端电气化和智能化技术进步和管理水平的不断提高,在电网、

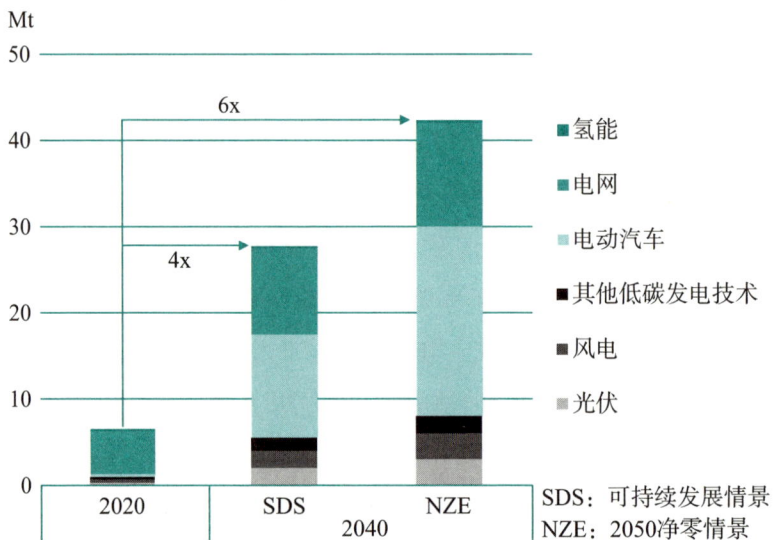

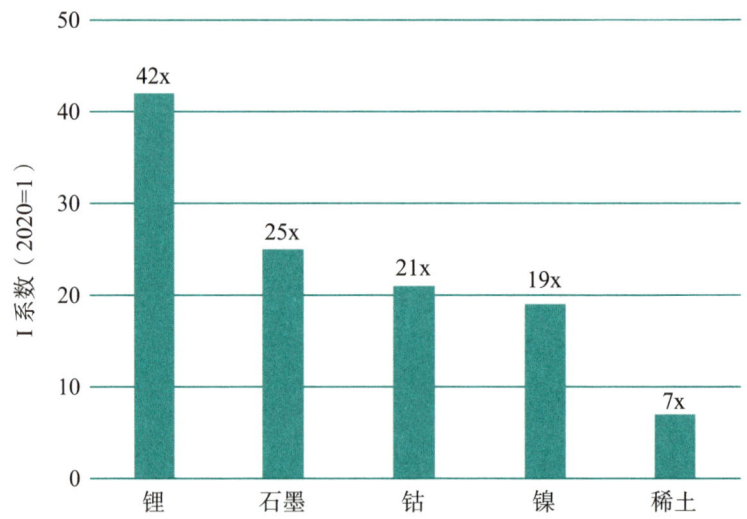

图3-6 IEA可持续发展情景2040年对各种重要矿物和稀土的需求增长

资料来源：IEA

热网、气网融合互补一体化发展过程中,将拥有更为完善的内部数字综合技术团队。另外,随着数字化、智能化专业知识的不断积累和迭代,公用事业公司将更加关注哪些技术对其功能重构有意义,包括应该采购哪些现成的技术,如何将新的数字技术和智能技术集成在终端能源系统中,以及地区法规、当前技术需求及现有合作对象选择等。比如,通过数字技术建立新的收入来源——要么通过开发新业务(如智慧城市)和新产品(如电动汽车充电),要么直接向客户和同行销售软件。再如,通过降低运营成本和提高收入来加强核心电力业务。目前,许多公用事业公司已经开始投资数字化以加强其电力服务核心业务,有的公司也开始开发新的数字化业务,例如,人工智能聊天机器人和工厂的"物联网"(IoT)平台等用于服务并参与系统高效率解决方案。除此之外,公用事业公司已将数字化视为电网脱碳、协调分散资产和为客户创造新服务的基本战略路径。数字技能正在成为大多数公用事业团队不可或缺的一部分。一些拥有较小数字团队的公用事业公司纷纷开始招聘人才并提高员工技能。

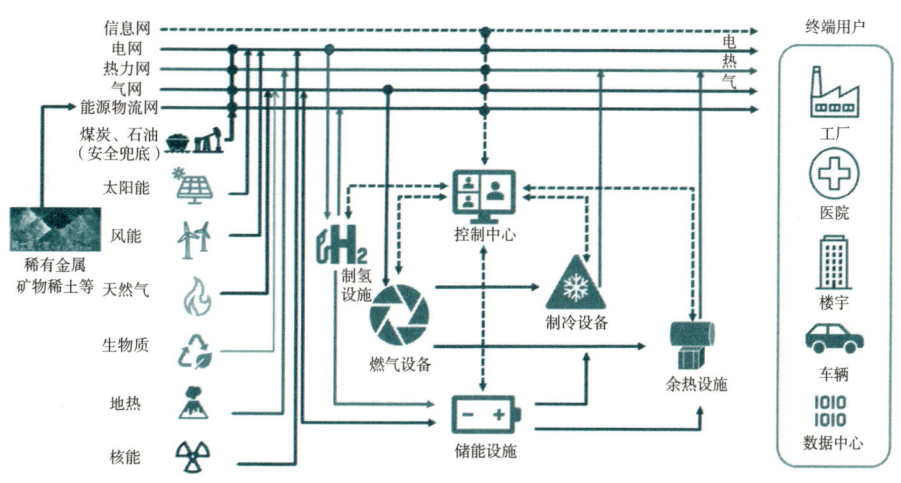

图3-7 未来的数字化智慧能源系统

在发电方面，公用事业公司通过使用数字孪生、无人机和人工智能分析的远程监控和预测性维护来提高运维效率。几乎所有的太阳能和风电场都建有传感器系统，运维团队规模越来越小。火电也正在数字化，以便进一步优化性能。在电网上，人工智能和无人机正在被用于通过更快、更准确地识别异常来提高运维效率。公用事业公司还使用分布式能源管理系统、高级配电管理系统和需求响应来整合分布式能源、支持灵活性服务和自动化电网运营。在零售方面，公用事业公司正在使用人工智能分析中的智能电表数据来改善住宅及商业和工业（C&I）客户服务，如能源管理系统。

7. 能源基础设施重塑对能源转型的影响

能源转型正在全方位改变能源系统各环节、各要素，包括供应端、需求端、能源的加工转换、能源系统的运行与维护等，也包括与能源相关的上下游产业链、供应链及其相关产品和服务。比如，从供应端，将要更多建设新能源、可再生能源电源，如风能、太阳能；在能源加工转化方面，需要更多智能化电网建设和调度系统；在能源需求端，更是随着转型升级而发生全方位立体式系统性巨变。

尽管发生了新冠大流行，但2020年的年度公共充电设施仍达到了创纪录的水平，并且许多行业的公司都在为争夺市场份额而"战"。各国政府将继续通过监管和财政措施支持所有类型的充电基础设施，因为他们将充电基础设施视为支持电动汽车采用目标的关键驱动力。根据彭博社预测，到2040年，全球部署了3.09亿个电动汽车充电连接器，预计需要5900亿美元。家庭充电仍将是主要的充电方式，占安装连接器的87%，占届时所需投资的40%。相比之下，快速公交、公共汽车和卡车充电器将仅占所有连接器的2.5%，但占所有投资的48%。全球电动汽车市场正在继续扩大。2020年的年销量达到310万辆，高于2011年的3.8万辆。一般而言，充电基础设施的便利性被认为是消费者购买电动汽车的关键驱动因素，而电动汽车市场的未来增长与其成功部署息息相关，尤其是零售、公用事业、汽车以及石油和天然气公司的相关投资正在增加，这些公司将其视为具有重要战略意义的领域。

另外，在运输和储存氢能方面也需要大量的基础设施投资，因为氢的低密度使其比化石燃料更难储存。如果氢在当今全球经济中取代天然气，则需要建造3~4倍以上的存氢的基础设施，到2050年预计耗资6370亿美元才能提供相同水平的能源安全。氢的低密度也使得通过公路或船舶运输氢气的成本很高。然而，氢在管道中的流动速度几乎是甲烷的三倍，这使其成为一种经济高效的大规模运输选择。但要使氢变得像天然气一样无处不在，就需要一个庞大的、协调的基础设施升级和建设计划，因为氢通常与现有的管道和系统不兼容。

8. 绿色金融在能源低碳转型中的作用

绿色金融正在重构金融体系并助力能源低碳转型。 2021年，全球总共发行了超过1.6万亿美元的可持续债务工具，创下了新纪录，使总市场规模超过4万亿美元。这一增长是在全球各主要经济体近年来加速能源低碳绿色转型和COP26的背景下发生的，正在促使各国政府重新承诺筹集更多、更大规模的公共和私人气候资金，并通过诸如格拉斯哥净零金融联盟等倡议将私人参与者聚集在一起。2020—2021年，绿色债券的发行量翻了一番，发行量超过6200亿美元。2021年，社会和可持续发展债券的发行总额达到创纪录的4000亿美元，这主要得益于政府债券（主要来自超国家机构）。

2021年，流入可持续发展领域的净流量增至创纪录的1280亿美元。但是，由于各国、各经济体的可持续标准不一致，因此需要更多的标签标准一致性。诸如此类工作需要在全球范围内展开和沟通。比如，在欧盟开创定义可持续活动的分类之后，包括英国、新加坡和南非在内的其他国家受到启发，建立了自己的分类系统。对于高排放行业来说，一个更受欢迎的替代方案是与可持续发展相关的贷款和债券，它们是2021年能源绿色转型固定收益市场增长最快的领域，这些领域加起来超过了5300亿美元，是2020年发行量的四倍。

9.能源转型与能源安全的关系

一方面，能源作为经济的血液，一直在支撑经济的可持续发展和社会的繁荣稳定。自从人类在地球上生存以来，每时每刻都离不开能源，能源安全就是国计民生，它涉及千家万户，如果能源安全没有保障，直接影响的不仅是经济，还会牵涉到我们每个人的生命。当然，实际能源危机的爆发往往是时段性、区域性、局部性的。但在高度全球化的时代，能源供应需求市场早已变为全球性市场，如果局部或时段性能源危机不能及时有效应对、必不可少的全球能源安全合作不能落实到位，全球性能源危机爆发的可能性就非常高。一旦爆发全球性能源危机，全球经济将受到重创，一些能源安全保障脆弱的国家居民生活受到极大影响，甚至会危及部分人的生命。所以，保障能源安全永远是"头等大事、重中之重"。这也是为什么有些国家或经济体在能源供应短缺、能源价格（尤其是相对低碳、但成本还高的清洁一些的能源，如天然气相对煤炭）超出人们支付能力时往往会"饥不择食"，选择传统能源解决能源安全的燃眉之急。

另一方面，从长期看，随着社会的发展和技术的进步，人们的能源利用效率、能源清洁化程度越来越高，人们越来越懂得在开发和利用能源资源过程中保护生态环境、减少会给地球带来灾难性后果的温室气体排放的重要性。从薪柴主导时代、煤炭主导时代、油气主导时代。一直到未来的新能源可再生能源共同主导时代，即完全的清洁能源时代（或者说"零碳能源时代"），人类经历了而且仍在经历重大的能源转型革命。每一次能源转型革命既离不开生产端、消费端的技术和产业革命，也离不开伴随着全球化越来越深入的各国、各经济体的合作推动及机制体制革命。这也与2014年6月13日习近平总书记在中央财经领导小组第六次会议上明确提出的"四个革命、一个合作"的重大国家能源战略思想一脉相承。所以，一定要把能源安全放在动态的角度看待和处理，要伴随着能源革命和能源转型进程与时俱进。

10.能源转型与全球能源格局

目前，世界正在经历一场深刻的能源转型，总体上是从以化石燃料为基础的能源系统向以可再生能源为基础的能源系统转变。这种转变已经对全球能源地缘政治格局产生影响。历史上，上一次能源革命确立了以油气为主导的全球能源地缘政治格局，一直到今天，这样的格局仍然在主导全球能源市场，是各主要经济体能源安全所依仗的基础，这一能源地缘政治格局基本上是一个基于"地理资源禀赋集中度"而划分的能源系统。围绕这样的能源资源地缘分配格局，各资源国行使着其地缘政治权力，为众多开采这些资源的国家塑造了其经济优势，如中东国家、俄罗斯、美国等，美国作为唯一的全方位霸权大国、强国，利用美元作为全球贸易结算货币的独特优势，形成了目前的全球能源地缘政治格局。

目前全球能源资源正在从一个稀缺的以化石能源为主的系统转变为世界上几乎每个国家、每个经济体都拥有的、潜在丰富性的能源系统——可再生能源系统。这就为未来每个国家和经济体最终拥有一定程度，或者很大程度拥有能源独立提供了可能性，因为几乎每个国家都将能公平利用可再生能源（尽管资源分布不均匀）。其中，另外两个因素也将发挥叠加作用，一是技术进步，尤其是新能源、可再生能源、能源开发、能源利用等技术，比如，储能、氢能、CCS等；二是相关的组织架构，比如，相较于早期的国际能源署，已经建立起来的国际可再生能源署就是一个成员国更为广泛，立足于能源转型和构建以新能源、可再生能源为主导的全球能源地缘政治格局的支撑性多边国际组织。

第二节　我国能源转型形势

总体上，我国能源转型最大的挑战仍是煤炭消费量基数太大。我国一次能源消费结构中，煤炭仍占56%。而这些煤炭中约80%用于发电。尽管我国已经进入高质量增长的新阶段，能源强度和碳排放强度都在显著下降，但火电、钢铁、水泥、化工、交通等难减排行业清洁燃料替代进程仍然存在挑战，低碳发展之路任重道远。总体上讲，近年来，尤其是"十三五"期间，我国能源转型成效显著，主要体现在以下几个方面。

1. 节能减排对我国能源转型的促进作用

总体上，"十三五"时期，我国单位GDP能耗累计下降14%，累计节能约7.1亿吨标准煤，实现了以年均2.8%的能源消费增长支撑年均6%的经济增长，节能量占同期全球节能量的一半左右，引领了全球低碳绿色转型进程。通过节能增效，有力推动了重点地区煤炭消费减量替代，减排二氧化碳超过15亿吨，从源头上降低了碳排放强度，为绿色低碳转型奠定了重要的产业和技术基础；重点耗能行业技术装备水平显著提升，燃煤发电、钢铁、水泥等难减排行业能效水平进入世界先进行列。电力行业300MW以上火电机组占火电装机容量比重由47%上升到81%，钢铁行业1000m³以上大型高炉比重由21%上升至50%，建材行业新型干法水泥熟料产量比重由39%上升至99%。在能源技术进步、技术节能领域方面做了大量工作。另外，政府发布了一系列节能技术目录，国家发改委发布了7批，后面合并以后，又发布了一批，总共发布了8批。工信部也发布了680多项涉及各行各业的节能减排技术，交通、环保和气候变化领域也发布了一系列技术目录。政府部门通过发布节能减排和低碳技术目录来引导全社会推动技术进步，积极构建了节能市场化长效机制。除了政府推动以外，要更多地采用市场机制推动节能，如合同能源管理模式，为用户提供了"一站式"合同能源管理综合服务。我们通过引进、消化、吸收、示范推广"合同能源管理模式"，推动形成了节能环保产业。大力推动了能效标准的制定工作，现已发布了节能领域国家标准300多项，启动了两期"百项能效标准推进工程"，共批准发布了206项能效、能耗限额和节能基础标准，其中包括98项强制性单位产品能耗限额标准，全面实施后可节约2亿吨标准煤，能效标准对推动节能和能效提升发挥了重要作用，极大促进了我国能源转型的总体形势。

2. 我国可再生能源发展对能源转型的推动作用

总体上，我国可再生能源将进一步引领能源生产和消费革命的主流方向，发挥能源绿色低碳转型的主导作用，为实现碳达峰、碳中和目标提供主力支撑。根据《"十四五"可再生能源发展规划》，发展可再生能源是增强国家能源安全保障能力、逐步实现能源独立的必然选择。作为碳减排的重要举措，我国可再生能源将加快步入跃升发展新阶段，实现对化石能源的加速替代，成为积极应对气候变化、构建人类命运共同体的主导力量。我国风电和光伏发电技术持续进步、竞争力不断提升，正处于平价上网的历史性拐点，迎来成本优势凸显的重大机遇，将全面进入无补贴平价甚至低价市场化发展新时期。同时，我国可再生能源发展面临既要大规模开发、又要高水平消纳、更要保障电力安全可靠供应等多重挑战，必须加大力度解决高比例消纳、关键技术创新、稳定性可靠性等关键问题，可再生能源高质量发展的任务艰巨而繁重。综合判断，"十四五"时期我国可再生能源将进入高质量跃升发展新阶段，呈现新特征：一是大规模发展，在跨越式发展基础上，进一步加快提高发电装机占比；二是高比例发展，由能源电力消费增量补充转为增量主体，在能源电力消费中的占比快速提升；三是市场化发展，由补贴支撑发展转为平价低价发展，由政策驱动发展转为市场驱动发展；四是高质量发展，既大规模开发，也高水平消纳，更保障电力稳定可靠供应。

3. 科技创新对我国能源转型的关键作用

根据《"十四五"能源领域科技创新规划》，在"碳达峰、碳中和"目标、生态文明建设和"六稳六保"等总体要求下，我国能源产业面临保安全、转方式、调结构、补短板等严峻挑战，对科技创新的需求比以往任何阶段都更为迫切。经过前两个5年规划期，我国初步建立了重大技术研发、重大装备研制、重大示范工程、科技创新平台"四位一体"的能源科技创新体系，有力支撑了重大能源工程建设，对保障能源安全、促进产转型升级发挥了重要作用。

在高比例可再生能源系统技术方面，风电、光伏技术总体处于国际先进水平，有力支撑我国风机、光伏电池产量和装机规模世界第一。10兆瓦级海上风电机组完成吊装。晶硅电池、薄膜电池最高转换效率多次创造世界纪录，量产单多晶电池平均转换效率分别达到22.8%和20.8%。在油气安全供应技术方面，常规油气勘探开采技术达到国际先进水平，在国际油气资源开发中具有明显比较优势。非常规和深海油气勘探开发技术取得较大进步，建成一批国家级页岩气开发示范区，页岩气年产量超过200亿方。在核电技术方面，形成了较完备的大型压水堆核电装备产业体系，自主研发"华龙一号"和"国和一号"百万千瓦级三代核电，主要技术和安全性能指标达到世界先进水平。在化石能源清洁高效开发利用技术方面，年产1000万吨以上特厚煤层综采与综采放顶煤开采装备、重介质选煤技术等煤炭开发利用技术装备实现规模应用。煤矿瓦斯治理、灾害防治技术水平显著提升，百万吨死亡率持续下降。国际首创的135万千瓦高低位布置超超临界二次再热机组投入运行，煤电超低排放水平进入世界领先行列。在能源新技术、新模式、新业态方面。主流储能技术总体达到世界先进水平，电化学储能、压缩空气储能技术进入商业化示范阶段。氢能及燃料电池技术迭代升级持续加速，推动氢能产业从模式探索向多元示范迈进。能源基础设施智能化、能源大数据、多能互补、储能和电动汽车应用、智慧用能与增值服务等领域创新十分活跃，各类新技术、新模式、新业态持续涌现，对能源产业发展产生深远影响。然而，与世界能源科技强国相比，与引领能源革命的要求相比，我国能源科技创新还存在明显差距，突出表现为以下三点。一是部分能源技术装备尚存短板。关键零部件、专用软件、核心材料等大量依赖国外。二是能源技术装备长板优势不明显。能源领域原创性、引领性、颠覆性技术偏少，绿色低碳技术发展难以有效支撑能源绿色低碳转型。三是推动能源科技创新的政策机制有待完善。重大能源科技创新产学研"散而不强"，重大技术攻关、成果转化、首台（套）依托工程机制、容错以及标准、检测、认证等公共服务机制尚需完善。

第三节 推进我国能源转型的政策措施

我国的能源转型工作任重道远，需要坚持生态优先、绿色发展，壮大清洁能源产业，尤其要大力发展可再生能源，用可再生能源替代传统的煤电，加快储能技术商业化步伐，并积极推动新型电力系统构建，推动新能源和化石能源在电力系统中的优化组合。坚持全国一盘棋，科学有序做好规划和政策引导，实质性推进实现碳达峰、碳中和目标，不断提升绿色发展能力。根据《"十四五"现代能源体系建设规划》，我国能源转型政策措施主要应该在以下几个方面发力。

1.通过大力发展非化石能源实现能源转型

风能和太阳能是非化石能源的主要发展方向。我国要全面推进风电和太阳能发电大规模开发和高质量发展，应优先就地就近开发利用，加快负荷中心及周边地区分散式风电和分布式光伏建设，推广应用低风速风电技术。在风能和太阳能资源禀赋较好、建设条件优越、具备持续整装开发条件、符合区域生态环境保护等要求的地区，应该有序推进风电和光伏发电集中式开发，加快推进以沙漠、戈壁、荒漠地区为重点的大型风电光伏基地项目建设，并积极推进黄河上游、新疆、冀北等多能互补清洁能源基地建设。还应积极推动工业园区、经济开发区等屋顶光伏开发利用，推广光伏发电与建筑一体化应用。此外，还要大力探寻新兴的风电、光伏发电产业应用技术，如风电、光伏发电制氢示范、太阳能热发电等。海上风电方面，应该鼓励建设海上风电基地，推进海上风电向深水远岸区域布局。

除风电光伏外，我国部分地区的水能资源富足，因地制宜开发水电同样对实现能源转型至关重要。在积极推进诸如金沙江上游、雅砻江中游、黄河上游等河段等水电基地建设、水电项目开工建设的过程中，要坚持生态优先、统筹考虑、适度开发、确保底线。不但要着重实施雅鲁藏布江下游水电开发等重大工程，也要对小水电进行清理整改，推进绿色改造和现代化提升。依次积极推动西南地区水电与风电、太阳能发电协同互补，争取到2025年，常规水电装机容量达到3.8亿千瓦左右。

核能是20世纪人类科技进步的重要成果，也是人类未来的能源主要发展方向，在确保安全的前提下，我国应积极有序推动沿海核电项目建设，保持平稳建设节奏，合理布局新增沿海核电项目。在开展核能综合利用示范的过程中，积极推动高温气冷堆、快堆、模块化小型堆、海上浮动堆等先进堆型示范工程，推动核能在清洁供暖、工业供热、海水淡化等领域的综合利用。此外核能对环境的影响也不容小觑，建设核电项目要切实做好核电厂址资源保护工作。到2025年，核电运行装机容量达到7000万千瓦左右。

除了风电、光伏、水电、核能，可再生能源的形式多种多样，我国要因地制宜发展其他可再生能源。推进生物质能多元化利用，稳步发展城镇生活垃圾焚烧发电，有序发展农林生物质发电和沼气发电，因地制宜发展生物质能清洁供暖，在粮食主产区和畜禽养殖集中区统筹规划建设生物天然气工程，促进先进生物液体燃料产业化发展。还要积极推进地热能供热制冷，在具备高温地热资源条件的地区有序开展地热能发电示范。同样海洋能也需要进一步因地制宜地开发利用，推动海洋能发电在近海岛屿供电、深远海开发、海上能源补给等领域应用。

2.推动构建新型电力系统支撑能源转型

我国电力系统发展迅猛，电源结构不断调整，火电优化水平提高，水电开发力度加大，电网建设不断加强，电力环保成绩显著，电力装备技术不断提高，多项技术已经达到国际先进水平。但未来新型电力系统应该向适应大规模高比例新能源方向演进，支撑高比例新能源发展和电力安全稳定运行。我国需要加快电力系统数字化升级和新型电力系统建设迭代发展，全面推动新型电力技术应用和运行模式创新，深化电力体制改革。要以电网为基础平台，增强电力系统资源优化配置能力，提升电网智能化水平，推动电网主动适应大规模集中式新能源和量大面广的分布式能源发展。还要加大力度规划建设以大型风光电基地为基础、以其周边清洁高效先进节能的煤电为支撑、以稳定安全可靠的特高压输变电线路为载体的新能源供给消纳体系。此外，未来新型电力系统还需要建设智能高效的调度运行体系，探索电力、热力、天然气等多种能源联合调度机制，促进协调运行。以用户为中心，加强供需双向互动，积极推动源网荷储一体化发展。

未来电网也需要新的结构形态和运行模式，为此我国应该加快配电网改造升级，推动智能配电网、主动配电网建设，提高配电网接纳新能源和多元化负荷的承载力和灵活性，促进新能源优先就地就近开发利用。为了提高新能源消纳能力，可以积极发展以消纳新能源为主的智能微电网，实现与大电网兼容互补。区域电网主网架结构也需要进一步完善，推动电网之间柔性可控互联，构建规模合理、分层分区、安全可靠的电力系统，提升电网适应新能源的动态稳定水平。我国由于地区间经济发展差异导致地区间电力需求差异较大，而地区资源分布不均衡也使得科学推进新能源电力跨省跨区输送至关重要，要稳步推广柔性直流输电，优化输电曲线和价格机制，加强送受端电网协同调峰运行，提高全网消纳新能源能力。

电源的协调优化运行能力同样需要提高。如通过提高风电和光伏发电功率预测水平，完善并网标准体系，建设系统友好型新能源场站。还可以全面实施煤电机组灵活性改造，优先提升30万千瓦级煤电机组深度调峰能力，推进企业燃煤自备电厂参与系统调峰。同样也要因地制宜建设天然气调峰电站和发展储热型太阳能热发电，推动气电、太阳能热发电与风电、光伏发电融合发展、联合运行。水电方面，要加快推进抽水蓄能电站建设，实施全国新一轮抽水蓄能中长期发展规划，推动已纳入规划、条件成熟的大型抽水蓄能电站开工建设。通过优化电源侧多能互补调度运行方式，充分挖掘电源调峰潜力。力争到2025年，煤电机组灵活性改造规模累计超过2亿千瓦，抽水蓄能装机容量达到6200万千瓦以上、在建装机容量达到6000万千瓦左右。

储能技术是新型电网接入新能源的安全保障，也可以帮助电力系统合理调控大大降低成本，因此加快新型储能技术规模化应用至关重要。要大力推进电源侧储能发展，合理配置储能规模，改善新能源场站出力特性，支持分布式新能源合理配置储能系统。还要优化布局电网侧储能，发挥储能消纳新能源、削峰填谷、增强电网稳定性和应急供电等多重作用。也要积极支持用户侧储能多元化发展，提高用户供电可靠性，鼓励电动汽车、不间断电源等用户侧储能参与系统调峰调频。此外，还应拓宽储能应用场景，推动电化学储能、梯级电站储能、压缩空气储能、飞轮储能等技术多元化应用，探索储能聚合利用、共享利用等新模式新业态。

智能电网环境下的自我响应负荷具有良好的弹性，对于确保电力系统安全稳定运行，以及提高资源利用率有着十分重要的意义。为此我国应该加强电力需求侧响应能力建设，整合分散需求响应资源，引导用户优化储用电模式，高比例释放居民、一般工商业用电负荷的弹性。我国也应该引导大工业负荷参与辅助服务市场，鼓励电解铝、铁合金、多晶硅等电价敏感型高载能负荷改善生产工艺和流程，发挥可中断负荷、可控负荷等功能。此外，还要开展工业可调节负荷、楼宇空调负荷、大数据中心负荷、用户侧储能、新能源汽车与电网（V2G）能量互动等各类资源聚合的虚拟电厂示范。力争到2025年，电力需求侧响应能力达到最大负荷的3%~5%，其中华东、华中、南方等地区达到最大负荷的5%左右。

3.通过减少能源产业碳足迹巩固能源转型

在化石能源开发生产的过程中会造成大量的温室气体排放和逃逸，尤其是煤炭开采和天然气开采的过程，因此要推进化石能源开发生产环节碳减排。为此，要强化煤炭绿色开采和洗选加工，加大油气田甲烷采收利用力度，加快二氧化碳驱油技术推广应用。到2025年，煤矿瓦斯利用量达到60亿立方米，原煤入选率达到80%。还要推广能源开采先进技术装备，加快对燃油、燃气、燃煤设备的电气化改造，提高海上油气平台供能中的电力占比。

新能源加工储运环节也需要进一步提效降碳。通过炼化产业转型升级，严控新增炼油产能，有序推动落后和低效产能退出，延伸产业链，增加高附加值产品比重，提升资源综合利用水平，加快绿色炼厂、智能炼厂建设都可以帮助实现提效降碳。煤炭利用方面，要推进煤炭分质分级梯级利用，还要有序淘汰煤电落后产能。新建煤矿项目应该优先采用铁路、水运等清洁化煤炭运输方式。还要加强能源加工储运设施节能及余能回收利用，推广余热余压、LNG冷能等余能综合利用技术。

最后，推动能源产业和生态治理协同发展同样至关重要。应该加强矿区生态环境治理修复，开展煤矸石综合利用。应该鼓励创新矿区循环经济发展模式，探索利用采煤沉陷区、露天矿排土场、废弃露天矿坑、关停高污染矿区发展风电、光伏发电、生态碳汇等产业。还要因地制宜发展"光伏+"综合利用模式，推动光伏治沙、林光互补、农光互补、牧光互补、渔光互补，实现太阳能发电与生态修复、农林牧渔业等协同发展。

4.更大力度强化节能降碳完善能源转型

首先要完善能耗"双控"与碳排放控制制度。国家应严格控制能耗强度，能耗强度目标在"十四五"规划期内统筹考核，并留有适当弹性，新增可再生能源和原料用能不纳入能源消费总量控制。还应加强产业布局和能耗"双控"政策衔接，推动地方落实用能预算管理制度，严格实施节能评估和审查制度，坚决遏制高耗能高排放低水平项目盲目发展，优先保障居民生活、现代服务业、高技术产业和先进制造业等用能需求。加快全国碳排放权交易市场建设，推动能耗"双控"向碳排放总量和强度"双控"转变。

其次要大力推动煤炭清洁高效利用。"十四五"时期严格合理控制煤炭消费增长。严格控制钢铁、化工、水泥等主要用煤行业煤炭消费。大力推动煤电节能降碳改造、灵活性改造、供热改造"三改联动"。新增煤电机组要全部按照超低排放标准建设，煤耗标准要达到国际先进水平。持续推进北方地区冬季清洁取暖，推广热电联产改造和工业余热余压综合利用，逐步淘汰供热管网覆盖范围内的燃煤小锅炉和散煤，鼓励公共机构、居民使用非燃煤高效供暖产品。力争到2025年，大气污染防治重点区域散煤基本清零，基本淘汰35蒸吨/小时以下燃煤锅炉。

再次要实施重点行业领域节能降碳行动。加强工业领域节能和能效提升，深入实施节能监察、节能诊断，推广节能低碳工艺技术装备，推动重点行业节能改造，加快工业节能与绿色制造标准制修订，开展能效对标达标和能效"领跑者"行动，推进绿色制造。持续提高新建建筑节能标准，加快推进超低能耗、近零能耗、低碳建筑规模化发展，大力推进城镇既有建筑和市政基础设施节能改造。加快推进建筑用能电气化和低碳化，推进太阳能、地热能、空气能、生物质能等可再生能源应用。构建绿色低碳交通运输体系，优化调整运输结构，大力发展多式联运，推动大宗货物中长距离运输"公转铁""公转水"，鼓励重载卡车、船舶领域使用LNG等清洁燃料替代，加强交通运输行业清洁能源供应保障。实施公共机构能效提升工程。推进数据中心、5G通信基站等新型基础设施领域节能和能效提升，推动绿色数据中心建设。积极推进南方地区集中供冷、长江流域冷热联供。避免"一刀切"限电限产或运动式"减碳"。

然后要提升终端用能低碳化电气化水平。全面深入拓展电能替代，推动工业生产领域扩大电锅炉、电窑炉、电动力等应用，加强与落后产能置换的衔接。积极发展电力排灌、农产品加工、养殖等农业生产加工方式。因地制宜推广空气源热泵、水源热泵、蓄热电锅炉等新型电采暖设备。推广商用电炊具、智能家电等设施，提高餐饮服务业、居民生活等终端用能领域电气化水平。实施港口岸电、空港陆电改造。积极推动新能源汽车在城市公交等领域应用，到2025年，新能源汽车新车销量占比达到20%左右。优化充电基础设施布局，全面推动车桩协同发展，推进电动汽车与智能电网间的能量和信息双向互动，开展光、储、充、换相结合的新型充换电场站试点示范。

最后要实施绿色低碳全民行动。在全社会倡导节约用能，增强全民节约意识、环保意识、生态意识，引导形成简约适度、绿色低碳的生活方式，坚决遏制不合理能源消费。深入开展绿色低碳社会行动示范创建，营造绿色低碳生活新时尚。大力倡导自行车、公共交通工具等绿色出行方式。大力发展绿色消费，推广绿色低碳产品，完善节能低碳产品认证与标识制度。完善节能家电、高效照明产品等推广机制，以京津冀、长三角、粤港澳等区域为重点，鼓励建立家庭用能智慧化管理系统。

思考题

1. 碳中和目标下全球能源转型有哪些重要的趋势？
2. "双碳"目标下我国能源转型的基本形势怎样？面临哪些主要挑战？
3. 推进我国能源转型有哪些主要的政策措施？

第四讲 "双碳"目标与工业绿色发展

禹 湘

中国能否在四十年后高质量地如期实现碳达峰碳中和总体目标,与工业领域转型升级的质量与进程密切相关。中国工业只有坚持并发扬绿色低碳发展理念,明确并树立以"双碳"愿景为主导思想的大局观、发展观、战略观,才能不断深入地推进工业领域绿色低碳转型发展,向全面绿色低碳转型目标持续前进。工业产业转型升级必须从实际出发寻找可持续发展路径,在调整优化供给侧结构、产业结构布局、技术创新等方面发力,遏制"两高"项目盲目发展,淘汰落后产能、严控高碳产能,从而控增量、改存量,制定科学可行的政策措施确保工业转型的效果与效益。

第一节 中国工业发展及其能耗与碳排放

工业与制造业是中国经济发展的重要支柱,在国民经济增长中起着不可或缺的重要作用。由于大量高耗能工业的快速增长,如钢铁、水泥等原材料工业行业,中国工业发展呈现出高耗能、高排放的特征。未来中国工业需要兼顾增长与减排，提质与增效，实现高质量发展。本节对中国工业发展历史及其能耗与排放现状进行分析。

一、中国工业发展现状

工业是我国经济发展的重要支柱之一，占全国GDP比例近40%。"十三五"期间，中国单位国内生产总值的碳排放强度和单位工增加值的碳排放强度均在持续下降。2020年，中国单位国内生产总值的碳排放强度比2005年下降了48.4%，已超额实现到2020年单位国内生产总值碳排放强度下降40%~45%的承诺[1]。工业减排对该目标的顺利实现作出了极大的贡献。同时我国工业保持着快速发展的势头，2005—2020年，工业增加值持续增长，从2005年的7.80万亿元（现价）增长到2020年的31.3万亿元（现价），同比增长301.3%[2]。"十一五"期间、"十二五"期间和"十三五"期间，工业增加值累计增长分别为64.8%、40.5%和28.5%；年平均增长率分别为12.9%、7.6%和5.1%[3]。目前，我国已经连续12年保持世界第一制造大国地位，制造业增加值占全球比重近30%[4]，我国是全世界唯一拥有联合国产业分类中所列全部工业门类的国家，在经济发展新常态下，工业仍是推动经济增长的主要力量。

工业是我国技术创新的主要承担者。一方面，工业是研发投入的主要阵地，在载人航天、探月工程、高速铁路、高性能计算机、新一代移动通信等领域的技术创新上取得重大突破；另一方面，工业技术创新成果广泛应用于各行各业，物联网、智能机器人等大量创新性技术广泛应用，带动

---

[1] 中华人民共和国国务院新闻办公室. 2021.《中国应对气候变化的政策与行动》白皮书.
[2] 国家统计局. 中国统计年鉴2021［M］. 北京：中国统计出版社，2021.
[3] 根据历年《中国统计年鉴》计算.
[4] World Bank. World Bank Open Data. https://data.worldbank.org/

了社会各行各业的创新发展。工业凭借强劲的产业带动性、就业吸纳力和技术创新溢出性等优势，成为我国立国之本与现代化强国之基。尤其是在新冠疫情暴发后，国际局势出现较大变化的宏观背景下，工业是保障我国国民经济可持续发展的重要基石（图4-1）。

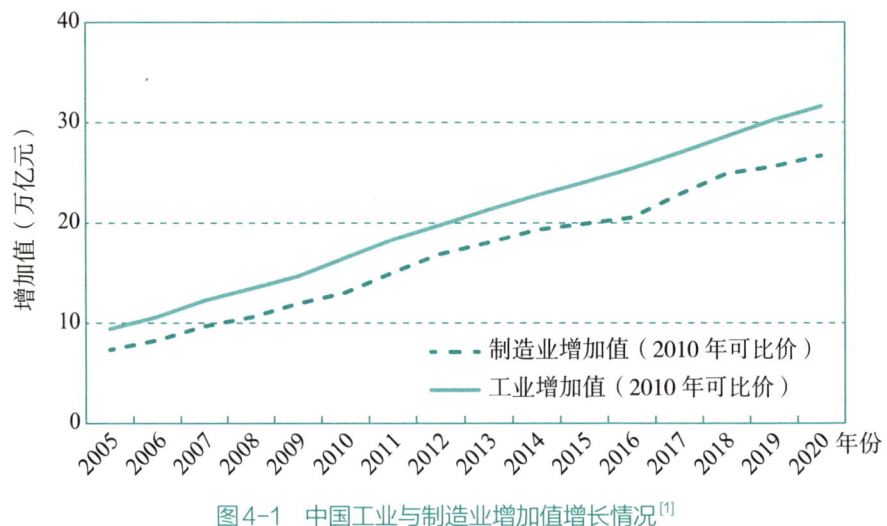

图4-1　中国工业与制造业增加值增长情况[1]

二、工业能耗与二氧化碳排放特征

工业领域是中国碳排放的主要来源之一，也是应对气候变化最为重要的领域之一，是中国兑现碳达峰与碳中和承诺的关键。根据《国民经济行业分类》（GB/T 4754—2017）分类，工业行业包括采矿业、制造业和电力、热力、燃气及水生产和供应业共3个门类。其二氧化碳排放核算范围主要有两种，范围一即排放实体拥有和控制范围内所产生的直接排放，包括化石燃料燃烧排放与工业生产过程排放；而范围二的排放核算则进一步包括了由于外购电力、热力等所产生的间接排放。工业是我国化石燃料燃烧、

---

[1]　国家统计局. 中国统计年鉴2021［M］. 北京：中国统计出版社，2021.

工业过程与电力热力相关排放的主要来源，因此需要对其直接与间接二氧化碳排放均进行核算与研究。

"十三五"期间，工业能源消耗占全社会能源消耗的60%以上[1]，2020年，中国工业能源消耗总量达到32亿吨标准煤；制造业二氧化碳排放总量占全社会碳排放总量的40%以上[2]。重点行业碳排放占据工业碳排放主要比重，以钢铁、建材、石化化工、有色金属为代表的重点工业行业是实现工业碳减排的主要领域，2020年上述高耗能行业能耗总量分别为6.90、3.36、8.42、2.56、3.07亿吨标准煤，分别占工业行业能源消费的21.2%、10.3%、25.9%、10.9%和9.5%。上述重点高耗能行业占工业能源消耗的近80%[3]，碳排放占工业排放二氧化碳的80%左右[4]。

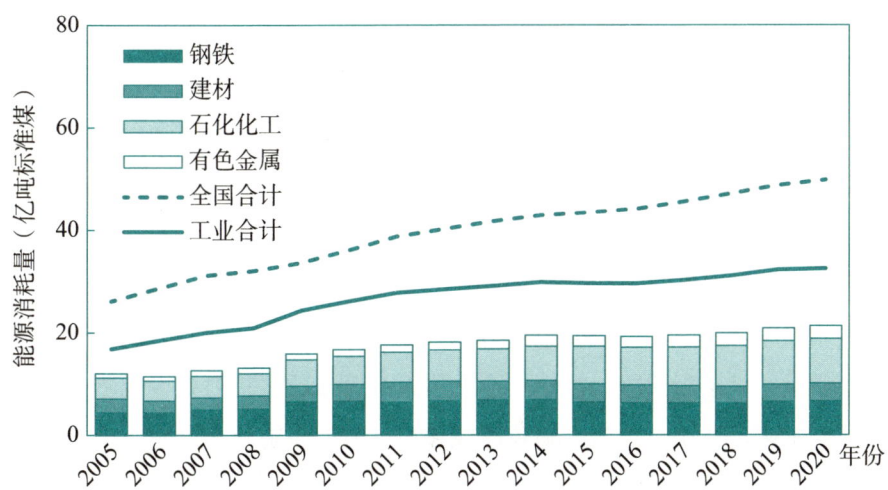

图4-2 2005—2020年中国工业与重点工业行业能源消耗趋势[5]

---

[1] 国家统计局能源统计司.中国能源统计年鉴2020［M］.北京：中国统计出版社，2020.
[2] 根据能源消耗与工业产品产量数据对中国制造业化石能源消耗与工业过程二氧化碳排放估算。
[3] 国家统计局能源统计司.中国能源统计年鉴2020［M］.北京：中国统计出版社，2020.
[4] 据能源消耗与工业产品产量数据对中国制造业化石能源消耗与工业过程二氧化碳排放估算。
[5] 国家统计局能源统计司.中国能源统计年鉴2020［M］.北京：中国统计出版社，2020.

三、工业碳达峰的重点行业和区域

1. 工业碳达峰重点行业组成

在工业各部门中，以钢铁、有色金属、建材、石化、化工和电力为代表的高耗能行业是最重要的碳排放源，上述重点高耗能工业行业碳排放总量占工业碳排放总量约75%。其中，钢铁行业是全国能源消费与碳排放占比最大的工业部门。高耗能、高排放的工业重点行业对我国工业乃至全行业的碳达峰目标的实现起着重要作用。高耗能行业碳排放能否达峰、能否提前达峰、能否实现后续的碳中和，是确保中国在2030年前实现碳达峰与在2060年前实现碳中和长期目标的关键。

工业绿色低碳发展是工业积极应对气候变化的要求，也是工业高质量发展自身的要求，体现在"加快建设制造强国"的各方面和全过程。工业绿色低碳发展建设目标的实现，要根据实际情况、遵循发展规律、适应国际格局，兼顾温室气体减排与工业产业发展目标，统筹部署，合理规划，稳步推进，严格落实。作为重点行业节能减排与绿色发展经验将为中国工业绿色低碳发展奠定基础。通过重点行业的试点，获得相应的经验与方案，进一步在全行业及工业产业全领域推广应用，是工业产业全面绿色化转型与高质量达峰必经阶段。推动工业发展方式升级的不仅要积极推进传统制造业与新兴产业结合、提高绿色产能输出、坚持智能化与绿色化道路，而且要在优化能源资源结构、提高能源资源利用效率等方面持续发力，充分利用科技创新与技术进步产生的新动能。

工业绿色低碳发展依托于新旧动能的平稳转换、中国特色工业绿色发展模式的构建、绿色全产业链的建设。中国工业必须坚持生态文明的产业发展理念，主动打造新的增长动力，主动适应工业成长环境变化，不断探索新的发展路径与发展模式。

2. 工业碳达峰重点区域分布

我国幅员辽阔，区域自然条件、经济发展水平和资源禀赋差别较大。

不同区域工业碳减排的基础、能力和潜力差异显著,需要针对不同区域发展特点提出不同发展路径。

我国国土面积与地理分布决定了各区域之间自然条件、气候条件、资源条件与经济社会发展状态等要素存在着较大差异,也形成了工业发展水平的客观差异性,以及碳减排的基础条件、基本能力、减排空间、减排潜力等情况的不同,一刀切式减排方案无法满足各地区的发展需要。每个地区都需要根据自身社会经济现状、特征及发展需要定制建设方案与发展路径,以实现工业全产业高质量达峰目标。

京津冀及周边地区工业特征为重工业发达、传统工业比重大、内向型经济基础雄厚。唐山、张家口、邢台、邯郸等地市均为钢铁工业聚集区。因此工业绿色发展、碳达峰压力大、要求高,钢铁产业压产能、调结构是碳减排工作主要内容,各地区应根据社会经济发展需要、产业特征等实际情况,定制符合本地区绿色低碳发展需要的精准方案与科学路径。京津冀、长三角、粤港澳大湾区工业门类齐全、互联网产业发达,经济基础好,区位优势明显,应在推进传统产业绿色转型升级的基础上,发挥消费市场大和生产能力强等优势,积极推动新兴产业和新经济引领工业绿色低碳发展。黄河流域等区域工业集中性强,产值密度不均匀,能源资源密集型产业比重大。同时生态资源较少、生态环境脆弱。这些地区应围绕碳达峰总体目标,全面对接国家重点区域战略及本地区经济社会发展战略,同步推进生态保护与经济高质量发展。

第二节 "双碳"目标下工业绿色低碳转型趋势

应对气候变化的紧迫性正在驱动碳中和逐渐成为全球共识。碳中和目标要求下的低碳发展既是对碳减排目标的挑战,也是新一轮产业革命与科技创新的必然趋势。在技术创新驱动下,工业正在成为全球的绿色增长点与竞争主战场。"十三五"期间,我国不断完善工业应对气候变化的顶层设计;推动工业低碳技术的创新,并不断推动绿色制造体系建设,实现低碳、绿色的

协同发展,形成了工业应对气候变化的良好局面。未来,工业应对气候变化还需要继续通过多举措并举,从而积极构建以低碳排放为特征的工业体系。

一、国际工业绿色低碳转型趋势

1.碳中和对全球工业绿色发展提出新要求

传统经济学的发展理论中,将资本、劳动与土地视为经济发展的生产要素,由此驱动了工业革命后以来的以化石能源消费为基础、物质财富的大规模生产消费为中心的传统发展范式。在此过程中,经济发展被视为以物质资本驱动的工业化、城镇化以及现代化过程。这种发展范式塑造了全球消费主义经济扩张的同时,也带来了包括气候变化在内的全球不可持续发展危机。传统的环境经济学将碳减排被视为制约经济发展的外部因素,传统模式的绿色转型的核心在于去工业化后进行污染转移,这将无法满足全球的碳中和发展之路。当前,中国已经成为世界第二大经济体,在经历了新冠疫情后,相对发达经济体仍保持着高速的经济增长。同时,中国已成为世界第一大碳排放国,其碳排放总量在2020年已经近110亿吨,相当于美国和欧盟碳排放总量之和。对于与中国类似的大量发展中国家未来的发展道路来说,要实现碳中和目标,则需要在保持经济增长的同时迅速降低碳排放,这无疑对全球工业绿色低碳发展提出了全新要求。

2.工业绿色发展成为各国提升竞争力的重要领域

进入二十一世纪,世界各国虽然经历了金融危机、经济衰退和新冠疫情的冲击,但是通过发展绿色低碳的现代工业、提高绿色竞争力始终是欧美发达国家的主要发展目标。美国虽然退出了《巴黎协定》,但仍在实施以先进制造业为核心的"再工业化"[1],将信息科技与绿色产业高度融合作

---

[1] Euler Hermes. US ready for long-term manufacturing rebirth. https://www.eulerhermes.com/en_global/news-insights/news/us-ready-for-long-term-manufacturing-rebirth.html

为发展重点；欧盟于2019年12月发布了《欧洲绿色协议》，明确提出了制定新的工业发展战略，以推动绿色化、数字化发展进程[1]；2020年6月，德国政府宣布为期两年的1300亿欧元的经济复苏计划，包括提升能源效率、发展绿色交通、开发氢燃料等举措[2]；英国则于2019年将原本制定的2050年前减排80%的目标修改为减排100%[3]，2020年又进一步颁布了《绿色工业革命十点计划》，预计将动员约210亿英镑，以净零碳排放路径创造50万余就业岗位[4]。可见，欧美主要发达国家均加大了对新能源、数字经济、清洁生产的投资，这无疑对中国工业化绿色低碳发展提出了更高的要求。

二、我国"十三五"工业绿色低碳发展的成效[5]

1. 低碳政策体系不断完善

中国政府在"十三五"规划中提出"创新、协调、绿色、开放、共享"的发展理念。工业领域通过实现工业绿色、低碳、循环发展，使之成为工业应对气候变化的有效举措。为此，工业和信息化部等多部委发布了一系列的重要行动方案和发展规划，对工业应对气候变化提出了指向性要求。

---

[1] European Commission. European Green Deal. https://ec.europa.eu/clima/eu-action/european-green-deal_en

[2] Euronews. Germany announces 130 billion stimulus package as unemployment rises in Europe. https://www.euronews.com/2020/06/04/germany-announces-130-billion-stimulus-package-as-unemployment-rises-in-europe

[3] Climate Change Committee. CCC Insights Briefing: The UK Climate Change Act. https://www.theccc.org.uk/wp-content/uploads/2020/10/CCC-Insights-Briefing-1-The-UK-Climate-Change-Act.pdf

[4] The Ten Point Plan for a Green Industrial Revolution. https://assets.publishing.service.gov.uk/government/uploads/system/uploads/attachment_data/file/936567/10_POINT_PLAN_BOOKLET.pdf

[5] 本部分内容摘自禹湘，刘夏青，莫君媛."十三五"中国工业应对气候变化的行动及成效.《应对气候变化报告（2020）》.北京.社会科学文献出版社.2020-11.245-259

工业和信息化部、国家发展改革委等部门于2012年发布《工业领域应对气候变化行动方案（2012—2020年）》，不仅提出了2020年工业应对气候变化的整体目标，还提出了降低钢铁、有色金属、石化、化工、建材、机械、轻工、纺织、电子信息等重点行业单位工业增加值二氧化碳排放量的具体目标，明确了应对气候变化的思路与任务。2016年工业和信息化部发布了《工业绿色发展规划（2016—2020年）》，提出了部分重化工业能源消耗出现拐点，主要行业单位产品能耗达到或接近世界先进水平，部分工业行业碳排放量接近峰值的目标。国务院发布的《"十三五"控制温室气体排放工作方案》中，也明确提到了力争部分重化工业2020年左右实现率先达峰的目标。

"十三五"期间，通过一系列政策的出台（表1），各级主管部门加强应对气候变化的组织领导，制定了分地区、分行业的工业应对气候变化工作方案，把应对气候变化、推动工业低碳发展作为编制工业行业发展规划、专项规划、区域规划的重要内容，将碳排放下降指标纳入各类规划计划中。并以此建立了有效的工作管理机制，健全促进低碳发展相关政策落实的保障措施。

表4-1 "十三五"工业应对气候变化相关政策

名称	发布时间	发布单位	目标	举措
《工业领域应对气候变化行动方案（2012—2020年）》	2013/1/11	工信部	● 到2020年，单位工业增加值二氧化碳排放量比2005年下降50%左右 ● 基本形成以低碳排放为特征的工业体系。	● 构建以低碳排放为特征的工业体系 ● 大力提升工业能效水平 ● 控制工业过程温室气体排放加快低碳技术开发和推广应用 ● 促进低碳工业产品生产和消费

续表

名称	发布时间	发布单位	目标	举措
《国家低碳工业园区试点工作方案》	2013/9/29	工信部	试点园区单位工业增加值碳排放大幅下降	• 大力推进低碳生产 • 积极开展低碳技术创新与应用 • 创新低碳管理 • 加强低碳基础设施建设等
《工业绿色发展规划（2016—2020年）》	2016/7/18	工信部	• 部分重化工业能源消耗出现拐点；主要行业单位产品能耗达到或接近世界先进水平 • 部分工业行业碳排放量接近峰值绿色低碳能源占工业能源消费量的比重明显提高	• 削减温室气体排放 • 积极促进低碳转型 • 提升科技支撑能力 • 促进绿色创新发展
《"十三五"控制温室气体排放工作方案》	2016/10/27	国务院	• 到2020年，单位国内生产总值二氧化碳排放比2015年下降18%碳排放总量得到有效控制 • 力争部分重化工业2020年左右实现率先达峰	• 低碳引领能源革命 • 打造低碳产业体系 • 推动城镇化低碳发展 • 加快区域低碳发展 • 建设和运行全国碳排放权交易市场 • 加强低碳科技创新等
《绿色制造工程实施指南（2016—2020年）》	2016/9/14	工信部	• 到2020年2015年相比，传统制造业能耗和碳排放强度显著下降 • 部分重化工业资源消耗和排放达到峰值。规模以上单位工业增加值能耗下降18%，单位工业增加值二氧化碳排放量下降22%。	• 传统制造业绿色化改造示范推广 • 资源循环利用绿色发展示范应用 • 绿色制造技术创新及产业化示范应用 • 绿色制造体系构建试点

"双碳"目标与工业绿色发展

2. 低碳技术创新不断发展

低碳技术是推动工业降低碳排放总量和强度的重要因素。国际先进经验表明，提高能源效率、减少对碳密集型产品和服务的需求以及部署脱碳技术，是工业领域实现深度减碳主要方式。随着中国不断加大工业领域科技创新与技术升级，工业节能减碳技术获得了长足进步，制造业主要产品中约有40%的产品接近或达到国际先进水平。重点耗能行业节能减碳技术的开发和应用推动了产品单位能耗和碳排放强度的下降，部分大型企业的减排降碳工艺水平已经达到国际先进水平。

新能源技术和储能技术不断发展。我国已成为全球最大的可再生能源生产国和应用国，水电、风电、光伏装机规模多年保持全球领先，核电在建规模也居世界首位。据国家能源局统计，2019年我国可再生能源发电量为2.04万亿千瓦时，约减排二氧化碳16.4亿吨。"十三五"期间，我国储能技术得到迅速发展。抽水蓄能、压缩空气储能、飞轮储能、超导储能和超级电容、铅蓄电池、锂离子电池、钠硫电池、液流电池等储能技术研发应用加速；储热、储冷、储氢技术也取得了实质性进展。在能源领域，智能微电网示范工程创建、容纳高比例波动性可再生能源电力的发输（配）储用一体化的局域电力系统建设、新型商业运营模式、新业态的电力能源服务等新技术、新模式的推广应用，极大地激活了电力市场化动力，打造出电力产业创新发展新动能，完善了新能源微电网技术体系和管理体制，推动工业能源使用效率不断提升，碳排放不断下降。

工业领域电气化进一步提升。据统计，要将全球升温幅度控制在较工业化前水平的2℃以内，终端部门电气化率需要从2017年的24%提升至2050年的53%。工业流程电气化是中国的工业领域乃至全国范围能源变革中的重要环节。"十三五"期间，中国工业领域煤炭消费比例持续缩减，电气化水平显著提升。在工业领域中，工业锅炉、工业煤窑炉行业煤改电、电锅炉推广普及等工艺改进，将大幅度减少直燃煤用量，加速工业生产过程零排放的进程。

工业节能减碳技术不断发展。水泥、钢铁、石灰、电石、己二酸、硝酸、化肥、制冷剂等重点行业，已逐步实现生产过程中产生的二氧化碳、氧化亚氮、氢氟碳化物等温室气体受控排放；以低温室气体排放的原料替代高温室气体排放的原料等技术推动水泥产业原材料升级换代；以低碳排放的新型水泥、新型钢铁材料替代高碳排放的传统水泥、传统钢材等产品升级，推进了建筑等行业的节能减排。水泥行业余热回收发电技术、焚烧垃圾替代煤炭等技术，实现了生产过程中的有效减碳。钢铁工业通过推广高炉炉顶煤气循环技术、焦炉煤气氧化重整技术（POX）等可有效减排25%左右。目前我国电解铝综合交流电耗、钢铁单位产品能耗等指标均处于国际先进水平。

二氧化碳捕集利用及封存技术获得一定突破。在碳普及技术研发方面，2019年国家重点研发计划等支持了10余项CCUS研发项目和示范工程。在技术应用推广方面，截至2019年8月已建成了数十个CCUS示范项目，在验证技术可行性的同时加强了工程实践能力。在能力建设方面，通过中国CCUS产业创新联盟积极开展多边双边合作，努力搭建CCUS产学研一体化国际合作平台。

3.绿色制造体系不断完善

绿色制造体系建设是实现中国工业绿色、低碳、循环发展的重要举措。随着《工业绿色发展规划（2016—2020年）》的发布，提出了到2020年能源利用效率显著提升；资源利用水平明显提高；清洁生产水平大幅提升；绿色制造产业快速发展；绿色制造体系初步建立的发展等目标。我国开展了创建千家绿色示范工厂和百家绿色示范园区，开发万种绿色产品，创建绿色供应链的工业绿色制造体系建设[1]。减少碳排放作为绿色产品绿色工厂、绿色园区、绿色供应链的主要考评内容，贯穿于绿色制造体系建设

---

[1] 工业和信息化部.《工业绿色发展规划（2016—2020年）》. https://www.ndrc.gov.cn/fggz/fzzlgh/gjjzxgh/201706/t20170621_1196817.html

的各个环节。工业绿色发展的核心理念在于不再只关注工业生产末端的降低碳排放，而是将低碳理念贯穿于产品、园区和供应链的全过程，从产品的设计阶段，就系统考虑原材料选用、生产、销售、使用、回收、处理等各个环节对资源环境造成的影响，从而从工业产品的设计、制造、使用、回收到再制造的全生命周期的碳足迹的减少[1]。

截至前五批绿色制造示范名单中，共包括2121家绿色工厂、2170项绿色设计产品、171家绿色园区、189家绿色供应链管理示范企业，如图4-3所示。

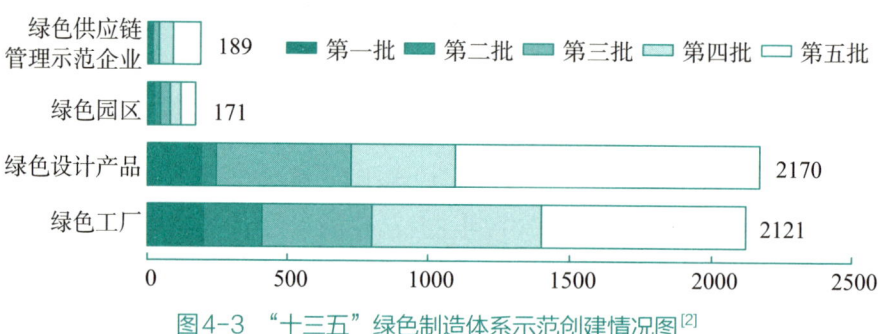

图4-3 "十三五"绿色制造体系示范创建情况图[2]

截至2018年，我国国家级开发区达552家，省级开发区达1991家，总数达到了2543家，是全球拥有产业园区数量最多的国家。自改革开放以来，有关园区循环化改造、生态工业园区、低碳工业园区和绿色工业园区等创建的工作全面铺开，工业园区高质量发展的内涵不断提升，绿色、低碳和循环发展成为其显著特征。围绕我国碳达峰与碳中和总体目标，以工业园区绿色低碳建设为抓手，全面重构绿色低碳的工业体系，是积极应对气候变化的重要举措，同时也将成为我国工业持续发展的新动能，在创造新一轮经济发展的同时推动碳达峰、碳中和目标的如期实现。

---

[1] 工业和信息化部.《工业和信息化部办公厅关于开展绿色制造体系建设的通知》. https://wap.miit.gov.cn/jgsj/jns/gzdt/art/2020/art_db58aa7e972642948a1be9cb41280c7b.html

[2] 工业和信息化部.《绿色制造名单》. http://www.gov.cn/zhengce/zhengceku/2020-11/10/content_5560229.htm

 **案例**

苏州工业园区：园区绿色低碳发展的先行者[1]

江苏苏州工业园区位于历史名城苏州古城区东，地处我国沿海经济开放区与长江三角洲经济发展带的交汇处，于1994年经国务院批准设立，行政区划面积278平方公里，常住人口约80.78万。苏州工业园区是我国工业园区绿色低碳发展的领头羊，回顾其25年的发展历程，是绿色发展理念逐步形成，特色逐渐凸显，绿模式日趋成熟的过程。在我国提出"双碳"目标后，园区能与时俱进不断调整园区的应对气候变化目标，制定相应的政策和管理制度，使发展理念和政策行动之间日益契合，政府、企业、社会组织及公众在绿色发展进程中的责任格局不断优化，始终走在我国工业园区绿色低碳发展的前列。

产业低碳化是园区碳达峰与碳中和工作的主要抓手。通过有序转移不符合产业规划及高能耗的项目，对能耗总量大、能源利用效率低、污染较严重、不符合园区产业规划、与碳达峰与碳中和目标相悖的企业逐步实施产业转移和淘汰计划，为园区腾出用能空间与排放空间，同时，大力推动服务业及新兴产业的发展。园区以发展服务型经济、创新型经济为中心，持续推动商贸、服贸、旅游和文化等低耗能、绿色清洁的现代服务业发展。同时，深入实施生物医药、纳米技术应用和云计算等新兴产业发展计划。实施行业"领跑者"制度，推动企业向国际同行业标杆看齐，实施低碳、零碳技术改造，全面提高产品技术、工艺装备、能效和环保的水平，更快更好地推动企业向"碳达峰"与"碳中和"目标迈进。

能源管理智慧化是园区碳达峰与碳中和的重要着力点。随着信息化、

---

[1] 根据禹湘，庄贵阳，陈洪，周枕戈.国家低碳工业园区建设实践与创新［M］.北京：我国社会科学出版社，2017中的相关案例改写。

"互联网+"的发展理念不断推进，园区的能源管理工作趋于智慧化发展，通过建立分布式能源系统，构建能源、环保、充电桩、交通等智慧平台，加强对基础数据的监管，推进节能工作的可查询、可追溯、可视化，实现智慧高效的管理。目前，园区已建设完成低碳能源公共服务平台一期建设工程，实现了除热力数据外所有源厂数据的对接；碳排放统计制度也在逐步建立，园区内用能单位已基本建立能源计量器具、能源计量数据管理等制度，重点用能单位计量器具配备均符合国家强制性标准要求。园区建立和完善了能源统计网络和评估制度，制定了工作流程，设计制作并推广使用企业能源统计台账，增强了对园区企业碳排放的管理能力，为园区摸清本底、为"双碳"目标的实现奠定了数据基础。

大力推动低碳、零碳、负碳技术研发和创新是园区实现低碳绿色的重要内容。园区依托创建的节能技术数据库和国家发改委、工信部发布的节能技术清单，结合园区的地理区位、产业形态和近几年企业实际开展的节能技改项目，完成了针对性的节能与低碳、零碳技术汇编，在碳捕集与封存、规模化储能、绿氢及排放综合管理技术等领域寻求突破，推动绿色低碳、零碳、负碳技术应用和创新成果转化。园区对公共场所、工业项目、公共建筑提出采用LED照明产品要求，并重点支持LED照明改造等节能降耗成效显著的技术改造项目和示范工程，推动节能环保产业与园区重点产业融合。

三、我国工业绿色低碳转型的挑战和机遇

1. "双碳"目标下中国工业面临的挑战

工业面临发展与减碳双重压力。工业是国民经济的主导，决定着我国碳达峰与碳中和总体目标的实现。工业发展与碳减排存在着对立统一的关系，一方面工业领域转型升级与高质量发展是我国实现碳达峰与碳中和的基础和保障；另一方面，碳达峰碳中和目标为工业尤其是制造业的发展带

来了压力和约束。根据《中华人民共和国国民经济和社会发展第十四个五年规划和2035年远景目标纲要》的设定，2035年人均国内生产总值要达到中等发达国家水平，保持制造业比重基本稳定，这对未来中国制造业的碳排放强度下降提出了硬性约束。制造业要实现绿色低碳转型，必须改变发展格局、创新发展理念、优化发展路径、升级发展动能。

工业结构与能源结构调整任务艰巨。中国碳排放主要来源于煤炭等化石能源，相同的能源消费量，中国碳排放量为美国的1.6倍和欧盟的1.8倍[1]，以煤为主的能源消费结构是中国碳排放总量较大的重要原因。作为国民经济支柱产业，工业发展压力巨大，并且随着工业化、城镇化进程的继续提升，工业以及高耗能行业增长压力无法得到有效缓解。在能源结构仍保持以煤炭和石油等化石能源为主的基本国情下，中国工业领域在未来的一段时期内，必须全力应对降低煤炭消费等客观问题。

工业绿色低碳技术无法满足发展需要。统计数据表明，传统节能技术带来的碳减排空间呈现逐步缩小额态势。据测算，节能技术的推广可为钢铁、水泥等重点工业行业减少约10%~20%的碳排放。因此突破性低碳、零碳、负碳技术技术革新将是未来大幅降低碳排放的关键。例如，利用氢能源、氢冶炼全面代替高炉焦碳还原等低排放工艺，使用CCUS技术对二氧化碳排放进行捕集封存等技术具有广阔的减排前景。未来，只有不断创新发展低碳技术，保障脱碳、零碳、负碳技术供给，才能保证工业产业全面实现碳达峰、碳中和目标。

2. "双碳"目标下中国工业的发展机遇

一批战略性新兴产业获得发展新机会。在碳达峰与碳中和目标约束下，可再生能源、新能源汽车等产业获得了广泛的需求与巨大的发展空间，新一代信息技术、生物技术、环保技术以及高端装备与先进制造等技术被广

---

[1] IEA. Data and Statistics. https://www.iea.org/data-and-statistics/data-browser?country=WORLD&fuel=CO2%20emissions&indicator=FECI

泛应用于工业生产各个领域。战略新兴产业面临着前所未有的新需求、新市场与新契机，新赛道、新行业将不断涌现，新产业与传统产业都将出现"弯道超车""换道超车"等新机会，为我国工业建设、制造强国建设实现新突破、创造新成就带来新机遇。

传统制造业行业获得发展新动能。"十三五"以来，我国初步建立了严控落后产能、淘汰落后产能的长效机制，出台了钢铁、水泥、平板玻璃、电解铝产能置换的实施办法，提前完成1.5亿吨钢铁去产能的目标。"十四五"和"十五五"时期，工业领域产业结构将进一步调整优化，"两高"项目将得到更严格的遏制重点行业产能规模将严控严管。同时产业布局将不断优化，有色金属等行业产能向可再生能源富集、资源环境可承载地区有序转移，钢铁、有色金属等行业原生与再生、冶炼与加工产业将实现集群化发展，传统行业转型升级进程不断加快。

工业是推动形成绿色低碳发展方式的主战场。工业既是生产生活资料的部门，又是制造生产工具的部门，对社会生产与社会经济起着巨大的推动作用。工业产品与技术成果广泛应用于各行各业，通过发展绿色低碳产业、生产绿色低碳产品等形式推动着全社会碳达峰进程。2020年，我国太阳能电池组件占全球市场份额超过70%，新增光伏装机量占全球比重达到37%。截至2021年8月，我国新能源汽车推广超过了700万辆，居全球第一，占全球新能源汽车的50%左右。中国工业绿色发展成果为全球降低碳排放提供了绿色技术、绿色能源、绿色产品等重要支撑。"十四五"和"十五五"期间，工业部门将进一步发挥绿色低碳经济支撑作用，完善绿色制造体系建设推广机制，为能源生产、交通运输、城乡建设等领域提供绿色低碳技术、产品、装备和能源等生产生活资料，打造绿色低碳要素供给体系，助力全社会、各行业如期实现高质量碳达峰。

第三节 工业领域碳达峰的重点

一、工业领域碳达峰的目标与路径

1.工业碳达峰的目标

2022年7月，工业和信息化部、国家发展改革委与生态环境部联合印发《工业领域碳达峰实施方案》，设定了工业领域碳达峰总体目标。到2025年，规模以上工业单位增加值能耗较2020年下降13.5%，单位工业增加值二氧化碳排放下降幅度大于全社会下降幅度，重点行业二氧化碳排放强度明显下降[1]。

2.工业碳达峰路径

工业领域碳达峰研究与实践需要科学地规划统筹。部分部门如期实现深度减排存在着客观制约因素，因此中国实现2030年前碳达峰以及2060年碳中和的目标面临着较大挑战，工业行业需要实现更加深度的脱碳才能达到与碳中和目标一致的排放路径。大量研究均表明工业是中国实现碳达峰、碳中和最为关键的部门之一。在工业领域内部，钢铁、建材、石化化工、有色金属为代表的重点工业行业间减排路径的选择存在较大异质性，由于工业各重点行业之间异质性高，增加了工业碳达峰与碳中和路径研究的难度，亟须对中长期中国工业整体及分行业的深度二氧化碳减排路径进行研究。

从已有研究来看，自然技术进步所带来的二氧化碳减排量无法抵消由于经济增长与能源消费所带来的二氧化碳排放量。为更高质量实现全国碳达峰与碳中和目标，工业需要进一步推动工业用能效率的提升，淘汰低附加值产业，遏制两高产业盲目发展，加快工业各行业向高附加值及绿色低

---

[1] 工业和信息化部.《工业领域碳达峰实施方案》. http://www.gov.cn/zhengce/zhengceku/2022-08/01/5703910/files/f7edf770241a404c9bc608c051f13b45.pdf

碳生产转型。通过大力推进制造业转型升级，加强钢铁、建材、石化化工、有色金属等重点行业的低碳技术的应用推广，工业二氧化碳排放总量可实现大幅下降。

为使工业实现高质量发展，同时实现2030年前碳达峰，进而使得全国2060年前实现碳中和的目标顺利实现，中国工业需要持续不断推动低碳技术创新，推动传统生产设备的更新，在保证生产安全、经济高质量发展的同时，以碳中和目标倒逼工业行业实现深度减排。通过不断提高工业行业清洁电力比重，推动碳捕集利用与封存、绿氢燃料替代等创新型低碳技术的推广与应用。

工业要实现碳达峰与碳中和，钢铁、建材、石化化工、有色金属为代表的重点工业行业的减排路径尤为关键。"十四五"期间部分重点工业行业产能已经达到或接近达到峰值，随着遏制两高项目的政策实施和节能降碳技术的推广应用，各重点工业行业有望在"十五五"期间达峰，但由于各重点行业的生产产量、工艺流程具有显著差异，需积极稳妥推进行业梯次达峰，从而带动工业整体达峰。

在碳达峰目标约束下，钢铁行业作为二氧化碳排放量最大的工业部门，将在工业碳达峰中起到重要的作用。以长流程转短流程为代表的冶金工艺的流程转变与终端电气化比例提升是钢铁行业短期与中期重要的二氧化碳减排手段，随着未来中国钢铁储量的持续上升，废钢回收利用率的不断提高，2030年中国基于废钢的电弧炉钢铁冶炼占比约提升至20%~25%。建材行业工业过程排放较高，通过电石渣、硅钙渣、钢渣等工业固废代替石灰石生产熟料将大幅减少工业过程排放，有力推动建材行业的碳达峰。

石化化工行业中，随着一批年产量千万吨级的炼化项目逐渐落成，预计"十四五"和"十五五"时期中国石化产业还会有一定规模的扩张，因而行业整体达峰时间将略晚于钢铁、建材行业，未来需要继续调整原料结构，控制新增原料用煤，拓展富氢原料来源，推动原料轻质化。

有色金属行业中，需大力推节能技术创新，推广铝用高质量阳极技术等绿色工艺，同时提高铜、铅、锌等行业的能源效率，突破冶炼余热回收等节能技术。

各行业在实现碳达峰目标后，还需推动突破性、创新型生产技术的研发与应用，以实现以碳中和目标为导向的深度减排。在该情景中，碳捕集利用与封存技术（CCUS）将成为重要的负排技术。钢铁行业中煤基高炉炼钢技术需通过碳捕集来减排；石化行业应用CCUS技术具有先发优势和丰富经验，未来在石化行业推广CCUS技术减排具有很大的潜力。

除CCUS技术的应用外，各行业需要进一步探索碳中和为导向的技术路径，通过绿氢、绿电等能源结构转型降低行业碳强度。钢铁行业需要进一步通过推进以绿氢炼钢为代表的重大突破性生产技术，实现各生产环节的净零碳排放。有色金属行业需提高生产过程的智能化管理水平，在符合生态承载力的前提下，鼓励有色金属行业产能向可再生电力富集地区转移。

二、工业领域碳达峰的重点举措

1. 深度调整产业结构

优化产业结构，加大淘汰落后产能的力度和大力发展战略性新兴产业仍是工业达峰的重要途径。产业结构优化需要产业布局优化和产业链协同发展有机结合。推进产业转移或布局在有气候容量和新能源富集的地区，推动产业链的循环链接，加速形成产业集群，形成以"碳中和"为导向的国内产业空间布局。在参与全球国际分工中，应加强绿色低碳产业合作，以国内大循环为主体，通过国内国际双循环相互促进，打造以服务于我国碳中和需求为导向的全球产业链布局。严控新增产能，加快低效产能退出，遏制"两高"项目盲目发展。坚决遏制"两高"项目盲目发展并不是"一刀切"式遏制"两高"的发展，而是在限制产能无序扩张中提升重点工业行业的发展质量，通过减量替代、产能置换、提高准入以及对标先进等多种政策措施的"组合拳"，可显著提升工业领域碳减排成效。

2. 深入推进节能降碳

调整优化清洁能源与化石能源用能结构,加强清洁能源全链条发展,在化石能源领域逐步实施减量替代,实现能源稳步转型;重点行业推广电锅炉、电窑炉、电加热、高温热泵、大功率电热储能锅炉等电能替代技术;加快工业绿色微电网建设,通过智慧能源管控,实现源网荷储协调互动,能源系统优化和梯级利用,形成园区集中供热、能源供应中枢新业态。在钢铁石化等领域实施能效"领跑者"行动,提升制造业工业产品能效水平,对主要产品工艺实施升级与节能技术改造。大力提升电机、变压器、风机、锅炉窑炉等重点用能设备能效。强化节能监督管理,全面实施节能诊断和能源审计,鼓励合同能源管理、能源托管等模式,健全省市县三级节能监察体系,开展跨区域交叉执法、跨级联动执法

3. 积极推行绿色制造

绿色制造体系建设是实现工业绿色、低碳、循环发展的重要举措。将绿色低碳理念贯穿于工厂、园区、产品和供应链的全过程,以继续推行绿色制造体系。着力构建完善的绿色低碳技术体系和绿色制造支撑体系,系统推进工业向产业结构高端化、能源消费低碳化、资源利用循环化、生产过程清洁化、产品供给绿色化、生产方式数字化等6个方向转型,配套实施工业碳达峰推进工程、重点区域绿色转型升级工程、工业节能与能效提升工程、资源高效利用促进工程、工业节水增效工程、重点行业清洁生产改造工程、绿色产品和节能环保装备供给工程、绿色低碳技术推广应用工程等八大工程[1]。

为进一步推进绿色制造体系示范工作的开展,进一步推广典型绿色发展的模式案例,强化对工业绿色发展的引领和带动等作用。还应强化对绿色制造体系的监管制度,对于已经获得通过国家绿色评价体系的园区、企

---

[1] 工业和信息化部.《"十四五"工业绿色发展规划》. http://www.gov.cn/zhengce/zhengceku/2021-12/03/5655701/files/4c8e11241e1046ee9159ab7dcad9ed44.pdf

业、产品、供应链等，应对其建立动态监督机制，将碳排放水平作为核心要素纳入绿色制造标准体系与考核内容中，从而依托绿色制造体系建设打造绿色、低碳的工业体系。

4.大力发展循环经济

循环经济以资源的高效利用和循环利用为核心，以"减量化、再利用、资源化"为原则，以低消耗、低排放、高效率为基本特征。推动低碳原料替代方面，包括工业固废等非碳酸盐原料制水泥，高固废掺量的低碳水泥生产技术，水泥窑协同处置垃圾，使用可再生能源制氢，优化煤化工、合成氨、甲醇等原料结构，生物质化工、依法依规进口再生原料等。规范管理废钢铁、废有色金属、废纸、废塑料、废旧轮胎等再生资源循环利用，推进机电产品再制造与工业固废综合利用，争取大宗工业固废利用率2025年达到57%，2030年达到62%。

5.推进工业领域数字化转型

数字创新将为工业低碳发展赋能。围绕碳达峰、碳中和目标，推动传统产业数字化、网络化、智能化发展，对钢铁、有色金属、建材和石化化工等行业进行工艺流程和设备的升级改造。提升两化融合建设能力，充分利用新一代信息技术实现对工业全过程能源消费及碳排放的精准监测与科学分析，构建生产全过程的碳排放同步监测、控制、协调与优化自动决策式管理体系，以资源高效配置驱动生产过程减排。

6.加快工业绿色低碳技术变革

低碳技术创新是实现工业应对气候变化发展的关键所在。加强专项资金和金融支持力度，完善促进低碳技术创新的财政、税收、金融等政策支撑体系，规范资金市场服务制度，促进资金牵引的产学研深度合作，推加快低碳技术的研究开发、示范与推广。大力推进"低碳+互联网"，充分利用新一代信息技术，搭建信息共享与技术交流平台，推动多行业、多领域、跨行业、跨领域的协同攻关与技术合作，提升应对气候变化新动能。在传统高耗能行业，继续推广焦炉煤气制甲醇、转炉煤气制甲酸、新型干法水泥技术、水泥窑协同处置废弃物等高效绿色低碳技术。加大对二氧化碳的捕集、封存技术探索，研发二氧化碳制备高附加值化学品技术、二氧化碳化学利用过程的低氢耗技术，实现了二氧化碳资源化利用。

三、工业领域碳达峰的政策保障[1]

1.建立健全工业应对气候变化政策体系

形成各部门在应对气候变化领域的合力，完善工业和信息化和生态环境部等主管部门对应对气候变化的组织领导。制定"十四五"期间工业应对气候变化工作方案。把应对气候变化、推动工业低碳发展作为编制相关规划的重要内容，将控制工业温室气体排放、碳排放达峰，以及促进工业低碳发展等指标纳入产业发展规划等各类规划，及重点工业行业的工作计划中。同时加强财税、金融等配套政策支持，提升财政资金的使用效率，积极依托于金融市场探索绿色金融等融资创新机制。

2.逐步完善重点工业行业碳核算和标准体系

建立温室气体排放数据信息系统，加强工业企业温室气体排放管理。这其中包括，加快建立符合我国工业发展水平的碳排放测算体系，建立重点用能企业温室气体排放定期报告制度，构建工业产品碳排放评价数据库。研究制订钢铁、水泥、石化等高耗能行业中，产品的碳排放标准，加紧制订重点用能企业碳排放评价通则，指导和规范企业降低排放。

3.建立健全促进工业低碳发展的市场机制

完善工业应对气候变化的市场机制，发挥碳价格的市场信号和激励作用，降低控制温室气体排放成本。探索建立碳排放自愿协议制度，在钢铁、建材等行业开展减碳自愿协议试点工作，制定减碳自愿协议管理办法和奖

---

[1] 禹湘，刘夏青，莫君媛."十三五"中国工业应对气候变化的行动及成效.巢清尘，胡国权，刘雅鸣，陈迎，庄贵阳，谢伏瞻.应对气候变化报告（2020）.北京.社会科学文献出版社.2020-11.245-259

励措施，推动企业开展自愿减排行动。鼓励工业企业参与自愿减排交易，支持钢铁、水泥、石化、化工等行业重点企业开展碳排放交易试点。

4.加强工业应对气候变化宣传培训和国际合作

继续加强工业应对气候变化的国际合作。在现有工作的基础上，创新形式和手段，进行应对气候变化科学知识的普及和宣传，倡导低碳生产方式和消费模式。积极开展工业领域应对气候变化专题培训，加强人才培养，倡导低碳消费低碳生活。积极拓展应对气候变化国际合作渠道，建立资金、技术转让和人才引进等机制，构建国际合作平台，推动国际合作项目落地，有效消化、吸收国外先进的低碳技术，增强工业应对气候变化能力。

第四节　工业领域碳中和的展望

未来，工业仍将是中国经济增长的主要动力，且仍将是中国能源消耗和温室气体排放的主要领域，也是中国提升国际竞争力的重要领域。如何通过深度的绿色低碳转型，实现工业领域的碳中和，进而带动全国碳中和的发展路径，具有战略性和全局性的意义。"十四五"期间不仅需要严格控制高耗能、高碳的重化工业过快增长，继续推进工业部门朝着绿色化、精细化、高端化、信息化和服务化发展，同时依托绿色制造体系建设，以工业园区、重点工业企业、重点工业产品为抓手，促进工业形成绿色、低碳、环保的发展方式，建设具有绿色低碳发展特征的工业体系，从而为中国碳中和目标实现做出贡献，推动国民经济继续实现长期、平稳、较快的发展。

一、以净零碳为导向形成各行业低碳协同发展的新模式

工业提前实现碳达峰是中国整体在2030年之前实现碳达峰的关键。目前，中国工业实现绿色低碳转型具有后发优势，5G、新基建、数字化等发

展都为工业绿色低碳转型带来了新动力。但是，工业达峰不仅仅需要工业部门的整体绿色转型，还需要部门的联动。目前，电力碳排放约占工业总排放的40%，工业整体的碳达峰需要电力的进一步清洁化，以及多部门大力发展综合集成的能源系统，推动风、光、水电和生物质能一体化发展。中国工业的碳达峰和碳中和之路将是以碳减排带来的技术革新、就业增长、行业扩张等驱动的发展之路，因此，工业领域应对气候变化工作的推进需与污染治理、双循环、"六保、六稳"等国家战略深度结合，从而高效率、高质量地实现碳排放达峰。

二、打造全球优势互补的产业链发展模式

相比发达国家的工业化后期到后工业化时期的自然转型过程，中国的绿色低碳转型存在更大挑战。相比其他已完成工业化的国家，中国向国外转移落后、过剩产能空间有限。通过国内产业优化布局和绿色转型逐渐消除贸易隐含碳高、附加值低、对环境破坏严重的生产环节或产业链，减少隐含碳出口；同时扩大中国缺乏比较优势、但是隐含碳较高的产品进口，改善进出口结构，利用国际资源提升各行业减碳能力。联动一带一路国家、发挥各国比较优势、打造新型碳中和导向的全球产业链新布局。

三、加快低碳技术的研发推广和应用

研发并推广改创新低碳技术是推动工业高质量达峰和的突破点。在能源降碳领域，钢铁行业推动从煤基炼钢向低碳电力、绿色氢基炼钢生产转型；水泥行业提高水泥能源使用效率，推动碳密集度低燃料替代；有色金属行业则通过产业转移至新能源富集地区来进一步提高可再生能源利用比例。在循环降碳领域，钢铁行业重在提升废钢资源回收利用水平，提升基于废钢-短流程冶炼工艺在钢铁生产中的比例；有色金属行业重在提高再

生金属产量；水泥行业鼓励使用粉煤灰、工业废渣、尾矿渣等作为原料降低水泥生产的工业过程排放；石化化工则鼓励物料循环利用。在技术降碳领域，钢铁行业大力推进非高炉炼铁技术示范，加快开发应用氢冶金；有色金属突破无碳铝水泥行业大力推广二代新型开发水泥，加快低钙水泥等技术推广应用；石化化工行业全面推动原料轻质化。围绕碳达峰、碳中和目标，推动传统产业数字化、网络化、智能化发展，对钢铁、有色金属、建材和石化化工等行业进行工艺流程和设备的升级改造。提升两化融合建设能力，充分利用新一代信息技术实现对工业全过程能源消费及碳排放的精准监测与科学分析，构建生产全过程的碳排放同步监测、控制、协调与优化自动决策式管理体系，以资源高效配置驱动生产过程减排。

四、充分发挥绿色金融的资金支持作用

依托碳市场等市场机制建设，充分发挥碳交易、碳金融等市场化手段的调节功能，提升市场手段尤其是绿色金融手段的驱动作用，通过建立完善的绿色产品认证体系以及借助包括绿色债券、绿色信托等在内的金融手段，鼓励金融机构与企业积极将低碳发展纳入自身商业决策与风险管理体系中，激发市场主体内在的碳减排积极性和创造性。建立从政策、产业、金融等宏观层面到企业、机构与团体等微观主体的上下融合的主动减碳机制，优化政策体系与市场机制，充分激发市场主体的积极性与主动参与，以实现全方位、全领域、多维度推进工业行业逐步实现碳中和。

思考题

1. 工业领域碳中和是指在工业领域实现净零碳排放吗？
2. 工业领域如何助力其他行业实现碳达峰？
3. 如何处理好工业减排和发展的关系？

第五讲 "双碳"目标与城市建设

仇保兴

第一节 城市建设与碳排放

我国过去40年的快速城镇化进程，有效避免了先行国家和发展中国家在城市化进程中所经历的多种城市病，但历史并非呈线性发展。我国城镇化的下半场，仍面临诸多挑战。城市是人口和人类活动聚集的综合体，也是所有问题包括社会、经济和可持续发展等问题的根源所在，更是人为温室气体排放的主要来源，占人为温室气体排放总量的75%，解铃仍须系铃人，城市的问题还需要通过城市自身规划建设管理来解决，因此，城市减碳发展将是应对气候变化和实施"双碳"战略的"牛鼻子"。

一、城市化进程

我国经历了40年的快速城镇化进程，这是人类历史上规模最大的城镇化。在城镇化的前半场，我国几乎将相当于两个美国人口规模的居民从农村搬到城市,在这样一个巨大的人口迁移过程中,仍有效避免了先行国家和发展中国家在城市化进程中所经历的四类严重城市病:一是避免了像英国这样的先行工业国家,在城市化初期基础设施严重不足,造成疾病流行的悲惨历史;二是避免了像阿根廷这样的发展中国家,虽然推动了大量人口进入城市,但由于社会经济发展缓慢,并不能提供相应的就业岗位,从而使城市里出现了大量剩余劳动力,进而发生了发展停滞和倒退;三是避免了像美国这样的发达国家在城镇化过程中造成的城市无序蔓延,城市人均交通能耗比全球平均高出几倍的情况;四是避免了像非洲等国家因城镇化无序造成的城市居民饥饿贫穷,城市70%~80%的人口在贫民窟中居住的现象。

不少经济学家认为:根据美国城市地理学家诺赛姆(Ray.M.Northman)提出的"诺赛姆曲线",中国的城镇化速度演化会同美国等新大陆发达国家一样,在城镇化率达到60%~85%时城镇化仍然处在"快速发展阶段"。但这种以"新大陆"国家的城市化规律为基准的研究思路并不适用于属于典型"旧大陆"国家的我国。新大陆国家主要以外来移民为主,几乎是"有农庄却无农村";而作为农耕文明历史最悠久的旧大陆国家——中国,则是多农村而少农庄,正是由于二者的重大区别,使得用"诺赛姆曲线"对中国城镇化进程的判断并不准确。

当前,外出打工的农民工数量已经基本稳定,并且,每年农村进入城市的人口正在持续减少,55岁以上的农民工返乡的数量正在快速增长,逆城镇化的现象已经开始呈现。因此,我国城镇化进程的拐点会明显早于主流经济学家预测的2025—2030年,并且目前已经出现了拐点,在历经该拐点后,城镇化速度较之前会显著下降,城镇化速度将从每年1.3%下降到0.7%~0.8%,区域间城镇化水平的差异也将进一步拉大。在这一趋势下,也正是提出乡村振兴正当时,乡村的振兴发展将朝着宜游、宜老、宜业、宜生产的目标行进。国家通过制定"大湾区等十几个城市群规划"来解决传统城市"单打一"的状况,来解决单个城市解决不了而且解决起来又困难的问题，如生态共治、环境共保、基础设施共建和资源共享，支柱产业共塑、产业链共塑等，这些问题也都必须在城市群、大湾区这样一个具有更大尺度的规划中进行解决和协调。

城镇化是经济社会发展的必然趋势，也是社会转型、实现现代化的重要机遇期。过去40年我国顺利实现了全球最大规模的城镇化，我们既要充分肯定快速发展的城镇化所取得的成绩，也要认识到城镇化发展过程中存在的高资源消耗、高能源消耗、高污染排放、高碳排放等一系列问题，在习近平生态文明思想的指导下，走绿色低碳的发展道路是中国城镇化的必然选择。未来15年是我国城镇化转型和城乡建设低碳绿色发展的重要窗口期，我们要处理好城镇化率达峰、碳排放达峰、人均GDP倍增之间的关系，只有建立起绿色低碳的各类制度、政策和技术体系，才能促进国家经济社会发展全面绿色转型。

二、城市碳排放的特征和趋势

碳达峰可以分为"自然达峰"和"行政干预达峰"两种情景。图5-1上可看到，绝大多数西方国家早在30年前，有的甚至在50年前就已经碳达峰了。目前全球已经有54个国家实现了自然达峰，大部分是发达国家，这些国家城镇化率已经达到70%以上，同时完成了工业化和人口老年化。从历史经验看，某国只要这"三化"一旦达到，碳排放就能自然达峰。英国早在1974年已率先实现碳达峰。目前，英国已宣布将在2050年达到碳中和，该国从碳达峰到碳中和的时间差不多是70多年。而我国的目标是在2030年实论碳达峰，2060年实现碳中和，从碳达峰到碳中和只有短短30年的时间，这不仅要靠正确的行政干预，各级政府科学编制线路图和施工图，还要靠各行业的企业主体和国民共同参与，才能达成碳中和目标。"双碳"目标的制定出台，将加速"碳排放拐点"的到来。

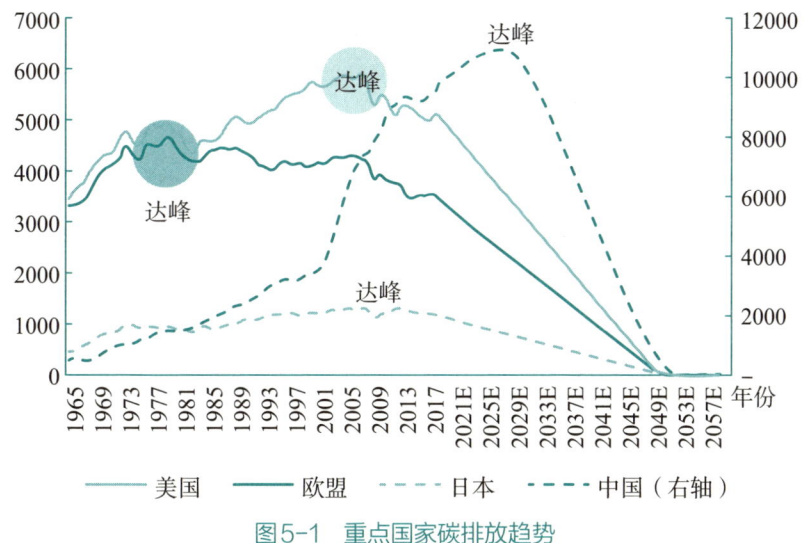

图5-1 重点国家碳排放趋势

资料来源：Wind、光大证券研究所预测

城市是人为温室气体排放的主角（占75%）。经联合国组织全球专家调查证实，由城市排出的人为二氧化碳气体和其他温室气体，占总的人为温室气体排放的75%。2005年联合国人居署的年度报告《城市化的世界》扉页中联合国副秘书长沃利·恩道写道："城市化既可能是无可比拟的未来光明前景之所在，也可能是前所未有的灾难之凶兆，它的未来如何，取决于我们当今的所作所为。"

因此，实现"双碳"目标的关键就在于城市。城市在建设和运营过程中需要排放大量的碳，如果还是以工业文明的思想建设城市，无节制地排放大量的温室气体，那么人类的未来或许就将陷入无尽的黑暗，由此看来，城市必然要进行能源结构转型。

三、"双碳"目标下的新要求

第一点，碳中和路径是需要随着技术迭代更新而不断演进的，但是不管采取什么方案、什么路径、什么技术，"安全韧性"都是第一位的，首先就应该保障和提升国民经济体系和城市运行的安全韧性。第二点，成本趋降性。10多年前德国在撒哈拉沙漠进行过一个Dii计划，即利用撒哈拉沙漠的太阳能供应欧盟三分之一的能源需求。但是因为他们当时所选择的"太阳能聚光发电"缺乏成本趋降性而陷入困境。第三点，技术可靠性，即技术方案的确定性与稳定性。为何行业内对托卡马克装置并不看好？因为目前所掌握的核聚变技术并不具备可靠性，或许随着科技的发展，50年后才可考虑。第四点，灰绿系统兼容性。"绿"指的是可再生能源，"灰"指的就是传统化石能源，如果同一生产工艺与发电机组能兼容绿灰两种能源，不仅沉淀成本可大大减少，而且由于传统能源的可行性和获得性强，能大大提升系统的可靠性。第五点，进口替代性。如果我们能大规模使用太阳能及风能生产绿氢，再转化为甲烷与氨，就可替代石油天然气进口，那么以美国为首的西方国家就没那么容易进行能源封锁了。

城市规划建设是实施降碳战略的主要载体，以城市为主体来实施"双碳"战略具有明显的五大优势。

第一，城市是人为温室气体排放的主角，占人为温室气体总排放比高达75%。这意味着，抓城市就是抓住了碳排放的"牛鼻子"。

第二，我国城市行政区包括山水林湖田乡村和城镇，有利于因地制宜科学布局可再生能源和碳汇基地。我国城市与西方国家城市大大不同，西方城市所管辖的区域一般仅为城市建成区，而我国的城市所管辖的范围囊括了完整的空间管理单元，在这个空间单元内可以将"能源供给（碳源）""能源消费（碳源）"和"碳吸收（碳汇）"三者统筹布局。所以，中国的城市相较于其他国家的城市更有利于就地采取措施实现"碳达峰"和"碳中和"。以杭州市为例，该市市区面积才1000平方公里，但是杭州市的整个管辖范围是16000多平方公里，比居民集中的市区范围要大10多倍。完全可以统筹安排，对太阳能、风能、水力能和储水调峰等进行合理布局。

第三，改革开放40多年城市间的GDP竞争可转向GDP增长与减碳双轨竞争。我们完全可以将城市之间的竞争方式由原来只关注GDP增长，转向GDP增长与减碳双轨竞争。但需要指出的是，短期内不能寄希望于使用另一种新的增长指标来取代GDP和城市减碳效应，如"绿色GDP"（由于该体系包含了众多复杂且界限不清的指标，显然尚不成熟，不宜进行推广使用）。实践证明，联合国长期倡导的"人文发展指数"也无法取代GDP，与直接套用减碳量来衡量"绿色"程度，以及采用"绿色GDP"等其他不成熟方法一样，相较于"GDO+减碳"双轨竞争制，这些方法都是等同于把简单的事情复杂化了。

第四，以城市为减碳主体可使"从下而上""生成"碳中和体系，与"从上而下""构成"行业碳中和体系可以互补协同。改革开放40多年的经验告诉我们，凡是"自下而上"的经验基本都取得了成功，凡是"自上而下"硬性推广的改革任务都难取得相应的成果。如果仅仅采用"自上而下"的形式，这种类似"计划经济"的体制顶层设计、运动式推行碳达峰或碳中和势必会造成系统的脆弱性和易发错误技术路线的锁定。但如果仅采用"自下而上"的形式，完全依靠市场主导也可能会引发无序的恶性竞争，因此需要采取两者有机结合的形式以城市作为主体实施。

第五，以城市为主体的"双碳"战略能够演化出最优碳中和路径。"解铃还须系铃人"，城市的问题需要通过城市自身来解决，需要通过目标导向、问题导向和经验导向这三方面的综合演化出最佳碳中和线路图和施工图。

城市绿色发展需要谋划碳达峰、碳中和时间表、路线图，首先要厘清"碳达峰"和"碳中和"的理论依据和数据明账，城市规划建设是实施降碳策略最主要的载体[1]。包括城市用电量、用能量的测量，采用何种碳排放计算方法，计算人均"碳达峰"指标测算等，城市内林木碳汇的减碳总量，城市可再生能源开发的潜力，碳中和路线图可设置城市建设使用可再

---

[1] 根据国家统计局说明，城区常住人口1000万以上的城市为超大城市，城区常住人口500万以上1000万以下的城市为特大城市。来源：澎湃新闻.国家统计局最新城市评级公布：超大城市7个，特大城市14个［DB/OL］. https://m.thepaper.cn/baijiahao_14613545

生能源与减碳策略双轨并行，建筑脱碳减碳可设置标准底线，强化城市绿化综合减碳效应，充分利用生物质能和各种可再生能源发电，采用输配电分离改革这十项基础性原则。

以通州北京城市副中心为例，在国家"十四五"规划中，全国要求2030年实现"碳达峰"，副中心示范区需要提前实现"碳达峰"目标，切实起到示范作用，力争明显低于全国每人每年碳排放为7.5吨的标准。对于承担疏解功能的副中心示范区，输入人口流入地区，碳排放总量随着迁入人口的增量是增加的，采用"人均碳排放"作为考核指标，才能较为公平地描述各城市减碳的工作成效。

在城市规划建设中实施碳中和路线图"双轨"模式，一是太阳能等可再生能源推广应用和能源结构调整。把太阳能、地热能和生物质能加垃圾发电等充分利用起来，再减去每年树木碳汇，然后计算余留下来的"碳缺口"余量。例如，某超大城市绿色示范区可选择在内蒙古或者山西省的盐碱地上专门建设一个风能和太阳能综合发电站，用于抵消碳缺口。二是采用建筑减碳、市政减碳、交通减碳、水务减碳、废弃物处理减碳五合一的减碳策略，建筑、市政、废弃物处理、水务、交通等都已形成碳计量标准，都可以与国际对标、以与全国对标、在碳溢价和碳交易价中对标，进一步实现城市规划建设中减碳标准化策略。

四、城市低碳发展的相关政策

从1992年开始，住房和城乡建设部（住建部）启动了国家园林城市的相关工作，后续工作推进到县城，并相继提出了国家园林县城、园林城镇和生态园林城市。2011年，住建部开始推行低碳生态试点城（镇），之后又与绿色生态城区示范工作合并，是近10年以来国家部委层面推进生态城市建设的重要力量[1]。

---

[1] 方丹，石悦.国家和省市层面绿色生态城市建设政策梳理［J］.建设科技，2018（6）：10-14+17.DOI：10.16116/j.cnki.jskj.2018.06.002.

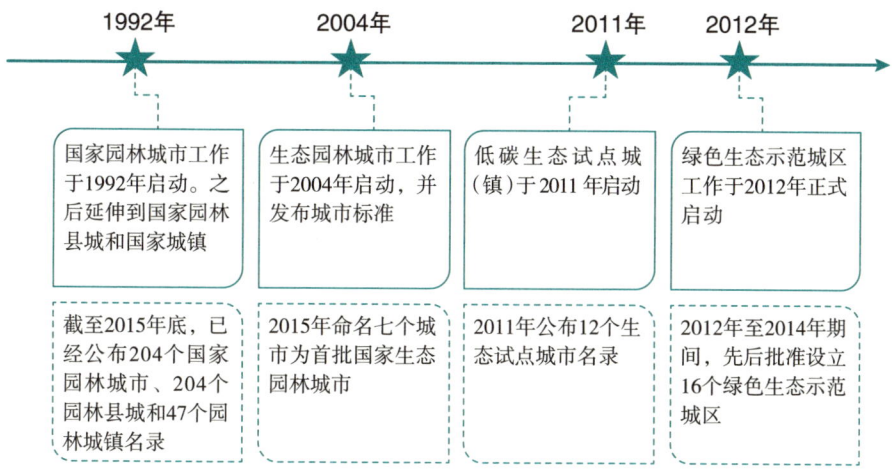

图5-2 住房和城乡建设部生态城市相关政策举例

为了适应与财政部共同推进绿色生态城区示范工作需要，2012年9月，住建部整合了低碳生态城镇试点工作和绿色生态城区示范工作，统称"绿色生态示范城区"，并于2012年至2014年期间，先后批准设立16个绿色生态示范城区，并于2012年优选8个绿色生态示范城区给予中央财政资金支持。在试点示范设立、考核、评估过程中，逐步形成了六个方面的基本要求：一是注重节约集约紧凑混合使用建设用地；二是推行可再生能源、资源利用；三是加强城市生态建设，推广低冲击式开发模式，建设海绵城市；四是大力推广绿色建筑和既有建筑节能改造；五是大力发展绿色交通；六是限制高污染、高耗能企业进入试点示范区。

国家发改委也于2010年7月起，联合其他部门开始推行低碳发展试点，并逐渐扩大范围和类别，进行许多有益的探索。截至2016年8月，已经确定了6个低碳试点省区、36个低碳试点城市、7个绿色低碳重点小城镇、55个低碳工业园区、两省五市碳排放权交易试点。

试点政策启动后，各试点地区编制了试点实施方案和低碳发展规划，制定绿色低碳发展的配套政策，加快构建低碳排放的产业体系，建立温室气体排放数据管理系统，倡导低碳绿色生活方式和消费模式。

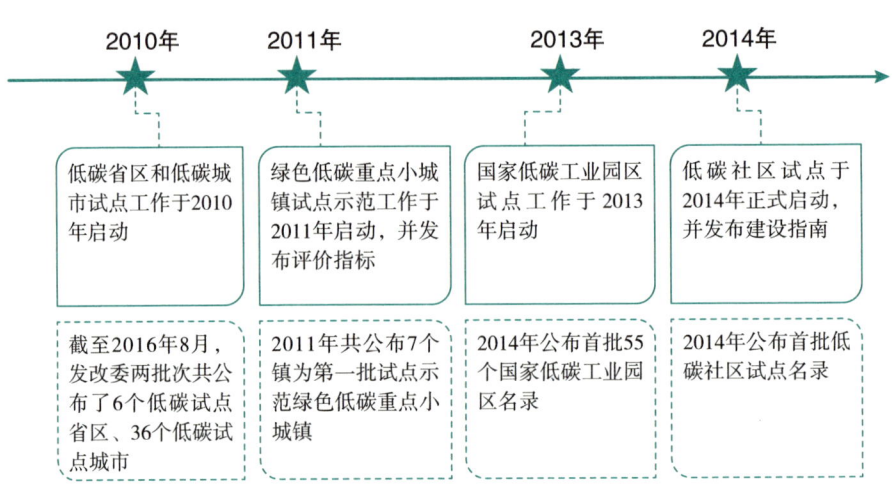

图5-3 发改委低碳发展相关政策举例

值得指出的是，为落实国家及北京市碳达峰、碳中和重大决策部署，实现推动副中心高质量发展，在前期国家绿色发展示范区、建筑高质量发展规划等研究基础上，提出在副中心建设国家级绿色发展示范区的政策建议和模拟模式。

一是围绕绿色发展示范区建设，坚持创新引领，主动作为，以减碳为主线，在绿色能源、绿色建筑、绿色交通、绿色科创等领域率先示范；二是积极争取国家相关部委和北京市的大力支持，在政策与标准制定、先进技术应用推广、绿色科技与产业创新、试点示范项目建设等方面提供"一揽子"政策包；三是通过副中心强有力的统筹协调实施，进行集成示范，系统示范，形成合力，协同创造国际一流的城市副中心质量，为全国及国际低碳绿色发展作出表率。拟定设计的示范试点政策创新如下。

1.国家发展和改革委员会、国家能源局

争取国家发改委、国家能源局协同支持副中心建设近零碳排放示范区，支持副中心开展输配电分离改革试点、智能微电网建设试点、新型储能项目并网调度试点等工作。

2.住房和城乡建设部

争取住房和城乡建设部支持副中心开展绿色城市建设综合试点示范，

重点围绕绿色城市建设标准与技术体系、绿色城市更新与老旧小区改造、绿色社区建设、高质量绿色建筑示范、绿色建造与绿色建材应用示范、建筑碳排放监测与管理、绿色基础设施建设、绿色金融支持绿色建筑等方面，进行系统集成试点示范。

争取住房和城乡建设部支持副中心开展生态园林城市建设，认可或下放三星级绿色建筑标识预评价及标识评定，推动建筑信息模型（BIM）和城市信息模型（CIM）融合项目审查审批管理示范等。

3. 生态环境部

争取生态环境部支持副中心开展碳监测评估试点、建筑和水务领域碳排放权交易中心建设试点、应对气候变化韧性城市试点、国家无废城市建设试点示范，支持副中心开展城市地区生物多样性保护试点示范。

4. 交通运输部

争取交通运输部支持副中心开展可持续交通综合试点示范，重点围绕新能源汽车与可再生能源融合、充换电网络建设、绿色枢纽建设试点示范。支持副中心进行智能网联汽车、智慧交通管理等智能交通试点示范。

5. 科学技术部

争取科学技术部支持副中心设立国家城市绿色发展技术创新中心，成立未来城市科技创新联盟，支持相关国家重点实验室、国家级工程技术研究中心、绿色科创平台机构在副中心优先落地，支持绿色低碳、智慧宜居、安全韧性类国家重点研发计划成果与技术产品率先在副中心推广应用。

从现有出台的政策来看，在"十四五"时期，为实现碳达峰目标，需要加强城市的系统性建设，加强县域绿色低碳规划，以及加强城乡二元一体化建设运营。从供给侧考虑，在创新领域增加绿色植被屋面墙面的碳汇，以及太阳能等新能源领域在建筑业的推广使用，和在城市更新和老旧小区改造中用好碳交易市场的激励机制等，激发政府、市场和社会主体主动作为的新机制和内生动力；从需求侧考虑，城乡建设领域碳排放包括直接和间接碳排放，需要在建筑基础设施建造、建筑运行用热、用电，以及建材

使用领域（如推广低碳装配式建筑）进一步减少碳排放，制定相关政策和运营指标。

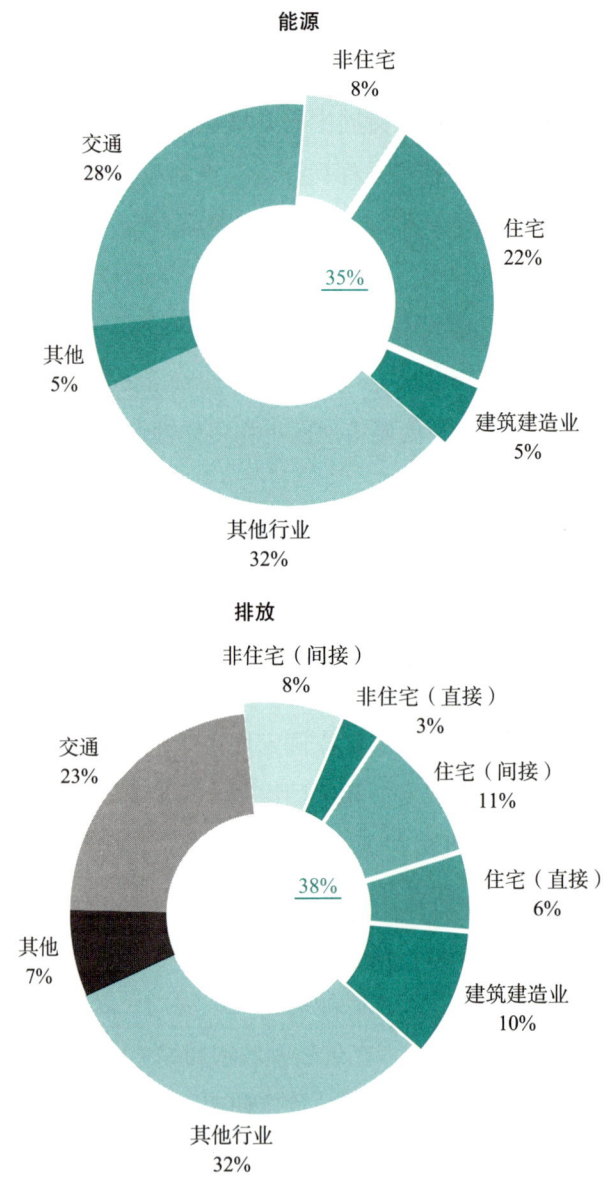

图5-4　2019年建筑建造行业终端能耗和碳排放全球占比

资料来源：国际能源署《2020年全球建筑和建造业状况报告》

第二节　城市建筑

在2030年之前力争实现碳达峰，2060年实现碳中和，这是中央对我国低碳发展给出的明确目标和时间表。低碳发展不仅是能源领域的任务，更要涉及各行业、各部门的各项工作，将给我国今后40年的社会经济发展带来巨大和深远的影响。建筑部门是能源消费的三大领域（工业、交通、建筑）之一，也是造成直接和间接碳排放的主要责任领域之一。大力减少建筑部门相关过程中的碳排放，将极大地改变建筑建造、运行、维护维修各个环节的理念和方法，使整个行业产生巨大的革命性变化[1]。

一、城市建筑用能和碳排放情况

建筑全生命周期碳排放约占全社会排放量的一半。图5-4是国际能源署出台的《2020年全球建筑和建造业状况报告》中介绍的2019年建筑建造行业终端能耗和碳排放全球占比，从图上可以看到，住宅建筑、非住宅（公共建筑）运营和建筑建造业占了整个能源消耗总量的35%。相比之下，我国的建筑能耗占比要达到40%以上，即在我国有近一半的社会碳排放是由建筑产生的。而这主要是因为我国90%以上的建筑是钢筋混凝土，而世界上其他国家的建筑一半以上甚至80%都是木材建的。正因为这个巨大的差距，我国建筑全生命周期的碳排放占整个社会碳排放的50%左右，所以说建筑行业是第一排放大户。图5-5介绍了从2005年到2018年，我国建筑全过程碳排放变动趋势，建筑全生命周期碳排放量达到了49亿吨（约占全社会碳排放的48%），并且碳排放主要集中在建筑运行和建材生产过程，而建筑施工碳排放只占其中的很小一部分。

---

[1]　江亿，胡姗.中国建筑部门实现碳中和的路径［J］.暖通空调，2021，51（05）：1–13.

图5-5 2005—2018年全国建筑全过程碳排放变动趋势

资料来源：《中国建筑能耗研究报告（2020）》

由此可见，计算建筑碳排放，判断一个建筑是否为高耗能，或低碳建筑，不能只考虑运行阶段的碳排放，而是应该从全生命周期来衡量碳的排放。

图5-6介绍的是建筑运行相关的二氧化碳排放状况，横轴表示建筑面积，纵轴表示碳排放强度。从图上可看出，公共建筑的面积最小，但是耗能强度最大；北方采暖建筑总面积不大，但碳排放约为5.5亿吨。现在很多南方城市，如成都、武汉等都在计划集中供暖，这将会明显增加这些城市的碳排放。为什么我国在20世纪50年代就确定将需要集中供暖的城市定在秦岭黄河以北，而不是长江以北呢？当时在讨论这事的时候，部分专家认为我国要以民众生活为中心推广供暖范围，但是另一部分专家认为必须优先考虑节能，最后闹到周恩来总理那里。周恩来总理认为，从长远来看，我国终究是能源缺乏的国家，需要将节能放在极其重要的位置上，最终将集中供暖的线划定在秦岭黄河以北。现在一些城市政府思想仍然停留在工业文明搞大投资的传统理念上，也计划推行集中供暖，却不考虑能耗和碳排放的问题。

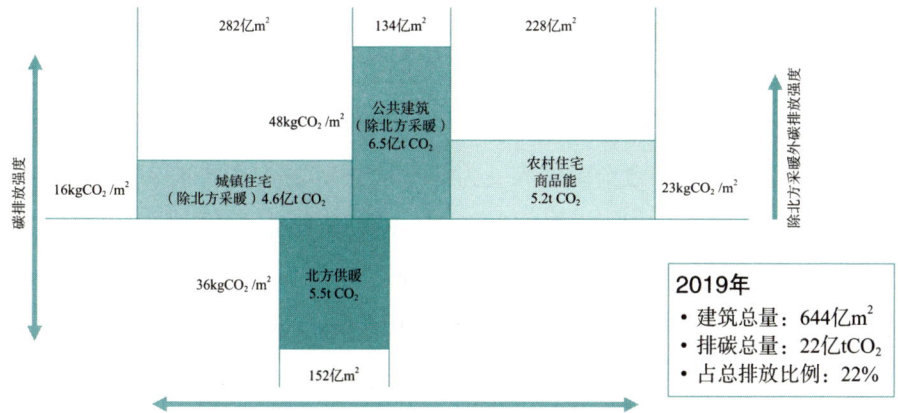

图5-6 建筑运行相关二氧化碳排放状况（2020年）

资料来源：中国建筑节能年度发展研究报告2022（公共建筑专题）

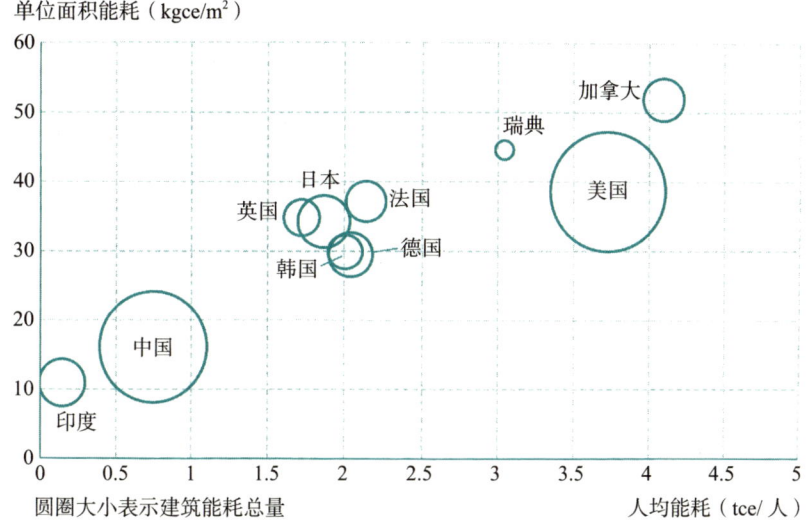

图5-7 各国建筑运行能耗对比[1]（2020）

资料来源：中国建筑节能年度发展研究报告2022（公共建筑专题）

---

[1] 数据来源：清华大学建筑节能研究中心CBEEM模型，IEA各国能源平衡表，Energy EfficiencyIndicators数据库（2021 edition），世界银行WDI数据库，印度Satish Kumar（2019）。中国为2020年数据，加拿大与瑞典为2018年数据，其他国家均为2019年数据。建筑能耗总量中各国消耗的电力按照中国火力供电煤耗系数折算为一次能耗。

另外，基于三个原因，我国住宅运行耗能明显低于发达国家。我国每平方建筑平均能耗强度远远不及美国、英国、加拿大等资本主义国家。美国的人口不到我国的1/4，但是所消耗的建筑能耗远比我们要高，一个美国人的建筑能耗相当于5个中国人。为什么这么高呢？主要有三个原因：一是中国人人均面积约为40平方米，而每个美国人则拥平均有住宅达85平方米；二是我国住宅主要用的是分体空调，而美国住宅主要用中央空调；三是我国家庭较少使用烘干机，而烘干机在美国基本属于必需品，正是这几个因素，使得中国人均建筑能耗要比美国低得多。对我国建筑尤其是住宅实行每个房间安装一个空调是最节约的模式，分布式的能源供应和设施是最节能的，而"三联供"的集中供热模式从实践来看其实只适用于我国北方城市。

十几年前，国家某部委的文件将三联供和四联供推广到全国，结果在广州大学城实施该项目中，10多万人实现集中供暖、制冷，但是实际运行的能耗巨大，运行了一年项目就关闭了，造成了十几亿的损失。对我国建筑尤其是住宅实行每个房间安装一个空调是最节约的模式，分布式的能源供应和设施是最节能的设施，"三联供"的集中供热模式只适用于我国北方城市。

二、"双碳"目标下绿色建筑与建筑节能趋势

自"双碳"目标提出以来，我国"双碳"政策体系建设呈现出多角度、全方位推进局面，为深化推进各行业、各领域"双碳"实践积累政策基础。随着可再生能源等新技术的加速发展，现代建筑科技正面临三个革命性新趋势。

趋势之一，从传统的节能建筑转向正能建筑。在人类历史上，第一次从注重建筑能耗的节约，要转向广泛利用建筑来产生能源。人类建筑史长达上万年，从旧石器时代人类就创造了建筑，发展到现在，现代建筑将结

合各种各样的可再生能源应用使建筑从能源消耗者转向能源生产者。这就意味着建筑不再是城市能源消耗的某个单元，而是有新能量产生的一个新主体，由众多这类主体构成的城市就为城市实现碳中和奠定了坚实基础。在这个充满颠覆性创新的时代，今后的建筑设计师都需要在节能的成本与产能的成本之间做科学理性的比较。

现代科技的快速发展使得各种各样的节能技术越来越新颖，能效越来越高，成本越来越低。例如从传统的建筑保温转向辐射能的节约，从集中能源利用转向分布式的能源产生等等。又例如，相较于传统的节能技术成本，可再生能源的技术成本反而下降得更快，太阳能光伏成本在10年内降了近乎10倍，从技术上考虑未来成本还可以进一步降低，除此以外，屋顶风能和生物能源等可再生能源的成本也在大幅下降。

图5-8　德国弗莱堡市正能建筑

尽管当前可再生能源的成本比建筑节能保温技术的成本低许多了，但仍有许多建筑师仅仅停留在对建筑保温、对维护结构密封这类传统的节能技术应用上。采用保温技术节能往往具有较高的边际成本，而利用可再生能源的建筑边际效益则较好，因此未来应将建筑节能与产能两种技术结合在一起，以最低的成本实现最高的效率，进而使建筑实现碳中和，甚至还可能成为"负碳之源"。

趋势之二，"建筑结构创新"的时代已经到来。20世纪初期，由法国、英国、荷兰等国家的建筑师发起了一场名为"新建筑"的运动，把罗马式的、巴洛克式的建筑，由石头、木头建造的这类成本昂贵的建筑，转向由水泥、钢筋、钢铁、玻璃建造的建筑。当时提出"建筑就是居住的机器"的观念，认为建筑应该像工厂那样明快、简洁、实用，它就是一个供众多人类公平居住使用的一种机器。这一场"新建筑"的革命宣告了现代建筑的诞生，也使得城市化的成本大大降低。

世界上现在有52%的人口居住在城市，而绝大部分的建筑都是新建筑革命时代之后建造的。新建筑革命所带来的这种遗产，使得建筑结构简洁，且更加注重功能，虽满足了人民的基本居住需要，却丝毫没有怜悯地球会因此受到哪些负面影响。根据国际能源署提供的数据，建筑全生命周期产生的碳排放无论怎么算都占到碳排放总量的40%以上，即人类活动所造成的温室气体排放量中，建筑行业占到其中的40%，而这个比例在我国则达到了50%。

我国与其他国家建筑最主要的一个区别就是我国建筑用钢筋混凝土比例更高，因此，不论是建筑全生命周期产生的碳排放还是运行期间产生的碳排放，我国建筑的碳排放比例都是全球最高的国家之一。由此可见，碳中和建筑在我国的"双碳"战略中应该发挥最重要作用。

从全生命周期考虑，如果全国所有的建筑都能实现碳中和，那么"碳中和建筑"就能为"双碳"目标的实现贡献一半的力量，显然没有一个行业的减碳量能够与之相较。因而，从减碳总量上看这一场新运动将是建筑近代史上又一次伟大的转变。

近代建筑史上第一次伟大转变是19世纪初叶，从"古典建筑"转向"现代建筑"，人们称为"新建筑运动"。但是今天我们讨论的"碳中和建筑"将成为第二次现代建筑的革命，在这场革命中，可以将各种各样的可再生能源组合到建筑中，如太阳能光伏、地源热泵、空气源热泵、屋顶风机和电梯下降能等利用组合。在建筑表皮装太阳能光伏板和屋顶装风力发电装置，与建筑的结构进行匹配，将建筑顶部结构设置为朝阳面斜坡，根据实验测得这一结构变化可额外获得30%的太阳能，而且这个结构如果产生风压，风速也会提高50%。由于风能发电量与风速的三次方成正比，在设计建筑结构时，只需做一些适当的变化就可以提升风能的发电量一倍以上。另外，建筑还可与立体园林组合，使得绿化率达到150%，这种建筑即使是高层建筑也能产生丰富的生物量，每年可产生大量的生物质燃料。如此一来，通过把太阳能、地源热泵、空气源热泵、风能、生物质能源等可再生能源与建筑物进行合理的组合利用，在使建筑成为能源的分配器的同时更能使建筑成为产能单位。

浅层地热能，空气源热泵、深层地热源在建筑上的应用都属于"低品质的能源"，因为这些能源最高温度往往都是在100摄氏度上下，而高品质能源如电能是可以长距离输送和高效转换的能源。这些高品质能源一旦与峰电交易、碳交易相结合，就可以给用户带来足量的现金流。建筑物产生的绿色电力可以高效转化为其他类别的能源，这样的高品质能源不仅可以长距离输送，也可以很方便地储存。低品质能源可在建筑内作为制冷或供暖充分应用，而高品质能源则可以作为电网的调峰能源适时交易出售。如果每一个建筑都能实现碳中和，那么整个城市碳中和就能顺理成章地完成。总的来说，在"建筑结构"的革命上，首先应该考虑尽可能充分利用就地产生的低品质能源，输出和交易高品质能源。除此之外，"碳中和建筑"必然也是一种气候适应性建筑，这就要求"碳中和建筑"需像鸟的羽毛一样，根据自然气候进行自适应调节变化。

趋势之三，建筑物可以作为能源的存储单元。现代能源的储存模式将从传统的集中式、大型化、中心控制转向为分布式、小型化与建筑紧密结合的模式。按全国在2030年实现"碳达峰"的计划，新型电力系统可再生能源的应用比率要达到总能源的30%，到2060年"碳中和"可再生能源的布局比例将超过80%。

可再生能源比例在电网中不断提升过程中，由于大量应用风能、太阳能等这些低成本的可再生能源，使得电网波动性很大，因此需要大量的储能设备来进行均衡。如果采用传统的集中式的能源储存模式，不仅成本高，而且可能会成为城市内部的风险源。例如，2021年4月16日，北京市丰台区发生了一起大型储能电站爆炸事故，两位消防员在事故中牺牲。该项目包括25MWh的磷酸铁锂电池储能，是北京城市中心最大规模的商业用户侧储能电站。此次事故后北京市政府当即决定把这类大型能源储存装置立项全部撤销。但如果通过建筑结构的变革，使建筑与分布式的储能装置相结合，就不仅能解决建筑自身能源储存的问题，更能为构建一个安全的城市电网作出巨大贡献，且在技术上也都是成熟可实施的。又如，太阳能光伏可与柔性直流技术更好地匹配，从而使建筑太阳能光伏发电的效率和可靠性进一步得到提升。

图5-9 社区微电网

从目前的趋势来看，到2030年，我国将会有1亿辆电动车，目前每辆电动车的储电能力平均是60度电，这就意味着有60亿度电可瞬间储存在电动车内，这样巨量的储电能力若合理调配就能使电网得到稳定运行。例如，通过利用社区的分布式能源微电网以及电动车储能组成"微能源系统"，在电网处于用电峰谷的时候，使所有社区停放的电动汽车进行自动低价充电；当电网处于用电峰顶时，可以借用电动车所储的电按峰谷差价出售给电网一部分电力，这既能对电网用能进行调节，又能给电动车主带来利润。如果外部突发停电，社区也可以借助各家各户的电动车电能作为临时能源供应。如此一来，这样的居民小区实际上就是一个发电单位，也是一个韧性很强的虚拟电厂。更重要的是，比起传统的抽水和大型电池蓄能，这种分布式的社区微电网在储能成本上、韧性安全保障能力方面都有显著的优势。

三、建筑零碳排放技术和技术误区

建筑围护结构节能。绿色建筑还有个别名"气候适应性建筑"，即建筑的能源系统和围护结构能够随着气候的变化而自行调节，使建筑的用能模式发生适应性变化。例如，夏天的时候可以把多余的热量储存在地底下，使土壤成为一个热储存器，到冬天的时候又把这些热量取出来用于取暖。春天、秋天为什么能耗很低？因为这时候只需要开开窗户就行了。这套系统比较适用于冬冷夏热的广大长江流域。地处北方的沈阳在五年前全市推广过地源热泵，第一年效果很好，但是第二年、第三年系统就失效了，建筑周围因地下泥土储冷过量而封冻，连花草树木都在春天推迟发芽了。

"鱼菜共生"建筑。建筑内部的"鱼菜共生"系统有可能在将来发挥重要脱碳作用，国外已经开展了大量研究，绿色建筑的高级阶段可以发展为"鱼菜共生"系统，使日常食物能够在建筑内实现并就近供应。"鱼菜共生"是一种新型的复合生态体系，它把水产养殖与水耕栽培两种原本完全不同的农耕技术，通过巧妙的生态系统设计，达到在建筑内科学地协同共生，从而实现养鱼不换水而无水质忧患，种菜不施肥而正常成长的生态共生效应。

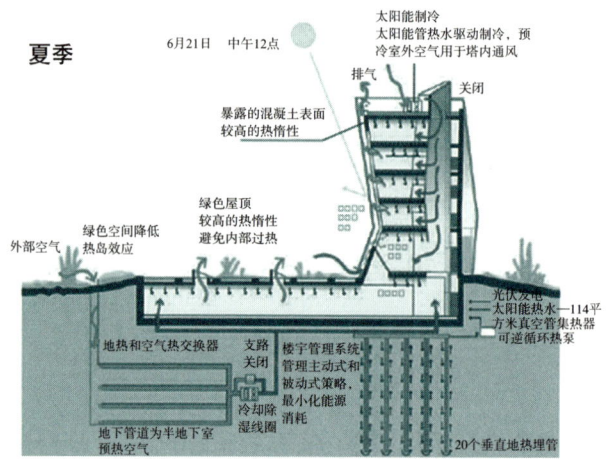

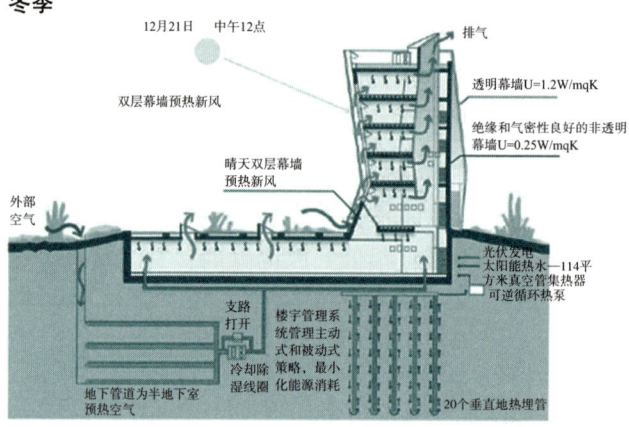

图5-10 绿色建筑——气候适应性建筑

资料来源：网络

图5-11 "鱼菜共生"建筑

资料来源：网络

城市内部的绿化具有显著的综合减碳效应。城市内部绿化对于碳汇的作用其实很小，但这类绿化一旦合理布局就会产生间接而且巨大的综合减碳作用。城市的行道树和公园绿地对削减热岛效应作用显著，行道树木和小型园林中的乔木能够通过水蒸发和遮阳效应发挥明显的环境降温作用，能够促使民众减少使用空调，从而间接地实现了节能减碳。

在城市设计和景观设计中合理发挥综合减碳效应。合理布局城市绿地会产生间接而且巨大的综合减碳作用。80%以上的城市内部绿化是通过减缓热岛效应而产生间接的减碳效果。图5-12分为上下部分，上部分是实景图，下部分是实景红外图，从红外图中可以看到绿树成荫的区域为蓝色，而无树木的区域为红色，红色区域与蓝色区域的温差在北京夏季可以达到8摄氏度。在具体设计中，首先，城市设计中需要网格化设计和布局绿地系统；其次，根据地方气候特点，需要结合社区空间结构见缝插针地多种植遮阳效果好而占地小的高大乔木；再次，社区微改造中的微园林设计要采用花草灌乔多层合理搭配的布局；最后，城市设计中可建议采用立体园林建筑等富含立体绿化的建筑新模式。

图5-12 同一区域的红外热像图对比

资料来源：网络

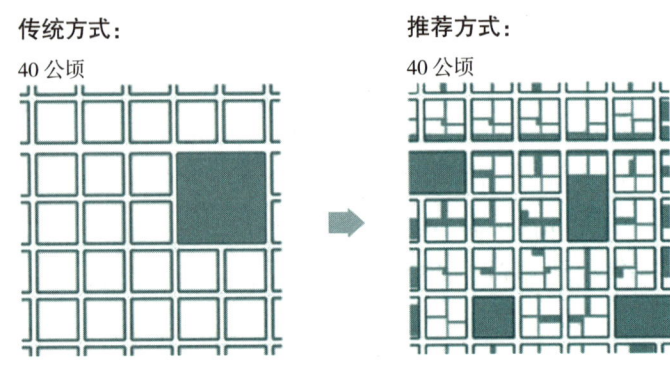

图5-13 绿色系统对比

资料来源：网络

图5-14 立体园林建筑

资料来源：作者于2020年7月在成都拍摄

值得注意的是，玻璃幕墙建筑虽被视为城市建筑现代化的标志，但是在南方地区却要谨慎大面积推广。玻璃本身的导热性能好，而隔热效果差，在夏天，太阳辐射热大，导致建筑内温度很高。例如，形状像飞碟的上海火车南站，为了平衡掉玻璃所吸收的热量，夏天日常制冷能耗大约是普通隔热建筑数倍，如果这个建筑是建在广东等夏热冬暖地区，能耗将会更高。但是如果这类全玻璃幕墙建筑建在哈尔滨等北方地区，由于北方城市一年中夏季时间短，常年的平均气温较低，则可以充分利用太阳光照射所吸收的热量来调节室内温度，这时候的玻璃幕墙建筑则是节能的绿色建筑。

图5-15 上海火车南站

资料来源：网络

正如前文提到的太阳能，在不同环境和地方光的强度、转换的效能也不一样，在低海拔多雨的西南地区的转换效率和在高海拔少雨的高原或沙漠地区的转换效率会差别数倍。

因此，对于建筑节能减碳需要建立一个负面清单：一是防止城市低密度发展，即防止美国式的过度郊区化；二是在南方地区或长江流域谨慎推行按建筑平方米计价的"集中供热"，以及"三联供"或"四联供"系统供能；三是在夏热冬暖或夏热冬凉地区谨慎使用大面积的玻璃幕墙；四是限制盲目建设超高层建筑，超高层建筑人均能耗要比普通建筑至少高15%；五是防止过度推行中央空调；六是农村谨慎消灭土坯房，实际上，夯土建筑每立方米比热容量约为混凝土的一倍，改良后的抗震夯土建筑不仅成本低廉也是最节能的，凝聚了过去老百姓的历史生活经验和古老的中华智慧。

四、促进建筑低碳零碳排放的政策措施

在建筑零碳排放方面，我国尚未出台国家层面的法律法规文件，但自2005年起，我国陆续发布多项与绿色建筑相关的政策文件、行动方案、工作导则，纵观十余年来绿色建筑的发展历程，虽然实施路径和定义存在区别，但装配式建筑、超低能耗建筑、近零能耗建筑、零能耗建筑、零碳建

筑都被归于绿色建筑，且都与建筑的碳排放息息相关。我国绿色建筑的发展大致经历了几个里程碑式事件。

2005年5月	2007年8月	2013年1月	2017年2月	2018年6月	2020年9月
住房和城乡建设部发布《关于发展节能省地型住宅和公共建筑的指导意见》，指出"积极引进和推广国外日益普及的绿色建筑、生态建筑和可持续建筑等新理念和新技术"，绿色建筑在国内开始获得关注。	《绿色建筑评价标识管理办法（试行）》出台，以规范标识管理引导绿色建筑健康发展。	国务院办公厅以国办发〔2013〕1号转发国家发展改革委、住房城乡建设部制订的《绿色建筑行动方案》，明确提出"十二五"期间，完成新建绿色建筑10亿m²的量化发展目标。	住房和城乡建设部发布《建筑节能与绿色建筑发展"十三五"规划》，确立了"到2020年城镇新建建筑中绿色建筑面积比重超过50%"的发展目标。	中共中央、国务院先后发布《关于全面加强生态环境保护坚决打好污染防治攻坚战的意见》，提出"推动形成绿色发展方式和生活方式，鼓励新建建筑采用绿色建材，提高新建绿色建筑比例"。	习近平主席在第七十五届联合国大会一般性辩论上的讲话中指出，中国将采取更加有力的政策和措施，二氧化碳排放力争于2030年前达到峰值，努力争取2060年前实现碳中和。"碳达峰、碳中和"已纳入我国生态文明建设总体布局，成为国家层面的顶层设计。发展减排节能的绿色建筑，促使整个建筑业降低二氧化碳排放量、改善建筑物整个生命周期的性能，是城市发展整体降碳的重要措施，也是国家经济长期健康可持续发展的必要条件。

图5-16 我国绿色建筑里程碑事件

资料来源：作者自绘

按照国家碳排放达峰决策部署，城乡建设领域碳达峰的主要发展方向是：提高建筑与基础设施节能，大力推广可再生能源应用。对此国家政策层面制定了一系列"双碳"背景下的建筑产业政策，用以支持减排目标（见表5-1）。

表5-1 "双碳"背景下发布的支持建筑领域碳减排目标政策

时间	政策名称	应用意义
2020年7月	住建部等7部门联合印发《绿色建筑创建行动方案》	到2022年，城镇新建建筑中绿色建筑面积占比达到70%，鼓励各地因地制宜推动超低能耗建筑、近零能耗建筑发展，为行业的低碳减碳行动按下加速键
2020年10月	财政部、住建部发布《关于政府采购支持绿色建材促进建筑品质提升试点工作的通知》	政府采购工程推广获得绿色建材产品认证检测的太阳能光伏产品、可循环、节水节能建材等绿色低碳建材产品

续表

时间	政策名称	应用意义
2021年4月	央行、发改委、证监会印发《绿色债券支持项目目录（2021年版）》的通知	规范绿色债券市场。增加绿色农业、绿色建筑、可持续建筑、水资源节约及非常规水资源利用等新时期国家重点发展的绿色产业领域类别。
2021年9月	住建部发布《建筑节能与可再生能源利用通用规范》GB 55015—2021	提高建筑的热工性能限值要求，在项目不同阶段，需进行碳排放计算分析。平均设计能耗水平在现行节能设计国家标准和行业标准的基础上分别降低30%和20%
2021年10月	国务院印发《2030年前碳达峰行动方案》	重点实施能源绿色低碳转型行动、节能降碳增效行动、工业领域碳达峰行动、城乡建设碳达峰行动等"碳达峰十大行动"。城乡建设碳达峰行动要求城市更新和乡村振兴都要落实绿色低碳要求
2021年10月	中共中央、国务院印发《关于推动城乡建设绿色发展的意见》	开展绿色建筑、节约型机关、绿色学校、绿色医院创建行动。加强财政、金融、规划、建设等政策支持，推动高质量绿色建筑规模化发展，大力推广超低能耗、近零能耗建筑，发展零碳建筑
2022年3月	住建部印发《"十四五"建筑节能与绿色建筑发展规划的通知》	引导京津冀、长三角等重点区域制定更高水平节能标准，开展超低能耗建筑规模化建设，推动零碳建筑、零碳社区建设试点。在其他地区开展超低能耗建筑、近零能耗建筑、零碳建筑建设示范
2022年6月	生态环境部等七部门联合印发《减污降碳协同增效实施方案》	推进城乡建设协同增效。优化城镇布局，合理控制城镇建筑总规模，加强建筑拆建管理，多措并举提高绿色建筑比例，推动超低能耗建筑、近零碳建筑规模化发展。稳步发展装配式建筑，推广使用绿色建材。推动北方地区建筑节能绿色改造与清洁取暖同步实施，优先支持大气污染防治重点区域利用太阳能、地热、生物质能等可再生能源满足建筑供热、制冷及生活热水等用能需求。鼓励在城镇老旧小区改造、农村危房改造、农房抗震改造等过程中同步实施建筑绿色化改造。鼓励小规模、渐进式更新和微改造，推进建筑废弃物再生利用。合理控制城市照明能耗。大力发展光伏建筑一体化应用，开展光储直柔一体化试点

5 "双碳"目标与城市建设

与此同时，北京、上海、天津、深圳等多省市也制定了绿色建筑政策体系，江苏、贵州、浙江等省市相继颁布《绿色建筑发展条例》，以地方立法的形式强制推进绿色建筑发展；多省市也建立了相关激励补贴政策。绿色建筑政策法规建设呈现出中央—地方多级联动、强制—激励多重保障的政策氛围。

绿色建筑是一项系统性工程，包含设计、建造、运营，以及物业和未来改造等，是全生命周期的过程概念。"十四五"时期是实现"双碳"目标的关键期，要如期达成承诺目标，需要一系列的综合措施保障：在政策法规建设方面，需要持续强化顶层引领，将绿色建筑要求纳入工程建设规范，构建绿色建设规范，加快提升建筑能效水平、优化建筑用能结构，推进城乡建筑绿色低碳转型；在标准规范制定方面，需要因地制宜根据建筑所在地域的气候、资源、自然环境、经济、文化等特点进行标准编制，针对当前绿色建筑推行的强制性不足、绿色建筑标准存在一定缺陷等问题，需要从法律上确认绿色建筑标准的强制性，同时注重引导，形成以强制性标准为基础、以引导性标准为补充的制度体系[1]；在低碳科技研发方面，目前低碳科技创新的政策内容大多散布在不同的政策文本中，尚未形成较为系统的政策体系，由于学科和管理的关注点不同，科技政策与低碳政策的融合形式还没形成，因此需要在碳达峰、碳中和"1+N"的顶层设计，系统谋划建筑领域绿色低碳转型的路径，明确时间表、路线图和优先序，并与各类专项规划、不同地区的中长期发展规划相融合，为强化碳排放控制目标、行动和政策提供稳定连贯、日趋强化的制度保障与行动指引[2]。

---

[1] 刘亚娟.绿色建筑标准的法律构造：现实问题与完善路径［J］.中国人口·资源与环境，2020，30（11）：170-178.

[2] 谭显春，郭雯，樊杰等.碳达峰、碳中和政策框架与技术创新政策研究［J］.中国科学院院刊，2022，37（4）：435-443.DOI：10.16418/j.issn.1000-3045.20220110004.

第三节　城市交通

彼得·霍尔认为交通是一种文明。仅仅把交通看作一种引申的需求（Derived Demand）是欠缺的。当人们通勤的距离超出日常步行能力外，就会利用私人或公共的交通方式。所以，交通，直接地通过已有的旅行方式，间接地通过价廉的物流带来的好处，或通过对环境的污染带来的坏处，以及通过对工业的增长和生活水平的提高影响了我们生活的诸多方面。

讨论城市道路规划与交通碳排放的关系，本质还是讨论城市交通道路与空间资源如何进行优化配置，使得城市交通在满足经济发展需求的同时，遵循"以人为本"原则，使他们能自主选择，有效提升交通空间资源和能源利用效益，使市民的出行更便捷。唯有让城市居民的出行更便捷、更高效、更集约，才能使城市内部交通的碳排放得到有效控制。

一、城市交通用能和碳排放情况

首先，城市之间的不同交通选择对碳排放强度影响显著。从图5-17可以看出，我国道路交通的碳排放在逐年升高，这一定程度上是由于私家车的使用比例在提高。日本在20世纪60年代就做过研究，同样一吨货物，如果用小车公路运输产生的碳排放比大车运输要高出20倍，占地面积还大30倍，这一研究成果促使了后来日本决定大力推行新干线的建设。

当使用不同燃料时，即使是同样的车辆交通，其产生的碳排放也有明显差别。从图5-18可以看出，如果以氢气作为燃料，灰氢与绿氢产生的碳排放相差数十倍，不同来源的甲烷产生的碳排放也完全不一样。

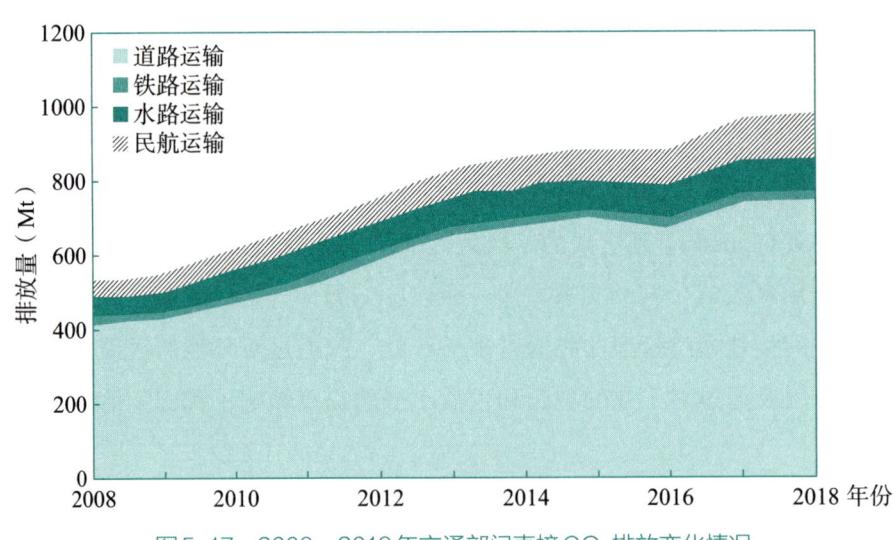

图5-17 2008—2018年交通部门直接CO_2排放变化情况

资料来源：中国交通部门低碳排放措施和路径研究综述

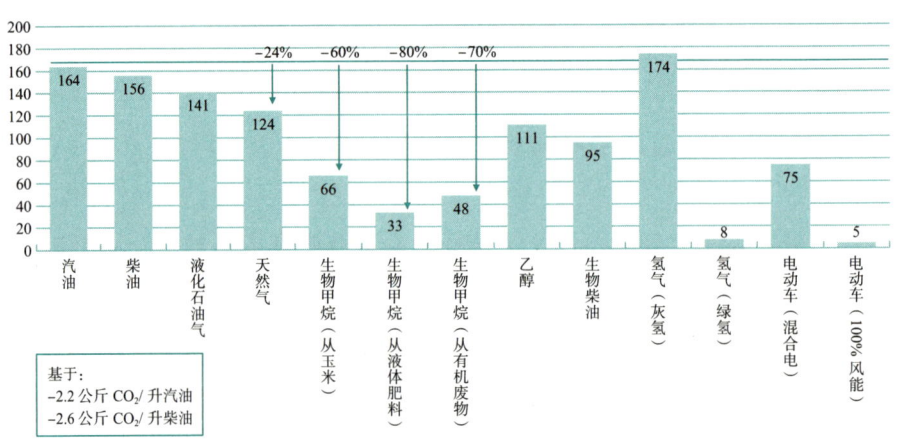

图5-18 使用不同燃料的乘用车的温室气体排放量比较

资料来源：德国DENA

其次，城市内部不同燃料和交通工具将决定交通碳中和的难易程度。图5-19对各类交通工具的碳排放与其占地面积进行了比较，单人出行的私家车人均占地面积和碳排放最大，其次是插电式电动车、拼车式私家车、摩托车等。摩托车的碳排放比地铁、巴士的碳排放还要高,而且摩托车乘用两冲程内燃机,燃烧不充分产生的污染比四冲程的一般燃油汽车更大。由此可见,自行车、电动自行车,以及共享单车显然是绿色低碳的交通方式。

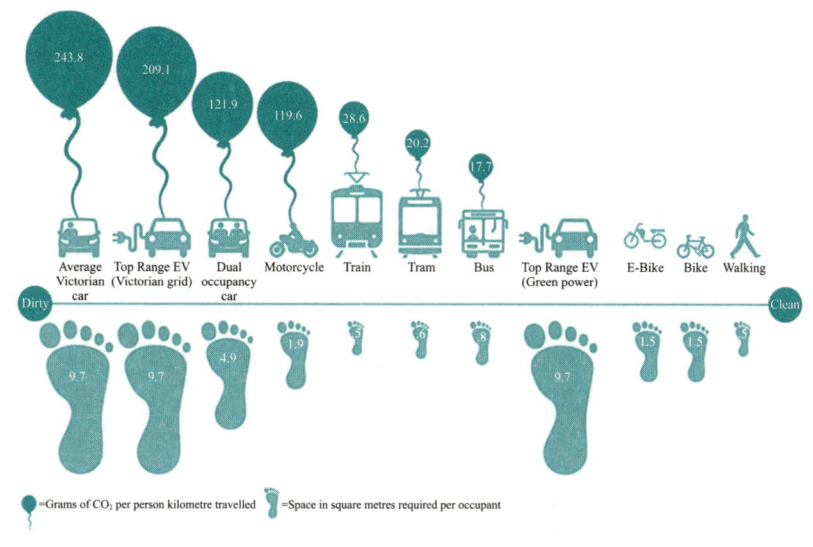

图5-19　各种交通工具碳排放与占地面积比较

资料来源:澳大利亚智能交通研究所 https://sensibletransport.org.au/

二、城市道路规划对交通碳排放的影响

亚洲城市、欧洲城市与北美城市三类城市由于每百人车辆拥有比例不同,使得每年人均二氧化碳排放量也大为不同。当前,不少相关专家预测我国未来每百人车辆拥有比例将会向北美城市看齐,即每百人约拥有80辆车。而实际上根据国际交通协会的资料,亚洲城市每百人车辆拥有比例的峰值只有30辆,即约等于一个家庭一辆车,欧洲国家城市的峰值则是每百人拥有50辆车。造成这一明显差异的根本在于亚洲、欧洲和北美城市的紧凑度相差极大。亚洲城市属于高紧凑度,而北美城市则是属于蔓延式,城市布局分散,每平方公里建成区仅有2000人口左右。这就使得公共交通

无法为北美城市居民提供便利的服务，他们的家庭每个成年人都需要一辆车。而从实际来看，我国城市的高紧凑度（每平方公里建成区一万人口）使城市居民仅仅通过公共交通和自行车出行就能满足大部分的出行需求，因此，在我国一个家庭一辆车的比例已经成为主流。另外，如表5-2所示，新能源车取代燃油车已经成为各国机动车发展目标的普遍共识，中国也将紧随其后，势必会出台燃油车禁售时间和新能源汽车发展目标。

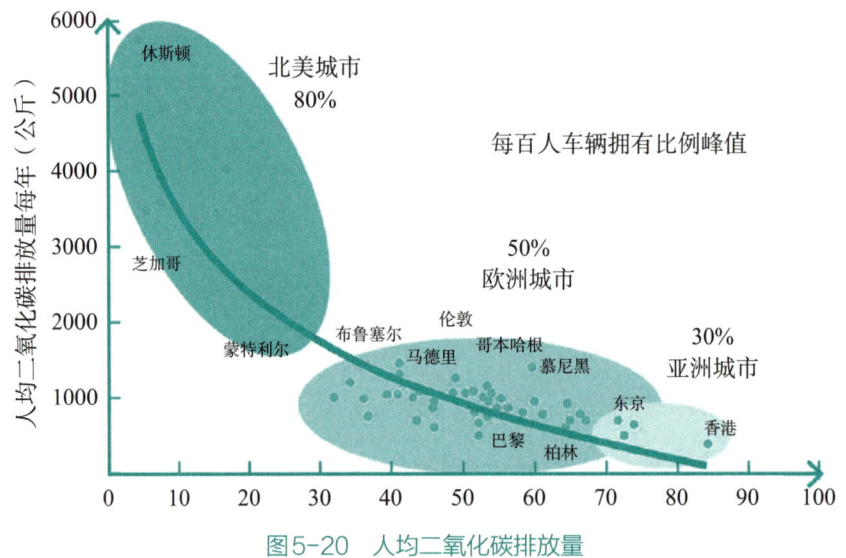

图5-20 人均二氧化碳排放量

资料来源：国际交通协会，作者改绘

表5-2 各国机动车禁售时间表及新能源汽车发展目标

国家	禁售时间	禁售说明	发展目标	目标文件
中国			到2025年新能源汽车销量占比达25%	《新能源汽车发展规划（2021—2035年）征求意见稿》
日本	2050年	新一代汽车振兴中心："2050新一代汽车计划"，实现"零排放"	到2030年，电动车（EV+PHEV）占比20%~30%	《汽车产业战略2014》

续表

国家	禁售时间	禁售说明	发展目标	目标文件
美国			加州：2025年150万辆、15%市场份额；2030年430万辆	
欧盟			到2030年，EV+PHEV车型占比达35%	2019年4月，欧盟议会发布的2019/631号文件
德国			2030年再注册至少700万辆电动车	《2030气候规划》
英国	2040年	2017年英国政府A irquality-planfornitrogendioxide（NO.2）inUK	2030年，电动乘用车销量占比达到50%~70%	《TheRoadtoZero》
法国	2040年	2017年 Planclimat：1planate，1plan		
荷兰	2030年	CoalitionAgreement2017：TrustintheFuture		
葡萄牙	2040年	2018年葡萄牙政府关于脱碳声明		
挪威	2025年	NationalTransportPlan 2018—2029		

当前，我国高速公路、高铁的里程已经达到了全球第一，交通的便利使得城市间、城乡间的人员流动大大增强，同时超大规模城市的高房价、高生活成本也使得一部分人往周边小城市和乡村移居。

综合以上几个方面，我国的机动化"双拐点"已经形成，这必将为出行市场和城乡融合发展带来变化动能。在这种情况下，城镇化进程的下半场需要首先应着重于大城市的有机疏散，建设卫星城，防止扁平化和美国式郊区化现象发生；其次农村集体用地应该受到规划和用地范围的控制，

农村建设用地应该有空间规划严格管制和有数量严格限制的前提下有序进入城市土地市场；最后实施城乡紧凑式的改造发展，即城市、乡镇，包括村庄作为一种人类聚居区的模式都应该通过空间紧凑式的改造来节约用地，实现土地减量化发展，唯有土地减量化的紧凑式发展，才可有效避免在机动化过程中出现郊区化现象和确保我国粮食安全。

有相关数据表明，实际上高达90%的私家车在大部分时间停在路边或者车库中，如果要满足民众出行需求，可能只需要现有车辆总量的10%左右。借助日益成熟的5G技术，在未来我国许多城市可以发展成网联车，充分提升出行和交通效率和降低交通碳排放。

三、"双碳"目标下城市低碳交通的趋势

随着社会经济、技术的发展，城市与城市、城市与区域乃至国际城市间的交往日益频繁，居民出行需求和强度越来越大，出行需求和强度的加大导致城市道路交通总体能源消耗量增长速度快、幅度大，由此而产生的碳排放量也迅速增长。

尤其是在很长一段时间里，我国部分城市交通发展的错误思路，不仅导致了城市内部交通日益拥堵，更进一步加剧了城市内部交通的碳排放。综观国际国内的先行经验教训，我国城市交通的发展和规划应该遵循"紧凑""多样""低碳""舒适"的基本原则。

1. 紧凑原则

"紧凑"是要求交通工具小型化、便捷化和空间资源分配的合理化。有限的交通空间要满足最大化的机动性要求，而不同的交通工具占用的空间又是不一样的。私家车10平方米，自行车1.4平方米，行人只有0.3平方米。当速度提高之后，私家车占有的面积会比自行车多出20倍，这就是为什么在北京10个车道的大马路上，每小时通过的人还不如两边5米宽的自行车道通过的多。改革开放前，城市老路没有拓宽时上下班半个小时可以

到，现在马路拓宽了大家都坐小汽车上下班交通反而更费时了，原因就在于我们使用的交通工具占用的空间太大了。

我国新型城镇化规划就规定任何一个城市每人占有的空间不超过100平方米。而根据国家强制性标准，这100平方米的空间包括了每个人的交通用地、工业用地、居住用地和公共服务、绿化用地等在内的全部用地。也就是说，城市内1平方公里的建成区内要承载1万人以上。

通过紧凑的空间布局，合理规划产业、居住、服务和生态等城市功能，提高土地利用效益。一方面构建"产业组团+生活组团"融合发展的组团空间结构，避免大规模、长距离通勤出行，降低碳排放水平，在建筑容积率（开发强度）一定的条件下，允许用户将有关联的项目放在同一地块上，如大学与住宅、商贸展览与宾馆饭店等；另一方面积极推行TOD开发模式，结合轨道交通和社区建设，适度提高轨道站点周边和公交便利社区的土地利用强度和功能混合，使城市运行效率最大化。

紧凑混合用地模式可大致量化为：100%居民步行500米范围可达公交站点；100%居民步行500米可达公共绿地；80%入学学生步行500米可达小学；97%幼童步行500米可达幼托机构。

2. 多样原则

"多样"就是要运用丰富多样的交通载体来满足人们的实际需求。在自然界，一篇树叶的脉络有主脉络和次脉络，主脉络与次脉络之间是1:20的关系，这保证了养分在主次通道间传输的通畅性。而我们的城市道路系统主干线和支干线之比一般为1:5。由于我们的城市道路系统支线道路不足，缺少足够的毛细血管，因而易发支干线拥堵，进而引发主干线也拥堵。

近代以来，人类对城市交通的认识处在变化之中。工业文明刚刚起步时，人们认为单一的公共交通就可以解决问题，但后来发现合理的交通应该是多种多样的。即使某种交通工具瘫痪，也可通过乘坐其他交通工具来

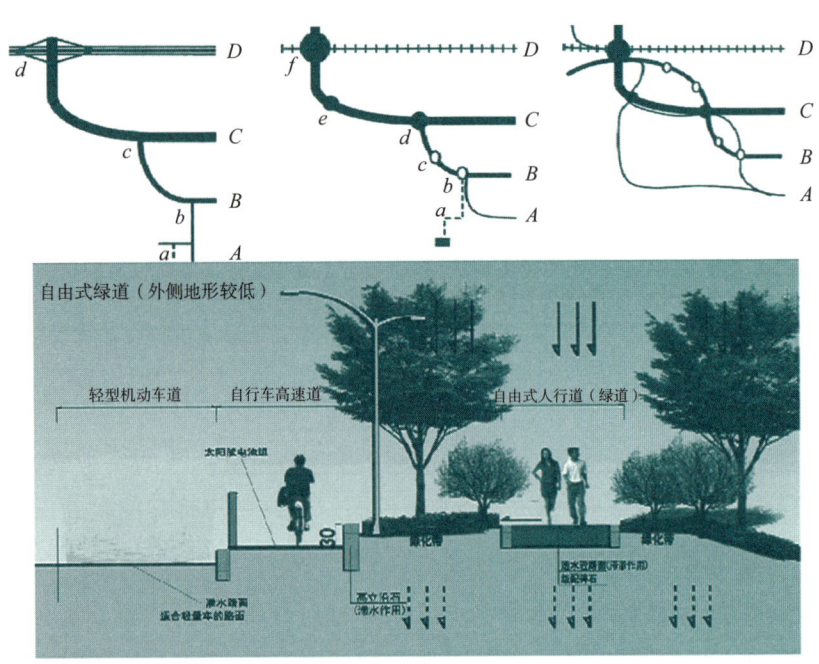

图 5-21 道路多样性

弥补，这样城市的交通就具有了弹性。满足多样性的关键之一是增加路网密度，通过消除大院落、高密度街道来实现。多样性的关键之二是限制高架桥等小车引导型设施的建设。我国的诸多城市建设了大量的高架桥，好像没有高架桥就不是现代化，这显然是一个误区。高架桥上不能停车，所以高架桥是不能用于公共交通的，完全是私人轿车引导型交通设施。应该认识到，高速公路进城模式解决不了城市交通问题。城市交通的发展还是要回归需求，减少内城停车位，提高停车费，增加公交专用道和地铁，在内城划出拥堵费收费区域（伦敦、新加坡、米兰、纽约）等。

3.低碳原则

"低碳"是通过无污染、低排放、低噪声的交通工具来形成良性循环的绿色交通环境。低碳的目标在于克服城市的空气污染和降低碳排放。城市空气的污染源有很多，其中交通污染就是其中主因之一。如果城市空间紧凑，公交出行模式则具有较高的经济性。我国许多地方面临的错误是正从亚洲模式走向北美模式，这必将带来很多麻烦。从能耗的角度来讲，自行车为零，电动自行车大约是摩托车的1/8，后者的尾气污染排放约为小汽车的数倍。从对空气质量影响的角度来讲，空气动力汽车最好，其次是电动汽车，再次是混合动力汽车，还有燃气汽车。显然，道路资源稀少的大城市应该打压的是摩托车，而不是电动自行车，更不应该压缩自行车道，而是应该因势利导规范电动自行车的速度和重量。

4. 舒适原则

"舒适"是要求交通工具的发展以人为本。舒适是人的本性，也是"城市使生活更美好"的核心内容。以南美波哥大市为例，其采用快速公交系统BRT，达到双零换乘，即市民乘坐公共交通换乘实现了零空间、零代价。双零换乘意味着对人的尊重，大大提高了舒适性。而我国目前的交通工具的设计远没有达到。

我国的城市交通建设应该推行TOD模式，即公共交通导向型发展模式，在规划居民区、商业区时，提前预留出站口用地，推动公共交通使用效用的最大化。这是一种从全局规划的土地利用模式，为城市建设提供了一种交通建设与土地利用有机结合的新型发展模式，也是在当前国内外交通规划、建设中得到快速发展并广泛应用的建设模式。[1]我们应该实现大城市地铁广覆盖，推广自行车和公交出行，实现多种交通出行混合，并在地铁口将这几类交通实现衔接综合。以交通衔接综合站点为中心，以500米左右为半径来规划商场、公园、学校等，最终实现居民出行的可达性和舒适性。在我国，离开这种规划格局谈城市交通就是缘木求鱼。

若想实现舒适化，就需要注意几个方面。首先要让绿色交通乘者优先舒适起来。中国此前一度被称为自行车王国，荷兰学习中国，荷兰女王带

---

[1] 张颖，冯驰.天津市中心城区TOD发展模式分析［J］.天津科技，2010，37（6）：119-121.DOI：10.14099/j.cnki.tjkj.2010.06.042.

头骑自行车,现在该国许多城市自行车出行率达到40%,真正做到了自行车重新成为市民的第一交通工具,而我国却在倒退。

其次,我国已经步入老龄化社会,但是目前各种交通枢纽的设计并没有考虑到老年人的需求。在我国,火车站进站口或飞机场进站口距离登车、登机口基本都在半公里以上,这对部分老人来说是很累的。我们为何就不能实现就近便利出行设计呢?这一点大陆的城市可以借鉴香港,九龙航空、铁路、地铁综合枢纽交通设计时,都是让行人处于中间位置,能就近到达进站口。

最后,我国还可以推广可与私家车的舒适性媲美的PRT模式,即个人快速公交。在一个城市内通过钢缆连接起数十个结点,每一万人提供50辆车,实现随用随到,无人驾驶,轨道运行。这一模式在国外如美国、以色列、沙特等国个别城市已经试运行,是舒适性上唯一能与私家车竞争的公交系统。美国波特兰有轨电车Portland Streetcar,服务于人口密集、对运营速度和距离要求不高、对道路景观及出行舒适度要求较高的交通走廊。

第四节 城市废弃物处理

城市产生了80%的废物、废水、废气和温室气体。重建城市微循环是建设韧性城市、加快绿色低碳转型和提升城市宜居与活力的重要途径,也是城市和规划建设模式变革的未来趋势,更是未来长期一段时间内落实"双碳"战略的重要举措。2000多年前,古希腊先贤亚里士多德说过:"人们聚集到城市,是因为城市生活更美好。"但是想不到被工业文明绑架的城市已经成为伤害地球的罪魁祸首。解决这些问题,需要回到城市转型中去寻求答案。

如何解决?首先要重建城市内部的微循环,由于工业文明的巨大成就,造成城市与自然开始对立,生产和消费、降解三者失衡。"工业思维"过分强调对废弃物进行集中收集运输处理的方式,极大地促使了废弃物处理的碳排放居高不下。从全球范围看，世界各国都将资源循环利用作为应对气候变化的重要手段。生态文明时代背景下，实施垃圾、水和材料等的循环利用，充分激励每一个社区、每一个家庭使废弃物都循环利用起来，是绿色发展的主题，也是实现"双碳"目标的必由之路。

一、城市废弃物处理的情况

我国人口基数大，经济快速发展，城镇化率逐步提高。2010—2020年，总人口占比从49.95%增至63.89%。目前我国城镇化率为60%左右，由于城镇人口密度更为集中以及城镇相较于农村生活习惯的不同，城镇化率的不断提升将导致生活垃圾产生量的持续攀升。据估算全国垃圾年产量以每年8%~10%的速度增长，目前中国人均垃圾日产生量超过1kg，已经接近发达国家水平，而且由于中国东南部地区垃圾产生量巨大，经济水平与土地资源有限，垃圾处置的困难很大，导致垃圾围城现象不断发生。

根据生态环境部发布的《2020年全国大、中城市固体废物污染环境防治年报》，2020年全国共有196个大、中城市向社会发布了2019年固体废物污染环境防治信息。经统计，此次发布信息的大、中城市一般工业固体废物产生量为13.8亿吨，工业危险废物产生量为4498.9万吨，医疗废物产生量为84.3万吨，城市生活垃圾产生量为23560.2万吨。[1]在2022年5月发布的《2021中国生态环境状况公报》中，截至2021年底，全国城市污水处理厂处理能力2.02亿立方米/日，污水处理总量584.6亿立方米，污水处理率97.5%。[2]在城市生活垃圾处理方面，全国城市生活垃圾无害化处理能力99.49万吨/日，生活垃圾无害化处理率99.9%。

从生活垃圾处理现状来看，目前常见的生活垃圾处理技术主要有填

---

[1] 世上本没有垃圾 不过是放错了地方[J].当代矿工，2022（1）：56-61.
[2] 2020年城市固体废物污染环境防治年报发布[J].再生资源与循环经济，2021，14（2）：14.

埋、堆肥、焚烧（垃圾发电）三种，这三种技术各有优缺点。堆肥法要求垃圾严格分类，且垃圾的有机降解物含量大于40%，但国内垃圾主要以混合收集为主，垃圾分类并未得到大规模推广，虽然近几年随着各地实施垃圾分类规定有所好转，但效果并不足以使堆肥法具备大规模推广条件，目前在处理生活垃圾中占比仅约3%。相对堆肥处理，填埋和垃圾焚烧对原料要求的门槛较低，但由于用地紧张和二次污染，填埋方式已经出现瓶颈，而无害化焚烧处理量快速增长。根据国家统计局统计数据，全国城市生活垃圾无害化处理量从2011年的1.31亿吨增加到了2019年的2.4亿吨。其中，卫生填埋处理量占45.6%；焚烧处理量占50.7%；其他处理方式占3.7%，焚烧处理量首次超过填埋处理量。

二、城市废弃物资源化的技术和策略

当前，值得注意的是城市要按照生态系统自组织的原理来重建失去的环节，也就是对废弃物的降解再利用。现代城市为什么和自然严重对立？简言之，在自然界中，生产、消费、降解三个环节是平衡的。自然生态作为一种恒久存在的自组织系统源自这三者之间的均衡，本质上是一种生生不息的循环系统（图5-22）。

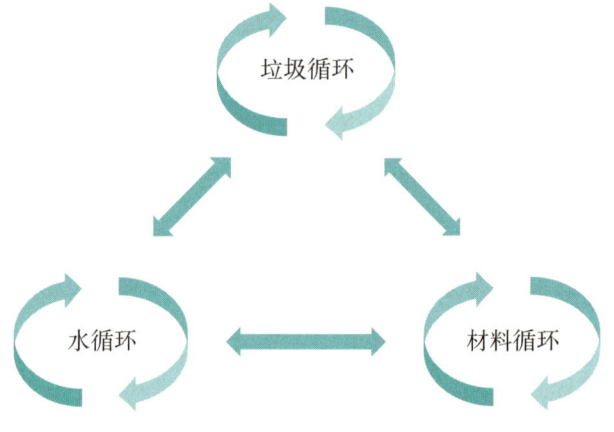

图5-22　生态循环模型

这种循环系统就使得大自然在没有城镇化之前，可以承载众多种类生物生存和繁育。人类历史中农耕文明长达数万年甚至更悠久并没有对大自然造成多大的破坏，就是因为传统农业本质上是循环经济模式。但是短短的300年城镇化和工业化就造成了大气环境突变、能源的枯竭和生态的毁坏。残酷的现实迫使我们进行这样的思考：为什么人类创立的最大构筑物——城市忽视了降解者？如生活垃圾、污水、工业废弃物等，如果像自然界那样一切都可以通过就地降解、再生循环利用起来，不需要通过大型的三废处理工厂花大本钱进行集中后再处理，城市就不会成为毁灭自然生态的推土机了。如果每个城市社区和基本细胞——家庭和工厂自身都能够对废弃物进行降解和微循环再利用，城市对大自然的冲突就可消除或明显减少。就废弃物而言，把垃圾资源化进行分类，再通过市场化进行回收利用，是实现"3R"原则的必由之路。

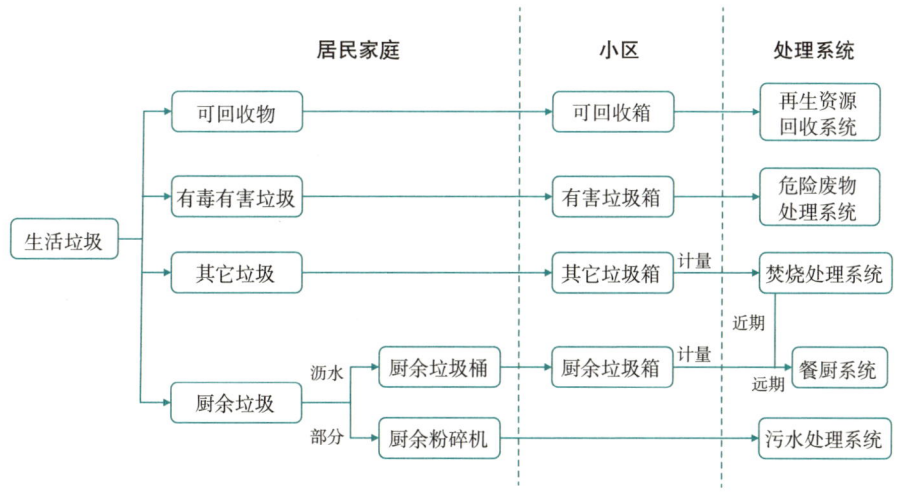

图5-23 垃圾分类流程结构

现在西方有些专家向我国推荐投资非常巨大的集中式生活垃圾真空处理系统，即在城市的地下建设巨大的管道输送系统，然后用真空输送的方式将垃圾定期推到垃圾处理厂，这些设备看起来机械化、自动化程度很高，也符合一些地方领导大工程偏好的思想，但这类系统的另一面是投资大、能耗高、对维护和管理成本高。目前我国的很多城市还未实现垃圾分类，如果盲目推广应用这类系统一旦发生管道堵塞，将会发生系统整体瘫痪的难题和新风险。北京作为特大城市的垃圾处理模式应该建立在分类的基础上，尽可能把有用的东西分类回收，再将有机垃圾和厨余垃圾收集后就地降解，就地回收，尽可能实现资源的循环利用。

合理的废物管理层次结构表明，如果遵循垃圾减量、循环利用、就地回用，就能够从传统的思路中超越出来，设计师的认识应从传统垃圾填埋转向垃圾严格分类基础上的减量化和回收利用，这样才能够真正实现垃圾的循环处理利用。

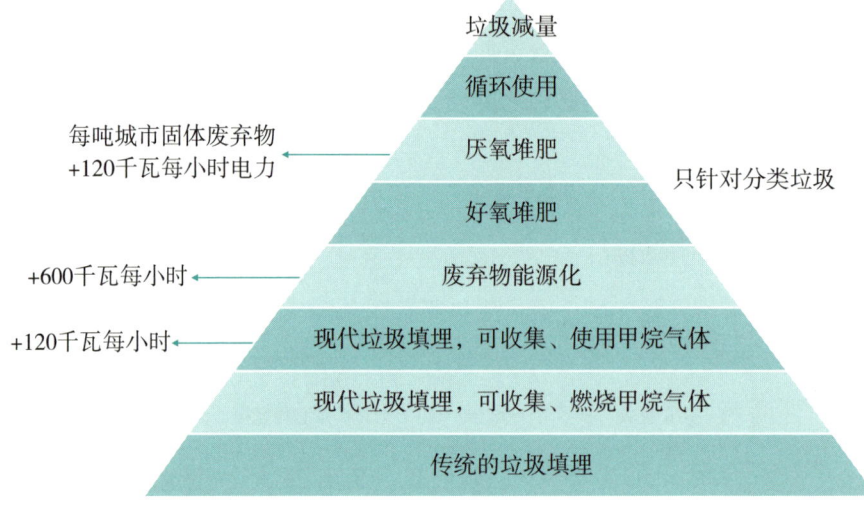

图5-24 废物管理的层次结构

城市矿山是指将重要的原材料以建筑工程等形式在城市中有序储存。经过工业革命300年的掠夺式开采，全球80%以上可工业化利用的矿产资源，已从地下转移到地上，并以"垃圾"的形态堆积在我们周围，总量高达数千亿吨，并还在以每年100亿吨的数量增加。[1]只要采取有效的设计、

---

[1] 李博. 国家为何直接布局"城市矿产"[N]. 中国经济导报，2010-06-12（C02）.DOI：10.28095/n.cnki.ncjjd.2010.001959.

建造、回收模式，工业文明时期累积起来的各种金属材料，正成为一座座永不枯竭的"城市矿山"。

图5-25 符合"城市矿山"理念的耐候钢建筑

资料来源：网络

北欧一些国家在金属储存方面设置了一条警戒线，该警戒线是以第二次世界大战武器使用的钢材量为标准建立的，当金属储存量到达这条线时即说明该国的钢材储备达到了国防安全，可以不依赖进口。对国家而言需要有一定的钢铁储备，而钢铁和其他金属材料的储备都可以以"城市矿山"的方式进行。比如，不锈钢或耐候钢建材建造的建筑，其建材在60年甚至百年以后，由于其自身特性，受腐蚀的程度很小，可以有效回收利用，从而大幅度减少钢铁行业碳排放并增强国民经济体系的韧性。

三、城市污水资源多级回用的技术和策略

在污水处理方面，长期以来世界银行往往给发展中国家开出的药方是建大规模的集中式污水处理厂。即一个城市建立一个大型污水处理厂，用管网把所有的污水输送几十公里至中心式大型污水处理厂，再将尾水往江河湖海里一排了之。这就要求在污水长距离传输的过程中间要加压输送，所有的污水管道要耐高压密封，沿路污水进入管网也必须加压才能泵入，结果排污系统极其昂贵费能。实践证明，这种"福特式"污水集中处理模式的弊端已经暴露无遗。国际水协（IWA）曾对此类错误的策略进行过批

判并认为城市污水系统应分散高效地进行科学布局微循环再利用。日本20年前实施的STCC碳系载体生物滤池技术，每天能够处理5000吨到10000吨的污水，占地很少，可以建在地面之下。与集中式的污水处理设施相比，采用此技术投资的微型污水处理设施造价低，能耗和运行成本也很低，污泥量只有传统污水处理方式污泥产量的二十分之一，而寿命可达20年以上。此外，来自美国的"阿科蔓"（Aquamats）水生态技术着眼于在水体中建立起完整的生态系统，有利于氮、磷在食物链中逐级消化传递，并最终带离水体。阿科蔓生态基上的微生物对有机物的降解非常充分，污泥量比传统技术减少70%以上。这正是基于阿科蔓生态基的表面积达$250m^2/m^2$，是湿地和天然植物$5m^2/m^2$的50倍左右。这些"小型化"的污水处理系统的原理非常简单，只需加以精心地设计，系统就能"无人运作"。如果每个社区单元都采取污水就地收集和处理、就地回用的做法，城市的污水处理成本就会大大降低，而水循环利率会明显提升。由此可见，采用分散式的循环降解办法来拾遗补阙，优化系统的整体可靠性和循环利用率，这种共生式废弃物处理模式可以在传统集中式处理系统因灾害受破坏时，能部分甚至全部替代其丢失的功能，而且也是符合生态文明城市发展观的重要模式。

中水多级多次回收再利用是减少供排水碳排放的重要途径。城镇住宅和生产单位污水，目前都是通过污水管网收集长距离输送到污水处理厂进行集中处理，这是一种工业化处理的方式，碳排放强度很高。值得推广的新模式是用分散式的集装箱式再生水处理器（见图5-26），这种方式不仅能够实现水的"微循环"，而且更节能、节地、节省投资。

例如，原来的大型污水处理厂方案占地要100亩，还要投资昂贵的主次管道，而现在只需要分散的30亩左右，就近收集污水，就近循环利用，并且如果某台集装箱式污水处理设施坏了，可迅速更换，相较于集中式传统污水厂其韧性、可靠性更高。而且尾水出来后就是再生水，在紧急时候将再生水再通过反渗透利用起来，水资源就能实现饮用水内部循环。这种

图5-26 集装箱式污水处理设施

资料来源：网络

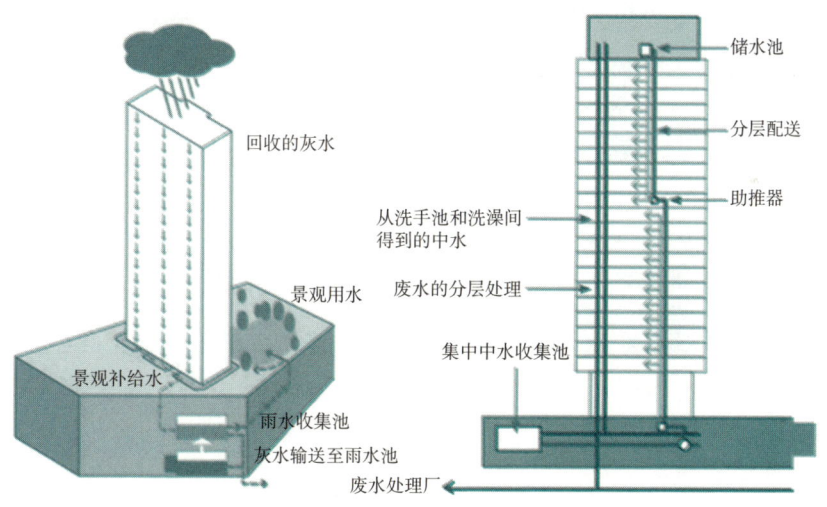

图5-27 楼宇中水处理循环使用示意图

资料来源：网络

污水处理设施第一步的处理效果为1级B，这类尾水不脱磷除氮直接作为绿化用水，还可以省去化肥。如将这类尾水再脱磷除氮处理后能达到1级A，再通过第二个集装箱式反渗透处理后出来的水就可达纯净水标准，这类水可以直接接入自来水管网,并且水质比远距离调水还好,碳排放更少,这样不仅实现了水的内部循环,而且也增强了城市的供水系统韧性。事实上,水只要不蒸发就能就地实现N次循环利用,并且这类设施把每吨污水转换纯净水的成本只需2.5元/吨,比南水北调的水价格要便宜得多。目前海水淡化水的成本在5元/吨,因为海水淡化需要去除盐离子,而盐离子的体积是最小的,需要70多个大气压才能去除,而污水中的杂质、细菌、病毒,都比盐离子大许多倍,以上这些杂质全部去掉的话,实际上只要30多个大气压,相较之下能源节省了2/3以上,这就是将单位体积的污水处理成纯净水比海水淡化成本降低一半之原因。

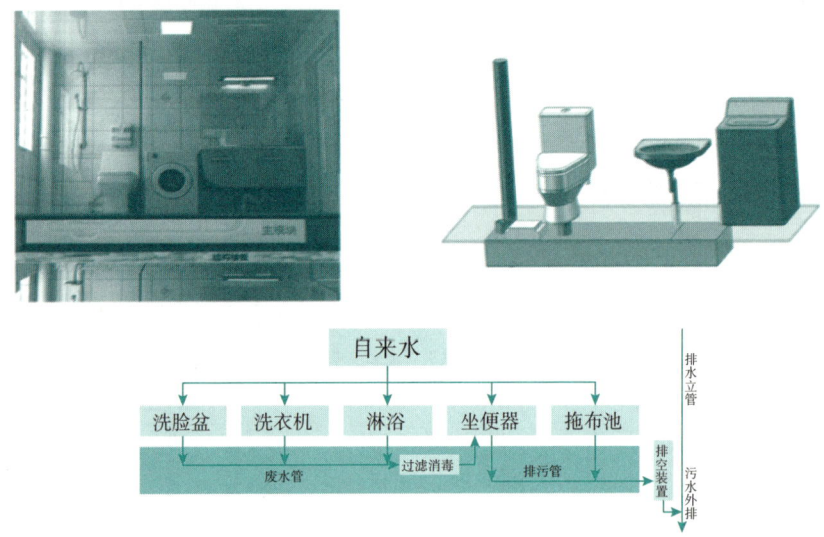

图5-28 模块化户内中水集成系统

资料来源:网络

第二个节水的办法是户内"中水回用"。图5-28是一种户内中水集成系统,通过这个模块可以将洗脸盆、洗衣机、淋浴产生的废水集中储存在一个装置内自动进行过滤消毒,消毒后就成为抽水马桶、拖布池的用水。这套系统可以杜绝部分居民担心由于不放心其他楼层居民的健康状况,导致不愿意使用中水的顾虑,因为这类户内中水回用设施用的是自己一家人的废水。有人曾做过简单的计算，如北京市及周边约一千万户居民都用上这套建议的"户内中水"，每年约可节约南水北调对北京的实际供水量（每年约6亿吨）。前者的碳排放显然要比几千公里调水要低得多。

	节水（英亩-英尺/年）	节能（百万瓦时/年）	CO_2减排（百万吨CO_2-等价）
低	229000	573000	250500
中	314500	867000	379000
高	405000	1225500	535500

生物滞留池　　　　　　　可渗透路面　　　　　　　绿色屋顶

图5-29　各类海绵城市措施与节能减排效应

高级别的海绵城市与低级别的海绵城市工程产生的减碳效益完全是不一样的，城市网络每一个节点采用不同的技术和措施，产生的节水、节能和碳减排的效益也都有差别，有时越是开发强度高的大拆大建项目的综合节能降碳效益反而越不好。

图5-30　瑞典马尔默湿地

资料来源：作者自摄

低碳城市设计建设是否成功，有时取决于细节上是否科学合理。笔者在著名生态城市瑞典马尔默生态城考察时,观察到马路旁边的细节,在这条路上一般的降雨可以由地砖缝隙下排吸收,稍微大点的雨量可以流经路旁的小型湿地园由植被土壤吸收下渗,大雨时则借助该湿地园植物下渗净化作用,使污染物较高的初期污水进入河流前被小型湿地净化,这就避免了像我国很多城市的黑臭河道治理,一到下大雨的时候,前期的治理工作就都白做了,原因就是受到雨洪引发的初期地表水中大量的COD干扰使其重新变成黑臭河道了。马尔默市街道边这道利用小型湿地园下渗的细节,使其雨洪中的杂质得到缓冲吸收,降低了对自然水系的干扰。这种投资很少、见效很快、景观宜人,可灵活性安排的小项目很值得在我国推广。

第一,实施"双碳"战略是一项系统工程,具有紧迫性、复杂性和艰巨性。第二,"双碳"战略是全新的"知识归零"战略,是一场观念革命。第三,传统行业"从上而下"碳中和与城市为主体"从下而上"碳中和相结合,如电力减碳、交通减碳、运输减碳、航空减碳等"自上而下"的减碳模式与以城市为主体的"自下而上"的减碳模式能互补协同,如此一来将会使整个能源供应体系有足够的韧性。第四,只有将各种的技术通过每个城市因地制宜反复比较总结使用,才能使我国避免美国得州的能源系统脆弱教训。第五,旧工业文明思路和利益集团捕获效应将是实施"双碳"战略最大的阻力。第六,"双碳"最终实现,还需借助中华文明中的"天人合一"和节俭习俗,抵制美式"过度消费主义"的泛滥。短期内临时刺激消费是好事,但是从长远看肯定对应对气候变化不利。第七,技术革命尤其是数字技术和能源技术创新重要性日益突出,但目前碳交易市场综合减碳效益高于技术进步,应及时扩大碳市场交易品种。我国历来是不注意软件只靠硬件,但是目前一些发达国家的教训是硬件技术已经很先进了,但是并没有产生相应的效果,我国需要汲取先行者的教训,注重软件与硬件的结合使用。第八,任何减碳新技术的应用,都必须注重分析其"外部性"与"脆弱性"。没有绝对的好技术,也没有绝对的坏技术,无非在应用时通过合理设计和组合使它的负外部性小于正外部性。太阳能光伏在起步之初由于成本高、转化率低，显然是负外部性大于正外部性的，但随着技术进步，近几年的光伏发电已经是正外部性已明显大于负外部性了。第九，实现城市"双碳"的关键在于重建"微循环"，这意味着要放弃工业文明习以为常的中心控制、大规模、流水线和长距循环等旧思路，推行小型化、分布式、并联运行等微循环新思路。

思考题

1. 城市碳排放的特征和趋势如何？
2. 城市建设中有哪些主要的碳减排途径？

第六讲 "双碳"目标与乡村振兴

李玉娥　王卫权　王　斌　李　丹

生态环境是人类生存和发展的根基,气候变化是全人类面临的共同挑战,绿色低碳发展是经济社会发展全面转型的复杂工程和长期任务。农业农村是受气候变化影响最为敏感的行业之一,也是应对气候变化的重要领域之一。2020年9月22日,习近平总书记在第七十五届联合国大会一般性辩论上郑重宣布,"中国将提高国家自主贡献力度,采取更加有力的政策和措施,二氧化碳排放力争2030年前达到峰值,努力争取2060年前实现碳中和"。2020年底中央农村工作会议上,习近平总书记对农业农村减排固碳作出专题部署,"2030年前实现碳排放达峰、2060年前实现碳中和,农业农村减排固碳,既是重要举措,也是潜力所在,这方面要做好科学测算,制订可行方案,采取有力措施"。这为推进农业农村减排固碳工作指明了方向,提供了根本遵循。"十四五"时期,我国生态文明建设进入了以降碳为重点战略方向、推动减污降碳协同增效、促进经济社会发展全面绿色转型的关键时期。我国农业农村发展也驶入了全面推进乡村振兴、加快农业农村现代化的"快车道",农业农村经济保持良好发展态势,为经济社会发展大局稳定提供了有力支撑,也对农业农村减排固碳提出了新的更高要求。在保证粮食安全和重要农产品有效供给前提下,稳步推进农业农村减排固碳,助力国家"双碳"目标实现,是生态文明建设的重要内容,是农业绿色发展的重要方向,是落实乡村振兴战略的重要举措。

第一节 农村发展与乡村绿色振兴

习近平总书记强调:"坚持人与自然和谐共生,走乡村绿色发展之路。"乡村振兴是一个系统工程,是"产业兴旺、生态宜居、乡风文明、治理有效、生活富裕"的全面振兴。在乡村全面振兴的道路上,需要发挥好生态文明的引领作用,统筹考虑农村农业的碳减排问题,实现农业农村的绿色低碳高质量发展和生态文明建设。

农村的温室气体既包括CO_2,也包括CH_4、N_2O等非二氧化碳温室气体,其排放来自农业生产和农村生活。因此,乡村绿色振兴应该从农业生产和农村生活两个方面降低CO_2、CH_4、N_2O等温室气体的排放。

一、农村发展状况和发展需求

改革开放以来,无论是纵向历史比较,还是横向国际比较,我国农业农村都取得了长足进步,成绩斐然,农业作为社会发展压舱石的作用日益显著。但是随着国际国内形势的变化,农村的发展也面临着一些新的需求。

1. 我国农村发展状况[1]

当前,我国农业农村发展主要具有如下特点。

---

[1] 2022中国农业农村发展趋势报告——保障农业农村优先发展[N].经济日报,2022-01-21(11).

农业经济平稳增长，粮食产量再创新高。2021年第一产业增加值比上年增长7.1%，达到83086亿元，占国内生产总值的7.26%。农业综合生产能力不断提升，粮食等重要农产品生产稳中有进。农产品市场平稳运行，生产者价格略有下降。谷物基本自给、口粮绝对安全是粮食供需的大格局。

农民收入稳定增长，消费快速提升。2021年，农村居民人均可支配收入为18931元，扣除价格因素实际增长9.7%。农村信息化水平迅速提高，农业生产数字化起步。新冠肺炎疫情使农村电商的作用更加凸显。乡村振兴的全面推进会加速数字技术的普及和下沉，加快实现乡村产业的数字化。在智慧农业领域，农业生产数字化方兴未艾，单品大数据，如油料、天然橡胶、棉花、大豆等产品全产业链建设已经起步，大数据系统应用领域不断扩展。

能源需求持续增加，农村低碳发展处于起步阶段。农村经济的发展和消费的增加，导致能源需求持续增加，但是能源结构中清洁低碳能源偏少，电力、天然气和可再生能源消费占比低，用能品质低。农村电力基础设施不够完善，部分乡镇变电站的负荷较小、线路老旧等问题使得农村地区供电服务质量低，电气化程度还不够高。另外，天然气的供应管网尚未普及绝大多数农村地区，使得农村能源消费中天然气占比不足1%。同时，我国农村地区可再生能源消费基本依赖小型光伏、小型风电、太阳能热水器、沼气等方式供应，规模较小，使得农村地区可再生能源消费占比低。

人口老龄化严重。中国社会科学院农村发展研究所2022年5月6日发布的《中国乡村振兴综合调查研究报告2021》显示，农村全体人口中60岁及以上人口的比重达到了20.04%，65岁及以上人口的比重达到了13.82%，完全达到了"老龄化社会"的标准，并非常接近"老龄社会"标准，农村地区的老龄化程度超过全国情况。农业劳动力的素质和结构对农业农村现代化低碳化和乡村振兴提出了挑战[1]。

---

[1] 每日经济新闻. 中国农村人口老龄化严峻 60岁及以上人口占比超20%（2022-05-06）［2022-06-26］https://baijiahao.baidu.com/s?id=1732062748582106319&wfr=spider&for=pc

2. 我国农业农村发展面临的主要问题

我国农业农村发展在取得巨大成就的同时，也面临着一些严峻的问题，制约着农业农村的高质量发展，主要体现在以下方面。

农业农村的低碳发展水平不高，低碳能源占比低。化石能源尤其是煤在农业农村能源结构中占有较大比例，导致大量二氧化碳排放。另外，农业农村的生产和生活中，伴有CH_4和N_2O的排放。但是目前"双碳"目标覆盖的重点行业中，并没有农业。而在城乡二元体系中，城镇地区的排放高于农村地区，城镇的低碳发展受到重视，低碳工作推进较快。在农村地区，温室气体的减源增汇和低碳发展还处于起步阶段，仍需要开展大量工作。

保障耕地数量和质量压力大，农产品成本总体呈现增长态势。当前我国耕地约为19.2亿亩，相较10年前第二次全国国土调查的20.3亿亩耕地面积减少1.1亿亩。加之我国城镇化还在继续，生态环境压力尚未根本缓解，耕地保护压力日益加大。农产品成本总体呈现增长态势，但农产品价格或增长乏力或呈现较大波动。重要农产品供求关系呈现紧平衡状态，大豆仍需依赖进口以满足需求。

城乡差距仍然较大。我国城乡差距主要表现在居民收入、社会福利、城乡教育、公共投入、基础设施等方面。近年来，我国城乡收入差距呈现缩小趋势，但农村居民人均可支配收入仍落后于城镇居民。社会福利差距体现在城市居民享受的住房补贴、物价补贴等各种补贴，以及各种社会保险等，绝大多数农民都不能享受。基础设施差异体现在农村的电网、天然气管网、自来水管网、污水管网、供热管网等比较差。

3. 我国农业农村发展需求分析

实现农业农村的绿色低碳发展。实现农村现代和农业现代化是农村高质量发展的需求和趋势，但高水平保护对于美丽乡村的建设和"绿水青山就是金山银山"的践行同样重要。因此，应把高质量发展和高水平保护紧密结合起来。其中农村能源的发展对乡村振兴和乡村的现代化扮演着重要的角色。加大生物质能、风能、太阳能、地热能等清洁能源的利用，减少

化石能源的使用。实施化肥零增长行动、黑土地保护利用试点、重金属污染耕地修复治理、耕地质量保护与提升、秸秆、畜禽粪便无害化处理等，实现农业农村的绿色低碳发展。

实现农业现代化。2014年，习近平总书记在江苏调研时强调，没有农业现代化，没有农村繁荣富强，没有农民安居乐业，国家现代化是不完整、不全面、不牢固的。农业是全面建成小康社会、实现现代化的基础。农业的根本出路在于实现现代化，农业现代化是我国现代化的基础，也是未来我国农业发展的方向。实现农业现代化，是我国农业发展的重要目标。当前，我国农业主要矛盾为结构性矛盾，主要表现为阶段性、结构性的供过于求和供给不足并存。推动农业现代化，就是要坚持乡村振兴、深化农业供给侧结构性改革、提升农产品质量、建设农产品品牌，推动农业高质量发展，加快实现由农业大国向农业强国转变。

建设现代化农村。习近平总书记指出，农村现代化既包括"物"的现代化，也包括"人"的现代化，还包括乡村治理体系和治理能力的现代化。我们要坚持农业现代化和农村现代化一体设计、一并推进，实现农业大国向农业强国跨越[1]。相对于城镇，我国农村发展短板明显，基础设施落后，服务体系不完善，治理能力亟待提升等。农业现代化和农村现代化二者相辅相成，密不可分，农业现代化是农村现代化的基础，为农村现代化提供产业基础和物质保障，农村现代化是农业现代化的依托，是空间载体，需要统筹推进农业现代化和农村现代化。

二、"双碳"目标下的乡村绿色振兴的思路和原则

2022年5月7日，农业农村部和国家发展改革委联合发布了《农业农村

---

[1] 中央文献研究室. 习近平谈治国理政第三卷：把乡村振兴战略作为新时代"三农"工作总抓手（2018年9月21日）[M]. 北京：外文出版社，2020：258.

减排固碳实施方案》,从重要意义、总体思路、基本原则、重点任务、重大行动等方面对农业农村减排固碳工作作出了部署,也为"双碳"目标下乡村绿色振兴指明了方向。

1.发展思路

以习近平新时代中国特色社会主义思想为指导,深入贯彻党的十九大和十九届历次全会精神,按照二氧化碳排放力争于2030年前达到峰值、努力争取2060年前实现碳中和的总体要求,落实把碳达峰碳中和纳入生态文明总体布局的决策部署,以保障粮食安全和重要农产品有效供给为前提,以全面推进乡村振兴、加快农业农村现代化为引领,以农业农村绿色低碳发展为关键,以实施减污降碳、碳汇提升重大行动为抓手,全面提升农业综合生产能力,降低温室气体排放强度,提高农田土壤固碳能力,大力发展农村可再生能源,建立完善监测评价体系,强化科技创新支撑,构建政策保障机制,加快形成节约资源和保护环境的农业农村产业结构、生产方式、生活方式、空间格局,为全国实现碳达峰碳中和作出贡献[1]。

2.基本原则

根据国家最新的政策及精神,建议"双碳"目标下的乡村绿色振兴遵循如下原则。

坚持党的领导。习近平总书记多次强调,党管农村工作是我们的传统,这个传统不能丢[2]。在各个历史时期,中国共产党都把解决好"三农"问题作为关系党和国家事业全局的根本性问题,坚持党对农村工作的领导,是推进农村改革发展的根本保证。

坚持以农民为本。农民是农业农村现代化建设的主力,也是实施乡村

---

[1] http://www.moa.gov.cn/govpublic/KJJYS/202206/t20220630_6403715.htm

[2] 新华社.习近平在农村改革座谈会上强调 加大推进新形势下农村改革力度 促进农业基础稳固农民安居乐业[N].北京:新华社,2016-04-28. 该引用的链接为:http://www.gov.cn/xinwen/2016-04/28/content_5068843.htm

振兴战略的主体。因此,要把农民的根本利益作为农村改革和乡村振兴的出发点和落脚点。在乡村振兴中,要在农村发展过程中,充分保障农民的利益,调动农民的经济性和主观能动性,不断提升农民的获得感、幸福感、安全感。

坚持绿色低碳发展。习近平总书记强调,推进农业绿色发展是农业发展观的一场深刻革命,良好生态环境是农村最大优势和宝贵财富,要推动乡村生态振兴,坚持绿色发展和低碳发展,让良好生态成为乡村振兴的支撑点。绿色是乡村发展的底色,是乡村的魅力所在。实施乡村振兴战略,要以生态宜居为关键,推进乡村绿色发展,打造人与自然和谐共生发展新格局。

坚持创新引领。习近平总书记指出,实践发展永无止境,解放思想永无止境,改革开放也永无止境,停顿和倒退没有出路,改革开放只有进行时、没有完成时[1]。农业农村的现代化建设,必须依靠创新和改革实现。在维护农民根本利益的前提下,需要通过技术创新、管理创新、模式创新等方式,解决农业农村发展面临的各种矛盾和问题,促进农村的高质量发展和高水平保护。

坚持因地制宜。我国农村的情况千差万别,各地发展的基础不尽相同,要遵循乡村发展规律,科学把握乡村的差异性和发展走势分化特征,立足乡村发展基础和需求,注重地域特色,体现乡土风情,因地制宜、科学规划、各美其美。

第二节 农村能源低碳发展路径

能源作为社会发展和进步的基础,能为农业农村发展提供物质支撑。

---

[1] 中央文献研究室. 习近平谈治国理政:关于中共中央关于全面深化改革若干重大问题的决定的说明(2013年11月9日)[M]. 北京:外文出版社,2014:71.

另外，随着能源转型的推进，农村地区将大规模开发利用生物质、风电和光伏等可再生能源，不仅满足农村地区自身需要，同时能够向城镇地区供能，形成新的产业，给乡村振兴带来新的机遇，输入新的活力。本节将介绍农村能源低碳发展的可能路径。

一、我国农村能源发展现状

近年来，随着我国能源行业的发展，我国农村能源也获得了较大的发展，已经实现了电力全覆盖，部分地区用上了液化石油气和天然气，但是农村的发展仍面临着非商品能源占比偏高、能源结构不合理、可再生能源发展水平低等障碍，制约了农村能源的清洁低碳发展。

1. 我国农村能源和"三农"的关系

"三农"问题是指农村、农业、农民三大问题。其独立地描述是指在广大乡村区域，以种植业（养殖业）为主，身份为农民的生存状态的改善、产业发展以及社会进步问题。系统地描述是指21世纪的中国，在历史形成的二元社会中，城市不断现代化，二、三产业不断发展，城市居民不断殷实，而农村的进步、农业的发展、农民的小康相对滞后的问题。

农村能源是农业农村发展的物质基础，为农业生产能源供给的清洁高效、农村生态环境治理、农民生活条件改善提供有效支撑。通过沼气技术、秸秆能源化利用技术实现农业废弃物资源化利用，助推农村垃圾处理、污水治理、厕所革命；通过可再生能源开发利用实现农户清洁炊事、清洁取暖、清洁洗浴，达到农户厨房清洁、庭院清洁、房前屋后清洁和室内空气质量改善的目标，推动农村实现生活宜居、生态优美。

农村能源革命推进农业生产清洁化，促进农村产业结构升级。以农作物秸秆、畜禽粪便为原料的沼气工程，可有效处理农业生产过程中产生的农业废弃物，改善了农业生产环境，清洁了农业产前环境。沼肥（沼渣和沼液）作为沼气工程的副产品，是生物质经过沼气池厌氧发酵的产物，是一种优质有机肥。沼肥的使用，可减少农药使用量，有效提升农产品质量。以秸秆为原料的秸秆气化工程，在生产秸秆气的过程中需要消耗大量秸秆，也起到了改善农业生产环境的作用。从另外一个角度来看，生物质产业扩展了农业发展的空间，形成了一个与能源、环境并举，具有高附加值和市场潜力的能源产业。

农村能源革命促进农村能源结构优化，改善农村生态环境。农村地区具有丰富的生物质能、风能、太阳能等资源，通过生物质沼气、风电、光伏发电等技术，可有效转变目前农村地区以煤炭、薪柴为主的用能方式，优化调整农村地区能源结构。同时，农村能源产业的发展将带动农村地区能源基础设施建设，提高农村能源普遍服务水平。通过将农村畜禽粪便、生活垃圾等废弃物的能源资源化利用，可解决农村空气污染问题，改善农村生态环境。

农村能源革命提升农民生活水平，扩大农民就业途径。农村废弃物的资源化利用，改变了农民的生活环境和生活方式。用上沼气和秸秆气的农户，生活环境得到明显改善，与未用沼气和秸秆气的农户相比，人畜粪便得到有效处理、农作物秸秆得到有效利用，家前屋后的难闻气味被农村的洁净新鲜空气所代替。生活方式得到明显调整，厨房里的大锅灶被新型的沼气灶、沼气饭煲、秸秆气灶、电磁炉等灶具所取代，实现厨房清洁。农民通过技术培训可参与到农村能源工程建设运行中，农村能源工程为农民创造就业新岗位，为农民增收创造新途径。

2.我国农村能源开发利用情况

近年来，我国农村能源供应保障能力不断增强，能源结构调整成效明显。2017年，我国农村能源消费量约为5.92亿吨标准煤，其中农村生活用能占比约55%；农村生产用能消费占比约45%。我国农村生活能源消费非商品能源占比较大，2017年，中国农村生活能源消费量约3.27亿吨标准煤，商品能源和非商品能源用量及占比参见表6-1。

表6-1　2017年我国农村生活用能量及占比

	用量（亿吨标准煤）	占比（%）
商品能源	2.05	62.6
非商品能源	1.22	37.4

我国农村生活用能占比最大的依次为煤炭、薪柴、秸秆和电力，但近年来农村生活用能呈现更加多样化趋势。20世纪80年代初期，仅秸秆、薪柴两大主导能源合计就占到当时全国农村生活用能总量的90%以上。2017年全国农村生活用能消费总量中，秸秆、薪柴、煤炭、电力四大主导能源合计所占比重为79.3%，成品油、"三气"（天然气、液化石油气和煤气）、沼气、太阳能等能源合计占20.7%，其中，沼气、太阳能等能源所占比重皆有所提高，农村生活用能多样化趋势日益明显。

3.我国农村能源发展趋势

农村能源发展与新农村建设相结合，推动农村能源产业发展。随着农民收入和生活水平的进一步提高，农村能源消费量将越来越大，并向着优质化方向转变，其必将影响到能源消费总量与结构的变化。农村能源的发展必定要和新农村规划相结合。综合考虑新型城镇化、农民生活水平的提高、居住方式和生活方式的变化，能源结构的调整，各种用能设备保有量的变化，以及节能和可再生能源技术的推广应用等因素，我国农村居民生活用能消费总量将进一步加大。

农村能源发展与生态环境改善相结合，推进农村废弃物资源化利用。通过有机废弃物的大规模能源化利用，防治主动型源头污染，减少秸秆露天焚烧、畜禽粪便污染排放，减轻对水、土、气的污染，农村能源消费结构尽快向绿色、低碳转型升级，并建立农村能源开发利用与生态文明相互促进机制。为农村提供清洁能源，摆脱烟熏火燎，实现"家园清洁、田园清洁、能源清洁"，保护和改善农村生态环境，推进农村生态文明建设。

因地制宜、多能源互补协同发展。建立可再生能源分布式低碳能源体系是推动我国农村能源革命的重要组成部分。我国农村可再生能资源的空间分布差异很大,太阳能、风能、水能、煤炭等资源也具有鲜明的区域富集性,而生物质资源的分布相对分散,必须坚持因地制宜的原则,对不同资源禀赋的农村地区,充分开发当地的可再生能源,发展太阳能、风能、水能等多种能源互补技术。

二、农村能源低碳发展面临的关键问题

农村能源商品化程度低、能源消费层次低、消费结构不合理、电气化水平低,难以适应城乡融合发展。一是能源消费层次低。我国农村能源商品化和优质化水平明显低于城市,农村能源消费中虽有电力、液化气、天然气等优质能源,但商品能源占比不足70%,传统生物质能源、劣质散煤利用总量大,特别是一些农业大省,仍有大部分农户以秸秆、薪柴为燃料,带来人居环境脏乱差现象突出。二是新能源发展不足。太阳能、风能、地热能、生物质能等新能源没有形成多能互补的格局,用能方式粗放、技术发展迟缓,产业化程度低等问题不同程度地影响农村新能源因地制宜、多能互补模式发展。三是农村能源贫困问题依然存在。广大农村地区能源基础设施薄弱,农村商品能源总体供给不足,电气化水平低,燃气、液化气和天然气供应尚未能普及所有乡镇,部分地区能源贫困问题依然存在,农村能源消费需求难以得到有效满足。

农村能源社会化服务能力严重滞后。长期以来,农村能源管理职能分散在各个部门之间的联动、合作机制较弱,资金投入也较为有限,管理手段沿袭旧的方式,缺少技术和市场相结合的创新机制。在能源资源评价、技术标准、产品检测和认证等方面,服务体系不完善,人才队伍等也不能满足市场快速发展的需要。当前在农村能源管理上,还没有形成一套可持续发展的完善市场激励机制和技术服务体系,来适应建立城乡一体化能源供应体系建设及清洁能源发展需要。

农业农村清洁能源供应和低碳化发展薄弱。近年来，我国能源消费总量稳中有降，部分农村地区能源供给不足。农村生活用能中非商品能源消费比例依然很大，其中大部分是薪柴和秸秆。我国能源消费中无论是生产用能还是生活用能，煤炭都占据了主导地位，尤其是生活用能中散烧煤问题突出。可再生能源消费比例低，我国农村地区可再生能源消费基本依赖本地分布式光伏、小型风电等方式供应，装机规模都比较小，使得农村地区可再生能源消费占比较低[1]。除此之外，对农业农村地区排放的CO_2、CH_4、N_2O等温室气体重视不足，农业农村的清洁低碳化发展程度有待提高。

3."双碳"目标与乡村振兴对农村能源的要求

农村能源生产和消费需要清洁化低碳化。当前我国农村能源消费中无论是生产用能还是生活用能，煤炭都占据了主导地位，尤其是生活用能中散煤消费问题突出，带来严重污染室内空气质量，污染物会通过呼吸和摄入等方式对人群健康造成巨大的影响，同时排放二氧化碳。在"双碳"目标下，农村能源低碳化和零碳化是大势所趋，也是对农村能源发展提出的新要求。

农村能源的发展要与农业农村发展相适应。我国广大农村地区平均收入水平偏低，对于能源使用成本承受能力有限。农村能源的开发利用，在保证用能要求的前提下，尽可能地降低其成本，让农民生活和农业生产能用得起。促进农村地区经济发展是乡村振兴的主要内容之一，但是我国农村地区经济基础薄弱，需要找到新的突破点。农村能源的发展有望成为农村地区经济发展的驱动因素之一。我国农村地区具有丰富的太阳能、风能、生物质能、地热能等资源，同时拥有大量的土地资源和屋顶资源，具有发展清洁能源的巨大潜力。农村地区将成为清洁能源发展的主要场所，未来

---

[1] 杜祥琬，刘晓龙，黄群星，等.中国农村能源革命与分布式低碳能源发展战略研究［M］.北京：科学出版社，2019：P4-5.

不仅能满足农村地区的用能需求，还将送入电网，满足城市和工业发展的需求，因此，农村能源的发展需要带动农村经济的发展。

农村能源发展要与生态环境保护相协调。我国每年产生约8.7亿吨农作物秸秆、38亿吨的动物粪便和冲洗水，这些秸秆和粪便如果处置不当，既浪费了资源，又会产生环境污染，阻碍美丽乡村建设。在太阳能、风能和地热能的开发利用中，要在项目选址、项目施工、运营管理和项目退役的各个环节中，充分考虑生态环境保护，减少对植被、动物、地下水等的影响，做到清洁能源开发利用与生态环境和谐发展。

三、我国农村能源低碳发展的路径

1. 大力发展可再生能源

在广大的农村地区，因地制宜地开发可再生能源尤其重要。中国农村地区分布着大量可再生能源，其中主要包括风能、水能、太阳能、生物质能和地热能等。据原农业部估算和统计，全国广大农村地区的可再生能源每年可获得相当于73亿吨标准煤的能量，相当于目前全国农村能耗总量的12倍。另外，随着可再生能源成本的大幅下降，风电和光伏已经实现了无补贴，和燃煤发电成本相比，具备了竞争性。我国农村地区土地和屋顶资源广阔，也为可再生能源发展提供了有利条件。因此，合理利用农村可再生能源，开发因地制宜的分布式能源，将是农村能源变革中不可缺少的一部分，同时也是乡村振兴和农业农村碳减排的重要措施和手段。

2. 加强农村电网建设

当前，全国农村电网普遍得到改造，农村居民生活用电得到较好保障，农业生产用电问题基本解决，基本建成安全可靠、节能环保、技术先进、管理规范的新型农村电网。未来，农村能源的电气化是中国农村能源的革命方向之一，农村能源电气化将会提高终端用能的电力比例，农村能源电气化将会是集中式智能电网与可再生能源的结合。推进新一轮农村电网改造升级工程，推进分布式电网和集中式电网同步建设，试点新能源微电网示范应用，促进城乡网源协调发展，能够充分开发利用农村的可再生能源，提高能源利用效率，可以有效缓解当前能源与环境的问题；可以提高供电可靠性和供电质量，防止大面积停电事故的发生。由于发电单元更加靠近用户，可以降低输电成本降。因此分布式可再生能源与集中式智能电网相互补充、互相协作，这是农村能源电气化发展的重要推动力。

3.建设农村低碳能源服务体系

创造市场环境，激发市场活力和创造力，推动农村能源与互联网、大数据、人工智能等新技术的融合发展，构建覆盖全程、综合配套、便捷高效的农村能源社会化服务体系。根据村、乡镇、市县等各级能源服务的特点进行人才培训和引进，充实农村能源服务的技术力量，积极推行技术人员培训制，因材施教，因地施教，提高技术服务人员的整体素质和业务水平。采取财政扶持、税收优惠、信贷支持等措施，鼓励以合同能源管理模式、PPP合作模式、BOT、BOOT运作模式，加快培育多种形式的农村能源经营性服务组织，尤其是重点推动可再生能源的发展。充分发挥农民、社会化服务组织和企业的主体作用，通过政府引导扶持，调动全社会参与积极性，打通利益链，形成产业链，实现多方共赢。

四、农村能源低碳发展案例

1.云南省寻甸县河口镇水冒天村光伏水泵案例

（1）项目基本情况

昆明市寻甸县河口镇水冒天村是云南省最大的烤烟种植村之一（4800亩），因极度干旱采用电网水泵提水，投资120万元，光伏提水系统安装18.5kW水泵、24kW光伏组件（净扬程162m，管道DN65）。管道距离近3km，翻两座山，管道投资60万元。

（2）技术方案及路线[1]

系统包括太阳能组件、太阳能水泵控制器、水泵。①太阳电池组件是太阳能供电系统中的主要部分，其作用是将太阳的辐射能量转换为直流电能；②太阳能水泵控制器是将太阳能电池阵列输出的直流电去驱动水泵，并根据光照强度自动调节水泵的转速，内置防抽干保护、电机过载等保护功能；交流水泵是用来运输液体，提升液体压力，把液体从低处运往高处的装置。

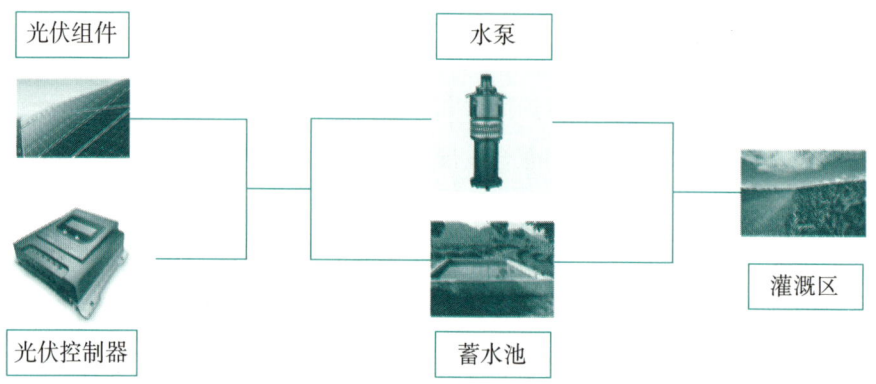

图6-1 光伏水泵安装示意图

（3）取得的成效

解决了全村364户的人畜饮水问题，还解决了部分烤烟种植的保苗水问题。年直接经济效益达到300万元。

2.河北安平县农村沼气资源开发利用项目

（1）项目基本情况

河北京安生物能源科技股份有限公司以农业废弃物资源化利用技术为依托，通过畜禽粪污沼气发电、秸秆沼气提纯生物天然气、沼渣沼液生产有机肥、生物质热电联产，按照"废弃物+清洁能源+有机肥料"三位一体的技术路线，将养殖、沼气、沼渣、沼液和种植技术进行优化组合，做

---

[1] 中国工控网.案例|日照山区光伏扬水应用（附参数）[R/OL].（2018-05-29）[2022-06-26]http://c.gongkong.com/PhoneVersion/PaperDetail?paperId=81032。

到了资源多级利用和物质良性循环,形成了可持续发展的循环农业,创造了"气、电、热、肥"联产的京安模式。

(2)技术方案及路线

该项目建设厌氧发酵罐6座,共3万立方米,通过利用畜禽粪污和秸秆进行混合厌氧发酵,生产沼气提纯成生物天然气,可实现秸秆和畜禽粪便综合治理,年提纯生物天然气636万方,可供周边居民炊用取暖和工商业用气。

结合安平县政府2017年开始实施"煤改气"工程,完成建设中压天然气管道29.6km,低压支管线152.6km,入户管网360km,建立起生物燃气入户通道。公司目前已取得河北省住建厅颁发的《燃气经营许可证》,已为区域内的8500多户居民及部分工商业用户供应生物天然气。

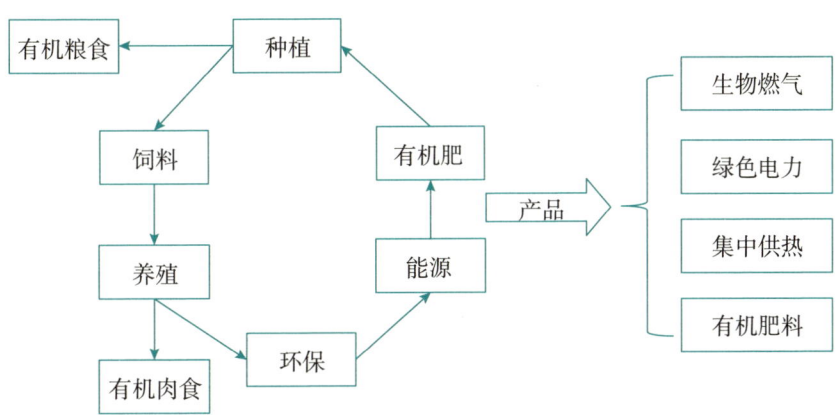

图6-2 京安项目技术方案示意图

(3)取得的成效

经济效益。一是销售沼气及天然气产生的收入215.60万元/年;二是销售沼渣沼液有机肥收入3773.50万元/年,经济内部收益率约为12%,具有较好的经济盈利能力、生存能力、清偿能力和抗风险能力,能够维持正常运营。

环境效益。项目注重与当地农民的生产生活对接。项目建成后,年产沼气1156万立方米,全部提纯生产生物燃气,通过管网用于附近居民做日常生活炊事和取暖,可有效缓解能源供需矛盾。项目利用沼渣沼液年产有机肥4.88万t,用于有机耕种,降低化肥施用量,使种植、养殖和能源利用走上能源、生态和环境保护的良性循环轨道,从而进一步促进农村循环经济的可持续发展。通过本项目的实施,项目区的环境可得到明显的改善,对当地水源保护、改善农业生产环境和局部生活环境具有显著作用,促进新农村建设事业的发展。

社会效益。随着项目的实施,粪污、秸秆等农牧业废弃物得到有效治理,农村环境卫生因此得到很大程度的提高。直接为社会提供就业岗位500个,通过粪污、秸秆收储运体系带动专业合作社及农户6000多户参与。为农业增产增收提供高品质的肥源。粪污、秸秆等有机废弃物经过厌氧发酵后,形成氮、磷、钾兼备的有机沼液肥。沼液肥喷施于水果上,可防虫;用于蔬菜喷施上,可关闭植物生长细胞、提高抗旱能力;同时还可大大改善土壤的颗粒结构,从而增加土壤的肥力,增加农作物的产量,农作物的产品质量也大大提高,口感较好,且化学污染少。

3. 河北省太阳能"光热+"清洁能源户用供暖项目

(1)项目基本情况

依据河北省农村地区冬季清洁取暖实施方案和招标文件要求,河北道荣新能源科技有限公司提出太阳能"光热+"清洁能源户用供暖技术解决方案,2019年至今,开展实施太阳能"光热+"清洁能源户用供暖项。

依托河北省太阳能"光热+"清洁能源户用供暖项目经验和案例,因地制宜的实施了太阳能"光热+"电、"光热+"燃气、"光热+"生物质、"光热+"热泵、"光热·光伏+"等太阳能"光热+"清洁能源户用供暖试点、示范和工程项目。

(2)技术方案及路线

太阳能"光热+"清洁能源户用供暖系统,以光热大循环为主体,因地制宜地选择当地优势清洁能源,实现"光热+"清洁能源双循环多能互补,云控制器精准控制、大数据云平台精准服务,满足老百姓燃气炊事、四季热水、清洁、温暖过冬新需求，精准服务于清洁能源供暖、蓝天保卫战、碳达峰、碳中和、新农村建设新方向。项目以"因地制宜、精准供热、精准服务、精准运营"为理念，实施中温"光热+"清洁能源户用供暖，实现了政府综合投资低、用户运行成本低、企业可持续发展三方共赢的目的。

主要设备包括光热采暖机、电热水暖器、电采暖炉和生物质锅炉。光热采暖机主要由储热水箱、支架、蓝天管等组成，可依据屋顶结构实施平屋顶或坡屋顶安装。

图6-3 安装在村民屋顶的太阳能集热系统

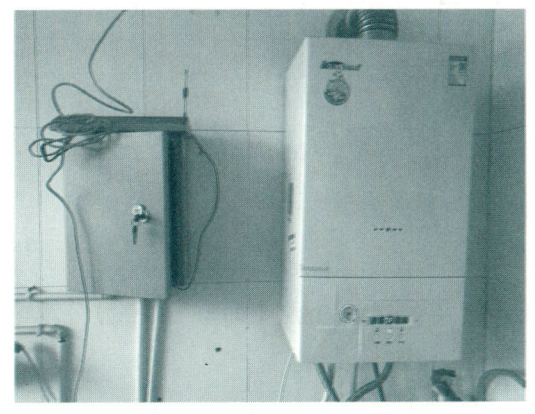

图6-4 村民屋内的太阳能供热控制柜

（3）取得的成效

经济效益。太阳能光热系统标准辐照17MJ/m²条件下，日平均得热量约为2.25kWh/m²。按采暖季节4个月计算，分别提前和延后半个月。按采暖期太阳能光热系统利用率为100%、非采暖期太阳能光热利用率为30%计算，对标白天电价0.3-0.5元/kWh时，仅太阳能光热系统投资回收期为2~2.5年；对标冬季燃气价格2.75~3.6元/m³时，太阳能光热系统投资回收期为2.4~2.9年；对标生物质颗粒价格800~1200元/吨时，太阳能光热系统投资回收期为3.0~4.5年。

环境效益。太阳能光热系统标准辐照17MJ/m²条件下，日平均得热量约为2.25kWh/m²。按采暖季节4个月计算，分别提前和延后半个月。按采暖期太阳能光热系统利用率为100%、非采暖期太阳能光热利用率为30%计算，单户配置10m²太阳能光热系统，北方地区总安装量按1.65亿户计算，总安装量将达到16.5亿m²，年度节能量将达到1.16万亿kWh，减少标煤4.6亿吨，减少二氧化碳排放11.5亿吨。按20年寿命周期计算，总节能量将达到23亿kWh，减少标煤92亿吨，减少二氧化碳排放230亿吨。具有显著的节能、减排环境效益。

社会效益。在"双碳"目标政策的加持下，预期在2030年将完成北方地区所有农村的清洁能源供暖改造。按北方农村总计1.65亿户计算，单户投资1.5万元，按10年期完成全部改造任务，则总投资额将达到2.5万亿元，年度投资额达到2500亿元，年度拉动产业链GDP将达到1万亿元，按人均产值为10万元计算，可拉动就业1000万人。

4.山东省阳信县生物质清洁能源供热[1]

（1）项目基本情况

阳信县位于山东省滨州市，县域面积793平方公里，人口46万，是

---

[1] 国家能源局.全国可再生能源供暖典型案例汇编.

闻名的中国鸭梨之乡、全国畜牧百强县、全国农业（肉牛）标准化示范县、中国古典家具文化产业基地。梨树枝条、农作物秸秆、畜禽粪便等生物质原料比较丰富。阳信县作为2+26通道城市辖属县，在稳步推进煤改气、煤改电清洁取暖改造的同时，深刻领会习近平生态文明思想和"废弃物资源化利用是一件利国利民利长远的大好事"的指示精神及国家能源战略，积极挖潜农林畜业废弃物、借力市场机制、调动社会资源，通过算好"环境、民生、发展"共赢账，切实有效破解农户因气源不足"用不上"、价格过高"用不起"、安全担忧"不安心"等现实难题。截至目前，全县已累计完成生物质清洁取暖改造8.1万户，供暖面积覆盖全县9个乡镇（街道）。

（2）技术方案及路线

在县城区、部分乡镇办驻地及村庄推行热电联产集中供暖；在学校、医院、敬老院等公共场所以及部分有条件的村庄，推广"生物质成型燃料+锅炉机组分布式取暖"；在地理位置偏远、经济基础偏差的村庄，采用"生物质成型燃料+专用炉具分散式取暖"，初步构建了"农户就地收集、企业就近加工、全域就地使用"的阳信方案。

生物质热电联产区域集中供暖。以玉米芯等农作物秸秆为原料，通过提取农作物秸秆中的半纤维素生产糠醛、木糖，把生产后的废渣作为锅炉燃料生产高压蒸汽发电，同时利用余热为周边农村供暖，实现生物质资源的综合利用。

生物质锅炉区域集中供暖（分布式清洁取暖）。对于生物质锅炉采暖村、中小学校等地，该县采取合同能管理（EPC）等方式，由专业企业管理运营生物质锅炉供热项目，形成以分布式可再生能源热力服务为特征的生物质锅炉供暖新兴产业，开创了农村取暖能源化管理的先河。

生物质户专用炉具供暖（分散式清洁取暖）。在人口居住分散、不宜铺设燃气管网的农村地区，推广户用生物质成型燃料专用炉具，有效替代农村散煤，解决农村居民户用取暖及炊事的用能需求。

（3）取得的成效

经济效益。就用户而言，按当前补贴政策，生物质清洁取暖较煤改气、煤改电，改造成本分别低38%、3.2%，分别节省5140元、280元，使用成本分别低52%、51%，分别节省2140元、2080元。就企业而言，按阳信现有每年产生的秸秆、牛粪、树枝、锯末测算，年可生产颗粒燃料100万吨，按每吨均价1200元测算，仅颗粒生产产值就可达12亿元。目前，不管是取暖季还是非取暖季，生物质燃料市场均供不应求。

生态效益。经专业机构检测，阳信生产的木质颗粒燃料燃烧后，颗粒物浓度在20~45毫克/立方米，氮氧化物浓度在169~200毫克/立方米，林格曼黑度小于一级，SO_2检测不出。生态环境部门提供的数据显示，阳信县2017—2019年连续三年空气质量实现大幅改善。

社会效益。参加试点的农户普遍反映，改用生物质清洁取暖符合农村传统生活习惯，而且操作简便，比用气、用电安全系数更高。山东省乡村文明行动群众满意度电话调查结果显示，阳信的名次一直在滨州市排名第一，位居山东省前列。

5.山西省繁峙县风电清洁能源供暖项目

（1）项目基本情况

国家电投繁峙县20万千瓦风电清洁能源供暖项目分两期建设，配套建设40万平方米电采暖供热站。两期项目分别于2017年、2018年取得核准，2020年12月项目全容量并网发电。在风电场未投运、取暖费未明确的情况下，为保障民生，国家电投陕西公司认真组织，积极谋划，繁峙供热站于2019年7月开工建设，当年年底建成投运，并已顺利完成两个供热季的供暖任务。供热站位于山西省忻州市繁峙县大营镇大营村，总投资约8000万元，占地面积6400平方米，主要利用电网低谷时段电量进行蓄热，向繁峙县大营镇区域建筑物进行供热，最大供热能力40万平方米。目前已供面积约15万平方米，包括居民用户、养老院、中小学、综合市场、政府办公楼及宿舍、派出所和交警队，其中居民用户1000余户。

（2）技术方案及路线

国家电投大营供热站主要包括电蓄热锅炉、换热系统、变配电系统，现已建成2台单机9兆瓦的固体氧化镁砖高温蓄热电锅炉，每台锅炉自带6台额定功率为12.5千瓦循环风机，以及2台换热器，设置2台热网循环水升压泵，最大供热能力为40万平方米。供热站采用能源与数字化、智能化、互联网紧密结合，形成具有产业特色的"云端、源端、末端"一体化智慧供暖系统，是互联网、物联网、人工智能及复合闭环反馈等前沿技术的综合应用。项目采用了固体电蓄热锅炉，该锅炉体积小、占地面积少，厂房小，工程造价相对较低；电蓄热锅炉为纯电阻加热，可设置谷电期自动加热，用时可在任意时段和温度放热，大大减少现场运维人员；电蓄热锅炉蓄热材料为熔点2800℃的高温固定合金蓄热材料，具有体积小、蓄热能力强、性能稳定等优点，可连续长时间运行免维护，反复加热中不会产生粉化，安全风险较低。

（3）取得的成效

调峰效益。供热站首先重点利用低谷时期的富余风电，有效实现了电网削峰填谷，缓解高峰供电压力，促进风电和光伏发电等可再生能源电力消纳空间，为电网安全稳定运行提供了新的途径。

环保效益。项目采用风电供暖，替代区域燃煤小锅炉，减轻了散煤的利用，有效缓解了环境污染。供热站、风电场每年可节约标煤14万吨，减少二氧化硫排放150吨、碳氧化合物140.3吨。

社会效益。项目建成后解决了繁峙县大营镇群众的冬季供暖问题，使广大人民群众可以享受到绿色能源带来的光和热，产生广泛的民生效益。

6.中国西部科技创新港科教板块地热项目

（1）项目基本情况

中国西部科技创新港科教板块综合能源供应项目是我国目前规模最大的中深层地热能无干扰清洁供热项目，由陕西西咸新区沣西新城能源发展有限公司（以下简称"沣西能源公司"）投资建设，总投资7.2亿元。项目位于新港路西侧、河堤路南侧、思源环南路北侧区域，辐射供暖面积约159万平方米。项目主要建设6座分布式能源站，取热孔91口，室外供热管网25km。本项目于2018年8月开工建设，2019年采暖季首次投入供暖。

（2）技术方案及路线

本项目主要采用中深层地热能无干扰清洁供热技术，又称中深层地热能地埋管供热技术，即通过钻机向地下2000~3000m深处的地层钻孔，在钻孔中安装封闭的金属套管换热器，通过换热器内介质的循环流动，将地下深处的热能导出，并通过高效热泵机组等设备向建筑物供热。相比传统燃煤燃气集中供热方式，不建设集中供热站，不敷设长距离管网，不产生废气、废水、废渣，并且具有运行成本低的特点；相比水热型地热能供暖，不抽取地下热水，避免了取水造成的地质问题和尾水回灌难题；相比浅层地源热泵技术，占地面积更小，系统能效和可靠性更高。

（3）取得的成效

经济效益。相较于成本较低的燃煤锅炉集中供热，其运行成本主要为煤炭、水电费、人员管理费、维保费和超低排放措施费。以每台70MW锅炉按照可供热面积140万平方米计算，燃煤量约为17.4吨/小时，按2019年西咸新区燃煤市场价格500元/吨计算，每月燃料成本约626万元。配备管理、运维人员85人，加上水电、超低排放措施等费用，一个月运行成本约800万元，折合运行成本为5.8元/m^2·月。本项目利用中深层地热无干扰清洁供热，相较于燃煤锅炉集中供热，一个供暖季可节约运行成本2098.8万元，经济效益显著。

环保效益。与传统的燃煤锅炉相比，一个采暖季使用中深层地热无干扰供热技术进行供暖，可替代标煤2.54万吨，可减少CO_2排放量6.8万吨，减少SO_2、氮氧化物等大气污染物排放量600吨，环保效益显著。

社会效益。项目为地热能这种清洁能源的广泛应用提供了有益的探索和实践，是进一步落实《中华人民共和国国民经济和社会发展第十四个五年规划和2035年远景目标纲要》中提出的"构建现代能源体系，推进能源革命，建设清洁低碳、安全高效的能源体系，提高能源供给保障能力；实施能源资源安全战略"目标的深刻实践。同时也为该项技术的大面积推广应用提供了可借鉴的经验。项目建设期和运营期内，预计拉动基础设施投资约7.2亿元，增加税收6480万元。

第三节　农业减排增汇

一、农业生产温室气体排放情况

1. 农业源温室气体

中国是农业生产大国，用7.5%的土地养活了占世界19.5%的人口，农产品产量在全球市场占有较大比例。农业是重要的非二氧化碳（CO_2）温室气体排放源。农业温室气体排放是基础性、生存性排放，当前我国粮食和肉蛋奶等农产品需求仍呈刚性增长态势，农业发展的首要任务就是保障粮食安全和重要农产品有效供给，这与化石能源温室气体排放有本质区别。

根据《联合国气候变化框架公约》缔约方大会批准的《2006 IPCC国家温室气体清单指南》[1]，农业生产过程中的温室气体排放源包括以下10个方面。①稻田甲烷（CH_4）排放：稻田在淹水条件下，土壤中有机质被产甲烷菌厌氧分解形成CH_4，经过水土表层和根际土壤甲烷氧化菌部分氧化后，CH_4最终通过水稻通气组织传输、气泡和扩散的方式排放到大气中。

---

[1] IPCC, International Panel on Climate Change, 2006. Guidelines for National Greenhouse Gas Inventories, Volume 4, Agriculture, Forestry and Other Land Use. https://www.ipccnggip.iges.or.jp/public/2006gl/vol4.html.

②农田施肥氧化亚氮（N_2O）排放：氮肥施用到农田后，在土壤中经过相关功能微生物的硝化和反硝化作用，形成N_2O并排放到大气中。③动物肠道甲烷（CH_4）排放：反刍动物吞食饲料后，首先在瘤胃进行厌氧发酵，瘤胃内的产甲烷菌把碳水化合物分解形成CH_4，通过肠胃排放到大气中。④动物粪便管理甲烷（CH_4）和氧化亚氮（N_2O）排放：粪便储存管理过程中，有机物厌氧发酵产生CH_4，有效氮通过硝化和反硝化作用产生N_2O，排放到大气中。⑤农业废弃物田间燃烧甲烷（CH_4）和氧化亚氮（N_2O）排放：秸秆等田间焚烧时，由于燃烧不充分会产生少量的CH_4和N_2O。⑥热带稀疏草原燃烧甲烷（CH_4）和氧化亚氮（N_2O）排放：干湿季对比非常明显的热带地区稀疏草原燃烧产生CH_4和N_2O，排放到大气中。⑦有机土壤开垦氧化亚氮（N_2O）排放：有机土壤开垦影响土壤硝化和反硝化作用产生N_2O，排放到大气中。⑧土壤有机质分解氧化亚氮（N_2O）排放：土壤有机质矿化分解产生有效氮，硝化和反硝化作用产生N_2O，排放到大气中。⑨石灰施用二氧化碳（CO_2）排放：以石灰的形式向土壤中添加碳酸盐，碳酸盐溶解释放CO_2，排放到大气中。⑩尿素施用二氧化碳（CO_2）排放：尿素在水分和脲酶的作用下转化为氨氮、氢氧离子和碳酸氢根，形成的碳酸氢根转变为CO_2和水，释放CO_2排放到大气中。

根据中国农业生产实际情况，向国际相关组织提交的农业温室气体排放主要包括5方面：农田施用氮肥排放氧化亚氮、稻田排放甲烷、反刍动物肠道发酵产生甲烷、畜禽粪便管理产生甲烷和氧化亚氮、农业废弃物田间燃烧甲烷和氧化亚氮排放[1]。农村生产生活耗能排放的二氧化碳，纳入能源领域范畴。我国向联合国气候公约秘书处提交了5个年份的国家清单，如果不考虑土地利用、土地利用变化和林业，农业温室气体排放占温室气体排放总量的比例分别为14.9%（1994）、9.8%（2005）、7.9%（2010）、

---

[1] 生态环境部. 中华人民共和国气候变化第三次国家信息通报, 2018. http://www.mee.gov.cn/ywgz/ydqhbh/wsqtkz/201907/P020190701762678052438.pdf.

7.9%（2012）和6.7%（2014）。2012年农业温室气体排放量最高，为9.38亿tCO_2e，2014年为8.30亿tCO_2e，2014年农业温室气体排放量的降低主要是由于动物饲养量减少造成的。2014年，农田施肥、家畜养殖、水稻种植和粪便管理的排放量分别占农业温室气体排放总量的43%、26%、20%和10%，其中，农业CH_4和N_2O排放量分别占全国排放总量的41%和59%。

2.农业碳汇

碳汇是指通过植树造林、森林管理、植被恢复等措施，利用植物光合作用吸收大气中的二氧化碳，并将其固定在植被和土壤中，从而减少温室气体在大气中浓度的过程、活动或机制。农业碳汇有不同的范畴，"大农业"碳汇包括森林、草原、湿地、农田等陆地生态系统碳汇，一般所说的农业碳汇仅包括农业生态系统碳汇。农业系统中植被（作物、蔬菜、果树等）通过光合作用同化大气CO_2转化为有机碳，将其以生物量的形式储存固定在植株自身，同时有机碳通过植被残体、凋落物、根系及其分泌物的形式进入土壤，在土壤物理化学及微生物共同作用下，转变为不同分子大小和碳链结构的有机物质集合体，储存固定在土壤中。一般而言，农田作物、蔬菜等固定的生物量碳汇由于生长季短、收获后作为食物或经济产品使用，其固定的碳在短期内以CO_2形式重返大气，碳汇效果不明显，通常忽略不计，但若以稳定的生物质炭形式储存起来，可视为碳汇。果树等多年生植被能将碳以生物量形式长期固定在树木中，可被认定为农业生物量碳汇。土壤是农业碳汇的最主要构成部分，具有强大的碳汇潜力，有机碳能以颗粒态、矿物结合态、小分子态、微生物态等形式存在和活跃于土壤中，并有益于提升土壤质量和促进作物生长发育。因此，农业碳汇主要考虑农田土壤固碳、林果碳汇和生物质炭这三大方面。

农田土壤约占陆地总面积的12%，提高农田土壤有机碳对保障粮食安全和减缓气候变化具有双重作用，2014年中国国家温室气体清单中农田土壤碳汇为0.49亿$t\ CO_2e$。据科学家测算，2001—2010年陆地生态系统年均固碳2.01亿t，其中农田系统年均土壤固碳0.24亿t，贡献了12%的固碳量。

根据全国土壤样本调查，我国耕地表层土壤有机碳储量1980年到2011年由28.6thm^{-2}增加到32.9thm^{-2}，平均每公顷每年增汇0.14t。然而，目前我国中低产田比例较高，占总耕地的2/3以上，由于高强度耕作，面临着土壤贫瘠化、酸化、盐渍化、黑土地退化等诸多挑战。全国耕地表层土壤平均有机碳含量低于欧美等发达国家30%以上，具有很大的固碳潜力和提升空间。果树是重要的人工经济林，适宜小农户经营和大规模种植，在合理的栽培管理下果树生长迅速、投产见效快、经济效益高，具有经济和生态双重效益。多年生果树通过光合作用吸收CO_2以生物量形式固定，并周期性产出林果产品，是农业碳汇的重要方面。2021年我国果园面积1.95亿亩，具备可观的碳汇潜力，应当提高经营管理水平，用好果园碳汇功能。然而，目前对全国不同品类果树碳汇潜力缺乏系统性评估，难以全面摸清果园碳汇底数和评估其生态增益价值。农林复合系统是指有目的地将多年生木本植物（乔木、灌木、果树等）与农作物用于同一农田经营单位，采取时空排列法的方式使农业、林业存在生态或者经济互补互作的一种复合生产管理模式。农林复合系统通过时间、空间的配置，可分层多级地利用光温水等资源，提高生态系统的生产力、多样性和固碳能力，实现粮食生产、资源高效、生态增汇和经济增长的共赢。系统内的物种组成、林木密度和管理措施决定了农林复合系统的固碳能力。我国的农田防护林体系、胶茶系统、农桐间作等均属于农林复合系统，但目前尚未有系统地针对农林复合系统碳汇能力的评估。农林复合系统固碳能力在国际上已得到广泛认可，如何科学合理地布局、配置和管理农林复合系统，充分发挥其固碳潜力，对增强我国农业碳汇具有积极意义。生物质炭是以农作物秸秆、林果枝干、畜禽粪便等为原料，在完全或部分缺氧条件下低温热裂解转化形成的固体混合物。生物质炭含碳量高，结构稳定，拥有丰富孔隙结构，比表面积大，难以被微生物降解。施入土壤后能作为惰性碳库而被长期封存，仅有5%左右的碳会通过微生物分解重新释放回到大气，同时有助于改良土壤理化性质，减少温室气体排放，保证作物稳产增产。我国拥有丰富的秸秆资源，年产秸秆超8亿吨，如果对部分秸秆加以利用转化为生物质炭，直接还田或作为载体生产生物炭基肥和土壤改良剂，可作为农业碳汇的重要补充，快速提高农田碳储量。2019年联合国政府间气候变化专门委员会将生物质炭纳入国家温室气体清单指南修订版，这标志着生物质炭被认定为有效的固碳减排技术，为其生态经济效益转化提供了契机。

二、农业减排增汇技术和潜力

1. 稻田甲烷减排技术及潜力

稻田CH_4排放主要受土壤性质、水分状态、施肥、水稻生长和气候环境等因素影响。土壤厌氧条件是决定CH_4产生和促进产甲烷菌繁殖的前提，因此优化水分灌溉管理以提高土壤通气性是稻田CH_4减排的关键，该类技术是目前适用性最高的轻简化减排方式。相比稻田持续淹水，中期晒田、间歇性灌溉表现为前期淹水，分蘖末期排水晒田，复水后干湿交替，成熟前自然落干。这种灌溉模式能有效提高土壤通气性，从而改变极端厌氧还原条件，抑制产甲烷菌活性并提高甲烷氧化菌活性，可显著减少CH_4排放38%~59%。同时，中期晒田、间歇性灌溉的减排成本可忽略不计，能提高水分利用效率，抑制无效分蘖，促进根系活力，保证水稻稳产高产。近30年，该技术在我国稻田普遍应用，进一步推广以减少CH_4排放的潜力有限。在中期晒田、间歇性灌溉基础上发展而来的稻田薄浅湿晒节水灌溉或者湿润灌溉技术，可根据水稻生长需水特性，严格控制稻田水层深度、土壤湿度和持水量，干湿循环交替，进一步降低CH_4排放。在非水稻生长的休闲季（特别是西南地区冬水田），土壤排水落干相比淹水蓄水可大幅度减少土壤产甲烷菌群数量，消除休闲季CH_4排放，并能有效降低稻季CH_4排放33%~56%。上述稻田水分优化管理技术存在一定的负面效益，主要表现为氧化亚氮（N_2O）排放增长和土壤固碳能力减弱，这一定程度上抵消了稻田整体温室气体减排效果。

施肥、有机物料投入和秸秆管理能直接影响稻田土壤可利用碳氮养分，改变CH_4排放。缓控释化肥、添加脲酶/硝化抑制剂的稳定性肥料、侧深施肥可减少稻田CH_4排放13%~43%，协同减少N_2O排放和NH_3挥发，提高肥料利用效率，在等养分投入条件下可提高水稻产量10%~28%。一般认为该类肥料具有更高的肥效作用，可刺激甲烷氧化菌活性，提高CH_4氧化速率进而降低排放。有效微生物菌剂有助于提高稻田土壤微生物多样性和水稻抗性，促进稻米产量增长和改善品质，对CH_4减排具有一定效果，但其减排机制不明确，一般认为菌剂中的优势种群可与产甲烷菌竞争养分，从而抑制CH_4的形成。相比稻田有机肥（粪便、绿肥等）鲜施，通过完全腐熟或发酵（沼渣、厩肥等）再施入，可有效降低CH_4排放29%~75%。稻田秸秆直接还田为土壤产甲烷菌提供大量的有机碳底物，会显著促进CH_4排放，通过秸秆腐熟还田、过腹还田或旱季还田，能大幅削弱秸秆对CH_4排放的刺激效果。此外，还田方式的不同对稻田CH_4排放也存在较大影响，秸秆条带状覆盖还田相比秸秆与土壤混合还田，可减少CH_4排放21%~32%。稻田施用生物炭能减少CH_4排放7%~35%，并提高土壤质量和固碳能力，使水稻增产10.4%。一般认为生物炭的微孔结构可提高土壤通气性，降低土壤产甲烷菌与甲烷氧化菌的比例，增强CH_4氧化效率进而控制CH_4排放。

水稻品种、耕作方式和栽培模式可通过改变种植环节、稻田环境和植株生长来影响CH_4排放。收获指数高、穗大粒重、茎秆输氧能力强的水稻品种具有高产和减排的潜力，节水抗旱稻品种兼具水稻和旱稻的特性，配合节水湿润灌溉或旱管种植模式可比常规水稻品种显著减少CH_4排放51%~76%，并降低面源污染风险和保持水稻稳产。针对水稻播种方式，因地制宜推广直播稻，采取浅水直播或旱直播技术，可消除育秧期间CH_4排放，实现节本省工、稳产降耗。对于丘陵山区的淹水稻田，推广开沟起厢覆膜栽培，在灌溉时保持厢面无水、沟内有水、土壤湿润的状态，相比不覆膜栽培可减少CH_4排放50%~86%。稻田种养结合是根据稻田生态特征、水稻生物特征与动物（鱼、虾、蟹、鸭等）生活特性而设计形成的一种高效立体综合种养方式，可促进稻田养分循环，实现节肥、节药、增效、抑草、改善土壤和水体质量等目标，对减少稻田CH_4排放具有一定效果，减排比例可达19%~35%。但稻田种养结合CH_4减排效果存在争议，主要受稻田环境、水产动物类群和种养措施的影响。

2.农田氧化亚氮减排技术及潜力

化学氮肥施用是影响农田土壤N_2O排放的最重要因素。过量施用氮肥是中国农田N_2O排放大的首要原因，氮素的施用量超过作物最佳施用量时，累积的和单位产量N_2O排放均呈线性或指数增长，合理施氮是农田N_2O减排的有效手段，推广氮肥优化管理措施、测土配方施肥、提高氮素利用效率、降低氮肥用量，是减少农田N_2O排放的关键。

科学合理的氮肥管理主要指施肥的"4R"原则：合理的肥料用量（Right rate）、正确的施肥时间（Right time）、正确的施用位置（Right place）以及正确的肥料类型（Right source），基于"4R"施肥技术，可实现产量、品质、效益与环境效应相协调的可持续集约化作物生产目标。合理的肥料用量是通过配方施肥等方法确定氮肥用量，即根据土壤供氮能力与作物氮素需求量确定氮肥用量。与传统施肥量相比，根据配方施肥法确定氮肥用量能够显著提高我国作物产量和氮肥利用率，显著降低土壤N_2O排放31.2%、氨挥发30.7%、氮淋溶35.3%和氮径流27.6%。正确的肥料施用时间主要是指根据作物需肥阶段施用氮肥，具体指增加氮肥施用次数或减少基肥施用比例。减少氮肥的基肥施用比例及增加氮肥施用次数能够避免在作物生长初期的高量施肥，增加作物生长后期对于氮素的大量吸收，从而有效降低N_2O排放。研究表明多次施氮和减少基肥比例能显著提高氮肥利用率和作物产量，并降低N_2O排放13.6%~61.5%。正确的施肥位置指采取氮肥深施，与氮肥的传统表施相比，氮肥深施能够促进作物根系对氮素的吸收，降低稻田表面水层及旱地土壤表层中铵态氮和硝态氮浓度，可有效减少土壤N_2O排放14.6%，同时提高氮肥利用效率和作物产量，减少

NH_3挥发损失。正确的肥料种类是指采用高效氮肥品种，例如配施硝化抑制剂、脲酶抑制剂或控释氮肥。硝化抑制剂能抑制硝化细菌活性，从而抑制硝化过程减少土壤N_2O排放。硝化抑制剂对于农田土壤N_2O减排十分有效，可显著降低农田土壤N_2O排放20%~38%，并有利于提高作物生产力。虽然硝化抑制剂能够有效降低土壤N_2O排放，但其也能同时促进土壤NH_3挥发，原因在于硝化抑制剂增加了铵态氮在土壤中的滞留时间。因此，采用硝化抑制剂来减少农田N_2O排放需要配合其他NH_3减排措施，如施用脲酶抑制剂。脲酶抑制剂能够有效抑制氨水解，减少N_2O排放以及土壤NH_3挥发。脲酶抑制剂能够显著提高我国作物产量和氮利用率，降低土壤N_2O排放27.8%，减少NH_3挥发50%。控释氮肥能够更好地协调作物氮素需求和土壤氮素供应关系，提高作物氮素吸收，减少N_2O等各种活性氮损失。研究发现，控释氮肥在提高作物产量和氮肥利用率的同时，可降低土壤N_2O排放38.3%，降低NH_3挥发60.8%，降低氮淋溶17.3%和氮径流31.7%。

此外，改进施肥方式，如采用水肥一体化、水溶肥、叶面肥，或添加氮代谢相关的微生物菌剂，对于提高作物氮吸收利用效率和降低N_2O排放均具有明显效果，相比传统撒施可减少N_2O排放15%以上。从作物管理角度，选育氮高效利用作物品种或需氮量低的品种，选择高效固氮作物、粮豆轮作，从而减少农田化学氮肥投入量，可有效减少N_2O排放。施用生物质炭同样会影响农田土壤N_2O排放，可减少54%的农田土壤N_2O排放。生物质炭较强的氧化还原能力及其对土壤pH的增加可以促进土壤N_2O还原酶的活性，进而促进N_2O到N_2的还原过程。

3.动物肠道发酵甲烷减排技术及潜力

动物肠道甲烷排放是动物采食的饲料在消化过程中正常发酵所产生，其甲烷排放量与动物类型、动物年龄、动物体重、饲料质量和采食水平有关。反刍动物（如牛、羊）和一些非反刍动物（如猪、马）均排放甲烷，但因反刍动物消化道中的特殊微生物能分解纤维素，反刍动物是最大的甲烷排放源。反刍动物以CH_4的形式损失的能量占采食总能的2%~15%，一般动物体重越大,单个动物CH_4排放量越大。饲料采食量越大,饲料的消化率和生产力越低,单位畜产品的CH_4排放量也越大。因此改善饲料质量和提高动物生产力是减少动物CH_4排放的有效措施。

优化日粮是减少动物肠道发酵甲烷排放的成熟技术。通过青贮和氨化等措施处理秸秆,可以有效提高秸秆的适口性和消化率,提高饲料利用率减少单个动物CH_4排放,据估计通过秸秆氨化处理可减少单个黄牛的甲烷排放量16%~30%。对于反刍动物的日粮可以采用秸秆青贮、秸秆氨化等技术进行处理提高饲料消化率,同时采用增加精粗比,使用低碳水化合物日粮等减排肠道温室气体排放;对于非反刍动物,可以采用低蛋白日粮等进行减排。在奶牛、肉牛等反刍动物中,采用饲料添加剂或多功能舔砖可通过降低反刍作用减少肠道CH_4排放。多功能舔砖以尿素、矿物质、微量元素、维生素等为主要成分,使用舔砖可相对减少单位畜产品的甲烷排放量10%~40%。研究发现,肉牛饲养过程中各饲料添加剂包括油脂、莫能菌素、电子受体、抑制剂等对肠道CH_4的综合减排效果可达到12.7%。油脂种类包括椰子油、粗甘油、菜籽油等,添加椰子油、粗甘油、菜籽油等各类油脂对CH_4减排效果为14.9%;添加莫能菌素CH_4减排效果为11.1%;添加的电子受体类物质包括硝酸盐、富马酸和马里酸等的CH_4减排效果为15.2%;此外,抑制剂物质如溴氯甲烷对瘤胃CH_4形成有很强的抑制作用,但是一般认为抑制剂和电子受体物质对环境和动物健康都有较大的风险故不被推荐。

通过提高饲料精粗比,可降低瘤胃pH,并减少肠道CH_4排放。日粮中精粗比不仅影响饲养成本,也直接影响反刍动物生产水平和甲烷排放量。饲喂精饲料发酵后促使瘤胃内丙酸含量更高,丙酸可以抑制CH_4排放;而粗纤维(粗饲料成分)分解后乙酸含量较高,CH_4产生量更高。但是精饲料具有更佳的适口性,可能导致反刍动物摄入量增多,因而导致整体CH_4排放增加。改善粗饲料质量也能显著降低动物肠道CH_4排放,在相同的精粗比条件下,青贮玉米型日粮的CH_4排放比秸秆型日粮的CH_4排放降低

19.8%，减排效果显著。

4. 粪便管理温室气体减排技术及潜力

动物粪便在储存和处理过程中均产生和排放甲烷和氧化亚氮。动物粪便的排放通量主要取决于粪便温室气体的产生潜力、粪便处理方式和气候条件。液体粪污储存过程覆盖、降温和酸化等技术具有较好的温室气体减排效果。覆盖液体粪污可减少CH_4排放10%~15%，各种覆盖物对CH_4的减排效果不同，覆盖物自身特性、覆盖厚度以及覆盖时间等均可能对CH_4的减排效果产生影响。采用塑料膜对粪便储存池进行覆盖可取得较好的CH_4减排效果，但是采用稻草、油脂等生物材料则可能由于覆盖材料分解造成CH_4和N_2O排放的升高。由于产CH_4菌对温度极其敏感，因而低温贮存是CH_4减排的有效手段，低温可使粪污储存过程中CH_4排放降低15%~93%。在寒冷季节采用将舍内粪便转移到舍外贮存可减少CH_4排放23%~46%。降温同样可以有效减少N_2O排放，将污水贮存温度降低到20℃以下可使N_2O排放降低80%以上。粪污酸化至pH为5.5~6，内部产CH_4菌活性显著降低，可减排CH_4 31%~99%，同时也可大幅减少氨气排放。

畜禽粪便堆肥过程中使用添加剂，可以减少CH_4和N_2O排放16%和32%。常用的添加剂一般包括无机添加剂，如改性赤泥、过磷酸盐、改性镁橄榄石，此外也包括生物炭、微生物添加剂等材料。各种添加剂在不同适用对象及操作环境下使用效果存在一定的差异。在鸡粪、牛粪堆肥中添加磷石膏可使CH_4减排32%~97%，添加生物炭可使堆肥CH_4减排78%~84%，主要是由于生物炭性质较为稳定很难作为碳源被微生物降解；在粪便堆肥中添加镁盐、磷酸等形成鸟粪石结晶可以降低N的损失，使N_2O减排9%~80%；粪便中添加过磷酸钙可能使堆肥N_2O减排2%~32%。此外，畜禽粪便沼气化利用是畜牧业环境污染治理、能源化和肥料化利用的有效技术。畜禽粪便厌氧发酵产生沼气，不仅替代化石燃料，减少化石燃料燃烧排放的CO_2，同时也减少了粪便储存过程中的CH_4和N_2O排放，沼渣作为肥料提高了粪便的利用率、替代化肥和增加土壤有机碳储量。

5.农田土壤固碳技术及潜力

土壤有机碳含量变化是土壤有碳库分解以及新添加外源碳平衡的结果。我国农田土壤有机碳库的增加主要归因于农作物产量提高和秸秆还田引起的外源碳增加,继续推广秸秆还田是增加我国农田土壤碳库的优选措施。秸秆还田能够显著提高农田表层土壤有机碳含量12.8%~14.9%。研究表明,秸秆还田能够显著提高我国表层土壤(0~20cm)有机碳储量12%,据估算我国每年因为秸秆还田引起的表层土壤有机碳固定量可达9.76Tg。增加畜禽有机肥还田比例从而替代化学氮肥可以促进土壤固碳能力,并增强土壤肥力。研究表明,有机肥部分替代化学氮肥能够显著提高我国农田表层土壤的固碳速率439~675kg C·hm^{-2}·a^{-1},而采用发酵后的有机肥还田会进一步增加固碳速率,同时减少对稻田CH$_4$排放的促进效应。因此,秸秆还田和有机肥施用是增加农田土壤碳储量、提升地力和保障粮食安全的有效措施。通过对我国不同长期土壤肥力定位试验的数据整合分析发现,有机肥化肥配施下土壤累计有机碳储量增加为17.00t C·hm^{-2},其次是有机肥施用,累计有机碳增加12.27t C·hm^{-2},秸秆还田增加土壤有机碳10.74t C·hm^{-2},仅施化肥土壤碳储量增长略低,在20多年间共增加3.32t C·hm^{-2}。不施肥的农田土壤有机碳储量降低1.01t C·hm^{-2}。不施肥、只施化肥、只施有机肥、秸秆还田和有机肥化肥配施在连续20多年间,土壤有机碳储量增加了-6%、8%、38%、28%和48%。

保护性耕作、少耕、免耕技术会通过减少土壤本底碳库的分解来增加有机碳的积累。据测算,如果将传统耕作措施改为免耕并结合秸秆还田,可将我国农田表层土壤有机碳储量提高0.97t C·hm^{-2}。在推广保护性耕作措施的同时需要配合采用作物增产措施,如"4R"氮肥优化管理措施,可通过提高作物产量,增加作物根系分泌物量及秸秆还田,协同促进土壤碳库积累。施用生物炭可短期显著提高农田土壤有机碳含量,但由于成本问题,该技术目前难以大范围推广。此外,覆盖作物、粮豆轮作等种植制度变化,将用地和养地相结合,有助于提高农田土壤固碳能力,并改善土壤肥力。

三、协同效益和政策

1.农业减排增汇协同效益

农业减排固碳技术在保证农业稳产增的同时,可提高资源利用效率,降低农业生产的环境风险,促进农业绿色发展。减少农业N_2O排放的技术措施在改善大气环境、土壤和水体环境方面发挥重要的作用。中国氮肥施用和畜禽粪便管理不仅排放N_2O,同时也排放大量NH_3,是形成雾霾天气的主要诱因之一。测土配方施肥、增效肥料、尿酶抑制剂、硝化抑制剂、肥料深施、低氮饲料、粪污覆盖都能有效地降低NH_3挥发,减少空气污染,改善空气质量。减量施肥、粪污覆盖是从源头控制农业生产对水体污染的重要措施。水肥一体化、滴灌等灌溉方式,不仅节水、节肥和减少N_2O排放,提高水分和养分利用效率,同时也显著减少了氮素淋溶和对地下水的污染。畜禽粪便厌氧发酵产生沼气,可降低温室气体排放,并替代化石燃料减少CO_2排放,配合沼渣还田可增加土壤有机碳储量,推动了农村清洁能源利用,改善了农村生活环境。过量施肥导致我国农田土壤酸化,合理减量施肥可节约成本,减少N_2O排放,改善土壤物理化学性状,防止土壤质量下降。有机肥替代部分化肥和秸秆还田增加土壤碳储量,促进农业系统养分循环,提升土壤地力,保障土壤健康,进而提高作物生产力,增加粮食生产的可持续性。保护性耕作、粮豆轮作、绿肥和覆盖作物可减少农田土壤碳损耗,增强土壤固碳能力,同时有助于提高农业系统生物多样性、资源利用效率和气候韧性,促进农业生产可持续发展。因此,农业低碳转型和绿色发展是相辅相成的,多数农业减排固碳技术可实现减污降碳的协同。

2.国际农业减排增汇政策

欧美等发达国家在农业减排固碳方面起步较早,通过制定有约束力的农业政策、提供充足的财政预算、开展技术推广和教育培训、设立专门行动方案等，推进农业温室气体减排和土壤固碳。

欧盟倡导基于自然的解决方案，以实现经济增长与资源消耗脱钩的方式推动欧洲各项绿色目标的实现，在农业减缓气候变化方面走在世界前列。英国、德国等相继出台气候变化相关法律法规，以法律形式明确了减排目标和措施。欧盟2021年6月通过了《欧洲气候法》，从法律上要求27个成员国在2030年前将温室气体排放量在1990年的水平基础上削减55%，并在2050年前成为净零排放。欧盟、法国、德国、英国等先后颁布实施专项减排行动计划，将农业温室气体减排纳入其重要行动。欧盟2020年发布了《甲烷减排战略》，重点推动农业、能源业和废弃物处理等的甲烷减排。欧盟2021年发布《欧盟碳农业实施计划》，重点探讨欧盟发展碳农业的关键问题、挑战、权衡和解决方案，鼓励欧盟地区采用基于自然的解决方案，启动基于结果的碳农业支付计划，以激励该地区的农业、林业和土地管理者减碳。法国2000年颁布《控制温室效应国家计划》，明确了包括农业在内的减排措施和制定原则；2015年法国发起"千分之四全球土壤增碳计划"，目标是在20年内使40厘米深度内的土壤有机碳储量每年增加千分之四，通过提高土壤碳汇来应对气候变化和保障粮食安全。德国2019年制定《气候保护计划2030》，在农业方面，提出到2030年，农业部门每年排放不超过5800万–6100万吨CO_2减排目标，明确了控制氮肥过量使用、发展有机农业、推进畜禽粪便能源化利用、森林保护和可持续管理、农业废弃物沼气发电利用、减少食物浪费等具体行动。

美国主要从农业政策和市场机制两个方面推动农业减排固碳，重点打造气候智能型农业，通过增强农业适应气候变化的能力，提升农业生产力并降低碳排放。2002—2007年美国投入220亿美元用于农业资源保育计划项目，主要包括土地休耕计划、农田水土保持、农田与牧场环境激励项目等，对农民的减排行为提供补贴和奖励。2020年以来，美国先后出台《应对气候危机行动计划》《美国农业创新战略》《气候智能型农业和林业战略》《气候适应与恢复行动计划》等，打造气候智能型农业，提高农业生产力和收入，增强农业减缓与适应气候变化能力，提出到2050年，美国农业部门的环境碳足迹减少一半，助力美国碳中和目标的实现。2021年9月，美国和欧盟联合发起"全球甲烷承诺"，提出在2030年前减少全球30%的甲烷排放量（以2020年为基线），目前已有111个国家和地区加入。

日本强调通过数字、智能、生物等技术创新实现农业降碳，同时提升和保障日本的粮食自给率。2020年，日本经济产业省推出《绿色增长战略》，"食品、农林和水产产业"为14项发展目标和重点发展任务之一，通过打造智慧农业、林业和渔业，发展陆地和海洋固碳技术，助力实现经济与环境的良性循环。2021年5月，日本农林水产省发布《绿色食品系统战略》，提出通过技术创新实现农业脱碳和可持续发展，涉及材料与能源的本地化和脱碳化，构建可持续的生产、加工、流通和消费体系，建立智慧食物链，积极吸收和封存二氧化碳等。2021年10月，日本农林水产省修订《农林水产省全球变暖对策计划》和《农林水产省气候变化适应计划》，提高日本农林渔业领域的全球变暖对策应对水平，以及推动开发和推广适应气候变化的稳产技术和品种，构建一个能够抵御自然灾害和气候变化的可持续食品系统。

此外，不同国家根据自身国情颁布了一些有针对性的农业减排固碳政策措施。家畜养殖和放牧大国（法国、德国、澳大利亚、新西兰、巴西、阿根廷等）提出改善家畜日粮结构和采用低蛋白饲料来降低反刍动物肠道发酵的CH_4排放，通过加强对永久性放牧草地保护、退化草地修复、停止草地开垦来提升草地碳汇，重视草畜平衡，保障畜牧业可持续发展。水稻种植大国（日本、印度、越南、菲律宾、印度尼西亚等）集中在亚洲，水分灌溉管理是各国控制稻田CH_4排放的关键，在颁布的减排政策中均明确提出推广中期晒田、间歇性节水灌溉、直播稻和旱稻栽培技术，以有效降低CH_4排放，并提高水分利用率。果蔬生产大国（法国、西班牙、葡萄牙等）要求规范果园、菜园及葡萄园的施肥管理，降低N_2O排放。美洲国家（美国、墨西哥等）重视发展作物生物质能源炼油，以替代部分化石燃料。存在土地退化和荒漠化的国家（波兰、哈萨克斯坦、柬埔寨等）关注农田侵蚀防治和土壤培肥修复，增强碳汇能力。亚马孙流域和东南亚国家（巴西、秘鲁、泰国、印度尼西亚等）严格禁止森林砍伐转换为农田。干旱地区及不发达国家（印度、塔吉克斯坦、撒哈拉以南非洲国家等）大力推行节水高效灌溉技术和水利工程，相比减排更关注农业适应气候变化。东南亚以小农户和家庭农户为主的国家出台政策指导农业集约化生产，节水节肥，从而提高生产力和资源利用率，降低单位产量的温室气体排放强度。

3.国内农业减排增汇政策

作为世界上重要的农业大国，我国高度重视农业应对气候变化，围绕农业绿色发展、提质增效、耕地质量提升、面源污染防控等，出台了一系列政策措施，协同推进农业农村减排固碳和适应气候变化，提高农业农村气候韧性，降低气候变化对农业的不利影响。

2015年我国印发《全国农业可持续发展规划（2015—2030）》和《耕地质量保护与提升行动方案》，明确保护耕地资源和提高土壤固碳能力的要求。2015年以来，实施了以"一控两减三基本"为核心的农业面源污染攻坚战，第二次全国污染源普查数据显示，农业源化学需氧量、总氮、总磷排放分别下降了19%、48%、25%，农业发展实现了"增产不增污"。2016年以来，组织开展"化肥农药使用量零增长"等农业绿色发展五大行动，从农业节水、减肥减药、农业废弃物综合利用等方面，进一步提出了循环高效、绿色低碳、环境友好的发展目标，推广应用相关减排固碳技术。全国水稻、小麦、玉米三大粮食作物化肥利用率达到40.2%，全国畜禽粪污综合利用率超过76%，秸秆综合利用率达到87.6%，农膜回收利用率达到80%以上，有效降低了农业温室气体排放。

2021年农业农村部等6部门联合出台《"十四五"全国农业绿色发展规划》，聚焦绿色发展关键领域和薄弱环节，加强农业资源保护利用，加强农业面源污染防治，加强农业生态保护修复，打造绿色低碳农业产业链。

从绿色生产、加工、流通、消费等全过程对农业农村领域绿色低碳循环发展作出了系统安排，在生产环节上要实施农业生产"三品一标"行动；在加工流通环节上要构建农业绿色供应链；在产业链布局上要推进产业集聚循环发展。进一步推动农业绿色发展、低碳发展、循环发展，全链条拓展农业绿色发展空间，推动形成节约适度、绿色低碳的生产生活方式，培育绿色低碳新增长点，加快形成发展新动能，提高农业质量效益和竞争力。

2021年中共中央、国务院发布《关于完整准确全面贯彻新发展理念做好碳达峰碳中和工作的意见》，对农业农村减排固碳提出了明确要求：要处理好减污降碳和粮食安全的关系，确保安全降碳。加快推进农业绿色发展，促进农业固碳增效。加快甲烷等非二氧化碳温室气体管控。结合实施乡村建设行动，推进县城和农村绿色低碳发展，因地制宜推进生物质能、地热能等清洁低碳供暖。提升生态系统碳汇增量。开展耕地提升行动，实施国家黑土地保护工程，提升生态农业碳汇。2021年国务院印发的《2030年前碳达峰行动方案》，对农业农村减排固碳也作出了明确要求：推进农村建设和用能低碳转型。推进绿色农房建设，加快农房节能改造。持续推进农村地区清洁取暖，因地制宜选择适宜取暖方式。发展节能低碳农业大棚。推广节能环保灶具、电动农用车辆、节能环保农机和渔船。加快生物质能、太阳能等可再生能源在农业生产和农村生活中的应用。加强农村电网建设，提升农村用能电气化水平。推进农业农村减排固碳。大力发展绿色低碳循环农业，推进农光互补、"光伏+设施农业"等低碳农业模式。研发应用增汇型农业技术。合理控制化肥、农药、地膜使用量，实施化肥农药减量替代计划，加强农作物秸秆综合利用和畜禽粪污资源化利用。同年，农业农村部农业生态与资源保护总站发布了农业农村减排固碳十大技术模式[1]，这是首次以减排固碳为主题发布的农业农村领域

---

[1] 农业农村部农业生态资源保护总站.农业农村减排固碳十大技术模式［J］.农学学报，2021，11（12）：1.

相关技术模式，涵盖种植业减排固碳、畜牧业减污降碳、渔业减排增汇和农村可再生能源替代等重点领域，涉及温室气体减排技术4项、固碳增汇技术4项、可再生能源替代技术2项，主要包括稻田甲烷减排技术、农田氧化亚氮减排技术、保护性耕作固碳技术、秸秆还田固碳技术、反刍动物肠道甲烷减排技术、畜禽粪便管理温室气体减排技术、牧草生产固碳技术、渔业综合养殖碳汇技术、秸秆能源化利用技术、农村沼气综合利用技术等。

2022年6月，农业农村部、国家发展改革委联合发布《农业农村减排固碳实施方案》，明确提出到2025年，农业农村减排固碳与粮食安全、乡村振兴、农业农村现代化统筹融合的格局基本形成，粮食和重要农产品供应保障更加有力，农业农村绿色低碳发展取得积极成效，种植业、养殖业单位农产品排放强度稳中有降，农田土壤固碳能力增强，农业农村生产生活用能效率提升；到2030年，种植业温室气体、畜牧业反刍动物肠道发酵、畜禽粪污管理温室气体排放和农业农村生产生活用能排放强度进一步降低，农田土壤固碳能力显著提升，农业农村发展全面绿色转型取得显著成效。该实施方案提出了农业减排固碳的六大重点任务，分别是种植业节能减排、畜牧业减排降碳、渔业减排增汇、农田固碳扩容、农机节能减排和可再生能源替代；并列出了十个重大任务，分别是稻田甲烷减排行动、化肥减量增效行动、畜禽低碳减排行动、渔业减排增汇行动、农机绿色节能行动、农田碳汇提升行动、秸秆综合利用行动、可再生能源替代行动、科技创新支撑行动和监测体系建设行动。

四、案例分析

1.稻田减排固碳高产技术研发与模式集成

中国农业科学院农业环境与可持续发展研究所在湖北荆州、广东惠州和肇庆开展了多年田间控制试验和大田推广示范，进行稻田温室气体减排、土壤固碳增汇和稳产增产协同技术和模式集成研究，主要包括高产低排放水稻品种、生物质炭回田、树脂包膜控释肥料、硝化抑制剂、薄浅湿晒节水灌溉等技术措施。

高产低排放水稻品种选育工作主要针对华南地区主推的9个水稻品种，通过农户走访确定了田间施肥方案，结合当地农民的种植传统，提出了水稻高效生产的"三控"技术，该技术要点为插秧期控苗、施肥期控肥、全生育期控病，充分发挥现代农田管理技术的优势，挖掘水稻品种的高产潜力。通过4年的小区试验和田间示范，该技术效果显著在9个品种中，齐华占、野籼占8号和粤二占3个优质品种稳产减排潜力较大，特别是齐华占，其碳排放强度最低。相对当地常规品种和管理，3个高产低排放水稻品种均增产5.40%，降低温室气体排放总量的52.65%，相对当地常规品种和管理（9210.50kg $CO_2e \cdot hm^{-2}$），3个品种温室气体排放总量分别为3132.93kg $CO_2e \cdot hm^{-2}$、3934.31kg $CO_2e \cdot hm^{-2}$和6015.77kg $CO_2e \cdot hm^{-2}$，减排量平均为4849.50kg $CO_2e \cdot hm^{-2}$；此外3个品种平均降低碳排放强度为58.16%。该技术的实施效果显著，增加了农民收入，减少了环境污染，实现了经济、社会和生态效益的多赢。

生物质炭回田利用的长期研究试验在广东惠州农业科学研究所进行，在5~20吨hm^{-2}的生物质炭施用量范围内，相比不添加生物质炭，稻田温室气体排放当量减少29%，水稻产量提升4.6%。生物质炭回田技术在广东省肇庆市鼎湖区沙浦镇进行了推广应用，推广面积达6000亩，涉及近20个自然村。该项技术措施改变秸秆废弃物的传统利用形式，有效地解决了秸秆焚烧产生的大气污染问题，改善了当地因长期过度施肥造成的农田土壤板结，提高了土壤生产能力，推进了当地农业清洁生产发展模式。两年水稻平均亩产增加10%，增产效益达百元以上。2014—2015年示范推广期间，平均节省化肥投入45元/亩，新增产量平均85斤/亩，新增收入235元/亩，推广区农民总收益增加336万元。新技术的推广，在一定程度上产生了良好的生态和社会效益。

在华中江汉平原地区开展了新型肥料和硝化添加剂对水稻生产和温室气体排放影响的研究，提出了两项减排技术。一是树脂包膜控释尿素应用技术。根据包膜尿素的自身特性，该技术应用要点在于减氮施肥、加大基肥比例，早晚稻单季氮素总量分别为120kg N·hm^{-2}和160kg N·hm^{-2}。二是碧晶尿素（添加硝化抑制剂氯甲基吡啶）高效利用技术剂，添加了抑制剂的改性尿素具有降低温室气体排放并使水稻增产的潜力。上述两项新型肥料利用技术的试验和示范结果显著。针对华中稻区的"成本-效益"分析表明，使用树脂包膜尿素和碧晶尿素，分别比常规尿素和管理每年多增收4902元·hm^{-2}和3115元·hm^{-2}，其中早稻增收大于晚稻。在为农民创收的同时，两种技术措施的应用还较大幅度减少了稻田温室气体排放。其中树脂包膜尿素早晚稻分别能减排温室气体约25.1%和6.8%，全生长季总的减排量可达约0.99t CO_2e·hm^{-2}；而对于碧晶尿素，晚稻减排幅度较大，约为49%，早稻的减排比例也较明显，下降了约45%，生长季总的减排量达约4.0t CO_2e·hm^{-2}。

为筛选出"低投入-低排放-高收益"的稻田水氮管理集成模式，在湖北荆州开展了大田定位试验，设计4种氮肥管理方式。①普通尿素；②树脂包膜控释尿素，③普通尿素减氮20%；④控释尿素减氮20%。设计2种水分管理方式。①常规灌溉；②薄浅湿晒节水灌溉。采用静态箱-气象色谱法测定甲烷（CH_4）和氧化亚氮（N_2O）排放，应用生命周期法计算双季稻全生育期碳足迹，基于成本收益核算分析单位水稻产量和单位净收益的碳排放强度。通过多年验证，控释尿素能有效提高双季稻产量6.6%~17.4%，节水灌溉和减氮20%能节约投入成本，对双季稻产量存在一定负效应，但差异不显著。相比普通尿素和常规灌溉，不同水氮优化处理可不同程度降低双季稻全生命周期碳足迹和排放强度，并有助于提高收益。其中节水灌溉搭配控释尿素减氮的综合减排效果最好，为46.4%，同时全年净利润最高，达1.4万元/hm^2。因此，节水灌溉、控释尿素和减氮20%的组合技术可实现稻田节本减排增收。

图6-5 稻田减排固碳高产技术长期定位试验与推广示范

2. 山东民和大型养殖场粪污厌氧沼气碳交易项目

项目选择山东民和牧业股份有限公司鸡场开展了大型畜禽粪便沼气处理清洁发展机制（CDM）工艺开发与应用。成功建设了当时世界上最大的畜禽养殖沼气工程——山东民和鸡场粪便沼气发电项目，共建有8个体积为3300立方米的沼气发酵罐，用于处理公司的23个种鸡场和8个肉鸡养殖区每日产生的粪便和污水1500吨，年回收沼气1095万 m^3，年发电2190万kWh，发出的电全部输送给华北电网。发电机组余热用于厌氧系统增温，无须外加热源。发酵后的沼液用于周边苹果、葡萄、蔬菜地等有机肥料，有力地促进了当地循环经济发展。年减排温室气体为6万~8万吨 CO_2e。项目除每年发电创造的1100万~1300万元收入外，CDM项目每年可为企业带来减排收益近700万~800万元，成为我国农业领域内特大型沼气发电并网工程完全商业化成功运作的范例。

针对大型养殖场粪便沼气碳交易项目的要求，中国农业科学院环发所联合相关企业，一是通过系统创新，实现大型养殖场以沼气为纽带的热、电、肥、碳减排联产的生态循环系统；二是技术创新突破了影响大型沼气稳定运行的技术瓶颈，针对高浓度粪便含砂量大，采用水解和机械除砂相结合的工艺，解决了传统的机械除砂工艺砂去除效果差问题，采用罐顶中心搅拌和低能耗慢转速搅拌机工艺解决了大型沼气罐死角多、易酸化问题，达到高效节能的效果；三是通过集成实现了沼气碳交易高效益，基于大型畜禽粪便沼气处理碳交易工艺，采用发电机组余热分级利用和罐外分段增温保温技术相结合，解决了国内沼气工程冬季运行需外加热源才能正常运行的技术问题，实现沼气工程常年稳定运行。

3. 农田轮作间作和生态缓冲区减污降碳模式

在田块尺度开展创新条带轮间作模式试验，主要包括不同作物品种轮间作和不同宽幅条带轮间作，形成作物条带轮间作技术；在农田景观尺度开展不同农田缓冲带种植模式设计和构建试验，主要包括蜜源植物带、甲虫堤、乔灌草立体生态区和其他植被缓冲带等，集成生态廊道构建、乔灌草立体生态网构建技术等关键技术；通过集约化农田生态强化技术创新集成与示范以及多项指标的长期监测来验证实际实施效果；筛选适宜区域农业发展的作物间作轮作模式，明确生态廊道网络构建体系中各类型农田缓冲带的设计和配置模式，研发条带化轮作间作技术、生态廊道构建技术、协同排污降碳的生态沟渠构建、乔灌草立体生态网构建技术等关键技术，旨在调控农田生态系统生物多样性，提升农田生态系统服务功能，提高农田生态系统固碳减排功能。

图6-6 农田条带轮播

图6-7 基于减污降碳理念的生态沟渠构建

思考题

  1.我国农业农村发展面临的主要问题有哪些？

  2."双碳"目标下乡村绿色振兴应遵循一些什么样的原则？

  3.我国农村能源发展的趋势有哪些？

  4.农村能源低碳发展对乡村振兴有哪些作用？

  5.农村能源低碳发展的主要困难有哪些？

  6.我国农村能源低碳发展的主要路径有哪些？

  7.中国农业温室气体排放和农业碳汇主要包括哪些方面，有哪些减排增汇措施？

  8.国际和国内政策重点关注农业减排固碳的哪些方面？

  9.农业减排固碳与乡村振兴、农业绿色发展有何联系？

  10.农业减排固碳对国家"碳达峰碳中和"战略有何贡献，如何考虑与粮食安全的关系？

第七讲 "双碳"目标与绿色交通体系

欧训民　彭天铎　任　磊

交通部门在我国碳排放中占有较大比重且仍在继续增加，加快推进该部门低碳转型极为迫切。汽车、船舶、飞机、铁路机车等各类交通工具会排放大量一氧化碳、氮氧化物等各类污染物。中国经济正进入高质量发展阶段，随着生活水平的提升，居民出行需求仍将增加，货物运输需求在一定时期内将保持旺盛，交通部门的能源消费和碳排放仍有增长空间，交通污染物排放治理的任务仍然任重道远。

在"双碳"目标下，中国需在交通运输结构优化、替代燃料技术推广和能效提升等多方面努力，力争在2030年前实现碳达峰，并在2060年将排放控制在1亿吨以内。重要的技术和措施包括加速运输结构优化；逐步提高新能源汽车、氢能飞机、电动飞机、氢能/氨能船舶、高铁动车组和电力机车的渗透速度；大力提升交通工具能效；并且综合运用多种低碳技术，特别是加大自动驾驶、超级高铁和新一代飞机等先进颠覆性技术的研发和推广。交通运输部门的低碳发展与能源和电力部门、城市规划部门、环境保护领域乃至宏观经济领域会产生协同效用，需要统筹考虑。

第一节 交通部门碳排放与污染物排放情况

交通运输是国民经济中的基础性行业，也是控制碳排放和污染物的重点领域，认识其能源消费、碳排放、污染物排放的特点和趋势，对采取针对性举措推动低碳转型十分必要。

一、交通能耗和碳排放现状和趋势

1. 总体情况

交通运输部门（简称交通部门）[1]是化石能源消费及二氧化碳排放的重点领域，交通运输活动产生的碳排放约占全球能源相关碳排放的24%[2]。从全球来看，最近20年，尽管采用了更有效的交通工具（公路、铁路、船舶和飞机）和各种节能减排政策，但全球交通运输业的排放水平仍继续增长。联合国政府间气候变化专门委员会（IPCC）发布的第6次评估报告显示[3]，如要将全球温升水平控制在不超过工业化前2℃以内，全球减缓气候变化和适应的行动，特别是能源系统减排刻不容缓，交通部门需采取举措深度脱碳，2050年碳排放需降至2015年的70%~80%，才能支撑实现2℃温控目标。

---

[1] 概念说明：——交通运输部门（简称交通部门）是指利用各种运输工具促使客、货实现空间位移的部门划分，通常包括道路、铁路、水路和航空，而且既包含运营交通和私家车的非运营交通。——交通运输行业是指使用运输工具将货物或者旅客送达目的地，使其空间位置得到转移的业务活动，是国民经济的重要组成，通常包括道路运输服务、铁路运输服务、水路运输服务和航空运输服务，通常仅包含运营交通，私家出行等未包含在内。——交通运输领域是涵盖交通基础设施、运载工具运用、交通运输服务经营和管理等的活动集合。

[2] International Energy Agency（IEA）. Tracking Transport 2020［R］. Paris，2020.

[3] 联合国政府间气候变化专门委员会（IPCC）. Climate Change 2022：Mitigation of Climate Change［R］. https://www.ipcc.ch/report/ar6/wg3/

近年来，交通部门已成为中国碳排放增长最快的领域之一。2019年，中国交通部门能源消费量近5亿t标准煤，约占能源消费总量的11%[1]；能源相关碳排放量超过9亿t，约占全国能源相关碳排放量的10%左右。如图7-1所示，交通部门的碳排放总量随社会经济发展而快速增长，1990年~2019年年均增速8.1%，高于全国整体碳排放量年均增速2.6个百分点[2][3]；从运输方式看，道路交通是最主要的排放来源，其碳排放在中国交通部门碳排放中占比长期保持在80%左右，而民航运输增长最快，2010年以来年均增长率接近10%，远高于其他运输方式；从燃料类别看，石油基燃料是主要来源，2019年，汽油、柴油、航空煤油消费带来的碳排放占中国交通部门总排放的95%以上，其他替代燃料占比不足5%。

图7-1 近年来中国交通部门碳排放量变化

---

[1] 王庆一. 2020能源数据［R］. 北京：绿色发展创新中心，2021.

[2] International Energy Agency（IEA）.Greenhouse Gas Emissions from Energy［R］. Paris, 2021.

[3] 国家统计局. 中国统计年鉴［M］. 北京：中国统计出版社，2021.

2. 分部门情况

中国汽车保有规模的扩大致使道路运输碳排放量保持高速增长。2009年以来，我国连续12年汽车产销规模居世界首位，目前汽车保有量已超过3亿辆，千人汽车拥有量超过200辆。汽车普及率提升拉动车用能源消费，2019年，以汽车交通为主的道路交通能源消费超过3.3亿吨标煤，绝大多数为汽油和柴油，产生的碳排放量超过7亿吨，较2005年和2010年碳排放量分别增长了1.4倍和0.6倍。汽车保有规模的增长主要受到乘用车和重型商用车驱动，从来源结构看，私人乘用车和重型货车的排放量在道路运输排放总量中的占比分别为50.1%和24.6%[1]，如图7-2所示。

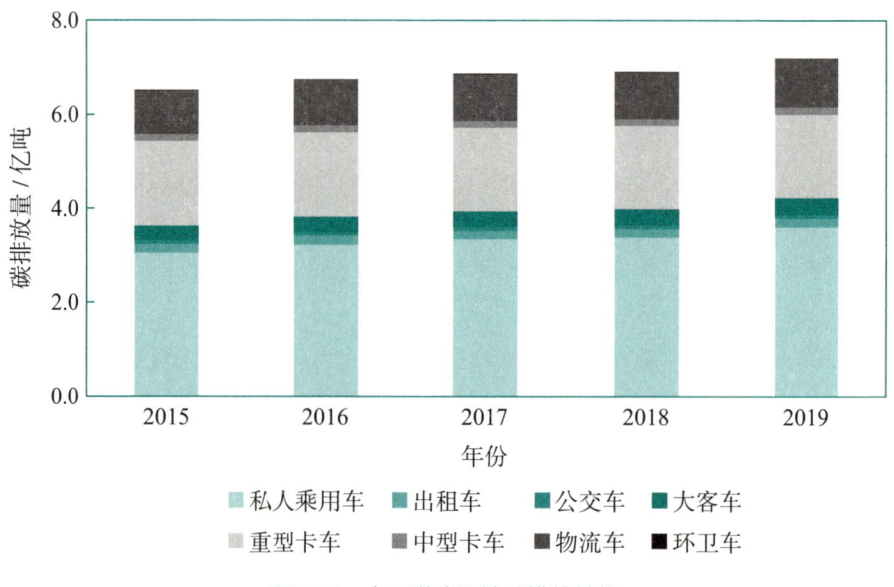

图7-2 中国道路运输碳排放结构

铁路运输碳排放量随着电气化率的提高和高铁的普及而进入平台期。随着中国铁路运输电气化进程的加快，电力机车、高速动车组得到广泛运用，铁路运输电力消费量逐年提高，从2010年的307亿kWh增长至2019

---

[1] 袁志逸.中国交通部门深度脱碳关键措施与发展路径研究[D].北京：清华大学，2021.

年的607亿kWh，年均消费增速达7.9%，远高于同期柴油消费2.3%的增速。电力对柴油消费量的替代加速了铁路运输的低碳化进程，2017年以来，铁路运输年碳排放量基本稳定在2500万吨左右。

航空运输碳排放量随着航空业迅速发展而高速增长。近年来，中国国内航空市场发展强劲，2019年民航机队规模增至2010年的3倍，带动航空煤油消费从2010年的1600万吨增至2019年的3680万吨，碳排放量从4960万t增长至1.14亿吨。从内部结构看，宽体客机、窄体客机和支线客机的占比分别为23.9%、65.5%和1.6%[1][2]。窄体客机仍是民航运输中排放量增长最快的飞机类型，宽体客机排放量在民航运输总排放量中的占比稍有提高，支线客机排放量占比基本保持不变。

水路运输碳排放量稳步增长。水路运输能源消费结构以柴油和燃料油为主，液化天然气（Liquefied Natural Gas，LNG）在内河运输中逐渐得到应用。水路运输活动保持平稳增长，2010—2019年，水路运输能源消费量从3100万吨标准煤增长至4018万吨标准煤，碳排放量从7087万吨增长至9061万吨。

3. 发展趋势

预计2021—2035年，居民私家车保有量和航空出行频率将快速增长，居民出行量年均增长将达3.2%，货运量年均增长将达2%。研究表明，如继续沿袭当前的发展趋势，交通部门的碳排放将无法于2030年前达峰，2060年碳排放量仍将有可能超过10亿吨，只有超前部署，持续强化技术和管理创新才能加速交通部门尽早走上脱碳路径上来，参见图7-3[3]。

---

[1] VariFlight. Data Analytic Platform. https://data.variflight.com/

[2] International Civil Aviation Organization（ICAO）. ICAO Aircraft Engine Emissions Databank.

[3] 清华大学气候变化研究院. 中国长期低碳发展战略与转型路径研究［M］. 北京：中国环境出版社，2020.

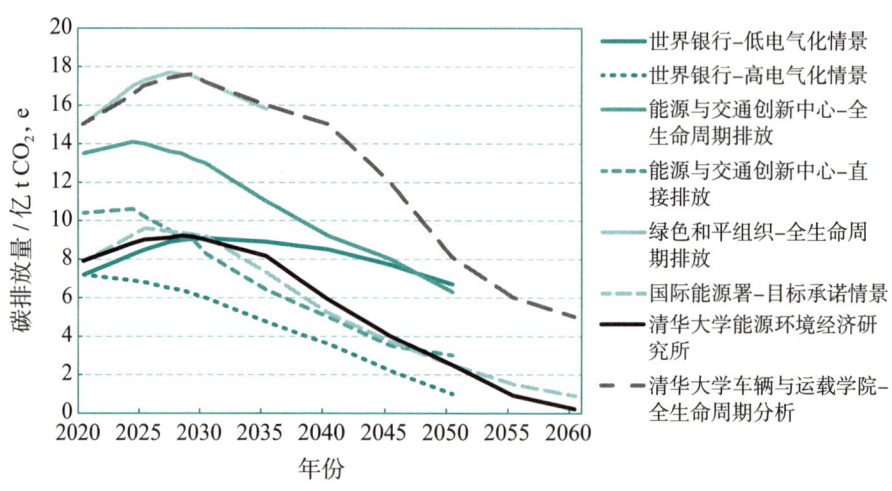

图7-3　中国道路交通碳排放预测

道路交通在交通部门中的位置决定了其碳排放路径对整体交通低碳化转型的重要性。城镇化率的提升使汽车普及率进一步提升，2030年前道路交通碳排放量将继续增长，此后随着节能技术应用和新能源汽车的大规模渗透，道路交通碳排放量快速下降，2060年接近"零排放"[1][2][3][4][5]。部分民航运输需求未来将被高速铁路分担，但碳排放量仍将快速增加。

二、交通污染物排放现状与趋势

1.交通污染物排放显著

目前，汽车和摩托车等道路交通工具主要以汽油、柴油、天然气等化

---

[1]　World Bank. The 500-Million-Vehicle Question：What Will It Take for China to Decarbonize Transport?[N]World Bank Blog，2021-06-07.

[2]　能源与交通创新中心.中国传统燃油汽车退出时间表研究[R].北京，2019.

[3]　绿色和平.转型与挑战——零排放汽车转型如何助力中国汽车领域碳达峰和碳减排[R].北京，2021.

[4]　International Energy Agency（IEA）. An Energy Sector Roadmap to Carbon Neutrality in China[R]. Paris，2021.

[5]　刘斐齐.中国车用能源需求及碳排放预测研究[D].北京：清华大学，2021.

石燃料为动力，使用过程中排放大量的污染物。2020年，全国机动车保有量达到3.72亿辆，比2019年增长6.9%。据《中国移动源环境管理年报（2021）》，2020年全国机动车氮氧化物、碳氢化合物、一氧化碳、颗粒物四项污染物排放总量为1593.0万吨。其中，汽车是污染物排放总量的主要贡献者，占比超过90%。此外，包含非道路交通的其他交通工具在内的非道路移动源排放对空气质量的影响也不容忽视，四类污染物排放超过560万吨。其中，工程机械、农业机械、船舶为三类最主要排放源，占比均在三成左右，如图7-4所示。

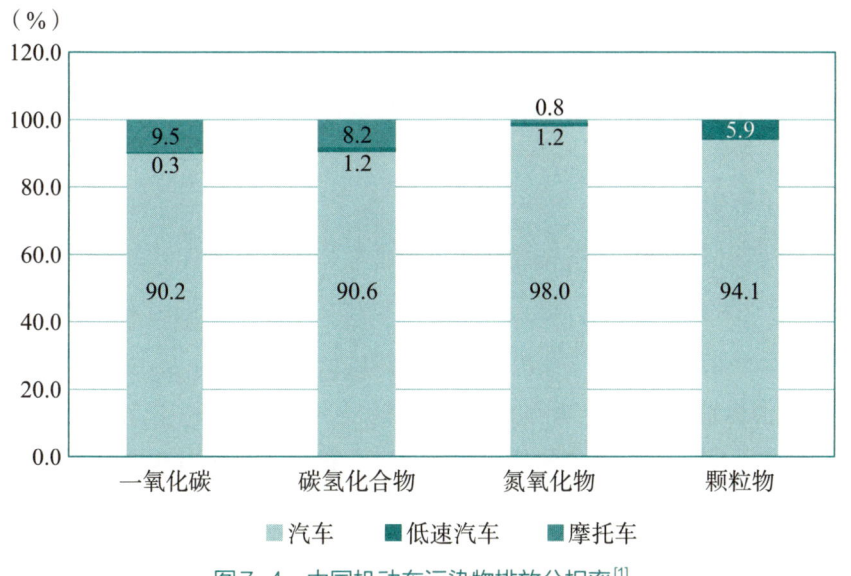

图7-4　中国机动车污染物排放分担率[1]

值得指出的是，道路货运行业"减污降碳"仍面临重重考验。《中国移动源环境管理年报（2021）》显示，2020年柴油货车的氮氧化物排放占汽车排放总量的78.5%。氮氧化物排放控制是当前柴油和天然气卡车的"减污"难点和重点，我国应及早完善相关管理政策，明确货运行业"减污降

---

[1]　生态环境部.中国移动源环境管理年报（2021）[R]北京，2019

碳"协同目标和路径，并通过加强柴油和天然气卡车氮氧化物监管、突破电动卡车使用瓶颈等措施，实现货运行业的绿色发展。

2. 交通部门对城市PM2.5的贡献大

随着城市机动车保有量的不断增长，城市交通其对环境污染的影响越来越显著，尤其是一、二线城市的移动源排放对颗粒物（PM2.5）的贡献占比越来越高。比如，北京第三轮细颗粒物来源解析显示，移动源在全年不同时段和空间范围内均是本地大气PM2.5第一大来源，占比达46%。并且，各城市针对六类污染物的监测数据中，路边站的浓度都显著超过其他站点，这也是交通运输行业实施大气污染防治的重要性所在。

三、排放主要影响因素与减排实践

1. 主要影响因素

交通部门的能耗、碳排放和污染物排放量主要受运输活动量、交通运输模式和结构、交通服务能耗强度和燃料排放系数等关键因素影响。具体来看：交通运输活动量主要由运输距离和运输量（人次、吨等）共同决定；人或货物运输由多种交通方式可以选择，可以选择一种或者多种方式组合，然而，不同运输方式的能源消耗强度、燃料类别等有所差异，因此不同运输结构会导致碳排放出现差异；交通服务能耗强度指的是某类运输方式或交通工具单位运输活动的能源消耗量，主要与交通工具自身技术水平相关，比如燃油效率更高的发动机和车辆、更先进的推进系统和设计以及利用使车辆更轻的材料均能减少使其降低；燃料碳排放系数指单位质量或者提供单位能量时所产生的碳排放量，主要由燃料含碳量高低决定，通常汽柴油等油品排放系数最高。

可以看出，未来开展低碳燃料的组合、改进型车辆和发动机技术性能、减少出行以及交通模式转变，均能有效减少交通能源、碳排放以及污染物排放。相应地，减污降碳路径与措施，作用机理将在于通过技术效率降低能源强度以提高生产和资源利用效率，提高交通结构和交通系统效率，以及减少交通能源消耗和碳排放、污染物排放的各类经济活动量等。对我们国家而言，更要通过使用更低碳强度的燃料、降低交通工具能源强度、鼓励交通模式转变到更为低碳的客运和货运系统，建设紧凑型城市形态以及减少出行等方式可有效减少客运和货运产生的直接（交通工具运行使用阶段）碳排放。

2. 中国交通减排实践

长期以来，我国深入践行绿色理念，统筹推进交通运输节能减排和环境保护工作，加快推动行业绿色低碳转型，制定实施了一系列政策举措，涉及结构调整、运输效率提升、燃油经济性改善、车辆技术升级以及新兴共享出行等方面。

（1）优化调整运输结构。推动大宗货物集疏港运输向铁路和水路转移。2020年底，全国铁路完成货运量比2017年增加7.8亿吨，沿海港口大宗货物公路运输量比2017年减少3.7亿吨，全国水路货运量比2017年增加5.7亿吨[1]。积极推进多式联运发展。会同国家发展改革委先后组织开展三批共70个多式联运示范工程建设，研究起草《多式联运示范工程管理办法（暂行）》，强化多式联运示范工程规范化、制度化管理。

（2）推进绿色工程。推进绿色公路建设，谋划绿色公路建设载体，推动实施一批典型示范工程。推动绿色航道建设，长江干线实施生态护岸、生态护滩、人工鱼巢，建成一批绿色航道工程。印发《关于加强长江干流河道疏浚砂综合利用管理工作的指导意见》，进一步规范疏浚砂综合利用管理工作。持续完善水运工程绿色标准体系，发布内河航道绿色建设、绿色维护技术指南，修订发布《绿色港口等级评价指南》《水运工程生态保护修复与景观设计指南》等标准规范。

（3）深入推进在用车辆污染治理。建立实施汽车排放检验与维护制度。

---

[1] 交通运输部. 2020年交通运输行业发展统计公报. https://www.mot.gov.cn/fenxigongbao/

联合生态环境部等部门印发《关于建立实施汽车排放检验与维护制度的通知》《汽车排放检验机构和汽车排放性能维护（维修）站数据交换规范》，依法对在用汽车排放进行定期检验、监督抽测和维护修理，促进汽车排放符合相关标准要求。会同生态环境部、财政部、商务部、公安部联合印发《关于加快推进京津冀、汾渭平原国三及以下排放标准营运柴油货车淘汰工作的通知》等文件，积极推进完成重点区域国三及以下排放标准营运柴油货车淘汰工作。

（4）深入开展船舶和港口污染整治。推进船舶污染物接收设施建设，出台《船舶与港口污染防治专项行动实施方案（2015—2020年）》《港口和船舶污染物接收、转运及处置设施建设方案编制指南》。制定实施《关于建立健全长江经济带船舶和港口污染防治长效机制的意见》，推行水上绿色综合服务区设施建设，加大对船舶违法排污行为打击力度，加强执法监管，督促船舶规范污染物储存、处理、排放和送岸接收行为。完成长江经济带船舶和港口污染突出问题整治。加强船舶污染物接收转运处置联单管理电子化。推进老旧船更新改造工作。"十二五"以来共拆解改造内河船舶4.71万艘，新建液化天然气（LNG）动力船、三峡大长宽比船等示范船411艘。加强船舶污染防控，继续推进船舶大气污染物排放控制区和全球"限硫令"政策实施。加强应急能力建设，完善损害赔偿制度。

（5）积极推进新能源清洁能源车船应用。持续推广新能源汽车应用。会同公安部、商务部印发通报，命名天津市等16个城市为"绿色货运配送示范城市"。开展水运行业应用LNG试点示范，出台《内河液化天然气加注码头设计规范（试行）》，推进LNG动力船舶发展。深入推进船舶靠港使用岸电，出台《港口和船舶岸电管理办法》，不断完善相关标准规范，制修订了码头岸电设施建设、检测、维护等标准规范，同时加强多部门协同推进力度，2021年完成5000多艘船舶的岸电受电设施改造。

（6）深入开展绿色出行行动。印发《绿色出行行动计划（2019—2022年）》《绿色出行创建行动方案》，对各地开展绿色出行创建行动作出部署安排；会同公安部、国家机关事务管理局、中华全国总工会连续多年组织开展绿色出行宣传月和公交出行宣传周活动。分三批在全国87个城市开展国家公交都市建设示范工程，全面落实城市公共交通优先发展战略，推动形成城市公共交通引领城市发展的模式，加快确立城市公共交通的主体地位。全国城市公共交通机动化出行分担率持续提升，基础设施不断完善。

（7）提升科技创新与支撑能力。加强生态环境保护领域的科技创新平台建设，依托内蒙古、陕西、西藏等省（区）科研单位、高校，建设了3个生态安全屏障区交通网设施管控及循环修复交通运输行业重点实验室。在公路交通节能环保、船舶与港口节能减排、轨道交通装备新能源及节能减排领域建设了6个交通运输行业研发中心。组织开展了交通运输重点科技清单及重大科技创新成果库入库项目。

（8）积极开展国际交流合作。举办第二届联合国全球可持续交通大会，加强绿色交通国际交流与合作，深度参与交通运输全球环境治理。参与国际海运温室气体减排工作，服务碳达峰碳中和战略实施。积极参与"国际海事组织—挪威绿色航运2050"国际合作项目，参与提升船舶能效、低碳技术研发的示范项目、举办航运减排相关的国际国内研讨会。组织中国—丹麦海事局温室气体减排工作交流会议。

（9）积极创建交通运输节能减排示范项目。创建辽宁等4个绿色交通省、北京等27个绿色交通城市，实施江苏宁宣高速等20个绿色公路和天津港等11个绿色港口区域性主题性交通运输节能减排示范项目，推广温拌沥青和沥青路面冷再生技术、车辆和船舶天然气动力技术、船舶岸电技术、机动车驾驶培训模拟装置、集装箱码头RTG"油改电"技术、港口机械节能技术、营运车辆和港口智能化系统等40多项节能减排技术在交通运输行业广泛应用，新投入营运天然气车辆超过18万辆，新能源公交车超过40万辆，新能源货车超过43万辆，电能驱动港口RTG比例由2010年的30%实现了全覆盖，累计节约超过170万吨标准煤，替代燃料量超过600万吨标准油，减少二氧化碳排放960万吨。

第二节 "双碳"目标下交通部门绿色低碳发展趋势

"双碳"目标宣布以来，我国出台了一系列指导性政策和方案，逐步构建起目标明确、分工合理、措施有力、衔接有序的政策体系，交通部门也制定出台了实施方案和支撑保障措施，加快推进低碳交通运输体系建设，让交通更加环保、出行更加低碳。

一、"双碳"目标下中国交通部门低碳发展理念和要求

1. 国家"双碳"发展指导意见的要求

党中央、国务院发布的《关于完整准确全面贯彻新发展理念做好碳达峰碳中和工作的意见》强调加快推进低碳交通运输体系建设，并提出优化交通运输结构、推广节能低碳型交通工具、积极引导低碳出行三大关键举措，从模式、技术和消费三个层面确立了交通部门低碳转型方向。

（1）优化交通运输结构。加快建设综合立体交通网，大力发展多式联运，提高铁路、水路在综合运输中的承运比重，持续降低运输能耗和二氧化碳排放强度。优化客运组织，引导客运企业规模化、集约化经营。加快发展绿色物流，整合运输资源，提高利用效率。

（2）推广节能低碳型交通工具。加快发展新能源和清洁能源车船，推广智能交通，推进铁路电气化改造，推动加氢站建设，促进船舶靠港使用岸电常态化。加快构建便利高效、适度超前的充换电网络体系。提高燃油车船能效标准，健全交通运输装备能效标识制度，加快淘汰高耗能高排放老旧车船。

（3）积极引导低碳出行。加快城市轨道交通、公交专用道、快速公交系统等大容量公共交通基础设施建设，加强自行车专用道和行人步道等城市慢行系统建设。综合运用法律、经济、技术、行政等多种手段，加大城

市交通拥堵治理力度。

2.国家碳达峰行动方案的要求

《2030年前碳达峰行动方案》聚焦碳达峰关键期，将交通绿色低碳行动列入碳达峰十大行动，面向2030年实现碳达峰构建了系统、全面、量化举措和目标，如新能源和清洁能源交通工具比例达到40%左右，运输碳强度较2020年下降9.5%，百万人口以上城市绿色出行比例超过70%、推进交通补能基础设施建设等，加快形成绿色低碳运输方式，确保交通部门"碳排放增长保持在合理区间"。

（1）推动运输工具装备低碳转型。积极扩大电力、氢能、天然气、先进生物液体燃料等新能源、清洁能源在交通运输领域应用。大力推广新能源汽车，逐步降低传统燃油汽车在新车产销和汽车保有量中的占比，推动城市公共服务车辆电动化替代，推广电力、氢燃料、液化天然气动力重型货运车辆。提升铁路系统电气化水平。加快老旧船舶更新改造，发展电动、液化天然气动力船舶，深入推进船舶靠港使用岸电，因地制宜开展沿海、内河绿色智能船舶示范应用。提升机场运行电动化智能化水平，发展新能源航空器。到2030年，当年新增新能源、清洁能源动力的交通工具比例达到40%左右，营运交通工具单位换算周转量碳排放强度比2020年下降9.5%左右，国家铁路单位换算周转量综合能耗比2020年下降10%。陆路交通运输石油消费力争2030年前达到峰值。

（2）构建绿色高效交通运输体系。发展智能交通，推动不同运输方式合理分工、有效衔接，降低空载率和不合理客货运周转量。大力发展以铁路、水路为骨干的多式联运，推进工矿企业、港口、物流园区等铁路专用线建设，加快内河高等级航道网建设，加快大宗货物和中长距离货物运输"公转铁""公转水"。加快先进适用技术应用，提升民航运行管理效率，引导航空企业加强智慧运行，实现系统化节能降碳。加快城乡物流配送体系建设，创新绿色低碳、集约高效的配送模式。打造高效衔接、快捷舒适的公共交通服务体系，积极引导公众选择绿色低碳交通方式。"十四五"

期间，集装箱铁水联运量年均增长15%以上。到2030年，城区常住人口100万以上的城市绿色出行比例不低于70%。

（3）加快绿色交通基础设施建设。将绿色低碳理念贯穿于交通基础设施规划、建设、运营和维护全过程，降低全生命周期能耗和碳排放。开展交通基础设施绿色化提升改造，统筹利用综合运输通道线位、土地、空域等资源，加大岸线、锚地等资源整合力度，提高利用效率。有序推进充电桩、配套电网、加注（气）站、加氢站等基础设施建设，提升城市公共交通基础设施水平。到2030年，民用运输机场场内车辆装备等力争全面实现电动化。

3.交通部门碳达峰行动方案的工作思路

交通运输部、国家铁路局、中国民用航空局、国家邮政局联合发布贯彻落实《中共中央　国务院关于完整准确全面贯彻新发展理念做好碳达峰碳中和工作的意见》的实施意见，提出以交通运输全面绿色低碳转型为引领，以提升交通运输装备能效利用水平为基础，以优化交通运输用能结构、提高交通运输组织效率为关键，加快形成绿色低碳交通运输方式，加快推进低碳交通运输体系建设，让交通更加环保、出行更加低碳，助力如期实现碳达峰碳中和目标，推动交通运输高质量发展。

（1）优化交通运输结构。加快建设综合立体交通网。完善铁路、公路、水运、民航、邮政快递等基础设施网络，坚持生态优先，促进资源节约集约循环利用，将绿色理念贯穿于交通运输基础设施规划、建设、运营和维护全过程，构建以铁路为主干，以公路为基础，水运、民航比较优势充分发挥的国家综合立体交通网，切实提升综合交通运输整体效率。提高铁路水路在综合运输中的承运比重。完善干线铁路集疏运体系，加快港口集疏运铁路和大型工矿企业、物流园区铁路专用线建设。加快发展以铁路、水路为骨干的多式联运，大力推进铁水联运，持续推进大宗货物和中长途货物运输"公转铁""公转水"。大力发展高铁快递。优化客货运组织。推进城乡交通运输一体化发展，构建完善、合理、便捷的城乡公共交通体系。推动城市绿色货运配送示范工程创建，鼓励共同配送、集中配送、夜间配送等运输组织模式发展。推广智能交通，推动互联网、人工智能等新兴技术与交通运输业态融合发展。

（2）推广节能低碳型交通工具。积极发展新能源和清洁能源运输工具。依托交通强国建设试点，有序开展纯电动、氢燃料电池、可再生合成燃料车辆、船舶的试点。推动新能源车辆的应用。探索甲醇、氢、氨等新型动力船舶的应用，推动液化天然气动力船舶的应用。积极推广可持续航空燃料的应用。加强交通电气化替代。推进铁路电气化改造，深入推进机场运行电动化。推进船舶靠港使用岸电，不断提高岸电使用率。推进高速公路服务区快充网络建设，鼓励开展换电模式应用。提高燃油车船能效标准。制修订适应碳达峰碳中和要求的营运车辆能耗限值准入标准，健全营运车辆能效标识，制定新造船舶能效设计指数要求并研究纳入技术法规，引导行业选择和使用高能效车船。加快老旧运输工具更新改造，提升交通运输装备能源利用水平。

（3）积极引导低碳出行。全面推进国家公交都市建设。优先发展公共交通，完善城市公共交通服务网络，指导各地加快城市轨道交通、公交专用道、快速公交系统等大容量城市公共交通系统发展，提高公共交通供给能力，鼓励运输企业积极拓展多样化公共交通服务，改善公众出行体验，大力提升公共交通服务品质。推动自行车、步行等城市慢行系统发展，加快转变城市交通发展方式，综合施策，加大城市交通拥堵治理力度。积极开展绿色出行创建行动。提升绿色出行装备水平，大力培育绿色出行文化，完善绿色出行服务体系。引导公众优先选择公共交通、步行和自行车等绿色出行方式，整体提升各城市的绿色出行水平。

二、主要低碳交通工具与燃料技术

科技创新是加快绿色低碳转型的关键，为实现近"零排放"，交通部门应在重点行业和领域加速推广低碳技术，包括替代燃料技术、节能技术

以及颠覆性技术。其中替代燃料技术主要通过发展以电力、氢能、可持续燃料等以替代传统的高碳油品燃料，节能技术主要通过提升交通工具能效及运输管理效能来减少能消费以实现减排，颠覆性技术有望通过突破性新技术、新模式和新型商业形态带动交通变革。

1. 替代燃料技术

新能源汽车被视为道路交通最重要的减碳技术路线。在当前电网结构下，考虑电力和氢能生产过程中的碳排放情形下，单位运输服务的电动汽车相比燃油汽车具有一定的减碳效果，电网电力制氢和煤制氢路线下氢燃料电池汽车碳排放强度仍高于燃油汽车，但随着电网低碳化，电动汽车和氢燃料电池汽车碳减排优势将日益凸显[1]。在技术与政策驱动下，我国新能源汽车发展实现从跟跑向并跑和领跑的转换。在关键部件领域，量产三元材料单体电池能量密度达到290Wh/kg，系统能量密度达到180Wh/kg以上，系统成本下降到0.8元/Wh左右，主流国产纯电动轿车NEDC工况续驶里程已超过400公里，技术总体处于国际领先水平。基于"科技冬奥"重点专项"氢能出行"关键技术研发和应用示范，成功研制氢燃料电池客车，可实现高强度、高寒、高海拔陡坡等特殊场景下的高效、安全运营。未来，乘用车、轻型商用车将全面电动化，电池技术尚不支持长途营运性运输，重型货车等重型商用车将是氢燃料电池汽车应用的重要领域。中国新能源汽车市场渗透率已超过10%，2025年和2035年市场渗透将分别增至15%~25%和40%~60%，氢燃料电池汽车正处于初始发展阶段，2025年保有量达到5万辆，2035年推广量将达到100万辆[2]。

民航运输可能的替代燃料技术主要分为生物质燃料、氢能和电力3类。生物质燃料是现阶段民航运输最有可能大规模应用的替代燃料选择，具有

---

[1] REN Lei, ZHOU Sheng, PENG Tianduo, et al. Greenhouse Gas Life Cycle Analysis of China's Fuel Cell Medium-and Heavy-Duty Trucks Under Segmented Usage Scenarios and Vehicle Types[J]. Energy, 2022, 249: 123628.

[2] 中国汽车工程学会. 节能与新能源汽车路线图2.0[M]. 北京：机械工业出版社出版, 2020.

即用性的特点，无须改变飞机结构和地面储运设施，但目前制备成本仍然较高，每吨制备价格在8000~20000元[1]。全电飞机面临的主要问题是电池技术的局限，为实现中短途航程飞行，电池能量密度须达到800~2000Wh/kg，目前投入商用的电池能量密度最高为300Wh/kg，仍有较大差距。在当前的电池技术水平下，全电飞机在2030年将只能应用于小型支线客机中，实现B737或A320型体量的全电飞机商运还不现实。由于全电飞机的电池技术局限导致的航程有限，氢能被视为民航低碳发展的重要替代燃料技术，氢能窄体客机和宽体客机有望在20年内进入机队[2]。

水路运输替代路线较为多元。目前，水运船舶燃料以燃料油和柴油为主，液化天然气（Liquefied Natural Gas，LNG）是目前应用最广泛的替代燃料，采用LNG作为燃料的船舶已经超过500艘，甲醇、氢能、电力、氨等受技术、成本和基础设施等制约仍处在探索或商业示范阶段[3]。LNG的可持续性仍然有争议，其相对于燃料油的减碳潜力为10%~30%[4]，主要扮演中、短期内过渡燃料的角色。氢燃料和氨燃料的主要推广障碍包括技术不成熟、燃料能量密度不足和配套设施不完善。与电动汽车和电动飞机类似，电动船舶受电池能量密度限制只能应用到小吨位和短航程中。在内河运输中进一步推广电池技术仍须取得突破。

2. 节能技术

通过加快节能技术的应用进程和提升管理效能可有效降低各类交通工具的能耗水平，从而实现降碳。道路运输中，能效提升技术对道路运输的

---

[1] SCHÄFER A, EVANS A D, REYNOLDS T G, et al. Costs of Mitigating CO_2 Emissions from Passenger Aircraft[J]. Nature Climate Change, 2016, 6（4）：412-418.

[2] Mckinsey. Hydrogen-Powered Aviation, A Fact-Based Study of Hydrogen Technology, Economics and Climate Impact by 2050[R]. Belgium：Mckinsey, 2020.

[3] 戴家权, 彭天铎, 韩冰, 等. "双碳"目标下中国交通部门低碳转型路径及对石油需求的影响研究[J]. 国际石油经济, 2021, 29（12）：1-9.

[4] 刘建国, 戢时雨, 朱跃中. 水运行业"去油化"趋势及中国低碳化路径选择[J]. 国际石油经济, 2021, 29（7）：45-51.

节能减排有极大促进作用，政府加大混合动力技术、先进内燃机技术和轻量化材料等高效汽车技术的市场补贴力度，出台多阶段燃油经济性限制标准和排放标准以促进交通运输低碳发展。在车辆方面，中国汽车工业管理部门建立并逐步实施了《乘用车燃料消耗量限值》《乘用车燃料消耗量评价方法及指标》《重型商用车燃料消耗量限值》等国家标准，规定了各类车型的燃料消耗量限值和总体节能目标。同时，我国正在研究欧美汽车温室气体排放法规（参见专栏知识窗1）情况，为相关工作提供参考。

欧美汽车温室气体排放法规

美国、欧盟等国家和地区研究制定了汽车温室气体排放标准及管理制度，对有效降低汽车温室气体排放发挥了重要作用。

美国自20世纪70年代开始就制定实施了燃料经济性标准，并于2012年开始逐步引入温室气体排放标准，美国环境保护局（EPA）负责大气污染物和温室气体排放管理，交通部高速公路安全管理局（NHTSA）主要负责燃料经济性管理。美国乘用车及轻型卡车单车型温室气体排放目标值以车型的脚印面积（Footprint）为基准，中重型车温室气体排放目标值以车型的质量和驾驶室类型等为基准。美国在大气污染物和温室气体标准法规实施中采用了基于ABT（平均、存储、交易）机制的灵活方式。企业在整体满足法规规定的"平均性要求"的前提下，可以内部进行不同类型产品的自由配置，有效促进先进技术及产品导入市场，加快推进标准实施进程，提高企业灵活应对市场的能力。

欧盟自1995年开始设定汽车温室气体减排目标，鼓励企业自愿减排；2007年开始实施CO_2强制减排法规。2019年3月，欧盟发布了最新的CO_2排放标准，要求乘用车行业新车CO_2排放平均水平2021年之前达到低于95g/km的目标，2030年较2021年降低37.5%。法规同时提出了超级积分、小规模企业减排、自由组合、环保技术、替代燃料等灵活措施。

欧美在实施机动车温室气体排放标准过程中也积累了一定经验：

一是温室气体、燃油经济性和常规污染物协同管控。以美国为例，EPA和NHTSA共同制定燃料经济性标准及温室气体标准，并就测试方法和限值、标准实施、管理制度等方面协调统一，有效避免了政策冲突。

二是建立了灵活的达标制度和激励政策。欧美在标准实施过程中采取了灵活的达标制度和激励政策，使得更严格的标准能够尽早地实施、创新技术更早地投入使用，并且企业能够更顺畅地安排新产品的研发和生产。

三是建立了完善的达标监督和处罚制度。欧美通过立法，对不达标企业实施严厉的处罚措施。EPA还将机动车温室气体纳入大气污染物达标监管体系，对温室气体不达标企业实施处罚，对存在缺陷的产品实施召回。

高铁速度大幅提升的同时能耗也会随之提高，加速运输工具的更新换代过程，加大新式车组的关键节能技术的研发工作十分关键。民航运输通过发动机更新、电动滑行系统、机舱轻量化等技术对大龄飞机进行翻新从而提升其能效水平，并通过出泊、飞行管理优化可提升机队整体运行能效。常规船舶可通过船体线型、螺旋桨等优化和加装新型水流装置以降低船舶阻力或提高螺旋桨推进效率而实现节能，船队通过优化管理从而提升整体能效。此外，高铁的普及将替代部分民航运输需求，协助民航"节能"和"脱碳"，以京沪高铁线路为例，全线每年可有效减少碳排放量超过百万吨[1]。

3. 颠覆性技术

自动驾驶技术是汽车重要的发展趋势，是支撑新一代智能交通系统的重要技术。借助自动驾驶技术和智能网联系统，促进车路协同，从而提升道路运输效率并降低道路运输碳排放。

超级高铁综合利用先进技术创造出与民航运输类似的低真空环境，减

---

[1] LIN Yatang, QIN Yu, WU Jing, et al. Impact of high-speed rail on road traffic and greenhouse gas emissions［J］. Nature Climate Change. 2021，11：952–957.

小列车高速运行时的空气阻力。超级高铁运行时速可达1000km，且在真空管道中运行安全性较高。

飞机自身结构颠覆性改变和革新性技术概念可能有助于实现民航低碳发展目标。与传统油箱、机翼的飞机布局相比，颠覆性机身构造包括翼身融合、斜拉翼式布局、盒式机翼等，革新性推进系统主要包括桨扇发动机技术。

三、"双碳"目标下中国交通低碳发展路径探索

清华大学有关研究团队[1][2][3]通过构建"中国交通能源碳排放分析模型"，立足于"双碳"目标的实现和交通部门低碳转型，在对交通低碳政策，以及结构和技术演变趋势研判的基础上，对未来交通部门低碳转型路径进行系统仿真。结果显示，在当前以油品为主的燃料结构以及以道路交通为主的运输结构下，如不实行积极的低碳转型政策和举措，中国交通部门将无法在2030年前实现碳达峰，2060年碳排放也将高于当前水平。为支撑实现我国2060年碳中和目标，中国交通部门碳排放应努力在2030年前达峰，2060年力争控制在1亿t以内，力争实现近"零排放"。清华大学该研究团队基于模拟结果，立足已有的国家政策、目标、技术进展和以往的研究，提出了中国交通部门的碳中和发展路径，具体如下：

1. 运输结构优化

城间客运方面，高铁的发展将加速对民航运输量的替代。2035年后，高速铁路完成对25%民航新增运输需求的替代。城中客运方面，共享出行和自动驾驶可能会使出行需求增多。2060年公交车和出租车保有量相比

---

[1] 彭天铎，袁志逸，任磊，等.中国碳中和目标下交通部门低碳发展路径研究[J].汽车工程学报，2022，12（4）：351-359.

[2] 欧训民，袁志逸，欧阳丹华，等.中国碳中和愿景下交通部门能源碳排放研究[M].北京：经济管理出版社，2022.

[3] 袁志逸，李振宇，康利平，等.中国交通部门低碳排放措施和路径研究综述[J].气候变化研究进展，2021.

2020年分别增长1.3倍和2.3倍。

2.道路运输发展路径

（1）加快替代燃油车。私人乘用车保有量将呈先增后降的趋势，2050年后总保有量趋于稳定。2035、2050和2060年电动汽车保有量分别达到1.5、3.4和4.0亿辆。受大宗货物需求增长放缓及"公转水"和"公转铁"的影响，重型货车保有量先升后降，预计2030年达到峰值，力争在2055—2060年燃油汽车退出销售。2060年货车保有量中燃油汽车的比例降至1%~3%，如图7-5所示。

（2）提升燃油经济性。按照政策目标以及技术进步趋势，2019—2035年乘用车油耗水平以每年下降3.0%~4.6%，2035年载货汽车油耗较2019年下降15%~20%，大型载客汽车油耗下降20%~25%。

（3）加快新技术应用。自动驾驶技术和智能网联系统是车辆技术的一项重要变革，能够充分发挥交通基础设施效能，提升交通系统运行效率和管理水平。预计至2035年，几乎全部车辆装配有不同等级的自动驾驶功能，完全自动驾驶技术将开始应用，道路通行能力能够提高50%左右。

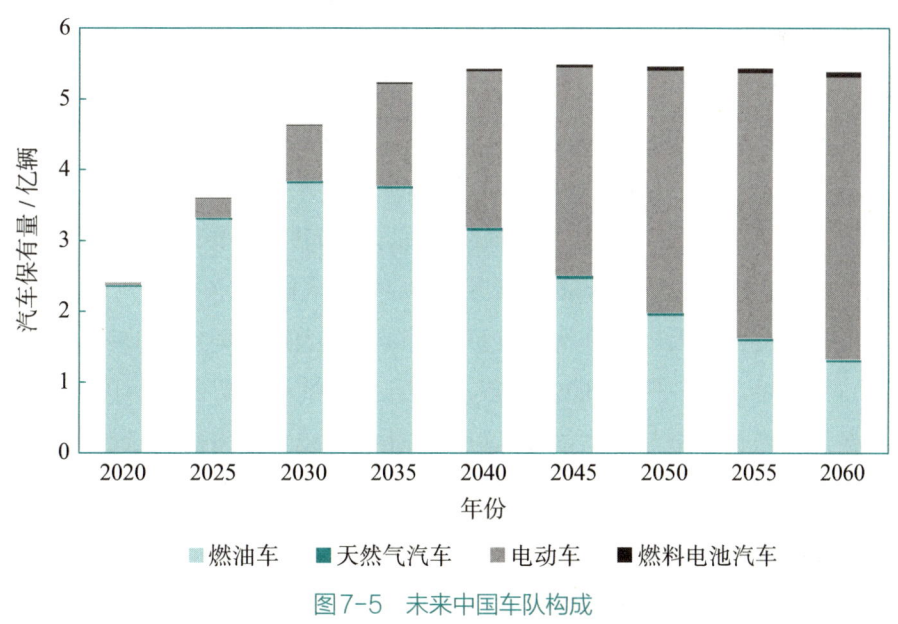

图7-5　未来中国车队构成

3.铁路运输发展路径

（1）进一步提高电气化比例。铁路客货运电气化率逐渐提高。除少数高原地区或运输难度大时采用氢能机车实现替代，电力机车在2060年占比接近100%，高铁动车组将随着高铁线路的开通而快速增加，2060年高铁动车组数量将比2020年增加1.6倍，高铁动车组保有量将达到1.5万标准列，与2020年相比年均增长率为9.7%。

（2）推广关键铁路节能技术。目前，中国高速铁路快速普及，发展迅速，但也必须看到，速度大幅提升的同时，能耗也会随之提高。因此，需要加大新式车组的关键节能技术的研发工作，攻克技术难关，减少电气化动车组的全生命周期排放。2060年电力机车和高铁动车组能效较之于2020年分别提升15.0%和9.1%。

4.民航运输发展路径

（1）采用翻新技术提升对老龄机队运行性能。翻新技术中融合式翼梢小翼、电动滑行系统和机舱轻量化技术的应用规模逐步从2030年的402架次增长到2060年的2016架次。

（2）加快应用替代燃料技术。生物质燃料是最易实现推广的替代燃料技术，2035年前应着力发展即用型生物质燃料并推广其规模化应用。2040年前后争取实现全电飞机在支线客机和中、短途航班中服役。氢能飞机不受航程限制，应力争在2040年前后实现商用，从而发挥长期氢价下降带来的减排经济优势。在碳中和发展路径下，2060年窄体客机中氢能飞机数量将达到577架，宽体客机和支线客机中应用数量相对较少。

（3）更换新代际飞机。一般新一代际客机入役时间约为15至20年。2035年前后，下一代际机型将进入服役，各类机型机队中下一代际机型将在2035年后逐渐替代当前代际机型，能效将较之于当前代际机型提高20%。2060年，机队将以氢燃料电池飞机和下一代际客机为主，上一代际机型、当前代际机型、氢能飞机和下一代际机型在机队中占比分别为0.0%、10.5%、38.5%和51.0%。

（4）推广颠覆性技术。桨扇发动机依靠对转螺旋桨产生推力，其形式介于涡桨发动机和涡扇发动机之间，可有效减少26%~30%的运行能耗。搭载桨扇发动机的颠覆性机身结构客机有望在2040年前后商用，届时应加速飞机替代，推广应用高能效的颠覆性技术客机。

5.水路运输发展路径

（1）多元化应用替代燃料技术。在碳中和发展路径下，水路运输将大规模推广氢能船舶和电动船舶。内河货运将以LNG船舶为过渡，逐步转变为电动船舶为主，沿海货运将以LNG船舶为过渡逐步转变为以氢能船舶为主。LNG船舶2035年达到3.2万艘。2030年后，氢能船舶和电动船舶保有量逐渐增加，在2046年后快速增加，电动船舶保有量从2030年的0.3万艘增加至2060年的7.6万艘。氢能船舶自2035年前后入役，从2035年的0.03万艘增长至2060年的0.74万艘。

（2）持续船舶能效提升。船队能效提升主要分为现役船队运行能效提高和新售船舶能效提升两方面。从现有船舶技术来看，船体结构改造、动力和推进系统升级等的节能减排技术型转型措施可以带来5%~15%的减排潜力，主要船型的新造船舶的节能潜力可以达到10%~25%，船舶能效提升可能在2060年使排放减少约8%。

四、从全生命周期视角看待交通低碳发展

交通低碳发展涉及电动汽车、氢燃料电池汽车、高铁等技术的发展，这些交通工具的使用阶段具有低碳乃至零碳的表现，但考虑到使用的电力、氢能的制储运过程，需要进行全生命周期分析（Life Cycle Analysis，LCA）（参见知识窗2）。

从全生命周期角度看，电力系统的低碳程度直接决定了电气化交通的碳排放水平，以电力为代表的替代能源并不一定能够完全实现交通零排放。以车体尺寸与传统燃油车相当的纯电动汽车为例，在现有电网供电情

况下，如果只考虑车辆运行阶段，纯电动汽车基本是零碳排放；考虑整个燃料周期，纯电动汽车比传统内燃机汽车可降低碳排放约30%；如果仅考虑车辆周期，纯电动汽车碳排放将比传统内燃机汽车高出50%左右，其中动力电池的加装是导致电动车车辆周期碳排放较高的关键，贡献了整个车辆周期碳排放的40%左右；综合考虑燃料周期和车辆周期，纯电动车相比传统燃油车的碳减排优势不足20%[1]。但需要看到的是，随着以非化石能源为主体的新型能源系统逐步建立，未来电力系统将逐步以可再生能源为主，电力生产过程实现近零排放，届时交通电气化仍然是碳中和的重要途径。因此，在推动交通电气化的同时，应协同推进区域能源结构绿色转型，降低交通全生命周期的碳排放。

氢能是在交通领域仅次于直接电动化的减排技术选择，在中重型货车、飞机、船舶等使用场景中具有明显的技术优势。基于不同氢源的氢燃料电池汽车排放变现有所差异，按照氢气的来源，世界能源理事会将氢能分为灰氢、蓝氢和绿氢。其中，灰氢指的是通过蒸汽甲烷重整（SMR）或煤气化技术制取氢气，蓝氢指的是蒸汽甲烷重整技术或煤气化加上碳捕捉和储存（CCS）制氢，绿氢指的是使用可再生能源进行电解，二氧化碳零排放，成本昂贵，社会接受度最高。清华大学[2]研究表明，中国重型柴油卡车的碳排放为928g $CO_{2,eq}$/km，与之相比，绿氢路线有望实现全生命周期碳减排38.5%~62.9%，蓝氢路线能实现减排18.8%~61.2%，在中国副产氢、可再生资源丰富的地区，如山东部分区域、张家口等进行试点可以实现一定的GHG减排。目前化石燃料制氢技术路线无法实现减排，天然气制氢路线较柴油卡车碳排放高8.9%~54.1%，各种煤制气路线增幅55.2%~123.5%。

---

[1] 彭天铎.中国电动汽车能耗、GHG排放和关键金属资源需求分析［D］.北京：清华大学，2019.

[2] Ren，L.，et al.，Greenhouse gas life cycle analysis of China's fuel cell medium-and heavy-duty trucks under segmented usage scenarios and vehicle types. Energy，2022. 249：p. 123628.

全生命周期分析（LCA）

LCA是评价一种产品或一类设施从"摇篮到坟墓"全过程总体环境影响的手段。交通领域将LCA作为对交通工具和燃料在其整个生命周期阶段中能源资源消耗进行分析并对可能产生的潜在环境影响进行汇总评价的重要工具。以道路交通为例，汽车的全生命周期分析通常包括两个互为关联的子周期，如图7-6所示。

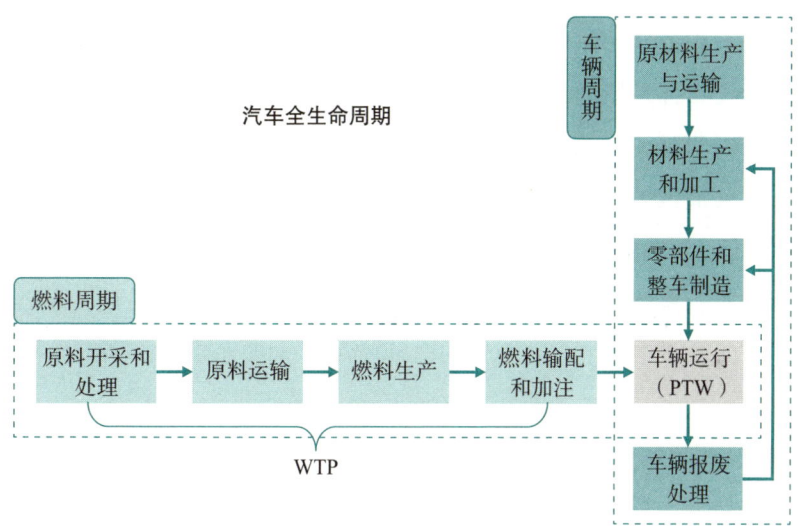

图7-6　车用燃料/车辆制造全生命周期阶段划分

前一部分是燃料周期，又称为WTW（Well-to-Wheels，从矿井到车轮），主要包括两个主要阶段：WTP（Well-to-Pump，从矿井到加油机）和PTW（Pump-to-Wheels，从加油机到车轮）。WTP研究对象是车用燃料的上游生产阶段，包括资源开采、资源运输、燃料生产、燃料运输、分配和储存，以及燃料加注过程，PTW的研究对象是车用燃料的下游使用阶段，也就是行驶过程中的燃料燃烧和排放。后一部分是车辆周期，主要包括制造材料的上游生产阶段、车辆零部件制造组装阶段和车辆报废处理阶段。

第三节　交通与其他部门协同发展

交通运输部门的低碳发展与能源和电力部门、城市规划部门、环境保护领域乃至宏观经济领域会产生协同效用，需要统筹考虑。

一、与能源和电力部门协同

1.交通电动化将对电力系统产生重要影响

上一节中提到，如果不采取有力转型举措，交通运输能源直到2050年极有可能一直都是柴油和汽油为主的成品油。如果进一步采用更为积极的电动汽车、氢能汽车及新能源飞机、船舶等渗透率、铁路电气化等措施，可以扩大交通电力和氢能消费规模，替代成品油消费。研究表明，在实现《巴黎协定》2.0℃温控目标和我国的"双碳"目标情景下，中国未来交通用电需求将持续增长，从当前的2200亿千瓦时增至2050年的0.8万亿~1.6万亿千瓦时，占中国电力总需求的6%~11%[1]，对整个电力平衡产生将产生深远影响。

电动汽车有序充电十分必要，如图7-7所示。世界资源研究所联合国家发改委能源研究所、中国电动汽车百人会等机构联合开展的"中国电动汽车与电网协同的路线图与政策建议"研究[2]显示，电动汽车目前无序的充电的方式——随时、随地与随机的充电，容易导致大量电动汽车在电网负荷高峰时段集中充电，进而增加电网负荷峰值，在汽车高比例电动化和快充普及的情境下，电动汽车无序充电将导致2030年和2035年电网峰值负荷可能增加12%~13.1%。电动汽车充电不仅会增加电网负荷，也会影响

---

[1] 清华大学气候变化与可持续发展研究院.中国长期低碳发展战略与转型路径研究［M］.北京：中国环境出版集团，2020.

[2] 世界资源研究所.中国电动汽车与电网协同的路线图与政策建议［R］.北京：2020.

本地配电网的安全运行。随着新能源汽车的推广，居住区、直流快充的商业楼宇的配电变压器（以下简称"配变"）将存在迫切的扩容需求，如不提前规划，未来大规模电动汽车的充电负荷不仅将导致本地配变超载，甚至也将对主干网产生压力。此外，城市电网的增容既面临投资成本高的问题，进而可能影响全社会电价，也受制于城市用地空间的约束，如何能既合理满足新能源汽车推广带来的电网改造投资需求，又控制这些投资对电价、电网企业的影响，成为亟待解决的问题。

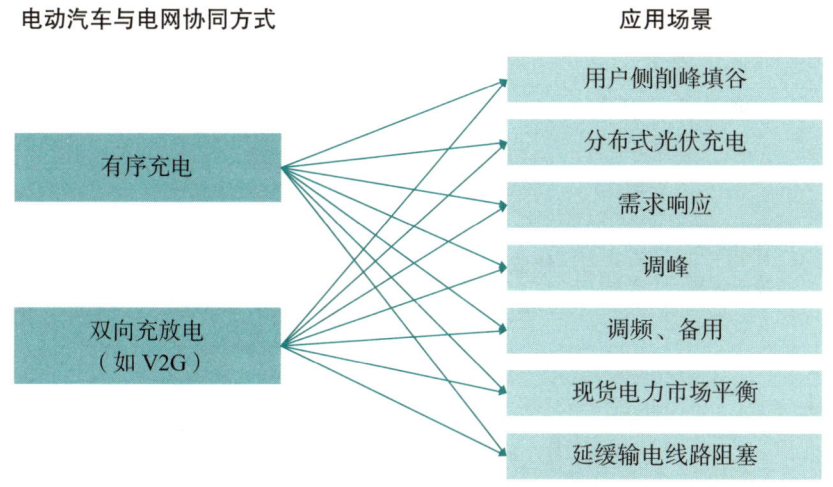

图7-7　EV与电网协同方式及场景图

说明： 虽然两种车网协同方式能够参与各种应用场景，但其必要性存在差异。蓝色实线为较为有意义的应用（如有序充电参与用户侧削峰填谷），浅灰色线条为缺乏实际推广意义的应用（如有序充电延缓输电线路阻塞）。

值得注意的是，与常规负荷不同，电动汽车既可作为灵活电源，也可作为储能系统可调节负荷，不仅可以降低其充电对电网的负面影响，还可以在可再生能源高比例渗透下为电力平衡发挥积极作用（见知识窗3）。一方面，电动汽车的充电负荷具有高度灵活性，可以与供热电锅炉、建筑空调一样参与电力需求响应，扩大全社会可调节负荷的规模，增加负荷侧的灵活性。另一方面，电动汽车可借助其放电功能，作为储能设施或虚拟电厂，提供调峰、调频等辅助服务，缓解光伏和风电发电的波动性因此，需要采取有序充电和车电互联，实现电动汽车和电网的互动。

电动汽车与常规储能系统的比较

与电动汽车类似，常规储能系统（包括抽水蓄能、储热系统以及固定电化学储能设施）也能提供调频调峰辅助服务，只是不同储能方式在适用范围上有所差异，见表7-1。

表7-1 常规储能系统与电动汽车对比[1]

	2018年装机规模（GW）	类别	储能周期	转换效率	使用年限	综合成本（元/kWh）	成熟度	适用场景
抽水蓄能	29.99	抽水蓄能系统	数小时至数月	75%~80%	40~60年	40~800	成熟	调峰
储热技术	0.21	熔盐储能系统	数小时至数月	90%以上	<20年	240~800	示范与应用	
电化学储能	1.07	退役电池	<4小时	90%以上	<5年	300~800	示范与应用	调频、爬坡、需求响应
		固定式储能电池	4小时	90%以上	<15年	1200~2000	示范与应用	
		电动汽车	视出行需求	90%以上	6~9年	购置成本可不计，运维成本待估	示范	

---

[1] 刘坚. 电动汽车储能应用潜力及功能定位研究[J]. 全球能源互联网，2020，3（1）：44-50.

抽水蓄能、储热系统：参与调频的响应速度有限，但可发挥集中储能电能量大的特点，在跨区域电网中发挥调峰作用。

电化学储能设施：固定储能电池作为典型的电化学储能设施，具有快速功率输出和精准跟踪的能力。对比传统火电机组和抽水蓄能系统，更适于电力调频或可再生能源爬坡、平滑波动的场景。运行中需要考虑电池系统可靠性、使用成本、使用寿命和防火等问题。

电动汽车：一方面电动汽车继承了电化学储能的特性，因而应用场景与其高度重合，但由于电动汽车节省了采购成本，即便考虑充电桩等设备投入，其全生命周期成本仍比固定储能低。另一方面，电动汽车较之固定储能，也存在数量多、分散、控制不易、容量难以预测的问题，参与精度较高的应用场景（如调频、爬坡等辅助服务）的精确性有待验证。

退役电池：与常规储能系统相比，目前退役后梯次利用的动力电池做集中式储能仍存在一些问题，包括能量不足、性能不稳定等。

中国目前储能装机容量有限，储能设施以抽水蓄能系统为主。截至2018年，已建成的储能装机容量仅占全国发电装机总量的约1.5%，其中抽水蓄能系统的装机规模占比储能总装机规模的96%，电化学储能装机规模仅占3%（中国电力企业联合会2019）。未来随着可再生能源的大量接入，对储能等灵活资源的需求将不断扩大，而电动汽车作为低成本的储能设施，能够在特定领域如调频、可再生能源爬坡和平滑波动发挥积极作用。

（1）电动汽车以有序充电方式参与局部削峰填谷，利用峰谷电价差"套利"，具有更可观的经济性；未来电动汽车参与调频辅助服务将具有更高的市场价值。因而，2025年之前，电动汽车可充分发挥其灵活负荷的优势，以有序充电方式参与用户侧的削峰填谷、分布式光伏充电、需求响应、调峰辅助服务、现货市场平衡等应用。随着电力市场改革释放更多红利以及动力电池成本下降、寿命提升，电动汽车可进而发挥分布式电源的作用，结合微电网、虚拟电厂等试点平台，以双向充放电方式提供调频、现货电力平衡等服务，争取在2030年以前形成具有示范意义的模式。

（2）车电互联能释放电动汽车的储能潜力。V2G（Vehicle-to-Grid）是指将电动汽车作为分布式储能单元，通过与电网的双向互动实现储能的作用，即电动汽车以充放电的形式参与电力系统调节。目前关于V2G的研究主要集中在电动汽车与电网互动方式、控制策略、成本效益分析及硬件研发等方面。V2G车辆车载电池平均每天完成一次深度充放电，则其储能潜力同时取决于车辆充放电灵活度和可用电池容量，其中车辆充放电灵活度即电动汽车额定充放电功率与可用停车时间之积；可用电池容量即该车型车载电池额定容量与日均车用充电量之差；两者较小值即为该类车型车网互动潜力。

（3）电动汽车大规模发展提供给可再生能源推广的重大机遇。随着可再生能源在发电结构中的比重大幅提升，在发电侧对大量灵活电源以及在需求侧对可调节负荷资源的需求，都将不断增加。研究表明，2025年和2030年，全社会的电动汽车在理想情况下能够提供储能容量将相当于2018年中国储能装机总规模的8倍和23倍，具备作为可调节负荷以及灵活电源的潜力。

2.交通用氢的低碳效果取决于氢能来源

交通用氢的低碳效果分析中，氢能的清洁来源很重要。中国产品全生命周期温室气体排放系数库数据[1]显示，煤制氢平均碳排放为24 kg $CO_{2\text{-eq}}$/ kg H_2，天然气制氢平均碳排放为8.36kg $CO_{2\text{-eq}}$/kg H_2，采用CCS技术后，煤制氢和天然气制氢的平均碳排放分别降至20.28kg $CO_{2\text{-eq}}$/kg H_2和0.41kg $CO_{2\text{-eq}}$/kg H_2。采用当前电网电解水制氢，排放系数与煤制氢接近，因此，氢能的减碳潜力需要通过利用绿氢或者绿电制氢来实现。

因此，网电过高的GHG排放不仅使网电制氢无法实现减排，也极大地影响了其他制氢技术路线的减排潜力。随着未来网电碳排放降低，低碳制氢技术能进一步减排。而对于目前没有减排优势的氢气技术途径，如天

---

[1] China Products Carbon Footprint Factors Database. http://lca.cityghg.com/pages/topic/4

然气制氢、煤制氢和网电制氢等技术，在其生命周期的每个阶段都具有技术进步的潜力，有可能随着技术进步取得减排优势。

二、与城市规划部门协同

1.合理的城市规划有利于低碳绿色交通发展

创造更方便、更舒适、更安全、更宜居、更美好的城市环境，就是人类不断探索和追求的目标。近年来，我国的经济社会发展速度越来越快，环境污染、能源短缺以及交通堵塞等情况也逐渐严重，绿色低碳交通规划理念应运而生。在城市规划和建设过程中，促进职住均衡，使市民就近上班、就近上学、就近购物、就近活动，就会大大缩短城市居民的出行距离、减少居民出行总量，有利于节能减排，降低市民交通出行的成本。巴黎、阿姆斯特丹、慕尼黑等城市在这方面提供了很有价值的实践探索和宝贵经验。这些城市居民出行方式分担中步行和自行车的比例较高，通勤时间较短，而东京及东京都市圈在土地混合开发利用方面严重失衡，通勤距离大、出行时间长，尽管有强大的轨道交通系统支撑，但市民每天付出的交通时间长、出行代价大[1]。

2.绿色低碳交通发展将促进城市规划发展

城市交通作为城市建设的重要组成部分，对城市土地使用和空间发展形态具有很强的影响和引导作用，二者之间存在着极强的互动反馈关系。在城市建设发展过程中，根据城市的自然地理条件、人口规模、产业类型和布局、交通需求特性等，科学、合理地规划城市交通网络架构和空间布局，有利于从总体上支撑和引导城市的空间发展形态。例如，哥本哈根手指形的城市结构源于最初规划的五条由城市中心向郊外放射形的轨道线

---

[1] 未来低碳城市的绿色交通系统前瞻. 人民论坛. 2015-09. http://www.rmlt.com.cn/2015/0923/403366.shtml

路。低碳绿色交通发展将以绿色规划为引领，实现综合交通一体化规划，将形成节约、集约利用资源的模式，将推进交通与土地利用的一体化规划建设，促进职住均衡，提高土地利用效率和出行便捷程度。同时，将推动交通为导向（TOD）模式，引领城市布局集约化发展，实现交通与土地的深度融合，减少无效出行量，大幅度缩短交通出行距离，优化出行空间布局，如城市群、都市圈。城市实施将以公共交通为导向的空间发展战略，以大运量轨道交通满足通道交通需求，引导城市（都市圈）沿大容量公共交通走廊紧凑、有序发展。

三、与环境保护领域产生协同效应

减污与降碳是同根同源、方向一致的。交通运输是大气污染物的主要排放来源之一，长期以来交通运输领域生态文明建设的主要任务是节能减排，比较注重减少污染物排放。随着碳达峰碳中和目标的提出，降低二氧化碳排放也成为交通运输绿色发展的主要目标。对于新能源交通工具，比如电动汽车，由于没有发动机、排气管和废气，在城市运行时基本上属于零污染，对环境保护和空气的洁净十分有益。能源与交通创新中心研究认为，现阶段电动汽车可大幅减少VOCs（挥发性有机物）排放，与"国五"排放标准相比，可减少氮氧化物排放约10%~30%。燃料限值标准、碳排放标识能够有效促进传统交通工具提升能效、减少碳排放，油耗的减少自然会减少污染物排放。另一方面，国家正大力提升燃油质量标准，促进燃油品质改善，降低污染物排放，倒逼电动车发展，比如，为降低货运污染物排放，深圳、北京、成都等城市采取了包括开放路权等措施在内的政策组合拳，促使当地电动卡车得到有效推广。

生态环境部等7部门2022年6月联合印发《减污降碳协同增效实施方案》，对推动减污降碳协同增效作出系统部署。其中，强调推动交通领域减污降碳协同增效，包括：加快推进"公转铁""公转水"，提高铁路、水运在综合运输中的承运比例。发展城市绿色配送体系，加强城市慢行交通系统建设。加快新能源车发展，逐步推动公共领域用车电动化，有序推动老旧车辆替换为新能源车辆和非道路移动机械使用新能源清洁能源动力，探索开展中重型电动、燃料电池货车示范应用和商业化运营。到2030年，大气污染防治重点区域新能源汽车新车销售量达到汽车新车销售量的50%左右。加快淘汰老旧船舶，推动新能源、清洁能源动力船舶应用，加快港口供电设施建设，推动船舶靠港使用岸电。

四、宏观经济领域其他影响

1. 智能网联共享交通的经济影响

智能交通是在交通领域中充分运用物联网、云计算、人工智能、自动控制、移动互联网等新一代电子信息技术的服务系统。这不仅是低碳社会带来的外部要求，更是交通产业不断融合的内部需求。汽车的电动化和智能化、道路的网联化和出行的共享化，能够协同交通低碳发展，融合电子信息、装备制造、交通运输、数字服务等多个产业领域，带来新的就业机会和经济增长点。数据显示，2020年中国智能交通市场规模已达3547亿元，预计2025年将达到6948亿元，年均增速高达14.39%[1]。更为重要的是，在智能交通之后，还将不断展开的是智慧城市图景，作为未来智慧城市最为重要的组成部分，智能交通不仅仅是"自动驾驶+智能网联"，还将是"聪明的车+智慧的路"，为交通升级、城市发展和能源转型提供有力支撑，为国民经济增长提供全新动能。

2. 低碳交通的"绿色溢价"问题

为了促进企业等经济主体节能减排，许多国家建立了碳交易、碳税等制度，将碳排放的外部社会成本转移到个体成本之中，然而，这种成本转

---

[1] 经济参考报. 2021-12-10. http://auto.china.com.cn/roll/20211210/715249.shtml。

移需要建立在对碳价格或者减排收益清晰的度量上。比尔·盖茨提出的"绿色溢价"新型理念备受关注[1]。"绿色溢价"即采用清洁低碳的技术替代污染高碳的技术提供产品或者服务带来的额外成本。"绿色溢价"理念侧重不同经济活动的成本比较,当其为负值时,则意味着化石能源成本高于清洁能源成本,经济主体更愿意采用清洁能源从而减少碳排放。使用电力、氢气和先进生物燃料等"零碳"替代燃料替代车用汽油、车用柴油、船用燃料油和航空煤油都会产生"绿色溢价"。因此,在交通等主要产生碳排放的领域,应着力降低新技术的绿色溢价并缩短新技术的应用推广周期,早日实现技术迭代。

3. 其他深层次影响的问题

稳定的关键矿物供应链对低碳交通技术发展具有重要作用。与化石燃料利用技术相比,低碳技术通常需要更多的关键矿物。根据IEA的数据,一辆电动汽车(EV)所需的关键矿物质量是一辆内燃机汽车(ICE)的6倍,制取氢气的电解槽和燃料电池则需要镍和铂族金属[2]。因此,关键矿物供应充足与否和市场价格是否稳定直接影响清洁能源技术的进一步大规模应用,包括交通电气化进程。此外,关键矿物的加工和精炼过程可能对环境带来危害,需严格的法规和监督,以确保社会可接受性,并降低供应方面的不确定性。

中国石油国家高端智库研究中心研究成果[3]显示,以新能源汽车为代表的清洁能源技术产业链和供应链面临复杂的供应中断、贸易限制、价格波动或其他事态发展带来的风险,除稀土外,中国镍、钴、铜等矿物储量并不丰富。目前,中国电动汽车大规模发展所需的电池材料镍、钴对外依

---

[1] 比尔·盖茨.气候经济与人类未来[M].北京:中信出版社,2021.

[2] International Energy Agency. The Role of Critical Minerals in Clean Energy Transitions [R]. 2021

[3] 余国,姜学峰,戴家权,王利宁,彭天铎."双碳"目标下中国能源发展与能源安全若干问题思考.国际石油经济,2021.29(11):第1-8页.

存度分别超过80%和90%。预计2040年中国电动汽车保有量将达2亿辆，届时动力电池产业镍和钴累计需求量将分别超过370万吨和39万吨，分别是目前可采储量的1.2倍和4.8倍。中国关键矿产资源储量相对匮乏，但加工规模巨大，铜、镍和钴金属加工量分别占全球的40%、35%、65%。在原材料高度依赖国际市场的情况下，国际原材料价格的大幅波动会对产业链和供应链造成严重冲击，例如，2021年初至年中铜和钴分别涨价64%和36%以上。

思考题

1. 影响交通部门碳排放量的主要因素包括几个方面？
2. 交通部门实现低碳发展的主要技术和措施有哪些？
3. 交通部门的低碳发展会产生哪些重要的协同效应？

第八讲 "双碳"目标与生态环境保护协同推进

李丽平

当前我国生态文明建设同时面临实现生态环境根本好转和碳达峰碳中和两大战略任务,碳达峰碳中和目标与生态环境保护必须协同推进。"十四五"时期,我国进入以降碳为重点战略方向、推动减污降碳协同增效、促进经济社会发展全面绿色转型、实现生态环境质量改善由量变到质变的关键时期。要把降碳摆在更加突出、优先的位置,实现减污降碳协同增效被作为促进经济社会发展全面绿色转型的总抓手,更加注重综合治理、系统治理、源头治理,对碳达峰碳中和目标与生态环境保护一体谋划、一体部署、一体推进、一体考核。协同推进碳达峰碳中和目标与生态环境保护,应该深刻理解其意义、内涵,充分了解统筹碳达峰碳中和目标与生态环境保护的政策和成效以及未来需要贯彻落实的重要举措和保障措施。

第一节 "双碳"目标与生态环境保护的协同性

协同推进碳达峰碳中和目标与生态环境保护具有重要意义,是我国可持续发展的内在要求。2020年12月中央经济工作会议提出"要继续打好污染防治攻坚战，实现减污降碳协同效应"，《中华人民共和国国民经济和社会发展第十四个五年规划和2035年远景目标纲要》提出"协同推进减污降碳"，2021年3月15日中央财经委第九次会议强调"要实施重点行业领域减污降碳行动"，2021年4月30日习近平总书记在主持中共中央政治局第二十九次集体学习时要求推动"减污降碳协同增效"，2022年1月24日习近平总书记在主持中共中央第三十六次集体学习时强调"要把'双碳'工作纳入生态文明建设整体布局和经济社会发展全局，坚持降碳、减污、扩绿、增长协同推进"。为此，必须深入理解协同推进碳达峰碳中和目标与生态环境保护的深刻内涵和工作要求。

一、"双碳"目标与生态环境保护协同的内涵

协同推进碳达峰碳中和目标与生态环境保护是我国新发展阶段经济社会发展全面绿色转型的必然选择。与发达国家基本解决了国内环境污染问题后再转入强化碳排放控制两个发展阶段不同，当前我国生态文明建设同时面临实现生态环境根本好转和碳达峰碳中和两大战略任务。一方面，当前我国发展不平衡、不充分问题依然突出，生态文明建设仍处于压力叠加、负重前行的关键期，保护与发展，长期矛盾和短期问题交织，生态环境保护形势依然严峻，结构性、根源性、趋势性压力总体上尚未根本缓解；另一方面，近年来，地球环境正面临气候变化威胁，任何国家都无法置身事外，作为负责任大国，中国2020年提出"二氧化碳排放力争于2030年前达到峰值，努力争取2060年前实现碳中和"的承诺。这就决定了在这个阶段，中国既要减污，实现环境质量根本改善，又要降碳，为实现碳达峰碳中和打好坚实基础，二者缺一不可。

同根同源同过程的性质使得协同推进碳达峰碳中和目标与生态环境保护具有可行性。协同推进碳达峰碳中和目标与生态环境保护是指在控制温

室气体排放的过程中减少其他局域污染物排放（如SO_2，NO_X，CO，VOC及PM等），或者在控制局域的污染物排放及生态建设过程中同时减少或者吸收CO_2及其他温室气体排放[1]，且能够产生社会效益和经济效益等多重效益。

国际与协同推进碳达峰碳中和目标与生态环境保护类似的词为"协同效应"。联合国政府间气候变化专门委员会（IPCC）第二次评估报告使用了次生效益、伴生效益等概念，描述了在控制温室气体的同时所产生的局地大气污染物的减排效益。IPCC第三次评估报告首次明确提出了协同效益/协同效应的概念，即温室气体减排政策的非气候效益。IPCC第四次评估报告指出，"综合减少大气污染与减缓气候变化的政策与单独的那些政策相比，可以提供大幅度削减成本的潜力"。不同国家和国际组织对减污降碳协同增效有不同的理解，但总体来看，主要包括以下两个方面：第一种是碳减排与环境保护协同治理可实现减污和降碳的协同。社会经济发展过程中，温室气体与大气污染物排放同根同源，且相互作用。例如，日本环境省认为，环境污染控制领域的协同效应可使发展中国家在进步的同时减少温室气体的排放。第二种是碳减排与环境保护协同治理可实现多重效益包括环境效益、社会效益和经济效益。从宏观角度看，碳减排与环境保护协同治理将不再局限于大气环境要素以及与之最紧密关联的能源系统，而将其扩展至包括生态修复、水环境、固废处理、生物多样性在内的整个生态环境系统，乃至土地利用与国土利用规划，以及对整个国民经济体系规模、结构、质量的调整。例如，美国环保局认为，"协同效应"是指通过一项或一套措施所产生的两个或者更多效益，包括环境效益、健康及经济效益等[2]。

---

[1] 胡涛　田春秀　李丽平，协同效应对中国气候变化的政策影响，《环境保护》，2004（09），P57。

[2] 中日污染减排与协同效应研究示范项目联合研究组　著，《污染减排的协同效应评价及政策》，中国环境出版集团，2022。

"双碳"目标与生态环境保护之间也存在不协同现象[1]，或者说是负协同效应。一方面，人为气溶胶部分抵消了二氧化碳等温室气体造成的全球温室效应。人为气溶胶是由$PM_{2.5}$、PM_{10}等粒径不一的颗粒物和SO_2、NOx、O_3等各类有害气体组成的混合体。另一方面，气候变化会影响各类大气污染物的排放与在大气中的二次反应环境，从而影响二次污染物的生成，也会干扰温度、湿度、降雨等气象因素，进而影响大气污染物的环境容量。例如，O_3浓度升高与温度的强烈相关性是污染地区普遍存在的观测特征，这类大气污染对全球变暖存在着巨大的潜在敏感性。已有研究表明我国中东部地区秋冬季节雾霾的频发与东亚冬季风的年代际变化以及大气湿度的变化有着密切的关系。黑炭等短寿命大气污染物被认为是能够协同减少污染物和温室气体的重要物质。美国斯克里普斯海洋研究所等机构研究人员在《自然·气候变化》月刊上发表论文说，如果从现在起就削减上述4种"短寿命气候污染物"的排放，到2050年能将全球温度升高水平降低一半，而到本世纪末，将能使海平面的升高水平减少22%至42%[2]。

二、统筹加强应对气候变化与生态环境保护工作的目标

协同推进碳达峰碳中和目标实现与生态环境保护，首先要明确目标。2021年1月，生态环境部发布的《关于统筹和加强应对气候变化与生态环境保护相关工作的指导意见》提出，"'十四五'期间，应对气候变化与生态环境保护相关工作统筹融合的格局总体形成，协同优化高效的工作体系基本建立，在统一政策规划标准制定、统一监测评估、统一监督执法、统一督察问责等方面取得关键进展，气候治理能力明显提升。到2030年前，应对气候变化与生态环境保护相关工作整体合力充分发挥，生态环境治理

---

[1] 田春秀　於俊杰　胡涛，环境保护与低碳发展协同政策初探，《环境与可持续发展》，2012，37（01），P22.

[2] 科技日报，2013年4月16日。

体系和治理能力稳步提升，为实现二氧化碳排放达峰目标与碳中和愿景提供支撑，助力美丽中国建设"。2022年6月，生态环境部、国家发展和改革委员会、工业和信息化部、住房和城乡建设部、交通运输部、农业农村部、国家能源局等七部门发布的《减污降碳协同增效实施方案》提出了减污降碳协同增效的目标。推动减污降碳协同增效2025年的主要目标为，减污降碳协同推进的工作格局基本形成；重点区域、重点领域结构优化调整和绿色低碳发展取得明显成效；形成一批可复制、可推广的典型经验；减污降碳协同度有效提升。到2030年，减污降碳协同能力显著提升，助力实现碳达峰目标；大气污染防治重点区域碳达峰与空气质量改善协同推进取得显著成效；水、土壤、固体废物等污染防治领域协同治理水平显著提高。可以看出，两个文件都提出了相关目标，后者进一步强化和具体化了协同推进碳达峰碳中和目标与生态环境保护的目标。

协同推进碳达峰碳中和目标与生态环境保护2025年和2030年目标将为中长期目标实现奠定坚实基础，即将实现减污降碳协同增效作为促进经济社会发展全面绿色转型的总抓手，通过科学把握污染防治和气候治理的整体性，以结构调整、布局优化为关键，以优化治理路径为重点，以政策协同、机制创新为手段，完善法规标准，强化科技支撑，全面提高环境治理综合效能，实现环境效益、气候效益、经济效益多赢，并最终推动美丽中国建设和碳达峰碳中和目标实现。

各地结合国家减污降碳协同增效目标制定本区域目标时，要遵循以下原则：一是坚持目标导向。围绕落实二氧化碳排放达峰目标与碳中和愿景，统筹推进应对气候变化与生态环境保护相关工作，着力解决与新形势新任务新要求不相适应的问题，协同推动经济高质量发展和生态环境高水平保护。二是强化统筹协调。应对气候变化与生态环境保护相关工作统一谋划、统一布置、统一实施、统一检查，建立健全统筹融合的战略、规划、政策和行动体系。三是突出协同增效，坚持系统观念，统筹碳达峰碳中和与生态环境保护相关工作，强化目标协同、区域协同、领域协同、任务协同、政策协同、监管协同，增强生态环境政策与能源产业政策协同性，以碳达峰行动进一步深化环境治理，以环境治理助推高质量达峰。四是强化源头防控。紧盯环境污染物和碳排放主要源头，突出主要领域、重点行业和关键环节，强化资源能源节约和高效利用，加快形成有利于减污降碳的产业结构、生产方式和生活方式。五是优化技术路径。统筹水、气、土、固废、温室气体等领域减排要求，优化治理目标、治理工艺和技术路线，优先采用基于自然的解决方案，加强技术研发和应用，强化多污染物与温室气体协同控制，增强污染防治与碳排放治理的协调性。六是注重机制创新。充分利用现有法律、法规、标准、政策体系和统计、监测、监管能力，完善管理制度、基础能力和市场机制，一体推进减污降碳，形成有效激励约束，有力支撑减污降碳目标任务落地实施。

三、重点领域和政策措施

协同推进碳达峰碳中和目标与生态环境保护，要突出工业、交通运输、城乡建设、农业、生态建设五大重点领域，把实施结构调整和绿色升级作为协同推进碳达峰碳中和目标与生态环境保护的根本途径，强化资源能源节约和高效利用，充分发挥减污降碳协同治理的引领、优化和倒逼作用，切实取得成效。

推进工业领域减污降碳协同增效。强化源头防控，实施绿色制造，推广绿色设计，强制清洁生产审核，探索全产业链绿色化。推动重点行业结构调整、技术升级创新，贯彻落实好《"十四五"工业绿色发展规划》《"十四五"推动石化化工行业高质量发展的指导意见》（工信部联原〔2022〕34号）、《"十四五"推动钢铁行业高质量发展的指导意见》（工信部联原〔2022〕6号）、《关于加强高耗能、高排放建设项目生态环境源头防控的指导意见》（环环评〔2021〕45号）等政策文件要求。推动碳捕集、利用与封存技术在工业领域应用。

推进交通运输协同增效。贯彻落实《"十四五"现代综合交通运输体系发展规划》《绿色交通"十四五"发展规划》等相关规划，全面推动交通运输规划、设计、建设、运营、养护全生命周期绿色低碳转型，协同推进减污降碳，形成绿色低碳发展长效机制。大力推动交通运输结构调整，提高铁路、水运在综合运输中的承运比例。加快新能源汽车、非道路移动机械电动化等技术的发展和示范应用。

推进城乡建设协同增效。深入实施《关于推动城乡建设绿色发展的意见》《国务院办公厅转发国家发展改革委等部门关于加快推进城镇环境基础设施建设指导意见的通知》（国办函〔2022〕7号）等政策文件，坚持整体与局部相协调，统筹规划、建设、管理三大环节，统筹城镇和乡村建设。优化城镇布局，推广使用绿色建材，推动绿色建筑建造，大力发展光伏建筑一体化等技术应用。

推进农业领域协同增效。推行农业绿色生产方式，协同推进种植业、畜牧业、渔业节能减排与污染治理。贯彻落实《"十四五"推进农业农村现代化规划》（国发〔2021〕25号），推进农业绿色发展，深入实施化肥农药减量增效行动，提高畜禽粪污资源化利用水平。推广先进适用的低碳节能农机装备、生物质能和太阳能等在取暖炊事及农业中的应用。

推进生态建设协同增效。贯彻落实《关于科学绿化的指导意见》（国办发〔2021〕19号），坚持因地制宜、宜林则林、宜草则草等原则，科学开展大规模国土绿化行动，持续增加森林面积和蓄积量。加强生态保护红线监管、海洋生态系统保护、城市生态建设。推行森林、草原、河流、湖泊、湿地休养生息，实施生物多样性保护重大工程，不断提升生态系统碳汇与净化功能。

第二节 减污降碳协同增效的政策和成效

减污降碳协同增效是碳达峰碳中和目标与生态环境保护协同的核心领

域。我国在减污降碳协同增效方面已具有良好法律政策基础，并取得一定成效。我国最早在2015年修订的《大气污染防治法》中首先提出协同控制污染物和温室气体，之后的相关政策文件对此进一步予以强化。《打赢蓝天保卫战三年行动计划》《水污染防治行动计划》《土壤污染防治行动计划》等三大保卫战对减污降碳协同增效在具体领域提出要求。我国于2018年和2021年分别发布《中共中央 国务院关于全面加强生态环境保护 坚决打好污染防治攻坚战的意见》《中共中央 国务院关于深入打好污染防治攻坚战的意见》，对打好污染防治攻坚战进行了全面部署与安排，同时也对减少温室气体排放提出了明确要求。《"十三五"控制温室气体排放工作方案》也在指导思想中提出要加强碳排放和大气污染物排放协同控制。这些政策的落实在推动减污降碳协同增效方面取得了积极成效。以能源绿色低碳转型为例，我国实施能源消费强度和总量双控制度，成为全球能耗强度降低最快的国家之一。2012年至2021年，中国以年均3%的能源消费增速支撑了平均6.5%的经济增长，能耗强度累计下降26.2%，相当于少用14亿吨标准煤，少排放29.4亿吨的二氧化碳[1]。

一、大气污染治理对温室气体减排的协同增效

大气污染治理减污降碳协同增效相关内容已被纳入国家法律法规、规范性文件中。法律层面，现行《大气污染防治法》第二条明确提出"对颗粒物、二氧化硫、氮氧化物、挥发性有机物、氨等大气污染物和温室气体实施协同控制"。国务院发布的《打赢蓝天保卫战三年行动计划》将"大幅减少主要大气污染物排放总量，协同减少温室气体排放"作为其主要目标。在部门规章中，2019年生态环境部印发《重点行业挥发性有机物综合治理方案》《工业炉窑大气污染综合治理方案》，在推进大气污染治理的同

---

[1] 低碳十年 绿色发展，《法制日报》，2022年6月15日。

时，协同控制温室气体排放。

根据实施情况评估，《打赢蓝天保卫战三年行动计划》在能源、产业、交通、用地四大结构调整和专项治理行动方面实施了一系列重大举措，落实情况良好。《打赢蓝天保卫战三年行动计划》及相关配套措施的实施使得我国主要大气污染物排放总量进一步下降。2020年与2015年相比，全国SO_2、NOx和一次$PM_{2.5}$排放量分别下降了83.88%、50.93%和64.88%，超额完成"十三五"大气污染物减排约束性指标。其中，2018至2020年，全国SO_2、NOx和一次PM2.5排放量分别下降了197.9万吨、268.7万吨和520.9万吨。（见图8-1）《打赢蓝天保卫战三年行动计划》污染物减排成效主要来自非电行业治理、农村清洁取暖、燃煤锅炉整治、移动源排放管控和VOCs治理等措施。污染物与CO_2排放同根同源，能源结构调整、产业结构调整和交通结构调整等措施可协同减少CO_2排放，而末端治理措施（如燃煤电厂超低排放改造和非电行业治理等）会增加CO_2排放。《打赢蓝天保卫战三年行动计划》实施期间，各类结构调整措施累计减少碳排放5.1亿吨，末端治理措施累计增加碳排放1600万吨。《打赢蓝天保卫战三年

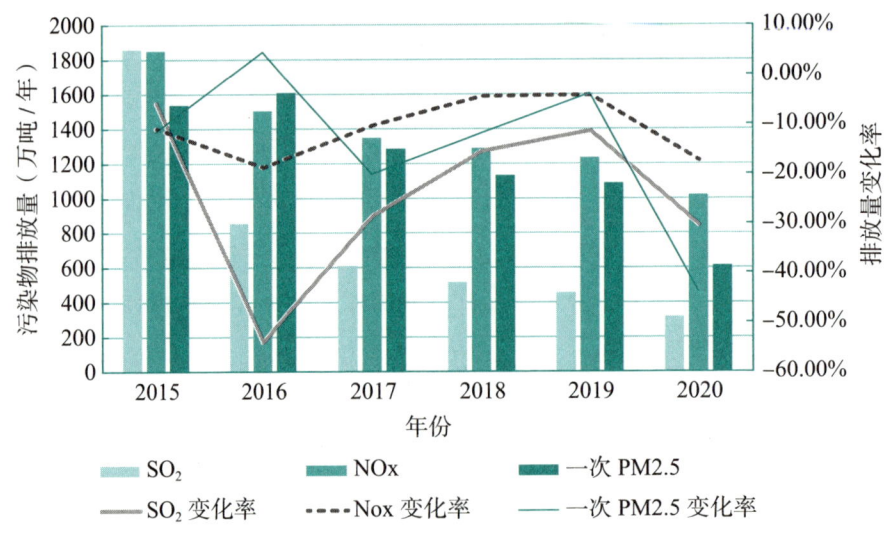

图8-1 2015—2020全国大气污染物排放情况

行动计划》的相关措施中对全国CO_2协同减排效果最明显的措施是落后产能淘汰、"散乱污"企业综合整治和农村清洁取暖,分别减排了1.34亿吨、1.30亿吨和1.16亿吨CO_2,贡献了总减排量的26%、26%和23%。

打赢蓝天保卫战三年行动计划

《打赢蓝天保卫战三年行动计划》由国务院于2018年6月27日发布,是在2013年《大气污染防治行动计划》即"大气十条"成效基础上,聚焦$PM_{2.5}$重点防控污染因子、京津冀及周边、长三角和汾渭平原重点区域的一项污染防治行动计划,旨在持续改善空气质量,为群众留住更多蓝天。主要目标是:经过3年努力,大幅减少主要大气污染物排放总量,协同减少温室气体排放,进一步明显降低细颗粒物(PM2.5)浓度,明显减少重污染天数,明显改善环境空气质量,明显增强人民的蓝天幸福感。到2020年,二氧化硫、氮氧化物排放总量分别比2015年下降15%以上;PM2.5未达标地级及以上城市浓度比2015年下降18%以上,地级及以上城市空气质量优良天数比率达到80%,重度及以上污染天数比率比2015年下降25%以上;提前完成"十三五"目标任务的省份,要保持和巩固改善成果;尚未完成的,要确保全面实现"十三五"约束性目标;北京市环境空气质量改善目标应在"十三五"目标基础上进一步提高。

《大气污染防治行动计划》由国务院于2013年9月10日发布。主要目标是:经过五年努力,全国空气质量总体改善,重污染天气较大幅度减少;京津冀、长三角、珠三角等区域空气质量明显好转。力争再用五年或更长时间,逐步消除重污染天气,全国空气质量明显改善。

清洁取暖是调整能源结构措施之一,就京津冀及周边"2+26"城市而言，2016—2018年通过推动清洁取暖，该地区清洁取暖率达到72%，据测算，这些措施共消减散煤5147万吨，分别减排SO_2 27.6万吨、NO_x 30.8万吨、CO 226.8万吨、$PM_{2.5}$ 15.8万吨，协同减少二氧化碳约9700万吨[1]。

"十四五"及未来推进大气污染防治与温室气体排放协同控制，要优化治理技术路线，加大氮氧化物、挥发性有机物（VOCs）以及温室气体协同减排力度。一体推进重点行业大气污染深度治理与节能降碳行动，推动钢铁、水泥、焦化行业及锅炉超低排放改造，探索开展大气污染物与温室气体排放协同控制改造提升工程试点。VOCs等大气污染物治理优先采用源头替代措施。推进大气污染治理设备节能降耗，提高设备自动化智能化运行水平。推进移动源大气污染物排放和碳排放协同治理。

二、水污染治理对温室气体减排的协同增效

水污染治理领域也是温室气体减排的一个战场[2]。污水处理过程中的碳排放包括直接排放和间接排放。直接排放包括污水输送、处理过程中产生并逸出的CH_4、N_2O和CO_2等温室气体排放，同时也包括残余物质降解过程中产生的温室气体排放。间接排放指污水处理过程中的电耗、能耗、药剂等引致的碳排放。

研究表明，2015年全国整个污水处理行业（市政污水、农村生活污水、工业污水和畜禽与水产养殖废水）的碳排放总量为1.97亿吨CO_2eq，占全国温室气体排放总量的1.71%。其中市政污水行业的碳排放强度稳定在0.92$kgCO_2eq/m^3$左右，若沿用当前的排放强度，我国市政污水行业将在2030年排放8316万吨CO_2eq温室气体，整个污水行业将产生碳排放3.65亿

---

[1] 田春秀，夏光.深入打好污染防治攻坚战，实现减污降碳协同增效，《中国经济评论》，2021年7月13日。

[2] 郭媛媛，于宝源，吴丰昌.水污染防治领域也是降碳的一个战场，《环境保护》，2022，50（06），P30.

吨CO_2eq，占全国总排放量的2.95%[1]。

相关政策已经明确要求推动水污染治理方面的减污降碳。2021年11月2日发布的《中共中央、国务院关于深入打好污染防治攻坚战的意见》对水污染治理减污降碳协同有明确要求，提出"实施国家节水行动，强化农业节水增效、工业节水减排、城镇节水降损。推进污水资源化利用和海水淡化规模化利用"。2021年12月6日，国家发展和改革委员会、水利部、住房和城乡建设部、工业和信息化部、农业农村部发布的《关于印发黄河流域水资源节约集约利用实施方案的通知》（发改环资〔2021〕1767号），第六条即是"推动减污降碳协同增效"，要求构建健康的自然水循环和社会水循环，坚持"节水即减排""节水即治污"理念，在取水、用水、水处理、污水资源化利用等全过程中强化节水，探索"供—排—净—治"设施建设运维一体化改革，减少污水处理能源消耗和碳排放，鼓励相关企业因地制宜发展沼气发电、分布式光伏发电以及推广区域热电冷联供，提升数字化智能化管理水平等。

"十四五"及未来推进水环境治理与温室气体排放的协同控制，要从以下方面着力：大力推进污水资源化利用。提高工业用水效率，推进产业园区用水系统集成优化，实现串联用水、分质用水、一水多用、梯级利用和再生利用。构建区域再生水循环利用体系，因地制宜建设人工湿地水质净化工程及再生水调蓄设施。探索推广污水社区化分类处理和就地回用。建设资源能源标杆再生水厂。推进污水处理厂节能降耗，优化工艺流程，提高处理效率；鼓励污水处理厂采用高效水力输送、混合搅拌和鼓风曝气装置等高效低能耗设备；推广污水处理厂污泥沼气热电联产及水源热泵等热能利用技术；提高污泥处置和综合利用水平；在污水处理厂推广建设太阳能发电设施。开展城镇污水处理和资源化利用碳排放测算，优化污水处理设施能耗和碳排放管理。以资源化、生态化和可持续化为导向，因地制

---

[1] https://www.xianjichina.com/special/detail_508873.html.

宜推进农村生活污水集中或分散式治理及就近回用。

三、土壤污染治理对温室气体减排的协同增效

土壤是地球大气碳库、海洋碳库、岩石圈碳库、陆地生态系统碳库的主要组成之一。土壤也是陆地碳循环的中枢，具有巨大的固碳潜力，可部分抵消化石燃料燃烧向大气中释放的二氧化碳，减缓全球气候变化。土壤碳库是地球陆地表面最大的有机碳库，全球大约有1500~2000Pg的碳以有机碳的形式储存于土壤中[1]，因此土壤碳库是削减碳排放、实现碳中和的重要途径。

联合国政府间气候变化专门委员会（IPCC）第四次评估报告指出：农业的近90%减排份额可以通过土壤固碳减排实现。法国提出了"千分之四全球土壤增碳计划"，在保障土壤健康和粮食安全的基础上，通过增加土壤的有机碳储量，抵消当前全球矿物燃料的碳排放。

土壤污染主要包括建设用地污染、农田污染以及矿山污染，其中农田土壤修复与矿山土壤修复主要恢复土地植被，对污染土壤的修复产生的二氧化碳，在修复后的植被光合作用下中和，因此土壤修复中碳排放主要考虑建设用地的碳排放。建设用地土壤污染主体为焦化、石化、医药、金属冶炼等企业，污染物主要为多环芳烃、卤代烃、石油烃、镉砷等重金属。建设用地土壤修复中常用的技术有热脱附技术、气相抽提技术、固化/稳定化技术、化学淋洗技术、化学氧化/还原技术、水泥窑协同处置技术等物理化学方法。

土壤修复可以恢复污染土壤原本的功能，土壤修复后其表面生长的植被，对于二氧化碳的固定，以及土壤二氧化碳排放都有积极的作用。土壤修复技术中物理修复、化学修复，如热脱附技术、气相抽提技术、水泥窑

---

[1] 刘瑞平，魏楠，季国华，王夏晖，"双碳"目标下中国土壤环境管理路径研究，《环境科学与管理》，2022年2月，第47卷第2期。

协同处置技术、化学淋洗技术等，难免用到能源与化学药剂，能源的消耗，化学药剂的使用，都不同程度地增加了二氧化碳的排放。如热脱附技术会增加碳排放量200kg/t土，气相抽提技术会增加碳排放量500kg/t土。而生物修复技术，在污染土壤上种植高积累植株，其本身就能不同程度地固定二氧化碳，同时恢复了土壤的植被，是一种增加土壤碳汇的修复技术，可增加碳排放量–10–30kg/t土。

《中华人民共和国国民经济和社会发展第十四个五年规划和2035年远景目标纲要》中明确提出，"协同推进减污降碳，不断改善空气、水环境质量，有效管控土壤污染风险"，明确将土壤污染控制与空气和水污染治理一起作为协同推进减污降碳的重要内容。"十四五"及未来推进土壤污染治理与温室气体协同控制，主要从以下方面着手：合理规划污染地块土地用途，鼓励农药、化工等行业中重度污染地块优先规划用于拓展生态空间，降低修复能耗。鼓励绿色低碳修复，优化土壤污染风险管控和修复技术路线，注重节能降耗。推动严格管控类受污染耕地植树造林增汇，研究利用废弃矿山、采煤沉陷区受损土地、已封场垃圾填埋场、污染地块等因地制宜规划建设光伏发电、风力发电等新能源项目。

四、固废治理对温室气体减排的协同增效

固体废物的处理处置也会产生一定的碳排放。卫生填埋过程中由于垃圾发酵可产生大量的甲烷等温室气体，堆肥在利用微生物分解过程中若处理不当也会产生温室气体泄漏，垃圾焚烧发电需要加入辅料从而间接产生温室气体排放，还可能产生二噁英、汞等污染。据研究，垃圾沼气发电碳减排确认减排量是763.2CERs/kg[1]。垃圾焚烧发电碳减排确认减排量是

---

[1] 楼波，蔡睿贤.清洁发展机制下的垃圾处理分析［J］.华南理工大学学报（自然科学版），2006，34（10）：100–104.

150.5CERs/kg[1]。

根据联合国环境规划署的评估，改善固废回收利用及处理处置等环节可使全球温室气体总排放量减少10%~15%[2]。巴塞尔公约亚太区域中心对全球45个国家和区域的固废管理碳减排潜力相关数据分析显示，通过提升城市、工业、农业和建筑4类固废的全过程管理水平，可以实现相应国家碳排放减量13.7%~45.2%（平均27.6%）[3]。据中国循环经济协会测算，2020年我国通过发展循环经济，共计减少二氧化碳排放约26亿吨；在"十三五"期间，发展循环经济对我国碳减排的综合贡献率约为25%[4]。

《中华人民共和国固体废物污染环境防治法》将减量化、资源化、无害化作为固体废物污染环境防治应坚持遵循的基本原则。提出"任何单位和个人都应当采取措施，减少固体废物的产生量，促进固体废物的综合利用，降低固体废物的危害性"。通过对固体废物的减量化、资源化和无害化实际上会减少固体废物的产生量，相应也会减少固体废物处理处置产生的温室气体排放量。另外，《中华人民共和国清洁生产促进法》将"提高资源利用效率，减少和避免污染物的产生"作为主旨目的，《中华人民共和国循环经济促进法》将"促进循环经济发展，提高资源利用效率"作为目的，这些法律的实施也会从源头减少固体废物的产生，进而协同减少温室气体排放。

"十四五"及未来推进固体废物污染防治协同控制着力点包括：强化资源回收和综合利用，加强"无废城市"建设。推动煤矸石、粉煤灰、尾矿、冶炼渣等工业固废资源利用或替代建材生产原料，到2025年，新增大

---

[1] 楼波，蔡睿贤.清洁发展机制下的垃圾处理分析［J］.华南理工大学学报（自然科学版），2006，34（10）：100-104.

[2] 姜玲玲，丁爽，刘丽丽，等."无废城市"建设与碳减排协同推进研究，《环境保护》，2022，50（11）.

[3] 系列解读（8）|坚持"三化"原则聚焦减污降碳协同增效 拓展和深化"无废城市"建［EB/OL］.（2021-11-18）. http://www.mee.gov.cn/zcwj/zcjd/202111/t20211118_960866.shtml.

[4] 中国循环经济协会.循环经济助力碳达峰研究报告［R］.2021.

宗固废综合利用率达到60%，存量大宗固废有序减少。推进退役动力电池、光伏组件、风电机组叶片等新型废弃物回收利用。加强生活垃圾减量化、资源化和无害化处理，大力推进垃圾分类，优化生活垃圾处理处置方式，加强可回收物和厨余垃圾资源化利用，持续推进生活垃圾焚烧处理能力建设。减少有机垃圾填埋，加强生活垃圾填埋场垃圾渗滤液、恶臭和温室气体协同控制，推动垃圾填埋场填埋气收集和利用设施建设。因地制宜稳步推进生物质能多元化开发利用。禁止持久性有机污染物和添汞产品的非法生产，从源头减少含有毒有害化学物质的固体废物产生。

五、淘汰消耗臭氧层物质对温室气体减排的协同效应

消耗臭氧层替代物质，包括HFCs等在内的氟碳化合物，也是最强效的温室气体。就全球变暖的影响而言，释放1公斤特定氟碳化合物的后果通常比释放1公斤二氧化碳的后果严重1000到10000倍。根据《〈关于消耗臭氧层物质的蒙特利尔议定书〉基加利修正案》（简称《基加利修正案》），截至2050年，全球HFCs消费量将减少85%左右，这一举措可避免全球温度上升0.5摄氏度，具有巨大的气候协同效应。

《基加利修正案》于2021年9月15日对中国正式生效（暂不适用于香港特别行政区），中国认真履行《保护臭氧层维也纳公约》和《蒙特利尔议定书》有关要求，颁布和实施《消耗臭氧层物质管理条例》等100多项法规和管理政策；2021年，中国发布《中国受控消耗臭氧层物质清单》，将氢氟碳化物纳入管控范围；发布《中国进出口受控消耗臭氧层物质名录》（以下简称《名录》），并自11月1日起对《名录》所列氢氟碳化物实施进出口许可证管理制度。按照相关要求，加强对氢氟碳化物排放管控，要求严格控制部分HFCs化工生产建设项目、加强相关建设项目环境管理，企业不得直接排放副产三氟甲烷；先后实施化工生产、烟草等31项行业削减计划，累计淘汰消耗臭氧层物质超过28万吨，为臭氧层保护和温室气体

减排作出了积极贡献。

经北京大学评估,相比没有《蒙特利尔议定书》的情景,仅2010年一年中国就减少了15亿吨二氧化碳当量的排放,占全球减排贡献的13.6%。根据相关评估,在实现2013年HCFCs生产和消费冻结目标的同时,可相应减少4040万吨CO_2当量排放,在实现2015年10%的HCFC削减的同时累计可实现1.6亿吨CO_2当量减排[1]。HCFCs第一阶段中国消费行业76%的项目采用了环保低碳的替代技术,将实现年均8630万吨二氧化碳当量的温室气体减排协同效益。

《基加利修正案》气候效益显著

2016年10月,《蒙特利尔议定书》所有缔约方达成了《基加利修正案》。《基加利修正案》将氢氟碳化物(HFCs)未来的生产和消费纳入《蒙特利尔议定书》管控,并将为应对气候变化作出重大贡献。控制HFCs的生产和消费将进一步扩大《蒙特利尔议定书》此前通过逐步淘汰消耗臭氧层物质(ODS,包括全氯氟烃CFCs和含氢氯氟烃HCFCs)所产生的气候效益。

根据科学评估,履行修正案的管控要求可使HFCs排放量在本世纪末降至每年10亿吨CO_2当量以下,每年避免56-87亿吨CO_2当量排放,最多可避免全球平均升温0.5。摄氏度制冷和空调设备在由HFCs向低碳环保制冷剂替代转换的过程中,还可通过提升能效使削减的气候效益加倍。

"十四五"期间及未来,将加强消耗臭氧层物质和氢氟碳化物管理,加快使用含氢氯氟烃生产线改造,逐步淘汰氢氯氟烃使用。

---

[1] 李云鹏,王开祥,林楠峰,等.中国履行《蒙特利尔议定书》对节能减排和减缓气候变化的贡献[J].有机氟工业,2011(1).

第三节 "双碳"目标与生态保护修复协同增效的政策和成效

生态保护修复在生态环境治理的同时能够吸收碳或者减少碳排放，也是实现碳达峰碳中和目标的重要内容。其中，基于自然的解决方案（NBS）、适应气候变化和生物多样性保护等对减缓气候变化具有显著的增效作用。

一、通过基于自然的解决方案实现碳达峰碳中和

提高基于自然的解决方案来提升吸碳能力是碳中和的另一个抓手。2019年联合国气候行动峰会上，基于自然的解决方案被列为联合国应对气候变化的九大行动领域之一。基于自然的解决方案可以通过保护、修复、可持续管理三种类型的活动有效减缓气候变化，例如，对森林、湿地、草地等自然生态系统开展保护，避免原生植被破坏导致的碳排放；针对这些生态系统开展修复工作，提升碳汇功能；除此之外，可持续管理类型的活动也可以实现固碳和减排的功能，特别是针对非二氧化碳温室气体的减排，例如，农田养分管理可以显著降低氧化亚氮的排放。与环境治理相比，基于自然的解决方案更成本有效。例如，与污水处理厂相比，森林和湿地能够以更低廉的成本提供水过滤和清洁服务；人工碳捕获和封存技术需要重金实施，然而自然生态系统（森林、农田、湿地）本身已在地上、水中或土壤里储存了大量的碳，而且每年还会吸收更多的碳，所以通过遏制森林砍伐或生态系统退化就会减少大量碳排放。

基于自然的解决方案

基于自然的解决方案由世界银行2008年在报告《生物多样性、气候变

化和适应性：来自世界银行投资的NBS》中首次提出。2016年世界自然保护大会上，国际自然保护联盟成员国通过了《定义基于自然的解决方案》决议（WCC-2016-RES-069-EN），基于自然的解决方案被定义为"保护、可持续管理和恢复自然或改良生态系统的行动，有效和适应性地应对社会挑战，同时提供人类福祉和生物多样性效益"。IUCN提出了基于自然的解决方案8大准则及28项指标，倡导依靠自然的力量和基于生态系统的方法，应对气候变化、防灾减灾、粮食安全、水安全、生态系统退化和生物多样性丧失等社会挑战。

基于自然的解决方案具有四个主要特征：（1）定义和范围很广。保护生物多样性，增强生态系统服务，作为应对巨大挑战的基础，包括气候变化、减灾、消除贫困，促进绿色经济发展，同时实现经济增长和可持续发展。（2）概念中所说的"自然"很宽泛。例如，欧盟委员会专家小组所列出的属于基于自然的解决方案的行动多达310种，包括保护和扩大森林来捕集气体污染物，种植防风林保持水土，保护城市绿地，在屋顶种植绿色植物等。（3）项目的执行融合多方利益群体。欧盟曾提出NBS的主要特征是多方共同设计、共同创建、共同管理。（4）以行动为导向。所有的NBS项目都是要落实到具体的行动上，以实际的设计融入更多自然的要素，让人类所面临的环境、经济或社会等各类挑战得以应对。

根据相关评估，以中国陆地生态系统有机物质生产为基础，根据光合作用和呼吸作用的反应方程式，估算得到中国陆地生态系统每年固定二氧化碳的总量为1090亿吨，中国陆地生态系统二氧化碳的贮存总量为2080亿吨。其中森林生态系统达1470亿吨，占总二氧化碳储存量的70.61%[1]。

2019年5月发布的《生物多样性和生态系统服务政府间科学政策平台

---

[1] 欧阳志云，王效科，苗鸿，中国陆地生态系统服务功能及其生态经济价值的初步研究，《生态经济》，1999年9月第19卷第5期。

全体会议第七届会议工作报告》指出，在2030年之前有保障措施的基于自然的解决方案将提供37%的气候变化缓解措施，帮助实现将气候变暖控制在2℃以下的目标，并可能对生物多样性产生协同效益。可以看出，当前阶段气候变化治理出现以基于自然的解决方案为主的新进展，并已将其付诸实践。

IPCC于2019年发布的《气候变化与土地特别报告》指出当前人类将土地潜在的初级生产量的四分之一到三分之一用于粮食、饲料、纤维、木材和能源。土地是许多其他生态系统功能和服务的基础。为了实现《巴黎协定》将升温控制在2℃以下的目标，需要更好地管理土地。Griscom等（2017）量化研究"自然气候解决方案"中的二十多种保护、恢复和改善土地管理的行动，这些行动可以增加碳储存并避免全球森林、湿地、草地和农业用地的温室气体排放。"自然气候解决方案"可以提供到2030年所需的37%具有成本效益的二氧化碳减排，从而有66%的机会将升温控制在2℃以下。其中三分之一具有成本效益的基于自然的气候解决方案减排可以在10美元或更低的价格下实现。大多数有效实施的基于自然的气候解决方案行动还能提供水过滤、洪水缓冲、土壤健康、生物多样性和增强气候适应性。

美国众议院气候危机特别委员会在2019年10月22日举行的主题为"解决气候危机：减轻污染和构建恢复力的自然方案"的听证会，涉及的主题就是基于森林、草地、湿地等自然系统开发增加碳储存、应对气候危机。该委员会主席Kathy Castor指出世界的生态系统可以帮助我们解决气候危机。大自然给我们提供了大量令人难以置信的资源来减缓气候变化，森林、草原、湿地和农田可以储存更多的碳，这种碳固存或碳汇有可能储存相当于美国每年净排放量的五分之一以上，但前提是我们必须努力保护它。保护和恢复土地、水道、自然空间可以为捕获和储存大量的二氧化碳提供巨大的机会。

基于自然的解决方案与习近平生态文明思想中的"人与自然和谐共

生""绿水青山就是金山银山""山水林田湖草是一个生命共同体"等理念一脉相承。

中国引领"基于自然的解决方案"倡议,为联合国气候行动峰会和全球气候治理贡献助力。中国提出的"划定生态保护红线,减缓和适应气候变化案例"成功入选联合国"基于自然的解决方案"全球15个精品案例。我国的生态保护红线制度,采取"基于自然的解决方案"思路,将全国生态功能最重要、生态环境最敏感的区域保护起来,提升生态系统固碳功能,为减缓适应气候变化提供保障。目前,中国初步划定的生态保护红线面积比例不低于陆域国土面积的25%,保护了全国近40%的水源涵养、洪水调蓄功能,约32%的防风固沙功能,生态保护红线固碳量约占全国的近45%。通过严守生态保护红线,维持和改善生态系统的完整性、稳定性和恢复力,依靠自然的力量,构筑应对气候变化风险的绿色屏障,减缓和适应气候变化,降低气候变化影响,推动形成生态系统保护恢复与气候变化之间的良性循环。

四川省生态保护红线内面积占全省面积三成以上

《四川省生态保护红线方案》确定,四川省生态保护红线总面积14.80万平方公里,占全省辖区面积的30.45%。空间分布格局呈"四轴九核",分为5大类13个区块。

四川省生态保护红线涵盖了水源涵养、生物多样性维护、水土保持功能极重要区,水土流失、土地沙化、石漠化极敏感区,自然保护区、森林公园的生态保育区和核心景观区等,主要分布于川西高山高原,川西南山地和盆周山地。

13条生态保护红线将能起到优化生态安全格局,系统保护山水林田湖草；保护自然生态系统，提升生态屏障功能；保护生物生境，维护生物多样性；以及促进经济社会可持续发展等效益效果。

例如，在保护生物生境、维护生物多样性方面，四川省生态保护红线全面覆盖了省域内32个国家级自然保护区、63个省级自然保护区，自然保护区划入生态保护红线的总面积达5.47万平方公里，占省级以上自然保护区总面积的96.49%。

来源：《推进生态文明　建设美丽中国》，全国干部培训教材编审指导委员会组织编写，人民出版社，党建读物出版社，2019.2。

2021年，基于生态保护和修复重大工程与实践，我国发布《基于自然的解决方案中国实践典型案例》，选取的10个案例分别是：官厅水库流域治理、贺兰山生态保护修复、云南抚仙湖流域治理、内蒙古乌梁素海流域保护修复、钱塘江源头区域保护修复、江西婺源乡村建设、黑龙江黑土地保护性利用、重庆城市更新、广西北海陆海统筹生态修复和深圳湾红树林湿地修复。这些案例涉及自然、农业、城市等生态系类型和国土空间主体功能，对我国乃至全球基于自然的解决方案本地化应用具有示范和借鉴作用。其中，关于贺兰山生态保护修复案例，保护区森林覆盖率增加了1%，植被覆盖度增加了20%，保护区内森林群落处于正向演替。专家测算，通过生态保护修复措施，石嘴山市贺兰山保护区范围内，生态系统固碳能力显著提升，固碳总量从2015年的11.04万吨上升到2019年的14.69万吨，增加了33%。

我国碳达峰碳中和目标与生态环境保护的协同增效相关政策中重视和推动基于自然的解决方案。2021年生态环境部发布的《关于统筹和加强应对气候变化与生态环境保护相关工作的指导意见》提出"重视运用基于自然的解决方案，减缓和适应气候变化，协同推进生物多样性保护、山水林田湖草系统治理等相关工作，增强适应气候变化能力，提升生态系统质量和稳定性"。2022年生态环境部、国家发展和改革委员会、工业和信息化部等七部门印发的《减污降碳协同增效实施方案》提出"优先采用基于自然的解决方案，加强技术研发应用，强化多污染物与温室气体协同控制，增强污染防治与碳排放治理的协调性"。

二、发挥适应和减缓气候变化的协同效应

减缓和适应是应对气候变化的两大策略，二者相辅相成，缺一不可。减缓是指通过能源、工业等经济系统和自然生态系统较长时间的调整，减少温室气体排放，增加碳汇，以稳定和降低大气温室气体浓度，减缓气候变化速率。在此过程中，已经发生的气候风险不会消除，潜在的气候风险仍在不断累积，甚至在全球实现碳达峰与碳中和后一定时期内仍将持续。适应是指通过加强自然生态系统和经济社会系统的风险识别与管理，采取调整措施，充分利用有利因素、防范不利因素，以减轻气候变化产生的不利影响和潜在风险。

实现碳中和需要充分发挥适应和减缓的协同效应。一方面，适应是减缓成果得以稳固的基础。另一方面，挖掘适应的潜力，可以实现低碳发展，支撑碳中和。因为适应气候变化本身是趋利避害，隐含意义是资源的高效利用，而资源高效利用的本质就是减碳。

我国一贯坚持减缓和适应并重，实施积极应对气候变化国家战略。为统筹推进适应气候变化工作，2013年我国首次发布《国家适应气候变化战略》，明确了2014年至2020年适应气候变化的总体要求、重点任务、区域格局和保障措施，为开展适应气候变化工作提供了指导和依据。2022年6月《国家适应气候变化战略2035》发布，将"协同适应，联动共治"作为重要原则，强调坚持适应和减缓协同并进，优先采取具有减缓和适应协同效益的行动举措。

"十四五"及未来推动适应和减缓气候变化的协同效应要从如下方面着手：加强气候变化监测预警和风险管理，包括完善气候变化观测网络，强化气候变化监测预测预警，加强气候变化影响和风险评估，强化综合防

灾减灾等；提升水资源、陆地生态系统、海洋与海岸带等自然生态系统适应气候变化能力；强化经济社会系统适应气候变化能力；构建适应气候变化区域格局等。

三、生物多样性保护与应对气候变化协同增效

应对气候变化和保护生物多样性是两大全球性热点和难点环境问题，二者关系紧密，政策得当就会产生协同增效的效果。气候变化是导致生物多样性丧失的重要驱动因素之一，会影响物种数量、改变物种的分布格局、加剧栖息地丧失和破碎化等。与此同时，为应对气候变化而进行的影响观测、减缓和适应措施对生物多样性具有积极影响。为减缓气候变化、增加生态系统碳汇而进行的生态系统保护和修复，可以为生物多样性保护提供更稳定的空间。可通过对传统生态保护修复技术措施的评估，筛选出有利于气候变化风险管理的生态保护措施。保护生物多样性对减缓和适应气候变化也具有双重意义。一方面，为遏制生物多样性丧失进行的生态环境质量改善，可维持并提升生态系统碳汇功能，减缓气候变化；另一方面，减少对生物多样性造成不利影响的活动也有助于提高适应气候变化的能力。因此，要解决气候变化和生物多样性丧失双重危机，必须将应对气候变化与保护生物多样性视为相辅相成的两个目标，实现应对气候变化与保护生物多样性协同推进。

目前的调研评估显示，如果全球升温2摄氏度，那么导致的生物多样性锐减数量将可能是升温1.5摄氏度的两倍。例如，被称为"海中雨林"的珊瑚礁，由于海洋表面温度上升将导致珊瑚白化，即珊瑚与虫黄藻之间的共生关系瓦解，珊瑚排出虫黄藻，失去颜色（白化）并濒临死亡[1]。此外，

---

[1] COP15报道|为什么说应对气候变化也是保护生物多样性？https://www.163.com/dy/article/GMCDH2AJ0511DLQJ.html。

气候变化还会对植物物种的丰富度、分布格局等产生深刻影响，对一些爬行与两栖类动物的孵化结果产生影响，引起物种向低温方向移动，甚至导致生态系统结构、功能以及多样性发生改变。此外，气候变化引发的极端天气，会使得植物受损，生态系统遭到破坏等。

2021年10月《联合国生物多样性公约》第十五次缔约方大会（COP15）发表的《昆明宣言》，多次出现气候变化影响、减缓和适应气候变化相关内容，呼吁进一步加强与《联合国气候变化框架公约》《联合国防治荒漠化公约》和生物多样性相关公约等现有多边环境协定，以及与2030年可持续发展议程及相关国际和多边进程的合作与协调行动。《昆明宣言》指出，"认识到生物多样性丧失的主要直接驱动因素是土地和海洋利用变化、过度开发、气候变化、污染和外来入侵物种"。"注意到需要采取组合措施来遏制和扭转生物多样性丧失，包括采取行动解决土地和海洋利用变化，加强生态系统的保护和恢复、减缓气候变化、减少污染、控制外来入侵物种和防止过度开发，以及采取行动变革经济和金融体系，确保可持续生产和消费、减少浪费，认识到任何单一措施或这些措施的部分组合都是不够的，每项措施的效力都因另一项措施而增强"。提出"增加生态系统方法的运用，以解决生物多样性丧失、恢复退化生态系统、增强复原力、减缓和适应气候变化、支持可持续粮食生产、促进健康，并为应对其他挑战作出贡献，加强'一体化健康'和其他全面的方法，通过强有力的环境和社会保障措施，确保可持续发展在经济、社会和环境方面的效益，强调这些生态系统方法不能取代符合《巴黎协定》的紧急减少温室气体排放所需的优先行动"。

我国在生物多样性相关政策中也强调了与应对气候变化的协同。《中国生物多样性保护战略与行动计划》（2011—2030年），将"提高应对气候变化能力"作为十大优先领域之一，将"制定生物多样性保护应对气候变化的行动计划"作为30项行动之一，提出"制定生物多样性保护应对气候变化的行动计划""开发气候变化对生物多样性影响的监测技术，建设监测网络，开展重点监测""建设物种迁徙廊道，降低气候变化对生物多样性的负面影响；培育优良动植物新品种，增强其适应气候变化的能力"。

2021年，中共中央办公厅、国务院办公厅印发《关于进一步加强生物多样性保护的意见》，进一步强调了气候变化对生物多样性的影响及相关关系，要求做好应对气候变化与保护生物多样性协同治理工作，提出"开展大型工程建设、资源开发利用、外来物种入侵、生物技术应用、气候变化、环境污染、自然灾害等对生物多样性的影响评价，明确评价方式、内容、程序，提出应对策略"。

加强生物多样性保护与应对气候变化协同增效应从两方面着手。一是促进保护生物多样性与应对气候变化的协同增效作用，合理利用生物质能源以减少化石能源的消耗；发挥森林、草地、湿地、海洋等生态系统的巨大生物碳汇功能，以吸纳和储存大量CO_2；建立健康的自然生态系统以增强其应对极端自然灾害的抵抗力，减少极端自然灾害给人类和生物多样性造成的损害。从而发挥生物多样性的生态协调功能和生态服务功能，永续为人类及地球可持续发展奠定基础。二是发挥生物多样性碳功能与气候变化的协同作用。生物多样性的重要组成即生态系统的作用主要体现在碳功能（即碳减排和碳汇功能）上。生物质能源是植物通过光合作用贮存在生物质内的能量，相比于传统煤炭发电项目，生物质不仅不会向大气排放CO_2，生产过程中更有固碳作用，加上生物质中硫含量低于煤炭，燃烧产生较少SO_2等大气污染物，因此生物质发电项目除了减少温室气体的排放，也会带来大气污染物减排的附加效益，总体起到碳减排的作用。生物多样性有助于健康生态系统的形成，这是生物质持续产生的先决条件，丰富的生物量保证了充足的生物质原料供应，降低了生物质能源原料的成本。碳汇功能是指CO_2的吸收和储存，生物碳汇则仅指由生命成分固定和吸收的CO_2，来自各类生命个体和群体，包括植物、动物和微生物的不同个体和群体，存在于不同的生态系统中。生物多样性有助于生态系统健康、持续地发挥其碳汇功能，碳汇功能的发挥也对保护生物多样性有正反馈作用。

因此，合理扩大生物碳汇规模是未来30~50年经济可行、成本较低的重要减缓措施。

未来推进应对气候变化与保护生物多样性协同增效，应着重考虑：一是制定协同治理政策制度框架。将应对气候变化和保护生物多样性纳入经济和社会发展全局，以协同治理为目标制定国家战略和行动指南。坚持系统思维和韧性思维。二是构建应对气候变化与保护生物多样性协调互动的治理体系。综合协调环境、经济和社会作用，让所有利益相关方都参与到应对气候变化和生物多样性保护中，形成多措并举、协调互动的治理体系。三是构建国土空间开发保护新格局。建立以国家公园为主体的自然保护地体系。四是推动有利于实现碳中和与生物多样性保护的贸易与合作方式。构建可持续的贸易、投资与国际合作体系，统筹国际国内可持续发展政策。促进全球碳中和进程，构建多元气候合作、对话机制和治理体系。五是加强生态系统修复应对气候变化与保护生物多样性的协同效应研究。

第四节　实现途径和保障措施

推动碳达峰碳中和与生态环境保护协同推进是新发展阶段的必然要求，是破解资源环境约束突出问题、实现可持续发展的迫切需要，是顺应技术进步趋势、推动经济结构转型升级的迫切需要，是满足人民群众日益增长的优美生态环境需求、促进人与自然和谐共生的迫切需要，是主动担当大国责任、推动构建人类命运共同体的迫切需要。我们必须贯彻新发展理念，坚定不移走生态优先、绿色低碳发展道路，着力推动经济社会发展全面绿色转型，将应对气候变化作为美丽中国建设重要组成部分。当前和今后一段时期，我们必须加强碳达峰碳中和与生态环境保护协同推进的政策标准、科学技术、考核管理、宣传教育、国际合作等相关工作，确保相关工作落实。

一、加强政策统筹

注重系统谋划，推动战略规划统筹融合。完善绿色低碳政策体系是碳达峰碳中和目标与生态环境保护协同得以实现的坚强保障。

加强规划有机衔接。科学编制应对气候变化专项规划，将应对气候变化目标任务全面融入生态环境保护规划，统筹谋划有利于推动经济、能源、产业等绿色低碳转型发展的政策举措和重大工程，在有关省份实施二氧化碳排放强度和总量"双控"。污染防治、生态保护、核安全等专项规划要体现绿色发展和气候友好理念，协同推进结构调整和布局优化、温室气体排放控制以及适应气候变化能力提升等相关目标任务。推动将应对气候变化要求融入国民经济和社会发展规划，以及能源、产业、基础设施等重点领域规划。

完善减污降碳法规标准。制定实施《碳排放权交易管理暂行条例》。推动将协同控制温室气体排放纳入生态环境相关法律法规。完善生态环境标准体系，制修订相关排放标准，强化非二氧化碳温室气体管控，研究制订重点行业温室气体排放标准，制定污染物与温室气体排放协同控制可行技术指南、监测技术指南。完善汽车等移动源排放标准，推动污染物与温室气体排放协同控制。

加强减污降碳协同管理。研究探索统筹排污许可和碳排放管理，衔接减污降碳管理要求。加快全国碳排放权交易市场建设，严厉打击碳排放数据造假行为，强化日常监管，建立长效机制，严格落实履约制度，优化配额分配方法。开展相关计量技术研究，建立健全计量测试服务体系。开展重点城市、产业园区、重点企业减污降碳协同度评价研究，引导各地区优化协同管理机制。推动污染物和碳排放量大的企业开展环境信息依法披露。

强化减污降碳经济政策。加大对绿色低碳投资项目和协同技术应用的财政政策支持，财政部门要做好减污降碳相关经费保障。大力发展绿色金融，用好碳减排货币政策工具，引导金融机构和社会资本加大对减污降碳的支持力度。扎实推进气候投融资，建设国家气候投融资项目库，开展气候投融资试点。建立有助于企业绿色低碳发展的绿色电价政策。将清洁取暖财政政策支持范围扩大到整个北方地区，有序推进散煤替代和既有建筑节能改造工作。加强清洁生产审核和评价认证结果应用，将其作为阶梯电价、用水定额、重污染天气绩效分级管控等差异化政策制定和实施的重要依据。推动绿色电力交易试点。

完善减污降碳政策工具。健全排放源统计调查、核算核查、监管制度，按履约要求编制国家温室气体排放清单，建立温室气体排放因子库。

二、加强科技支撑

科技是推动减污降碳协同工作的基础支撑。加大基础科学、机理和理论研究，从本质和源头研究减污降碳协同的可行性和合理性，避免减污增碳或降碳增污等不协同技术的使用。加大减污降碳新技术的研发和广泛应用。

加强减污降碳协同增效基础科学和机理研究。在大气污染防治、碳达峰碳中和等国家重点研发项目中设置研究任务，建设一批相关重点实验室，部署实施一批重点创新项目。聚焦化石能源绿色智能开发和清洁低碳利用、可再生能源大规模利用、新型电力系统、节能、氢能、储能、动力电池、二氧化碳捕集利用与封存等重点，深化应用基础研究。

加强减污降碳协同的关键技术研发和创新。加强氢能冶金、二氧化碳合成化学品、新型电力系统关键技术等研发，推动炼化系统能量优化、低温室效应制冷剂替代、碳捕集与利用等技术试点应用，推广光储直柔、可再生能源与建筑一体化、智慧交通、交通能源融合技术。开展烟气超低排放与碳减排协同技术创新，研发多污染物系统治理、VOCs源头替代、低温脱硝等技术和装备。加强科技创新能力建设，推动重点方向学科交叉研究，形成减污降碳领域国家战略科技力量。

加强科技转化。充分利用国家生态环境科技成果转化综合服务平台，实施百城千县万名专家生态环境科技帮扶行动，提升减污降碳科技成果转化力度和效率。加快重点领域绿色低碳共性技术示范、制造、系统集成和产业化。建立完善绿色低碳技术评估、交易体系和科技创新服务平台，加快先进适用技术研发和推广。要创新人才培养模式，鼓励高等学校加快相关学科建设。推动低碳零碳负推进碳排放管理相关新职业的设立和管理，加快碳排放管理员系列培训教材编制。

三、加强考核管理

要认真贯彻落实党中央、国务院对"双碳"工作的决策部署，充分认识减污降碳协同增效工作的重要性、紧迫性，加强党对减污降碳协同增效工作的领导，加强统筹协调，严格监督考核，推动形成工作合力。

夯实考核基础。拓展完善天地一体监测网络，在区域、城市和重点行业开展碳监测评估试点，提升减污降碳协同监测能力，夯实减污降碳协同考核相关数据基础。推动城市、行业、园区、企业等层面制定减污降碳协同评价指标体系，完善减污降碳协同考核的方法体系。研究建立固定源污染物与碳排放核查协同管理制度，建立减污降碳协同信息化管理平台，实行一体化监管执法。依托移动源环保信息公开、达标监管、检测与维修等制度，探索实施移动源碳排放核查、核算与报告制度。

明确细化责任。在各地《生态环境保护责任清单》和《减污降碳协同增效实施方案》及各地相关职责分工的基础上，将各级政府及有关部门减污降碳的责任进行具化，明晰各方责任。

加强考核督察。统筹减污降碳工作要求，将温室气体排放控制目标完成情况纳入生态环境相关考核，构筑科学、高效、严格的环境绩效审计制度，逐步形成体现减污降碳协同增效要求的生态环境考核体系。

四、加强宣传引导

开展减污降碳协同工作首先要加强对减污降碳协同基础知识、实现路径和工作要求的学习，做到真学、真懂、真会、真用。减污降碳协同增效政策是生态环境保护与温室气体减排协同增效的有机融合，而不仅仅是在环境政策中提及气候减缓和适应相关措施，或气候政策中提及污染防治的简单"拼接"。

将绿色低碳发展纳入国民教育体系。将绿色低碳理念和减污降碳协同相关内容纳入教育教学体系。加强干部队伍能力建设，组织开展减污降碳协同增效业务培训，提升相关部门、地方政府、企业管理人员能力水平。支持有关高校、开放大学加强与部门、企业、社会机构合作，共同开发非学历继续教育培训项目，多渠道扩大终身教育资源，满足经济社会发展和学习者对碳达峰碳中和领域知识能力的终身学习需求。

加强宣传引导。选树减污降碳先进典型，发挥榜样示范和价值引领作用，利用六五环境日、全国低碳日、全国节能宣传周等广泛开展宣传教育活动。开展生态环境保护和应对气候变化科普活动，增强全民节约意识、环境意识、生态意识，倡导简约适度、绿色低碳的生活方式，积极倡导绿色消费。实施"美丽中国，我是行动者"提升公民生态文明意识行动计划，把建设美丽中国转化为全体人民的自觉行动。加大信息公开力度，完善公众监督和举报反馈机制，提高环境决策公众参与水平。

加强国际宣传引导。在气候变化缔约方大会或其他相关会议中主动设置减污降碳协同增效议题，或举行相关边会，主动宣传我国在减污降碳协同增效领域的中国理论、中国实践等。积极借助国际组织、国际学者、国外公众来讲述中国减污降碳协同增效故事，扩大舆论"朋友圈"。在世界贸易组织、亚投行等国际机构中，加强对气候变化和减污降碳协同增效等议题的讨论。

五、加强国际合作

气候变化等生态环境问题关乎全人类的生存和发展,唯有携手加强国际合作,我们才能有效应对气候变化和生态环境质量改善等环境问题。面对实现生态环境根本好转和碳达峰碳中和两大战略任务,加强国际合作协同推进减污降碳已成为我国新发展阶段经济社会发展全面绿色转型的必然选择。中国愿意同世界各国一道,在落实发展议程的过程中,合作应对气候变化和生态环境挑战,共同实现降碳、减污、扩绿、增长。

一是推动将减污降碳协同作为全球气候和环境治理的重要议题。积极参与和引领全球气候和环境治理,秉持人类命运共同体理念,以更加积极姿态参与全球气候谈判议程和国际规则制定,推动将减污降碳协同作为重要原则和议题纳入气候谈判和协定,推动构建公平合理、合作共赢的全球气候治理体系。广泛开展应对气候变化、保护生物多样性、海洋环境治理等生态环保国际合作,推动强化应对气候变化与生物多样性、保护臭氧层、固体废物管理等其他国际环境公约履约的协同增效。

二是推动在气候南南合作、绿色"一带一路"倡议中开展减污降碳协同的务实合作。积极为广大发展中国家提供支持和帮助,发挥应对气候变化南南合作、"一带一路"绿色发展国际联盟等合作平台,开展减污降碳协同增效相关内容培训,向国际社会宣传我国减污降碳协同的措施和达到的效果,把我国协同控制立法、评估方法、技术筛选、项目实施等方面的经验与其他发展中国家分享,充分体现我国对污染物与温室气体协同控制方面的高度重视和引领作用。与共建"一带一路"国家开展绿色发展政策沟通,加强减污降碳政策、标准联通,在绿色低碳技术研发应用、绿色基础设施建设、绿色金融、气候投融资等领域开展务实合作。在气候南南合作中,认真落实气候变化领域南南合作政策承诺,加强减污降碳国际经验交流,支持发展中国家特别是最不发达国家、内陆发展中国家、小岛屿发

展中国家同时应对气候变化和生态环境质量改善的挑战。

三是加强减污降碳协同增效双边对话合作。在中国现有双边和区域对外环境合作中，主动设立减污降碳协同增效等相关议题。将减污降碳协同增效作为中美、中欧环境与气候合作的重要领域，纳入中欧环境与气候高层对话及相关合作机制中。推动中日韩在环境部长对话机制下开展减污降碳协同的务实合作，并推动将相关成果与第三方合作交流。

思考题

1. 如何理解减污降碳协同增效的内涵？
2. 请结合你所在地方实际，谈一谈如何推动减污降碳协同增效？

第九讲 "双碳"目标与生态系统固碳增汇

朱建华　赵　鹏

"汇"是从大气中清除温室气体、气溶胶或温室气体前体的过程、活动或机制，反之则为源（United Nations，1992）。由于温室气体常以二氧化碳当量（CO_2-eq）来衡量，所以也称为"碳汇"或"碳源"。碳汇和碳源都是相对于大气而言的，碳汇量的大小代表了一段时间内从大气中清除温室气体的能力。

国际社会很早就重视到生态系统碳汇在降低大气温室气体浓度和减缓气候变化方面的重要作用。1992年《联合国气候变化框架公约》（UNFCCC）第四条第1款、1997年《京都议定书》（*Kyoto Protocol*）第二条第1款，以及2016年《巴黎协定》（*The Paris Agreement*）第五条第1款均强调要采取行动保护和增强所有温室气体的汇和库，包括森林和海洋，以及其他陆地、沿海和海洋生态系统。

第一节　生态系统的碳汇作用

陆地和海洋生态系统具有"碳汇"的功能，能够吸收并固定大气中的二氧化碳，从而降低大气中的二氧化碳浓度，在一定程度上减缓气候变化及其负面影响。根据全球碳收支评估报告[1]，2011—2020年期间全球陆地和海洋生态系统净碳汇量分别达到31亿吨碳/年和28亿吨碳/年，分别约占同期人为二氧化碳排放总量的29%和26%。因此，生态系统碳汇是减缓大气二氧化碳浓度上升和全球变暖的重要手段。

为应对气候变化和实现可持续发展，中国政府提出力争在2030年前实现碳达峰和2060年前实现碳中和的战略目标（简称"双碳"目标），实现"双碳"目标需要统筹减排和增汇。过去几十年中国陆地生态系统碳汇总量约1.7亿~3.5亿吨碳/年，相当于同期化石燃料燃烧和工业碳排放的7亿~15%，发挥了显著的作用。为了实现"碳中和"目标，中国政府提出了"碳汇能力巩固提升行动"，强调在加强生态保护以巩固自然生态系统固碳作用的同时，通过实施生态工程措施以提升生态系统碳汇能力。未来中国生态系统将持续发挥大气"碳汇"的作用，为实现"碳中和"提供重要的支撑。

一、陆地生态系统

陆地生态系统碳汇是指其通过光合作用和碳循环过程，将大气中的温室气体（如CO_2、CH_4等）固定下来的所有过程、活动或机制。陆地生态系统碳汇大小是生态系统碳循环作用的结果。陆地生态系统碳循环可以描述为以下过程[2]：（1）总初级生产力（GPP），单位时间内植物通过光合作用

---

[1] Friedlingstein P, Jones M W, O'Sullivan M, et al. Global Carbon Budget 2021. Earth System of Science Data, 2022, 14（4）：1917–2005.

[2] Schulze E D, Wirth C, Heimann M. 2000. Managing Forests After Kyoto. Science, 289（5487）：2058–2059.

同化大气中的CO_2形成的有机物总称；（2）净初级生产力（NPP），植物的自养呼吸作用会将一部分同化的碳转化为CO_2释放至大气，一部分则以植被生物量的形式储存起来；（3）净生态系统生产力（NEP），植物的凋落物、死亡根系以及根系分泌物等会经过土壤微生物的分解再次将植物固存的部分碳以CO_2的形式释放回大气中；（4）净生物群系生产力（NBP），自然和人为干扰等非呼吸作用释放一部分的碳。如果NBP为正值，则生态系统表现为碳汇，否则为碳源。

1. 森林生态系统

作为陆地生态系统碳汇的主体，森林生态系统碳汇被认为是抵消化石燃料碳排放的有效途径，也是实现"碳中和"目标的主要途径。森林中储存着大量碳，其碳库变化能导致大气CO_2浓度波动，从而进一步调节气候变化。目前全球森林面积40.6亿公顷，约占全球陆地面积的31%，总碳储量达到6620亿吨碳，其中生物量、死有机质和土壤有机质碳库的碳储量分别约占44%、10%和45%[1]。我国森林面积约2.2亿公顷，占我国陆地面积的22.9%，森林植被碳储量达到91.86亿吨碳[2]，森林表层土壤碳储量约103.2亿~136.7亿吨碳之间。

2. 草地生态系统

全球草地生态系统面积约52.5亿公顷，约占全球陆地面积的40.5%。全球草地植被碳储量约为630亿吨碳，土壤碳储量约为4230亿吨碳。全球草地碳储量约占陆地生态系统的34%，且90%储存在根系和土壤中，对土壤固碳起到至关重要的作用。我国草地面积约2.9亿公顷，占我国陆地面积的30.5%。我国草地生态系统碳储量约在173亿~595亿吨碳之间[3]。

---

[1] FAO. Global forest resources assessment 2020–Key findings. 2021.

[2] 国家林业和草原局. 2019. 中国森林资源报告（2014—2018）. 中国林业出版社，北京.

[3] Yang Y H, Shi Y, Sun W J, et al. 2022. Terrestrial carbon sinks in China and around the world and their contribution to carbon neutrality. Science China：Life Sciences，65（5）：861–895.

3. 灌丛生态系统

近年来，随着全球变化和人类活动影响的加剧，全球灌丛分布范围正不断扩大，面积约占全球陆地面积的10%，在陆地生态系统碳循环中扮演着重要的角色。目前全球灌丛的植被碳储量约为242亿吨碳，土壤碳储量约为1238亿吨碳。我国灌丛面积约为0.7亿公顷，占我国陆地面积的7%；我国灌丛生态系统碳储量约在66.9亿~120亿吨碳之间[1]。

4. 荒漠生态系统

全球荒漠生态系统面积为27.7亿公顷，约占全球陆地面积的20%。荒漠生态系统中的碳主要以土壤碳的形式存在，全球荒漠生态系统总碳库约为2500亿吨碳，其中土壤有机碳储量约为2390亿吨碳。我国荒漠面积约为1.65亿公顷，占我国陆地面积的17%；我国荒漠生态系统中土壤碳库约25.8亿吨碳，植被碳库仅约9.7亿吨碳[2]。

5. 湿地生态系统

湿地生态系统是陆地生物圈中重要的碳汇，同时也是重要的甲烷排放源。全球湿地面积约占陆地面积的5%~8%，其土壤碳密度明显高于其他陆地生态系统，全球湿地土壤碳储量约在2020亿~3770亿吨碳之间，占全球陆地土壤碳储量的20%~30%，在全球陆地碳循环中起着关键的作用。我国湿地面积约为0.36亿公顷，约占我国陆地面积的4%；我国湿地生态系统碳储量介于55.2亿吨~77.5亿吨碳之间[3]。

6. 农田生态系统

全球农田面积约14亿公顷，约占陆地总面积的12%，在保障粮食安全

---

[1] Tang X L, Zhao X, Bai Y F, et al. 2018. Carbon pools in China's terrestrial ecosystems: New estimates based on an intensive field survey. Proceedings of the National Academy of Sciences of the United States of America, 115（16）: 4021-4026.

[2] Wang L X, Gao J X, Shen W M, et al. 2021. Carbon storage in vegetation and soil in Chinese ecosystems estimated by carbon transfer rate method. Ecosphere, 12（1）: e03341.

[3] Zheng Y M, Niu Z G, Gong P, et al. 2013. Preliminary estimation of the organic carbon pool in China's wetlands. Chinese Science Bulletin, 58（6）: 662-670.

和减缓气候变化方面具有双重作用。农田生态系统主要关注其土壤碳库，全球农田1米深度的土壤有机碳储量大约在1280—1650亿吨碳之间。我国农田面积约为1.3亿公顷，占我国陆地面积的13.3%；我国农田土壤碳储量在118亿~130亿吨碳之间，其中表层0~30厘米土壤的碳储量在50亿~75亿吨碳左右。

二、海洋生态系统

海洋覆盖了地球表面的71%，是地球上最大的活跃碳库，在调节大气CO_2方面发挥着重要作用。海洋储存了93%的CO_2（40万亿吨），是大气的50倍和陆地生物圈的19倍，每年吸收20%~30%人为CO_2排放。随着大气CO_2浓度的持续升高，海洋将吸收更多的CO_2，在调节气候变化的同时，也进一步加剧了海洋酸化。从全球尺度看，高纬度海洋被冷却，海水密度变大并向深部下沉，将表层的碳向深海输送，表现出CO_2净吸收；而热带海域表现出CO_2净排放，即海洋碳源的强度大于汇的强度。在广袤的海洋表层，由浮游植物光合作用吸收二氧化碳形成的有机物占全球总量的55%，但其中90%左右经碳循环再度回到大气，剩余10%的部分中仅有1至3成能够到达海底。

1.海洋碳汇机制

海洋固定和储存二氧化碳的主要机制包括溶解度泵（Solubility Pump）、碳酸盐泵（Carbonate Pump）、生物泵（Biological Pump）和微型生物碳泵（Microbial Pump）。

（1）溶解度泵。海洋能够容纳大量的CO_2是因为CO_2可与水反应转化为非气态的碳酸、碳酸氢根和碳酸根离子，降低了水中的CO_2分压，促进大气中CO_2向海水中扩散，这一机制和过程又被称为溶解度泵。海水中二氧化碳的溶解度与温度成反比，随着海洋温度的不断升高，溶解度泵的作用正在不断降低。

（2）生物泵。浮游植物通过光合作用将海洋表层的二氧化碳转化为有机物，沿着食物链被浮动动物、鱼类等捕食并传递，这一过程中形成的碎屑、粪便和残体等颗粒有机碳在重力的作用下由海洋表层向深海传递，并被长期埋藏和封存，这一过程被称为生物泵。约67%的海洋碳垂直通量由生物泵完成的。海洋表层变暖和海水酸化给浮游植物造成了负面影响，削弱了生物泵的作用。

（3）碳酸盐泵。海洋生物利用海水中的碳酸氢盐生成碳酸钙外壳，并最终沉降于海底的过程被称为碳酸盐泵。由于碳酸氢盐生成碳酸钙的过程会释放CO_2，导致溶解在海水中的CO_2向大气中释放，在一定程度上抵消了有机颗粒沉降的固碳效应。2009年以来，我国科学家提出"渔业碳汇"理念，将养殖贝类作为渔业碳汇的重要组成部分，为海洋减缓气候变化提供了新的视角。由于IPCC现有涉及海洋碳汇的方法论是以森林和泥炭地为基础的，养殖贝类碳汇的基础研究仍需进一步加强。

（4）微型生物碳泵。生物泵产生的颗粒有机碳在向深海沉降的过程中被微型生物不断降解转化，成为难以再被利用的惰性溶解有机碳（Recalcitrant Dissolved Organic Carbon，RDOC），从而被长期固定和储存在海洋中。

2. 蓝碳

2009年，联合国环境规划署（UNEP）、粮农组织（FAO）和教科文组织政府间海洋学委员会（IOC/UNESCO）联合发布《蓝碳：健康海洋固碳作用的评估报告》，首次用蓝碳代指海洋生物通过光合作用固定并储存在海洋中的碳。2019年，IPCC《海洋与冰冻圈特别报告》将蓝碳明确定义为"易于管理的海洋系统中所有生物驱动碳通量及存量"，并指出红树林、海草床、滨海盐沼等三类滨海植被和大型藻类（特别是养殖海藻）是相对易于管理的海岸带蓝碳。从应对气候变化的角度看，易于管理是指能够通过人为活动影响和改变，是界定蓝碳范畴的必要条件。

红树林、海草床和滨海盐沼等海岸带蓝碳具有高等植物群落的特点，其在应对气候变化范畴下的科学机制源于森林和泥碳地。除通过光合作用将碳储存在植物体内，红树林的呼吸根和气生根、海草和滨海盐沼植物的叶片十分致密，极大地减缓了水流，促进了悬浮颗粒沉降。在氧含量较低的环境下，有机碳分解速率低，碳储存时间长。从世界范围看，红树林储藏了94亿~104亿吨碳，平均年碳埋藏速率5.98吨二氧化碳/公顷，年固定8257万~9138万吨二氧化碳；海草床储藏了42亿~84亿吨碳，年均碳埋藏速率5.06±1.39吨二氧化碳/公顷，每年固定17600万吨~41100万吨二氧化碳；盐沼储藏了4亿~65亿吨碳，单位面积碳储量为162吨碳，年均碳埋藏速率为8.00±0.88吨二氧化碳/公顷，每年固定1762万~32000万吨二氧化碳。

除减缓气候变化外，滨海植被还保护海岸免遭侵蚀，维系着近海渔业资源，发挥着重要的气候变化适应作用。受人类活动、海平面上升和极端气候事件影响，在过去100年中，近50%的滨海植被已经消失。

第二节　林草固碳增汇

一、森林生态系统碳汇现状与固碳增汇潜力

1. 森林碳汇现状

多数研究认为目前全球森林总体上是一个碳汇。1990—2007年间全球森林总碳汇量约40.5亿吨碳/年，但同期热带地区毁林造成了29.4亿吨碳/年的碳排放，这期间全球森林净碳汇量约11.1亿吨碳/年。2001—2019年间全球因毁林等干扰造成了81亿吨二氧化碳/年的碳排放，同期全球森林碳汇量约156亿吨二氧化碳/年，二者相抵后全球森林净碳汇量约76亿吨二氧化碳/年[1]。但也有研究认为，全球森林可能是碳排放源。世界粮农组

---

[1] Harris N L, Gibbs D A, Baccini A, et al. 2021. Global maps of twenty-first century forest carbon fluxes. Nature Climate Change, 11（3）：234-240.

织评估结果显示，2020年全球森林面积相比1990年减少了1.78亿公顷，森林总碳储量减少了约60亿吨碳。全球毁林产生的碳排放从1991—2000年间的43亿吨二氧化碳/年下降至2016—2020年间的29亿吨二氧化碳/年，但同期全球森林总碳汇量也从35亿吨二氧化碳/年下降至26亿吨二氧化碳/年，综合之后1991—2020年期间全球森林平均年净排放量约4亿吨二氧化碳/年[1]。

我国森林生态系统碳源/碳汇特征可以分为三个时期：（1）1949年至20世纪70年代末，由于森林采伐和毁林导致森林面积锐减、森林碳储量显著下降，我国森林生物量年均损失率约为0.22亿吨碳/年，表现为碳源[2]；（2）20世纪80年代初至20世纪90年代，通过实施多项重大生态工程，制定一系列森林保护政策，我国森林面积和森林蓄积量呈稳步上升趋势，森林平均碳汇强度为0.68亿~0.79亿吨碳/年，森林由碳源转变为碳汇；（3）1990年后期至今，受益于大规模林业重大生态工程的广泛实施和森林保护政策的大力落实，我国森林面积和森林蓄积量进一步增长，2010—2020年间我国森林生态系统平均碳汇强度为2.69亿吨碳/年，森林碳汇能力明显增强。因此，在全球森林面积减少的背景下，我国实施的森林保护政策和生态工程使我国森林面积尤其是人工林面积年均增加量保持全球首位，从而使我国森林生态系统的固碳增汇能力大大加强，逐步从碳源转变为碳汇。近20年我国森林生态系统年均碳汇量约为2.08亿吨碳/年，占全国陆地生态系统碳汇量的80%以上，是我国陆地生态系统碳汇的绝对主体。

2. 森林碳汇潜力

现有关于未来森林碳汇潜力的预测，主要侧重于乔木林生物质碳储量变化研究。尽管不同预测研究采用的未来情景不尽相同，但均显示中国未

---

[1] Tubiello F N, Conchedda G, Wanner N, et al. 2021. Carbon emissions and removals from forests: new estimates, 1990–2020. Earth System Science Data, 13（4）: 1681–1691.

[2] Fang J Y, Chen A P, Peng C H, et al. 2001. Changes in forest biomass carbon storage in China between 1949 and 1998. Science, 292（5525）: 2320–2322.

来乔木林生物质碳密度和碳储量呈随时间增长的趋势，将持续发挥碳汇的功能。综合分析显示，21世纪20年代全国乔木林生物质碳储量年增量约为1.71亿吨碳/年，21世纪30年代约为1.56亿吨碳/年，21世纪40年代约为1.47亿吨碳/年[1]，随时间而下降的趋势。这主要可能是由于多数研究基于林龄变化来进行预测，未来林龄增长将导致成熟林和过熟林面积占比将增加，乔木林平均生长速率会逐渐下降。有预测研究认为，中国乔木林生物质碳储量年变化量大约在2030—2035年前后达到峰值，之后逐渐下降[2]。

还有一些研究预测了环境因子以及人为管理活动对未来森林生物质碳储量的影响。有研究认为，21世纪40年代中国森林生物质碳储量将比21世纪初的10年增加88.9亿~103.7亿吨碳，其中林龄增长的贡献约66.9亿吨碳，气候变化贡献5.2亿~6.0亿吨碳，而CO_2浓度增加能贡献16.8亿~31.2亿吨碳。也有研究乐观地认为，通过采取目标导向管理可以显著提升未来中国森林生物质年固碳量，在RCP4.5情景下目标导向管理将使21世纪50年代中国森林生物质年固碳量从基准情景的1.89亿吨碳/年提升到2.53亿吨碳/年，贡献占比达到25.2%[3]。

二、草地生态系统碳汇现状与固碳增汇潜力

1. 草地碳汇现状

对于全球草地生态系统碳源/汇的认识也还存在较大的争议。有研究

---

[1] 朱建华，田宇，李奇，等. 2023. 中国森林生态系统碳汇现状与潜力. 生态学报，43（9）：1-16。

[2] Cai W X, He N P, Li M X, et al. 2022. Carbon sequestration of Chinese forests from 2010 to 2060: spatiotemporal dynamics and its regulatory strategies. Science Bulletin，67（8）：836-843.

[3] Huang Y, Sun W J, Qin Z C, et al. 2022. The role of China's terrestrial carbon sequestration 2010–2060 in offsetting energy-related CO2 emissions. National Science Review，2022：nwac057.

认为2003—2012年间全球草地表现出碳中性特征；也有研究认为1982—2001年间全球草地为碳源，年均约19亿吨碳/年；但也有研究认为1990—2007年间全球草地是个显著的碳汇，达到3.7亿吨碳/年。

由于采用的数据来源和估算方法等差异，我国草地生态系统碳汇量评估结果存在较大的差异。基于模型模拟的1961—2013年我国草地碳汇强度为0.13亿~0.17亿吨碳/年，呈碳汇特征；而基于样地调查估算的2001—2010年我国草地为弱的碳排放源，年均碳排放量约0.03亿吨碳/年。我国90%以上天然草地发生了呈现不同程度的退化，其中60%以上为中度和重度退化。草地植被在过去几十年逐渐由碳汇转变为碳中性或弱碳源，而草地土壤则表现出由碳中性逐渐转变为碳汇[1]。

2. 草地增汇潜力

有研究结果表明，假设所有退化的草地生态系统通过有效管理措施能恢复到退化前的状态，由此估算的未来草地生态系统植被和土壤将分别增加10亿吨碳和163亿吨碳。因此，通过退化草地的修复、改进放牧管理制度、在牧场和人工草地中调整植物配置等措施，我国草地生态系统固碳具有非常大的潜力[2]。

三、技术路径

近30年来，中国持续开展了大规模生态修复、国土绿化和森林质量提升行动，森林和草原等生态系统的碳汇贡献也十分显著。但是，中国生态脆弱、缺林少绿、生态系统质量整体不高的现状依然没有改变。未来林草减排增汇的基本路径主要是"扩、增、固、延"四个方向。必须严格执行

---

[1] Yang Y H, Shi Y, Sun W J, et al. 2022. Terrestrial carbon sinks in China and around the world and their contribution to carbon neutrality. Science China：Life Sciences，65（5）：861-895.

[2] Bai Y F and Cotrufo M F，2022. Grassland soil carbon sequestration：Current understanding, challenges, and solutions. Science，377，603-608.

《森林法》《草原法》等规定的责任和义务，科学培育、管理与保护森林和草原，增强生态系统的碳吸收能力，提高生态系统碳储量。

"扩"，主要是通过科学绿化有效增加森林面积，广泛涉及树种选择、造林、再造林、森林恢复、营造农林系统、城市绿地、四旁树的培育等。普遍认为，通过造林增加森林面积是缓解气候变化最有效的方案。然而，中国增加森林面积难度也将越来越大，现有宜林地面积不足5000万公顷，且三分之二分布在内蒙古和西北等干旱和半干旱地区，造林成本高、成活率低、树木生长缓慢。因此，需要制定和完善国土绿化空间总体规划，权衡区域水资源平衡及经济社会发展，权衡造林土地增加与其他土地利用之间的竞争，确立科学、可操作的"以水定绿"路径，精准识别适宜森林生长的潜在空间分布区，精准增加碳库的"容量"。实施科学绿化，还需要根据地形地貌、土壤条件和气候等特征，选择适宜的树种和混交模式进行造林，同时考虑造林及养护成本，最大效率发挥新造林固碳的稳定性和持久性。

"增"，主要是精准提升森林质量，培育具有稳定、健康、优质、高效等特点的高质量森林生态系统，提高森林蓄积和生物量，增加森林碳储量。这是中国未来最重要的努力方向和必由之路。提升森林"四库"功能，要抓紧建立和实行以森林经营方案为基础的森林经营管理制度体系，从适应性政策制度体系、规划与方案体系、基础能力建设、经营队伍建设、科技研发和成果转化等方面实现突破，形成适应时代发展的森林生态管理策略和道路，并将主要措施贯穿在整地、抚育、间伐、采伐等各个环节，全周期提升森林生态系统质量。另外，中国木材供需的结构性矛盾依然突出，再加上林地征占、毁林以及非法破坏森林资源等问题，使森林资源保护面临巨大压力。这对巩固和提升森林碳汇提出了更高的要求和更新的挑战。

"固"，主要是巩固和保护现有森林的碳储存，例如，减少毁林、防止森林退化、加强森林保护控制和减少森林火灾和病虫害，以及适度发展碳替代，特别是林产品替代化石能源密集型产品。避免毁林、防止森林退化以及加强森林管理也是增强森林碳汇的有效路径。中国目前的毁林情况得到了较好的控制，通过加强森林管理、减少采伐等措施将进一步提升增汇潜力。而且，这一措施可以在已有的森林中实施，不需要改变土地利用现状，也不存在与其他土地的竞争，属于成本有效的减排增汇措施。尽管有些措施有可能会影响木材的生产和供给，比如减少采伐、延长轮伐期等，但可以通过造林再造林的途径、增加用材林的比例，在一定程度上弥补这种影响。

"延"，是延伸森林碳库的物理边界，对从森林中采伐移出的碳加以保护和利用，扩大以"木产品"碳库为主的碳储存功能。受制于森林面积和森林生长量的上限，森林生态系统存在理论上的"碳饱和"，因此必须考虑在森林之外拓展新的碳储存库，形成以生物质途径为主的碳捕捉、碳利用和碳封存技术（BCCUS）。一方面通过科学合理的采伐利用和更新，能为新的森林生长腾出吸碳与储碳空间；另一方面通过加强对采伐收获木产品的生产、使用和回收利用，有效延长木产品储碳时间并减少分解释放。森林采伐在短期内会造成森林生物量碳的损失，但采伐后的木材产品中也储存了大量的碳，并不会随着采伐活动的发生而马上释放大气。同时，采伐更新后的森林往往具有更快的生长速率，继续发挥碳汇的功能。根据木产品的种类、用途和使用寿命，其储存的碳可以保存较长的时间，起到固碳增汇的作用。已有的研究和实践证明，延长木产品的使用寿命并加强回收利用，可以有效增加和保护木产品储存的碳，这在一定程度上间接地延伸和拓展了森林碳汇的边界。

四、中国生态工程的碳汇成效

自20世纪70年代末以来，中国在全国范围内启动了多个国家重点生态恢复工程，以保护环境和修复退化的生态系统。20世纪70年代末启动的三北防护林工程，面积横跨了半个北方地区，被称为"绿色长城"。1989年在中国南部地区启动的长江和珠江流域防护林工程，目的是抗击洪水和减少水土流失。1998年启动的天然林保护工程，目的在于保护生物多样性、减少水土流失、降低洪水风险、预防与森林砍伐有关的其他自然灾害。2000年中国实施了退耕还林还草工程，推进丘陵地区退耕还林，被认为是世界上规模最大、投资最高的生态修复项目，也是生态补偿的典型案例。2001年开始的京津风沙源治理工程，通过控制风沙和水土流失灾害风险，促进中国首都（北京）附近的环境保护。2003年启动的退牧还草工程，旨在减少过度放牧的影响，提高草地生产力。上述项目范围覆盖了中国44.8%的森林和23.2%的草原。

研究表明[1]，这几大生态工程项目区每10年的固碳量达到15.19亿吨碳，其中9.19亿吨碳（60.5%）储存在植被生物量中，6.00亿吨碳（39.5%）储存在土壤中。其中，8.89亿吨碳（58.5%）的固碳量是缘于天然林保护工程，其次是退耕还林工程（2.71亿吨碳，或17.8%）和三北防护林第四期工程（1.24亿吨碳，或8.2%）。在研究期间，生态工程项目区内生态系统年固碳量约为1.32亿吨碳/年，其中天然林保护工程区（约0.68亿吨碳/年）、退耕还林工程区（约0.25亿吨碳/年）和退牧还草工程区（约0.15亿吨碳/年）的固碳能力相对较高，也与这些项目的面积较大有关。六大工程区占中国森林面积的44.8%，其森林生物质碳储量增加了8.55亿吨碳，年均生物量碳汇为0.73亿吨碳/年，约占全国森林生物量碳汇的63.4%~71.2%。此外，工程区内的土壤碳储量也有所增加，1998—2010年天然林保护区内土壤碳储量的增加表明中国天然林在土壤固碳方面发挥了重要作用。

---

[1] Lu F, Hu H F, Sun W J, et al. 2018. Effects of national ecological restoration projects on carbon sequestration in China from 2001 to 2010. Proceedings of the National Academy of Sciences of the United States of America, 115（16）：4039-4044

第三节 蓝碳

一、现状与增汇潜力

1. 蓝碳现状

（1）红树林

红树林一般分布于风浪较小的河口、海湾和潟湖等淤泥质滩涂。我国红树林天然分布于海南、广东、广西、福建、台湾、香港和澳门等7省（自治区、特别行政区），介于海南的榆林港和福建福鼎的沙埕湾之间，人工引种北界是浙江乐清西门岛。中国现有真红树植物27种，半红树植物12种，在广东、海南、广西、福建、台湾、香港和澳门等省区自然分布，在浙江为人工引种。一般认为，我国红树林面积在历史上曾达25万公顷，在50年代为4.2万公顷，在经历大幅衰退和人工恢复后，根据国家林业局调查数据，2019年我国红树林面积约为2.9万公顷。我国红树林碳库储碳量约1737万吨碳，年碳埋藏速率在7.67~24.26吨二氧化碳/公顷之间，以平均值估算，每年固定39.9万吨二氧化碳。

（2）海草床

我国海草分布范围广，类型多样，从辽宁到南沙群岛沿岸均有分布，分为黄渤海区和南海区两个分布区。中国现有22种海草，黄渤海分布区的海草有9种，优势种为鳗草；南海分布区已查明的海草有15种，优势种为喜盐草。受人类活动的影响，我国海草床退化严重，与1950年相比，超过80%的海草床退化甚至消失。据估计，我国现存的海草床面积约2万公顷。我国海草床碳库储碳量约419万吨二氧化碳，以世界海草床碳埋藏速率估算，我国现存海草床每年固定15.18万吨二氧化碳。

（3）滨海盐沼

滨海盐沼是我国温带和亚热带主要的滨海湿地类型，在北方以芦苇、碱蓬、柽柳等为代表，在南方以茳芏、芦苇、海三棱藨草等为代表。我国滨海盐沼10.43万公顷，其中近一半为外来物种互花米草。近些年受疏浚、围填海、排水和道路建设影响，盐沼生态系统消失速度加快。我国盐沼碳库储碳量约1689万吨碳，以世界盐沼碳埋藏速率估算，我国现存盐沼每年固定83.44万吨二氧化碳。

（4）大型海藻

我国大型海藻资源十分丰富，形成海藻场的褐藻门11目24科62属298种（含变种）。目前对沿海海藻场的地理分布、面积、支撑物种、规模等基本资料掌握甚少，因此，迫切需要对我国的海藻场进行基础调查。

2. 增汇潜力

海洋发挥着气候变化调节器的作用，被动地吸收了大量人为排放的二氧化碳和热量。在现有技术条件下，人为努力无法调节和改变大尺度的海洋过程，或因存在极大的不确定性而被国际公约禁止。海草床、红树林、滨海盐沼等海岸带蓝碳覆盖了地球表面约0.1%，贡献了全球1%~10%的海洋初级生产力，具有单位面积固碳量高、碳埋藏迅速、碳存储周期长等特点，是广泛认可的具有减缓潜力的生态系统。IPCC《海洋与冰冻圈特别报告》指出海岸带蓝碳最多能提供占当前全球排放量1%~2%的减缓潜力。这与通常认知的海洋是地球上最大的碳库相去甚远。这种"矛盾"是因为海洋吸收二氧化碳是自然现象，并不属于应对气候变化范畴。人类努力能够增加的海岸带蓝碳仅分布在狭窄的海岸带区域。

红树林、海草床、滨海盐沼和海藻场更像是陆地上珍贵的热带雨林，除作为生态系统服务中气候调节服务一部分的"固碳"价值外，还能够提供气候变化适应以及食物供给、维持生物多样性、恢复渔业资源、休闲娱乐等方面的价值，被IPCC称为是沿海国家"无悔"的选择。中国沿海海平面持续上升，风暴潮、海岸侵蚀和海水入侵威胁着沿海地区经济社会安全。海岸带蓝碳作为柔性海堤，削浪固滩的适应气候变化作用更为重要。海岸带蓝碳生态系统还是鸟类、海洋生物的栖息地和育幼场，对于维护物种多样性，补充渔业资源具有重要意义。

二、蓝碳增汇技术路径

与森林、草原等生态系统一样，保护、修复和生态系统管理措施是增加蓝碳的主要途径。有效的保护是避免红树林、海草床、滨海盐沼和大型海藻丧失的主要手段，这在某些国家产生的减排量将大于其化石燃料排放量的1%，但其在全球范围的减缓能力小于当前排放量的2%；自然恢复和人工修复可以提高滨海湿地长期储碳增汇的能力；此外，减少营养盐和污染物输入、恢复水动力、减少人为活动干扰、防治病虫害和敌害生物等途径也可促进蓝碳固碳增汇。

1. 滨海湿地保护

近年来，中国党和政府高度重视滨海湿地保护。2018年国务院印发了《国务院关于加强滨海湿地保护严格管控围填海的通知》，明确提出严控新增围填海造地、加快处理围填海历史遗留问题、加强海洋生态保护修复和建立滨海湿地保护和围填海管控长效机制，有效遏制了滨海湿地退化趋势。《中华人民共和国湿地保护法》于2022年6月实施，为滨海湿地保护提供了法律保障。截至2019年年底，我国已建立271个海洋自然保护区，总面积约12.4万km^2，占管辖海域面积的4.1%[1]。在相对健全的滨海湿地保护法律、政策和保护地体系基础上，通过加强保护地管理机构和队伍建设，加大保护区巡查和管护力度，推动社区参与的保护区管理，有效遏制破坏滨海湿地的人为活动，防治敌害生物和入侵物种将可有效地避免因滨海湿地退化导致的碳排放并促进蓝碳积累。

---

[1] 刘书锦，曹海，李丹，王厚军，王秋妍.滨海湿地生态保护及修复研究进展［J］.海洋开发与管理，2022，39（07）：29-34.

2. 滨海湿地修复

2020年以来,《全国重要生态系统保护和修复重大工程总体规划（2021—2035年）》《红树林保护修复专项行动计划（2020—2025年）》相继印发，对滨海湿地特别是红树林修复工作提出了明确目标。按照《红树林保护修复专项行动计划（2020—2025年）》，到2025年，我国计划营造和修复红树林面积18800公顷，其中营造红树林9050公顷，修复现有红树林9750公顷。按照这一目标，我国红树林面积将恢复至20世纪50年代水平。也有一些地方实施了滨海盐沼、海草床和海藻场的修复。滨海湿地修复应严格遵循生态位理论、演替理论等基础生态学理论，并根据修复区域水动力、底质环境、动植物群落特点制定个性化修复方案，以实现预期修复效果和增汇固碳目标。

废弃虾塘红树林增汇与可持续生计

我国和东南亚、南亚及拉丁美洲沿海广泛开展对虾养殖活动，大量滨海湿地转化为虾塘，受养殖病害频发影响，目前50%以上的虾塘未被利用，不但造成空间资源严重浪费，也成为CO_2、N_2O等温室气体的排放源。按照生态系统演替规律，将废弃虾塘改造为经济生物繁盛的半自然的生态系统，将生态效益、经济效益和社会效益有机结合起来。海南大学研究团队以广西、海南滨海废弃虾塘为研究对象，构建生态修复和温室气体减排技术，探索生态修复探索新模式，将海洋生态保护与应对气候变化、沿海社区可持续发展等国际环境治理热点问题联系起来，以生态系统演替理论为指导，综合利用生态工程、生物修复和生态增养殖等手段，通过模拟自然红树林、海草床生境地貌，提高虾塘间连通性，形成可供红树林生长和经济生物繁殖的生境，重建生态系统的结构和功能，提高修复经济收益；通过构建温室气体减排技术，形成可以用于碳交易的减排方法学，发挥废弃虾塘修复的碳价值，最终实现废弃虾塘修复的生态效益、经济效益和社会效益的统一。该模式在广西铁山港、海南东寨港、黎安港、新盈湾示范应用，项目实施3年后，红树林存活率>85%，生态环境明显改善，经济动物数量明显增多。已被列为联合国气候行动峰会最佳实践案例，纳入中华人民共和国2019年气候行动报告，被自然资源部《部内要情》刊登，两次被《人民日报》报道。

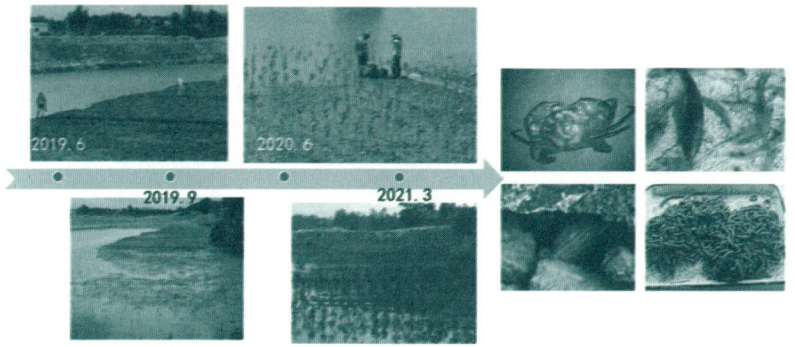

第四节 生态系统固碳增汇的政策措施

一、核算和评估方法

陆地生态系统碳汇的核算与评估方法大致可以分为"自下而上"和"自上而下"两类。"自下而上"的方法是指将样点或网格尺度的地面观测、模拟结果推广至区域尺度，包括清查法、涡度相关法和生态系统过程模型模拟法等。"自上而下"的方法主要通过测定大气CO_2浓度的变化来反演陆地生态系统碳汇，又称大气反演法[1]。

---

[1] Piao S L, He Y, Wang X H, et al. 2022. Estimation of China's terrestrial ecosystem carbon sink: Methods, progress and prospects. Science China: Earth Sciences, 65（4）: 641-651.

1. 清查法

清查法主要基于不同时期的资源清查资料,来估算和比较陆地生态系统各碳库的碳储量变化。清查样点的覆盖密度是制约碳汇估算准确度的核心因素。清查法的优点在于能够直接测定样点尺度植被和土壤的碳储量。其局限性主要包括:(1)清查周期长;(2)主要侧重森林、草地等,而对湿地等生态系统缺乏长期观测数据,从而导致区域尺度汇总结果存在一定的偏差;(3)陆地生态系统的空间异质性导致从样点尺度转换到区域尺度时存在较大不确定性;(4)难以评估生态系统碳的横向转移,如木材产品中的碳以及随土壤侵蚀而转移的有机碳等。

2. 涡度相关法

涡度相关法是基于微气象学原理,直接测定固定覆盖范围内生态系统与大气之间的CO_2净交换量,据此通过尺度上演估算区域尺度净生态系统生产力。其主要优点在于可实现精细时间尺度上碳通量的长期连续定位观测,局限性则主要包括:(1)容易产生观测误差和代表性误差;(2)难以兼顾生态系统异质性导致的结果偏差;(3)通常不包含采伐、火灾等干扰因素的影响,可能高估了区域尺度上生态系统碳汇。由于普遍存在人为和自然活动对生态系统碳汇影响,涡度相关法更多地用于理解生态系统尺度上碳循环过程。

3. 模型模拟法

目前众多全球和区域尺度陆地生态系统碳汇评估均采用基于过程的生态系统模型方法。模型模拟法的优势在于能定量区分不同因子对陆地碳汇变化的贡献,并可预测陆地碳汇的未来变化。其局限性主要在于:(1)模型结构、参数以及驱动因子仍存在较大不确定性;(2)大多生态系统过程模型普遍未考虑或简化考虑生态系统管理对碳循环的影响;(3)多数模型未包括非CO_2形式的碳排放与河流输送等横向碳传输过程。目前,生态系统过程模型模拟结果仍存在很大的不确定性,给区域陆地生态系统碳汇模拟的可靠性带来较大争议。

4. 大气反演法

大气反演法是基于大气传输模型和大气CO_2浓度观测数据，并结合人为源CO_2排放清单来估算陆地碳汇。不同于"自下而上"的方法，大气反演法的优点在于其可实时评估全球尺度的陆地碳汇功能及其对气候变化的响应。其局限性主要包括：（1）目前基于大气反演法的净碳通量数据空间分辨率较低，无法准确区分不同生态系统类型碳通量；（2）大气反演法结果的精度受限于大气CO_2观测站点的数量与分布格局、大气传输模型的不确定性、CO_2排放清单的不确定性等；（3）大气反演法普遍未考虑非CO_2形式的陆地与大气之间的碳交换，以及国际贸易导致的碳排放转移。大气反演结果随着目标区域的变小，不确定性逐渐增加。在国家尺度上，大气反演结果的不确定性依然较高。

二、相关规划、政策

2021年3月21日，《中华人民共和国国民经济和社会发展第十四个五年规划和2035年远景目标纲要》的主要目标包括森林覆盖率提高到24.1%。具体内容还包括：提升生态系统碳汇能力，锚定努力争取2060年前实现碳中和，采取更加有力的政策和措施。

2021年9月22日中共中央国务院关于《完整准确全面贯彻新发展理念做好碳达峰碳中和工作的意见》指出，实现碳达峰、碳中和，是以习近平同志为核心的党中央统筹国内国际两个大局作出的重大战略决策，是着力解决资源环境约束突出问题、实现中华民族永续发展的必然选择，是构建人类命运共同体的庄严承诺。《意见》指出，未来中国在生态领域到2025年，森林覆盖率达到24.1%，森林蓄积量达到180亿立方米，为实现碳达峰、碳中和奠定坚实基础；到2030年，森林覆盖率达到25%左右，森林蓄积量达到190亿立方米；到2060年，生态文明建设取得丰硕成果，开创人与自然和谐共生新境界。《意见》提出要"持续巩固提升碳汇能力"。

（1）巩固生态系统碳汇能力。强化国土空间规划和用途管控，严守生态保护红线，严控生态空间占用，稳定现有森林、草原、湿地、海洋、土壤、冻土、岩溶等固碳作用。严格控制新增建设用地规模，推动城乡存量建设用地盘活利用。严格执行土地使用标准，加强节约集约用地评价，推广节地技术和节地模式。

（2）提升生态系统碳汇增量。实施生态保护修复重大工程，开展山水林田湖草沙一体化保护和修复。深入推进大规模国土绿化行动，巩固退耕还林还草成果，实施森林质量精准提升工程，持续增加森林面积和蓄积量。加强草原生态保护修复。强化湿地保护。整体推进海洋生态系统保护和修复，提升红树林、海草床、盐沼等固碳能力。开展耕地质量提升行动，实施国家黑土地保护工程，提升生态农业碳汇。积极推动岩溶碳汇开发利用。

2021年10月26日，国务院关于印发《2030年前碳达峰行动方案》（国发〔2021〕23号）。方案提出"碳汇能力巩固提升行动"。坚持系统观念，推进山水林田湖草沙一体化保护和修复，提高生态系统质量和稳定性，提升生态系统碳汇增量。

（1）巩固生态系统固碳作用。结合国土空间规划编制和实施，构建有利于碳达峰、碳中和的国土空间开发保护格局。严守生态保护红线，严控生态空间占用，建立以国家公园为主体的自然保护地体系，稳定现有森林、草原、湿地、海洋、土壤、冻土、岩溶等固碳作用。严格执行土地使用标准，加强节约集约用地评价，推广节地技术和节地模式。

（2）提升生态系统碳汇能力。实施生态保护修复重大工程。深入推进大规模国土绿化行动，巩固退耕还林还草成果，扩大林草资源总量。强化森林资源保护，实施森林质量精准提升工程，提高森林质量和稳定性。加强草原生态保护修复，提高草原综合植被盖度。加强河湖、湿地保护修复。整体推进海洋生态系统保护和修复，提升红树林、海草床、盐沼等固碳能力。加强退化土地修复治理，开展荒漠化、石漠化、水土流失综合治理，实施历史遗留矿山生态修复工程。到2030年，全国森林覆盖率达到25%

左右，森林蓄积量达到190亿立方米。

（3）加强生态系统碳汇基础支撑。依托和拓展自然资源调查监测体系，利用好国家林草生态综合监测评价成果，建立生态系统碳汇监测核算体系，开展森林、草原、湿地、海洋、土壤、冻土、岩溶等碳汇本底调查、碳储量评估、潜力分析，实施生态保护修复碳汇成效监测评估。加强陆地和海洋生态系统碳汇基础理论、基础方法、前沿颠覆性技术研究。建立健全能够体现碳汇价值的生态保护补偿机制，研究制定碳汇项目参与全国碳排放权交易相关规则。

（4）推进农业农村减排固碳。大力发展绿色低碳循环农业，推进农光互补、"光伏+设施农业"、"海上风电+海洋牧场"等低碳农业模式。研发应用增汇型农业技术。开展耕地质量提升行动，实施国家黑土地保护工程，提升土壤有机碳储量。合理控制化肥、农药、地膜使用量，实施化肥农药减量替代计划，加强农作物秸秆综合利用和畜禽粪污资源化利用。

2022年9月9日，国家林业和草原局发布《全国国土绿化规划纲要（2022—2030年）》，提出"提升生态系统碳汇能力"。科学开展森林更新，推行以提升森林碳汇能力为主的多目标经营模式。加强退化草原修复，持续增加草原碳储量。持续推进全国林草碳汇计量监测。推动林草碳汇开发和交易，创新推进林草碳汇参与企业碳中和实践，实施国土绿化碳汇价值市场化补偿。

党中央、国务院认识到增加海洋碳汇是有效控制温室气体排放的手段之一，在包括中共中央、国务院印发的《中共中央 国务院关于加快推进生态文明建设的意见》《关于完善主体功能区战略和制度的若干意见》，国务院印发的《"十三五"控制温室气体排放工作方案》《全国海洋主体功能区划》，中共中央办公厅、国务院办公厅印发《国家生态文明试验区（海南）实施方案》中对蓝碳作出了明确部署。中共中央 国务院印发的《关于完整准确全面贯彻新发展理念做好碳达峰碳中和工作的意见》提出"整体推进海洋生态系统保护和修复，提升红树林、海草床、盐沼等固碳能力"。我国2017年和2019年两次《中华人民共和国气候变化两年更新报告》均包含了海洋蓝色碳汇内容,但尚未在国家温室气体清单和国家自主贡献中涉及蓝碳。

三、碳市场与碳汇交易

全国碳排放权交易市场(简称碳市场)是实现碳达峰与碳中和目标的核心政策工具之一。2020年12月31日生态环境部令第19号公布《碳排放权交易管理办法(试行)》,自2021年2月1日起施行。2021年7月16日,全国碳排放权交易市场启动上线交易。发电行业成为首个纳入全国碳市场的行业,纳入重点排放单位超过2000家。截至2022年6月,全国碳市场累计成交1.93亿吨,启动以来已成为全球最大的碳配额现货二级市场。截至2022年7月11日,全国碳市场累计成交额超84.90亿元。第一个履约周期中,共纳入发电行业重点排放单位2162家,年覆盖温室气体排放量约45亿吨二氧化碳。我国碳市场将成为全球覆盖温室气体排放量规模最大的市场。

碳排放权,是指分配给重点排放单位的规定时期内的碳排放额度。碳排放权是在满足碳排放总量控制的前提下,重点温室气体排放单位在生产经营过程中直接或间接向大气排放二氧化碳的权利。碳排放权交易是指碳排放交易主体在指定交易机构,对依据碳排放权取得的碳排放配额进行的公开买卖活动。碳排放权交易主要是通过市场化的手段,使企业能够完全履行自己的碳排放义务。从试点到全国碳排放权交易开市,碳市场整体运行平稳,碳排放配额成交量价稳健上升,成为降低碳减排总量和强度的重要手段。

《碳排放权交易管理办法(试行)》第二十九条指出,重点排放单位每年可以使用国家核证自愿减排量抵销碳排放配额的清缴,抵销比例不得超过应清缴碳排放配额的5%。其中,"国家核证自愿减排量(CCER)"是指对我国境内可再生能源、林业碳汇、甲烷利用等项目的温室气体减排效果进行量化核证，并在国家温室气体自愿减排交易注册登记系统中登记的温室气体减排量。"碳汇交易"目前所指的实际上是林业碳汇等国家核证资源减排量的交易。

目前经国家发展和改革委备案的CCER碳汇项目方法学有5项，分别是：碳汇造林项目方法学、森林经营碳汇项目方法学、竹子造林碳汇项目方法学、竹林经营碳汇项目方法学、可持续草地管理温室气体减排计量与监测方法学。此外，废弃农作物秸秆替代木材生产人造板项目减排方法学、小规模非煤矿区生态修复项目方法学等也包含碳汇相关的内容。

参与碳汇交易的项目，必须符合方法学的要求。例如，申请碳汇造林项目需要为2005年2月16日以来的无林地，土地不属于湿地和有机土的范畴，土壤扰动面积比例不超过地表面积的10%且20年内不重复扰动，不炼山造林等基本条件下才可以申请。申请森林经营碳汇项目需要是2005年2月16日以来的乔木林地（郁闭度≥0.20，连续分布面积≥0.0667公顷，树高≥2米的乔木林），林地属人工幼、中龄林，其他条件与碳汇造林项目基本相同。

特别重要的是，参与交易的碳汇项目必须具有"额外性"。指拟议的林业碳汇项目活动产生的项目碳汇量高于基线碳汇量的情形。通俗地讲，指在没有碳收益或技术支持的情况下，这种额外的碳汇量在没有拟议林业碳汇项目活动时是不会产生的。这种"额外的"碳汇量，是通过采取人为活动（造林或经营）巩固和提升生态系统碳汇的增量，是国家"双碳"工作要求的具体体现，也是参与碳汇交易所必须遵循的基本原则。

思考题

1. 海洋碳汇、蓝碳和海岸带蓝碳的区别？
2. 滨海湿地保护和修复工作除能够增加碳汇，还有什么样的作用？

第十讲 "双碳"目标与企业碳管理

钱国强　林立身　郑　平

实现"双碳"目标将引发一场广泛而深刻的经济社会系统性变革。企业作为社会经济活动主体,既是碳排放的主要来源,也是"双碳"解决方案的最终提供者。毫无疑问,企业对碳排放的态度以及采取的行动,对"双碳"目标的实现至关重要。企业开展碳管理,是认识到低碳对自身的相关性并主动采取行动的标志,这是全社会的共同期待。

企业碳管理,是面临新一轮低碳革命,企业在发展战略和目标定位方面作出相应调整,并结合新制定的战略目标所开展的相应管理活动,包括了解自身碳排放情况和趋势,理解"双碳"目标对自身业务带来的影响,将自身业务与碳排放管理进行有效衔接,开展相关管理和业务活动,在实现"双碳"相关政策合规与风险控制目标的基础上,充分挖掘低碳转型带来的新业务、新市场机遇,提升自身业务的竞争力与可持续性。

本讲内容旨在帮助读者系统理解企业开展碳管理的必要性,碳管理框架、方法和常规手段,以及碳核算、碳市场、碳资产管理等企业碳管理领域当前涉及的主要热点问题。第一节属于本讲的总纲,系统介绍了企业为什么要开展碳管理以及怎样开展碳管理，包括碳管理的框架、方法和主要手段；第二节主要介绍了碳排放核算和信息披露相关内容，特别是与企业相关的不同碳核算工作的目的和方法；第三节主要介绍了我国碳交易市场建设的主要情况、进展及下一步发展；第四节主要介绍碳资产管理的内容、产品、手段与策略。

第一节 企业碳管理综述

一、企业碳管理的必要性

"双碳"政策背景下，企业作为经济活动的主体，受到的影响和冲击是全方位的，挑战与机遇并存。整体来说，各行各业不同类型的企业都已经无法置身之外，尽管来自不同行业的感受度不一。

（一）企业面对的主要挑战

1.深刻影响能源的生产和使用方式。无论在生产端，还是在消费端，都在不同程度上受到能源革命带来的冲击，给企业带来政策、成本、市场方方面面的挑战。

首当其冲的是能源生产企业面临的冲击。"双碳"目标正在重塑能源体系，引发一场广泛而深刻的能源革命。能源生产者要从当前化石能源为主的能源供应体系，转向清洁、低碳的新能源供应体系。传统生产化石能源的企业，如不能够适应新形势要求及时作出转型，则面临巨大的生存危机，即使作出业务转型，也将面临转型过程中的重重挑战，能否顺利转型成功，也是一个巨大挑战。国家在构建清洁、低碳、安全、高效新型能源系统的过程中，是对整个能源行业的重新洗牌，能源企业一方面要尽快实现自身的转型，另一方面也将面临新的竞争者。

其次，能源消费端也在发生改变，从过去被动能源消费者，变为对特定能源品种有选择的消费者。过去能源消费企业面临的只是能源成本、能源效率以及对应环保方面的问题，煤炭由于成本低，即便面临环保方面的压力，也依然是大多数用能企业的首选能源品种。过去的用电企业只是被动从电网购买电力，并不区分生产电力的一次能源品种。随着"双碳"时代的来临，越来越多的企业受到政策影响或者供应链（上游企业、消费者偏好）传导，主动或者被迫有意识选择清洁能源，包括在电力采购的时候提出了绿色电力采购的需求，增加了企业能源采购的困难和成本风险。

2. 深刻影响生产产品和提供服务的方式。无论是制造业，还是服务业，都不可避免。生产产品或者提供服务的过程中，使用什么类型的能源，生产工艺，使用的原料，产品的包装、运输、回收，提供服务的工具和方式方法，都与碳排放的产生有关。"双碳"目标带来的挑战是，无论是政策管制，还是行业竞争者提出的采购要求，甚至是公众认知和消费者偏好带来的压力，都不只是对产品或者服务本身提出了低碳要求，同时也在对产品生产、运输、处置过程和提供服务的方式提出了更加低碳的要求，这些要求通过产品或者服务供应链传导，将影响到经济活动的方方面面，不可避免地造成企业生产和运营成本的上涨，给不少企业带来诸多风险和挑战，尤其对传统的高耗能行业。

对于工业企业，节能减碳和清洁生产方面的要求会越来越严格，这可能需要对现有设备进行更新或改造，引进新设备、新技术、新工艺、新材料，需要进行数字化转型等，需要面对转型所带来的不确定性和困难。对于绝大多数企业，采取节能增效、能源替代、工艺改造、工艺替代、产品替代、原料替代等节能减碳、清洁生产等减碳措施，都会导致企业产品（服务）成本的上升。同时，气候变化带来的环境影响，可能加剧导致原材料价格上涨、能源价格上涨和供应短缺。随着碳市场的建立，越来越多的行业将被强制纳入碳市场交易，企业还得面对购买碳排放指标的成本压力。

3. 深刻影响企业财务金融风险的评价维度。 传统企业正在面临因碳排放而不断增加的融资或财务风险。一家企业如果在碳排放方面的表现差，或者其高碳资产比重高，银行等金融机构在对其进行融资风险评级，或者资本市场在对其进行估值的时候，将会越来越受到碳排放因素的影响。高碳企业和项目在财务风险评估和估值时会逐渐处于劣势。"双碳"目标对资本和金融市场也带来了新的变量，金融机构和资本市场也因此受到冲击，相应地，金融机构也不得不对其自身的风险管理机制进行调整，重新评估自身资产和经营风险，重新调整自身投资策略。

4. 深刻影响企业的经营理念、决策和管理方式。 除了外部因素的挑战，企业也面临内部挑战，特别是管理方面的挑战。外部环境是个客观存在，无法改变，对内管理有主动和被动的区别。能否妥当应对、积极行动，化被动为主动，并获得市场先发优势，建立可持续的竞争力，本质上是企业的管理问题。对企业管理者最大的挑战是，准确认识在低碳时代自身的定位和应对策略，转变理念，建立有效的碳管理体系。通过制定适合企业自身条件的战略定位和目标，并制定切合实际的行动方案，并将战略目标和行动方案纳入自身管理体系和工作目标体系，稳步推进低碳转型工作，实现转型与业务发展深度融合。理念得当、管理到位、积极行动，可以化挑战为机遇，获得市场先发优势。与其被动应对，不如积极谋划，主动求变。

（二）企业面临的主要机遇

机遇和挑战并存。"双碳"目标给企业带来的各种挑战，都需要依靠实实在在的解决方案和创新，这将引发新一轮市场竞争，也为企业发展提供了广阔的空间和无穷的机遇。建设低碳社会，需要改变传统的能源生产和使用方式，推广清洁、低碳的生产工艺、技术，改变企业传统的生产方式、物流模式、销售模式，催生各种新能源、新技术、新产品、新材料、新工艺、新服务。企业通过追求自身节能减碳和清洁生产，也可获取先进的经验和技术，并形成解决方案为同行提供服务，开拓新的业务和市场空间。

例如，新能源装备企业通过研发，提供更加高效、稳定的太阳能、风能利用技术，成为清洁能源的最终解决方案；科技企业通过数字化智能化的创新，研发出交通智慧化管理平台，成为交通低碳化解决方案；生物科技企业研发的饲料添加剂，可以减少牛等反刍动物肠道粪便甲烷排放，提供低排放畜牧业解决方案等。随着价值链低碳转型的深入，全社会逐渐形成低碳共识，企业的低碳解决方案、产品（服务）的巨大竞争优势就会更加明显。

低碳给很多企业带来挑战，但换个角度也是很多企业的竞争优势。碳中和是实践可持续发展的一种方式和手段，关键是怎样去借助低碳技术创新或者理念、模式创新来提高企业提供碳中和解决方案的能力，提升自身的核心竞争力。拥抱低碳转型理念，可以给企业带来巨大的发展机遇和市场商机，企业越早进行低碳转型、越有可能准确把握甚至引领未来的低碳发展潮流。企业经营者要摒弃短期主义、形式主义，积极开拓、勇于创新，主动求变，并通过拥抱低碳理念强化并塑造出品牌价值，为企业的长期发展注入可持续的竞争力。

二、企业碳管理的目的

（一）政策合规与风险控制

企业作为实现"双碳"目标的主体，正在越来越多受到相关法律、政策、标准的约束和管制，法律政策方面的合规管理和风险控制是企业生产经营的底线，也是面向国内外市场所必须遵循的基本要求。

当前国际社会在《巴黎协定》框架下，已就建设碳中和社会的愿景目标和合作机制达成了共识，控制全球温升不超过2度，并努力控制温升不超过1.5度。《巴黎协定》130多个缔约方已经制定或者正在制定本国的碳中和目标。欧盟等发达国家还在积极推动立法，提出了针对进口产品的碳排放标准，如欧洲电子法、循环经济法，都提出了产品生产过程的碳排放标准。欧盟还在制定碳边境调节税法，目前已就开征碳边境调节税完成了主要立法流程，目前正在制定实施的技术细则，拟以欧洲碳价和进口商品隐含碳排放量为基础，对钢铁、电解铝、水泥、化肥等高排放进口产品征收碳排放差价关税。

当前，我国电力、钢铁、水泥、电解铝、平板玻璃、石化、化工、航空等八个主要行业的企业已经直接受到了碳交易市场相关政策和法规的约束，这些行业内的重点企业每年都要向政府提交碳排放报告，特别是电力企业作为第一批纳入国家碳市场的企业，每年都要完成履约（合规考核）。我国的航空业也将面对国内碳市场和国际民航组织框架下国际航空碳抵消与减排机制（CORSIA）的相关减排制度的约束。

同时，国家正在建立和逐步完善"1+N"政策体系，为实现"双碳"目标提供多层次的法律政策和行动方案保障。工信部、交通部、住建部等工业企业、交通、建筑等行业主管部门分别制定了各自领域的碳达峰行动方案，下一步将持续细化相关政策措施。2021年12月30日，国资委网站印发《关于推进中央企业高质量发展做好碳达峰碳中和工作的指导意见》，提出中央企业要带头履行社会责任，将绿色低碳发展理念融入生产经营全过程中，将碳达峰、碳中和目标全面融入中长期发展规划，强化绿色发展规划的示范引领作用。《指导意见》明确提出中央企业要发挥创新主体作用，并提升中央企业碳管理能力。到2060年，中央企业绿色低碳循环发展的产业体系和清洁低碳安全高效的能源体系全面建立，能源利用效率达到世界一流企业先进水平，形成绿色低碳核心竞争优势，为国家顺利实现碳中和目标作出积极贡献。

2022年8月，国资委发布《中央企业节约能源与生态环境保护监督管理办法》，进一步要求中央企业应积极稳妥推进碳达峰碳中和工作，科学合理制定实施碳达峰碳中和规划和行动方案，建立完善二氧化碳排放统计核算、信息披露体系，采取有力措施控制碳排放。国资委将中央企业节约能源与生态环境保护考核评价结果纳入中央企业负责人经营业绩考核体系。

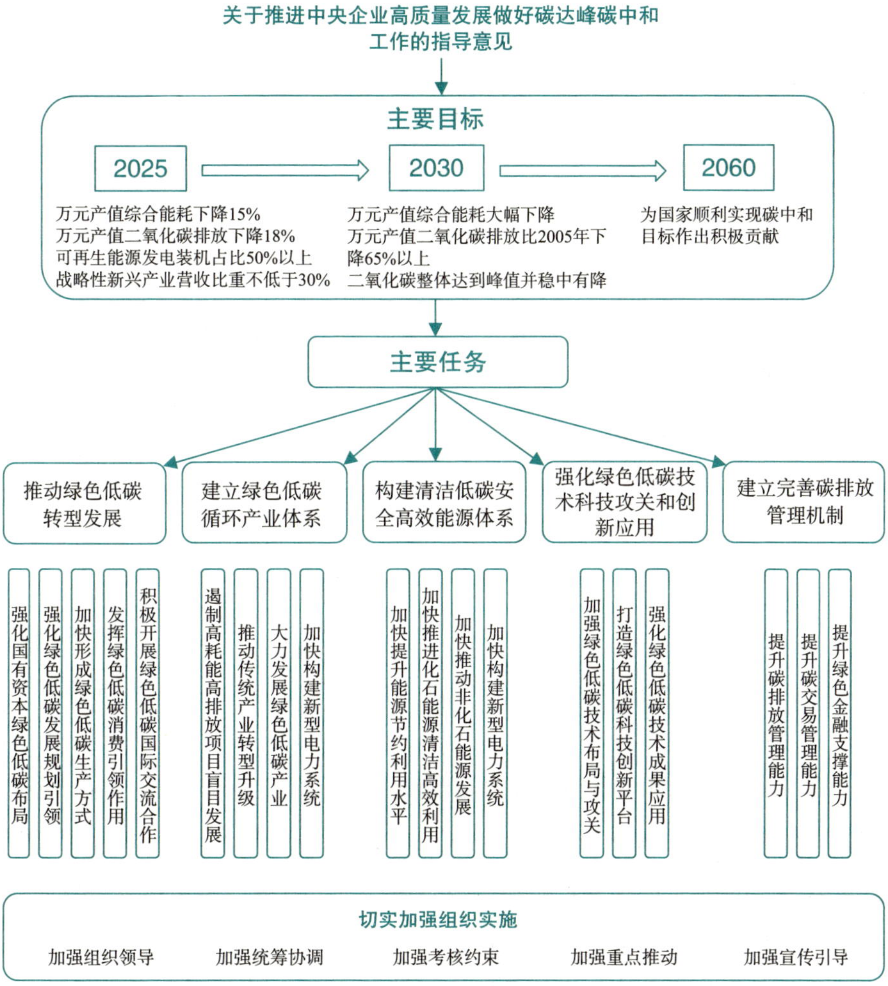

关于推进中央企业高质量发展做好碳达峰碳中和工作的指导意见

主要目标

- **2025**
  - 万元产值综合能耗下降15%
  - 万元产值二氧化碳排放下降18%
  - 可再生能源发电装机占比50%以上
  - 战略性新兴产业营收比重不低于30%

- **2030**
  - 万元产值综合能耗大幅下降
  - 万元产值二氧化碳排放比2005年下降65%以上
  - 二氧化碳整体达到峰值并稳中有降

- **2060**
  - 为国家顺利实现碳中和目标作出积极贡献

主要任务

- 推动绿色低碳转型发展
  - 强化国有资本绿色低碳规划引领
  - 强化绿色低碳发展规划引领
  - 加快形成绿色低碳生产方式
  - 发挥绿色低碳消费引领作用
  - 积极开展绿色低碳国际交流合作

- 建立绿色低碳循环产业体系
  - 遏制高耗能高排放项目盲目发展
  - 推动传统产业转型升级
  - 大力发展绿色低碳产业
  - 加快构建新型电力系统

- 构建清洁低碳安全高效能源体系
  - 加快提升能源节约利用水平
  - 加快推进化石能源清洁高效利用
  - 加快推动非化石能源发展
  - 加快构建新型电力系统

- 强化绿色低碳技术科技攻关和创新应用
  - 加强绿色低碳技术布局与攻关
  - 打造绿色低碳科技创新平台
  - 强化绿色低碳技术成果应用

- 建立完善碳排放管理机制
  - 提升碳排放管理能力
  - 提升碳交易管理能力
  - 提升绿色金融支撑能力

切实加强组织实施

加强组织领导　加强统筹协调　加强考核约束　加强重点推动　加强宣传引导

图10-1 《关于推进中央企业高质量发展做好碳达峰碳中和工作的指导意见》

2022年2月16日,中华全国工商联合会网站印发《全国工商联关于引导服务民营企业做好碳达峰碳中和工作的意见》(全联发〔2022〕4号),指出民营企业要加快绿色低碳转型发展。各级工商联要加强引导服务,切实发挥商会服务企业、服务行业、服务社会的作用,引导服务民营企业做好碳达峰、碳中和工作。

图10-2 《全国工商联关于引导服务民营企业做好碳达峰碳中和工作的意见》

（二）构筑竞争护城河

春江水暖鸭先知。在国际社会达成政治共识和主要国家纷纷出台法律、政策、标准的大背景下，企业作为市场主体，先知先觉，特别是世界500强的欧洲、北美大量头部企业和跨国公司，纷纷自主提出了比政府更为激进的碳中和目标，并早于政府制定了低碳转型战略和相关行动计划。从能源行业、工业制造业，再到信息技术和互联网行业，行业头部企业都将低碳转型视为关乎长期业绩重大战略，积极采取行动，努力构筑维护自身市场地位和长期可持续发展的竞争护城河。

法电、莱茵电力、意昂、碧辟、道达尔、巴斯夫、博世、帝斯曼、大众、特斯拉、宜家、沃尔玛、苹果、英特尔、微软、雀巢、达能等来自各行各业的跨国公司，除制定碳中和目标及相关行动计划外，更值得关注的是，他们自身的碳减排影响力已经传递至其供应链。

他们提出了2030年、2040年等比政府更为激进的碳中和目标，一方面利用自身技术优势开发更多的可持续解决方案，持续提升产品和平台的能源效率并降低自身产品碳足迹；另一方面利用自身在供应链中头部企业的影响力，提出各自"低碳采购"标准，不断对其供应链企业提出"低碳化"管理要求和标准。我国不少参与国际供应链的企业正在被迫按照相关要求进行低碳管理和认证。例如，苹果已有55家中国生产合作伙伴承诺完全使用清洁能源，并表示正在持续与全球供应链合作，加速并支持合作伙伴转用清洁能源。

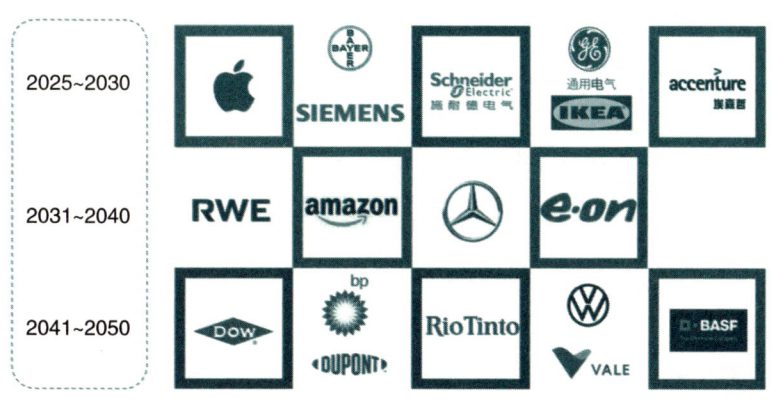

图10-3 知名跨国公司碳中和时间表

"双碳"目标正在引领新一轮全球供应链和价值链的重塑，重新定义市场竞争的维度。中国出口产品将面临更为严苛的绿色供应链标准，更高的低碳采购要求，更为苛刻的出口门槛。在这种背景下，低碳转型已经成为企业参与市场竞争的必要手段。企业展开碳管理，其实也是一种市场行为，通过产业链和价值链的传导，重新打造竞争维度，关乎自身长期、可持续发展空间和竞争力。

无论什么类型的企业，"双碳"目标都与其有关，无法置身其外。这场价值链重塑的背后，也是大国之间的技术竞争、经济竞争。我国国家电网、五大电力、宝武钢、中建材、中铝、中国化工、华为、腾讯、比亚迪、阿里巴巴、京东、滴滴出行等企业也在紧跟步伐，制定自己的碳中和目标和低碳转型的相关行动计划，还有越来越多的国内企业都会积极行动起来。

三、企业碳管理的方法

企业碳管理是指针对企业生产、经营活动中的温室气体排放进行管理为主线，以企业发展理念重塑为核心，实施以业务低碳转型为目标引领的低碳发展战略的组织保障和管理工作。通常来说，企业碳管理包括碳排放管理、业务转型管理、碳资产管理、碳中和管理等多个维度。碳排放管理目的在于持续地减少组织温室气体排放；业务转型管理主要是新业务孵化管理，通过转向提供更可持续的产品或者服务，为社会提供低碳化解决方案，巩固自身市场地位，实现组织的可持续发展；碳资产管理是量化组织在碳减排方面的资源投入和产出，并利用碳交易规则实现组织的合规管理和经济利益；碳中和管理侧重通过碳减排和碳抵消的最佳结合途径实现组织零碳目标，并围绕这个目标支撑业务转型和实现品牌溢价。

公司的碳管理策略可以分为被动型和主动型。一般来说，被动的策略是基于企业形象和社会责任的角度考虑，而主动的策略则是更侧重与追求自身竞争力和长远的发展利益。企业碳管理主要涵盖了三个基本面，包括制定战略目标、建立内部的碳管理架构和实施行动。

（一）确定碳管理战略目标

企业碳管理战略目标包括两个方面，一个是实现碳达峰碳中和的时间目标，另一个是结合碳中和目标，确定未来业务定位和转型目标。碳管理战略目标，不仅是一个减排目标，更是一个发展目标，是对发展定位的重新思考、发展路径的重新识别、业务发展的重新探索。目前对碳管理战略目标的认识，有不少还停留在是否对外宣布减排目标，这是片面的。当然，对外宣布减排目标是一个重要的里程碑，通常企业在追求减排目标的过程中，必然也会引发业务怎么发展、如何转型的思考。

以发电行业为例，目前国内五大电力企业都提出了与碳达峰碳中和相关的行动目标，这是企业迈向碳管理的第一步。对照国际上同行的电力企业，如法国电力、德国莱茵电力、香港中电，国内电力企业的碳管理还处在初级阶段，多数没有制定更为系统、更加长远的碳中和目标，相信这一步也早晚会到来。

表10-1 五大电力碳达峰碳中和时间表及主要目标

宣布时间	企业名称	碳达峰碳中和时间表及主要目标
2020年12月	国家电投集团	到2023年，实现"碳达峰"。到2025年，电力装机将达到2.2亿千瓦，清洁能源装机比重提升到60%；2035年，电力装机达2.7亿千瓦，清洁能源装机比重提升到75%
2020年12月	国家能源集团	抓紧制定2025年碳排放达峰行动方案，坚定不移推进产业低碳化和清洁化，提升生态系统碳汇能力，"十四五"时期，实现新增新能源装机7000-8000万千瓦、占比达到40%的目标
2021年1月	华能集团	到2025年，发电装机达到3亿千瓦左右，新增新能源装机8000万千瓦以上，确保清洁能源装机占比50%以下，碳排放强度较"十三五"下降20%，到2035年，发电装机突破5亿千瓦，清洁能源装机占比75%以上
2021年1月	华电集团	"十四五"期间，力争新增新能源装机7500万千瓦，"十四五"末非化石能源装机占比力争达到50%，非煤装机（清洁能源）占比接近60%，有望2025年实现碳达峰
2021年6月	大唐集团	到2025年非化石能源装机超过50%，提前5年实现"碳达峰"；2060年前实现碳中和，将退出煤化工和煤炭产能，非化石能源装机占比升至90%以上，发电供热实现净零排放

制定企业碳管理战略目标是建立碳管理体系的首要工作，是所有工作的总纲领和指引。碳管理战略目标的实施，需要成体系的工作方法，并建立企业内部碳管理架构和组织保障。

企业制定碳战略目标，要将外部压力与内在需求结合，在全社会中长期碳减排目标指引下，制定适合自身特点的战略目标，目标需要全面，除了碳减排管理目标（大多数时候被称为碳中和目标）外，也需要结合业务的需要制定业务发展（转型）目标。设定碳中和目标时，需要考虑多维度、多领域的因素，包括深入调研国内外低碳政策趋势以及国家专项规划、碳达峰行动计划、行业"双碳"目标、路线图、行动方案和配套措施等相关情况，开展技术路径可行性、成本效益分析等。持续关注与行业有关的国际贸易局势变化，包括欧盟碳边境税制度的实施进程，可持续供应链管理和国际绿色采购规则和要求等，深刻理解行业的市场环境。根据国内有关政策和国内外市场的变化，结合企业在行业的定位，具体分析外部环境对企业的影响，面临的现实挑战和发展机遇，制定适合自己的战略目标。

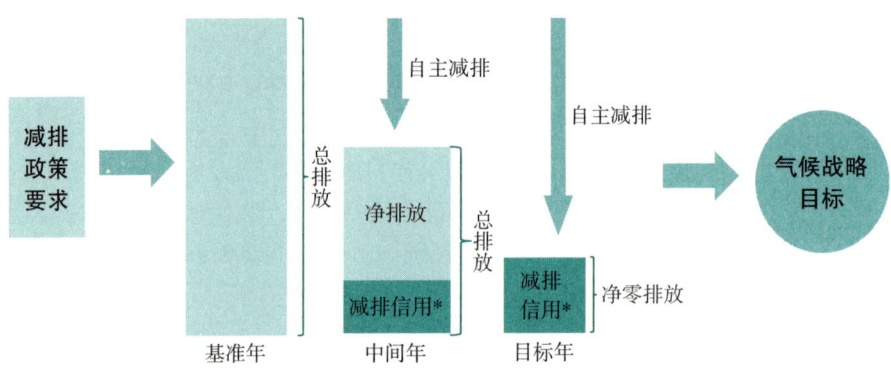

注：减排信用包括可再生能源项目、森林项目产生的减排量及可再生能源绿证等

图10-4　企业制定碳中和目标的方法

（二）搭建碳管理体系

大型集团企业碳管理体系是一个综合体，管理体系建设是支持碳管理战略目标的制定与实施而开展的，是企业碳管理活动决策和执行的保障体系。企业碳管理体系，可以总结为一个基本框架——"SMART—ABC"框架，作为指导企业开展全过程碳管理工作的方法论。SMART是个缩略语，

S指战略目标和规划、M指管理架构、A指行动方案、R指规则和制度、T指支撑工具，ABC分别指考核约束、品牌宣传和能力建设。

图10-5　企业碳管理体系建设

首先是要制定契合政策形势、内外部环境和公司愿景的低碳发展**战略规划**（Strategy）。通过气候相关风险和机遇等外部形势分析，以及公司内在发展要求，确定公司长期低碳发展目标和愿景，并以此制定公司的战略规划，提出总体目标、阶段目标、工作计划和实施路线图等具体部署。

为完整准确全面落实企业的碳战略规划，企业需要建立与之相匹配的**管理机制和团队**（Management）。设立或指定碳管理部门，建设碳管理工作团队，明确碳排放、碳转型、碳资产、碳中和等不同维度管理的决策机制与部门权责，并建立相关工作流程规范、信息沟通机制等。

为积极助推碳管理行动落地，要根据战略规划，研究部署制定碳管理的具体**行动方案**（Action），落实重点任务。包括开展企业碳排放碳盘查、核算产品碳足迹；开展业务转型的重点行动；评估技术减排潜力与成本，部署减排技术；预测配额盈亏情况、储备减排项目，研究制定碳资产经营策略，确保碳资产保值增值；定期回顾进展、适时调整计划等。

支撑碳排放、碳转型、碳资产、碳交易、碳中和各类工作有序开展，还需企业将碳管理过程中的各项要求，结合企业管理的现状、企业组织架构和战略规划、行动方案的具体内容，形成规范的**规则制度**（Regulation）体系。通过碳排放数据管理制度规范碳排放数据的监测、采集、计算、报送、配合第三方核查、存档、设备管理等工作；通过碳资产与碳交易管理制度规范配额确定、交易履约、碳会计、投资风险等工作；通过碳减排与碳中和管理制度规范减排项目开发与管理、减排技术创新与应用等工作。

企业碳管理环节会产生巨大的信息及数据流，根据企业特点采用信息化、数字化系统工具或者平台等**支撑工具**（Tools）开展碳管理工作，将有助于企业提升碳排放数据质量，保障公司及时准确掌握并分析碳排放情况，确保企业及时跟踪配额等碳资产水平并分析制定合理的履约策略，同时将能源管理与碳管理融合管理，也将为企业碳中和目标实现提供智能化、信息化管理工具手段。

由战略规划（Strategy）、管理机制（Management）、行动方案（Action）、规则制度（Regulation）、支撑工具（Tools）组成的"SMART"管理架构，是企业碳管理的基本框架。实际工作中，企业会结合自身特点与需要，不同程度上应用这个管理体系来梳理碳管理重点工作。为保障碳管理工作顺利落地，企业还需将碳管理工作纳入考核评价体系进行**考核约束**（Assessment），并面向相关人员开展**能力建设**（Capability）提升执行队伍专业素养与工作能力，同时也要通过排放信息披露、ESG报告、企业社会责任白皮书等方式进行企业**品牌宣传**（Brand），以此提升品牌价值。

（三）碳管理的主要手段

确定企业的减排目标，首先需要企业**摸清家底**（Accounting），通过对历史年份碳排放进行全面盘查，梳理碳排放来源、特征等信息，奠定数据基础。其次，需要企业根据自身情况，建立多维度的**目标体系**（Aim）。通过企业碳排放主要驱动因素分析和未来营收目标、产量目标等发展预期，预测碳排放增长情况，并结合产业升级转型、工艺革新、能源结构优化、碳汇等减排措施的预算与贡献，确定企业的减排、发展、转型等目标。

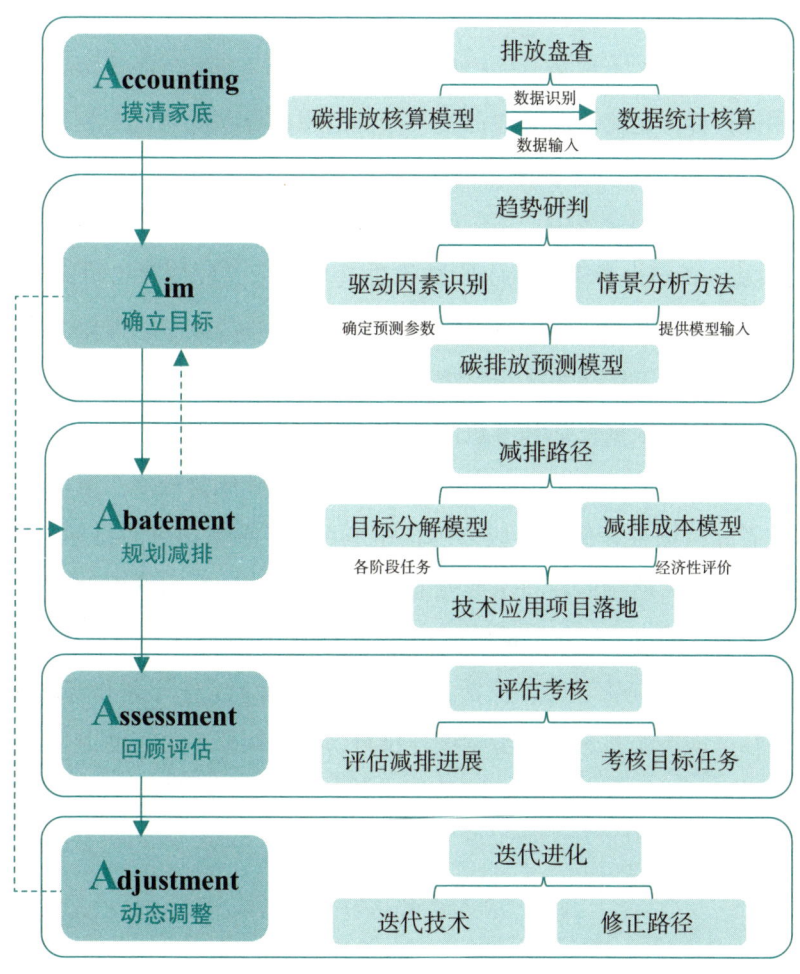

图10-6 企业碳管理的"5A"步骤法

进行**减排路径规划**（Abatement），要求企业将自身的中长期减排目标进行分解，考量各项减排方式的成本效益后，将目标落实到具体的减排行动上。通常而言，企业可通过降低单位产品能耗、开展业务的低碳转型、进行供应链低碳管理、碳排放抵消等方式实现减排目标。降低单位产品能耗指企业通过提升管理效能、引进新技术、改进工艺流程、提高电气化和清洁能源使用水平，来提升能源效率和利用率，实现单位产品排放量的降低。**低碳转型**指通过培育绿色业务、进行绿色投资等方式大幅降低企业排放，通过对外提供低碳解决方案，实现新的业务增长模式。供应链低碳管理是通过供应链上下游企业碳排放管理，推动供应商绿色低碳转型。为了实现零碳目标，企业还需要通过各类减排信用进行碳抵消，来中和必不可少的碳排放。

在企业碳管理过程中，还应做好常态化的数据管理，及时做好**回顾评估**（Assessment），考察企业实际减排进展与目标完成情况，对完成好的单位和个人予以奖励，相应对完成不好的采取一些考核中的常见手段和措施，确保碳管理工作部署落到实处。

同时，还需根据评估和考核的结果，对企业"双碳"目标、路线图和行动方案等进行**动态调整**（Adjustment），如果企业碳管理落实情况与规划目标或者路线图存在偏离，应分析企业是否需要调整相应的目标与方案，尤其是当出现可应用的新技术或先前技术成本、应用潜力发生重大变化时应该对减排路径进行修正，保障以较低成本如期实现目标。

在进行企业碳管理时，摸清家底、确定目标、工作计划和实施行动、回顾评估、动态调整这五个步骤循环执行，不断调整，最终助力企业实现低碳转型和可持续发展的目标。

第二节 企业碳核算和信息披露

一、碳核算的目的和作用

碳管理是一项系统工程，首先需要企业、产品以及项目等不同层级碳排放情况进行准确的数据核算，并对碳排放信息进行合理有效的公开披露。碳核算是指对不同主体的碳排放情况进行核定，主要来源包括煤炭、石油、天然气等化石能源燃烧活动和工业生产过程以及土地利用变化与林业等活动产生的排放，使用外购的电力和热力等所隐含的间接排放。对企业碳排放情况进行核算和信息披露，不论是对政府、企业、投资者还是社会公众，都有非常重要的意义。

（一）政府监管的基础

通过真实、全面、准确的碳排放数据，政府可以掌握行业、企业、产品、项目等层面的实际碳排放情况，为我国积极参与应对气候变化国际谈判和制定碳减排、碳市场的相关政策、措施提供数据支撑；2022年开始实施的《企业环境信息依法披露管理办法》将碳排放信息纳入披露规定，政府将对重点排污单位、符合规定情形的上市公司等依法进行碳排放信息的监管；维护碳市场健康发展，有序推进碳达峰碳中和工作。

（二）企业碳管理的基础

摸清自身碳排放数据和趋势是企业建立碳管理体系的基础。数据管理有强制和自愿两个维度。第一个维度主要是企业因为政策管制要求而开展数据管理活动并提交碳排放数据，如纳入碳交易市场的企业，需要开展数据监测、报告与核查工作。第二个维度主要包括公众、投资者和其他利益相关方都对企业碳信息披露有期待，企业主动核算并披露生产过程以及供应链范围内的碳排放数据。

（三）市场决策的重要依据

企业碳排放核算和信息披露有助于市场参与者特别是投资者更好地了解企业排放现状，降低企业和市场投资者之间的信息不对称，减少逆向选择，有助于市场参与者筛选出优质绿色企业，采取最佳的投资策略，提高市场资源配置效率。

（四）有助于推动绿色生产生活方式

碳达峰、碳中和目标的实现需要生产生活方式的全面低碳化转变。增强碳信息披露将进一步凝聚社会共识，促进公众对低碳产品等的判断和选择，进而推动企业形成绿色低碳供应链和产业链，促进全社会绿色低碳风气的形成。

二、碳核算的对象和类型

众多政府部门、国际机构、社会组织，围绕不同层级的碳排放核算，开展了大量探索工作，开发了不同领域的碳排放核算工具和方法。根据具体核算对象，大致可分为国家、地区、企业、产品和项目等多个层次。本节主要介绍与企业碳管理相关的三类核算方法。

（一）企业层面

企业碳排放核算是对企业法人组织边界内特定时间段温室气体排放情况进行核定。根据核算的要求不同，企业碳排放核算可分为强制核算和自愿核算两种类型。

首先，部分国家、区域或地方政府制定了相应的法律和政策，要求纳入特定管控机制的企业进行碳排放报告，特别是建立国家和区域碳排放权交易市场的地方，政府会明确要求管控企业按照相关要求开展碳排放监测，并定期报告排放量。例如，我国正在建设国家级碳市场，主管部门已经要求达到一定规模的电力、石化、化工、水泥、平板玻璃、钢铁、电解铝、航空等8个行业的企业开展碳排放数据监测、报告与核查。

除了政府强制要求的碳核算外，有些企业基于自身业务发展需要，也在主动自发按照一定的体系测算和披露自身碳排放信息，甚至自愿加入一些碳披露的平台，比如，碳披露项目（CDP）。也有不少企业通过企业社会责任报告、ESG报告等方式主动披露自己的碳排放信息。目前，多个利益相关方，包括银行、投资者、供应链上下游品牌商以及终端消费者等都对企业碳信息披露提出了要求，主动披露可以增强企业与客户和公众的关系。

（二）产品层面

企业生产的产品隐含的碳排放统称为产品碳足迹，通常指某个产品从原材料采购、运输、生产制造、销售使用及回收处理整个生命周期内的碳排放[1]。生命周期评价法（Life cycle assessment，LCA）是产品碳足迹核算的主流方法，依据边界设定和模型原理可分为过程生命周期评价（Process-based，PLCA）、投入产出生命周期评价（Input-output LCA，I-OLCA）、混合生命周期评价（Hybrid-LCA，HLCA）。

PLCA采用"自下而上"的分析方法，基于产品生产或服务全生命周期过程中物料、能量和环境排放的投入产出清单来进行计算；I-O LCA采用"自上而下"的分析方法，利用投入产出表计算出各层面的能耗及排放水平，再通过评价对象和经济部门的对应关系评价具体产品或服务环境影响；HLCA是将前两种评价方法结合使用的方法，可以针对性评价具体产品及其整个生命周期阶段的排放，但由于数据要求较高、操作难度较大等原因，未广泛应用。

（三）项目层面

基于项目的核算，通常是针对碳减排项目（如减少碳排放、增加碳汇）的减排量进行核算认证。碳减排项目可包括使用风能、太阳能等可再生能源替代化石能源发电的项目，甲烷回收利用项目，余热回收利用项目等；

---

[1] BSI. PAS 2050：2008-Specification for the assessment of the life cycle greenhouse gas emissions of goods and services

增加碳汇项目通常指通过植树造林、森林经营管理等措施，吸收并固定大气中的二氧化碳，形成碳汇。

对于项目层面的核算，最关键的是基准线的确定以及减排量的核定。基准线是表示一种在没有实施碳减排项目时常规的碳排放情景。减排量核算的就是实施碳减排项目后，核算实际项目排放与基准线排放之间的差额，这个差额就是减排量。

三、碳核算的标准

为客观、准确地核定企业、产品、项目等层面的碳排放，政府机构、国际组织、社会团体等发布了多项标准来规范碳排放核算方法。主管机构强制要求使用的标准称为强制核算标准，组织或个人可以自愿选择使用的标准称为自愿核算标准。

（一）强制核算标准

世界各国（地区）正在运行的碳市场，都要求自己管控的企业或设施按照主管部门制定的核算技术规范开展碳排放监测、报告与核查。这些建立碳市场的国家/区域政府部门都制定了控排企业的碳排放核算指南、监测标准、核查指南等技术规范文件。比如，欧盟委员会针对欧盟碳市场控排企业制定的温室气体排放核算与报告指南（Monitoring and Reporting Guideline），中国主管部门2013年以来陆续发布的24个行业核算指南、补充数据表、核查指南等，中国各试点碳市场也发布了各自分行业的核算报告指南等。

项目减排量、碳汇量也是按照特定认证体系制定的方法学和减排量计算工具进行量化。如联合国清洁发展机制（Clean Development Mechanism, CDM）下累计备案的200多个CDM方法学和对应的减排量计算工具，是量化和签发CDM减排量的基础。如果减排项目要申请各类社会组织，如黄金标准（The Gold Standard，GS）、核证碳标准（Verified Carbon Standard，VCS），认可的减排量，则需对应的按照GS、VCS等机构制定的方法学和相关核算工进行项目减排量认证。我国国家核证自愿减排量（Chinese Certified Emission Reduction，CCER）则是按照主管部门认定的CCER方法学和减排量核算工具量化核定减排量。

（二）自愿核算标准

企业自愿对其组织范围内的碳排放工作开展核算，目前主要采纳的核算标准包括世界资源研究所（World Resources Institute，WRI）和世界可持续发展工商理事会（World Business Council for Sustainable Development，WBCSD）联合开发的温室气体核算体系（GHG Protocol），以及国际标准组织发布的ISO14064-1《第一部分：组织层面温室气体排放和清除的量化和报告规范及指南》。其中GHG Protocol《温室气体核算体系：企业核算与报告标准》是目前企业最广泛采纳的自愿碳排放核算指南，对企业层面碳排放核算的方法、组织边界、报告范围等内容进行了具体规定。国际标准化组织ISO 14064标准也是主要借鉴了GHG Protocol《温室气体核算体系：企业核算与报告标准》。ISO14064-1对企业组织层面的碳排放核算提供了一般指导和要求。

产品碳足迹核算标准方面，目前全球范围内受到公认并且应用相对广泛的标准包括英国标准学会发布的PAS 2050《商品和服务生命周期温室气体排放评估规范》、WRI/WBCSD《温室气体核算体系：产品生命周期核算与报告标准》、ISO 14067《温室气体产品碳足迹量化要求及指南》。英国标准学会2008年发布的PAS 2050是最早发布的碳足迹自愿核定标准，WRI/WBCSD 2011年发布的《温室气体核算体系：产品生命周期核算与报告标准》在PAS 2050基础上进行了增补，规定了碳足迹核算规定、要求和指导等内容，2013年发布的ISO 14067同时借鉴了上面两个标准，提供了产品碳足迹核算最基本的要求和指导，更具普遍性。

2018年以来，我国各类社会组织也在开发产品碳足迹核算标准方面进行了一些探索，如中国电子节能技术协会低碳经济专业委员会发布的《电器电子产品碳足迹评价通则》《LED道路照明产品碳足迹评价规范》，中国林科院木材工业研究所牵头正在研究的《木质地板产品碳足迹评价与标签》《木质门窗产品碳足迹评价与碳标签》等。

碳排放范围一、范围二、范围三内涵

《温室气体核算体系：企业核算与报告标准》将企业碳排放分为范围一、二、三排放，并且制定了《温室气体核算体系：企业价值链（范围三）核算与报告标准》，进一步对范围三的核算进行了规范。

范围一：直接温室气体排放

在企业实际控制范围之内的排放，具体包括由企业所有或者控制的设备设施等的静止燃烧、移动燃烧、化学或生产过程，逸出源（非故意释放）等造成的温室气体排放。如燃煤锅炉、公司拥有的燃油车辆等。

范围二：外购电力和热力间接温室气体排放

在企业控制之下购买的电量所产生的排放，排放虽然发生在发电过程中，但是可作为购买电力者的间接排放。除了电力之外，蒸汽、加热及制冷方面的购买行为也属于此范围。

范围三：其他间接排放

由企业内生产经营活动引起所有的其他排放。如企业购买的产品在生产过程中的排放，购买的燃料的运输排放，购买的服务的排放、员工通勤、差旅等等所产生的排放。

四、碳信息披露

(一)气候相关财务披露工作小组(TCFD)

随着全球碳减排进程的持续深入,加上近年来自然灾害的频发,森林大火、海啸、海平面上升等极端天气的影响,越来越多的政府、企业和金融机构意识到,必须要将目光聚焦于气候变化的风险及其对于社会、经济、金融市场的影响。气候信息的披露则应运而生,成为提升企业与社会意识、促进企业内部转型、帮助投资者筛选项目和评估风险的有效工具。

2015年12月,由G20成员国组成的金融稳定理事会(FSB)设立了气候相关财务披露工作小组(Task Force on Climate-related Financial Disclosures,TCFD)。2017年6月,该工作小组发布了第一份正式报告,即气候相关财务披露工作组指南(以下简称"指南"),并于此后每年发布工作进展报告。该指南致力于提高市场的透明度与稳定性,并且提供气候相关的信息披露建议,引导市场与投资人在投资决策时充分考虑气候变化这一不可避免的风险,及其对公司运营、财务状况等各方面的影响。

(二)TCFD建议披露内容

TCFD披露内容主要包含四大方面,分别为公司治理、风险管理、发展战略以及指标与目标,共11项具体披露事项。

(三)气候信息披露的意义

气候信息披露对于企业特别是上市公司而言既是机遇,也是挑战,同时也是一项不得不认真完成的任务。从2020年7月起,香港交易及结算所有限公司旗下全资附属公司香港联合交易所有限公司(香港联交所)修订《环境、社会及管治汇报指引》,加入气候相关财务披露工作小组(TCFD)建议的元素,而香港绿色和可持续金融跨机构督导小组也宣布,拟于2025年或之前强制实施符合TCFD建议的气候相关信息披露。

公司治理	风险管理
• 董事会在气候相关风险与机遇中发挥的监督作用 • 管理层在评估与管理气候相关议题中发挥的作用	• 鉴别与评估气候风险的过程 • 应对气候风险的过程与手段 • 鉴别、评估、管理气候相关议题的过程是否与企业整体的风险管理系统相结合
发展战略	指标与目标
• 企业短、中、长期对于应对气候相关议题的战略规划 • 气候相关议题对于企业商业模式、战略以及财务规划的影响 • 在不同温升幅度情境下,企业运营的战略以及韧性	• 披露组织机构评估气候相关风险与机遇的标准 • 披露范围1,范围2,范围3(如果适用)的温室气体排放情况以及潜在的风险 • 披露组织机构管理应对气候相关议题的目标,以及实际表现

图10-7　TCFD建议披露内容

2022年3月21日,美国证券交易委员会(The Securities and Exchange Commission,SEC)公布了一项拟议规定,除了向投资者和监管机构提供财务及面临风险的数据信息之外,在美国SEC注册的美国公司和外国公司还需提供其企业的温室气体排放量以及气候变化对其影响的相关信息,其拟议的信息披露方式与TCFD建议的机制也是一致的。

同样,成立不久的国际可持续发展准则理事会(ISSB)在今年3月31日也发布了其第一套全球可持续发展披露标准草案《国际财务报告可持续披露准则第1号——可持续相关财务信息披露一般要求(征求意见稿)》和《国际财务报告可持续披露准则第2号——气候相关披露(征求意见稿)》。两份草案也采用了气候相关财务信息披露工作组(TCFD)一致的框架,并将范围延伸到了整体的可持续发展领域,该标准将进一步推动可持续发展报告标准的统一。

(四)中国在气候信息披露的进展

TCFD的应用始于中英两国在绿色金融领域的合作,目前气候相关财务信息披露工作刚刚起步并逐步推进。截至2022年5月，包括中国工商银行、平安集团、中创碳投等44家中国机构宣布支持TCFD建议。大部分支持者为机构投资者或银行保险业企业，其中，工商银行和平安集团已经基于TCFD建议进行了气候相关财务影响披露。然而，我国企业整体上对于TCFD的认知度仍较低，由于各行业在气候与环境信息披露上没有统一标准，目前对TCFD建议表示支持的企业，也较少有发布气候相关信息披露报告。据推测，港股上市的企业有望率先加入气候信息强制披露的行列。

（五）未来气候信息披露展望

TCFD的建议框架为G20成员国间在气候相关财务信息披露方面提供了一个共同架构，为以后国际公司之间在气候信息披露方面建立了一个统一的机制，企业之间将更具可比性，同时也会推动更多的企业积极参与气候信息披露。而在中国，TCFD的发展也需要更好地与中国的国情和行业发展相结合，利用科技大数据等平台，开发出因地制宜的工具与应对方案，从而推动企业转型以及国家"双碳"目标的实现。

另外，除了TCFD建议的框架和体系，国际上还有一些较有影响力的自愿性碳信息披露机制和减排倡议，如科学碳目标倡议（SBTi），碳信息披露项目（CDP）等。这些机制鼓励并协助企业制定和公开承诺碳减排目标，使企业的合作伙伴和客户对企业的碳减排行动和中长期规划有更好的了解。

中国工商银行作为中国首家TCFD信息披露的试点机构

在2017年12月15日举行的第9次中英经济财金对话上，中英两国政府同意加强在绿色金融领域的合作并联合发起了气候与环境信息披露试点项目。试点机构共有13家，其中中国工商银行作为试点项目的中方牵头机构，组织推动试点项目开展。中国工商银行气候风险工作组在2021年翻译和校对了5份、40万字TCFD成果文件，中文版目前已在TCFD官网发布。这些成果可以为中国机构参照TCFD框架，加强气候风险管理、做好相关披露工作提供有价值的参考。

第三节　企业参与碳市场

一、碳市场的概念和目标

碳市场，是碳排放权交易市场的简称，是指以控制碳排放为目的，以碳排放配额或核证碳减排量等标的物进行交易的市场。与传统的实物商品市场不同，碳交易产品看不见摸不着，是通过法律界定人为建立起来的政策市场，其设计的初衷是为了通过"市场化"的方式为碳排放定价，在特定范围内合理分配减排资源，降低碳减排的成本。

碳市场可分为强制（或称履约型）碳市场和自愿碳市场两类。企业被政府强制纳入碳市场管控，到期必须上缴一定数量的碳配额，以完成履约，由此产生的交易属于强制减排交易。自愿碳交易市场下，出于履行社会责任、扩大社会效益等一些非履约目的，由企业或个人主动采取碳排放权交易行为以实现减排。自愿减排的企业可将符合条件的减排量出售给碳市场管控企业或者非控排企业，由此产生的交易也属于自愿减排交易。

碳市场与其他要素市场、商品市场和服务市场密切联系，通过传递排碳有成本、减碳有收益的市场和价格信号，促进产业结构调整和升级和全社会低碳转型，并为企业和消费者提供有效的碳减排经济激励，引导投资流向低碳技术的研发与应用，最终在全社会范围内以最小成本实现既定减排目标。

二、国际碳市场发展概况

碳交易市场作为实现低成本减排的主要政策措施，在全球备受青睐。在过去十五年里，碳市场在全球范围内迅速发展，从2005年仅覆盖全球碳排放5%到2021年的16%，扩大了三倍。截至2021年8月，全球共有25个碳市场正在运行[1]，这些正在运行碳市场的区域占全球GDP的54%，包括中国国家碳市场、中国各试点碳市场、欧盟碳市场、美国加州碳市场、新西兰碳市场、韩国碳市场、美国区域温室气体减排倡议（RGGI）等。6个碳市场正在酝酿中，预计将在未来几年内启动运行，包括墨西哥、哥伦比亚碳市场和美国东北部交通和气候倡议计划（TCI-P）等。此外，泰国、印尼、智利、土耳其和巴基斯坦等14个国家和区域也在考虑建立碳市场。

2021年，全球碳交易总额约7600亿欧元，同比增长了约164%，交易总量达到158亿吨二氧化碳当量，同比增长了约24%，交易量增加的同时交易价格也不断上涨。

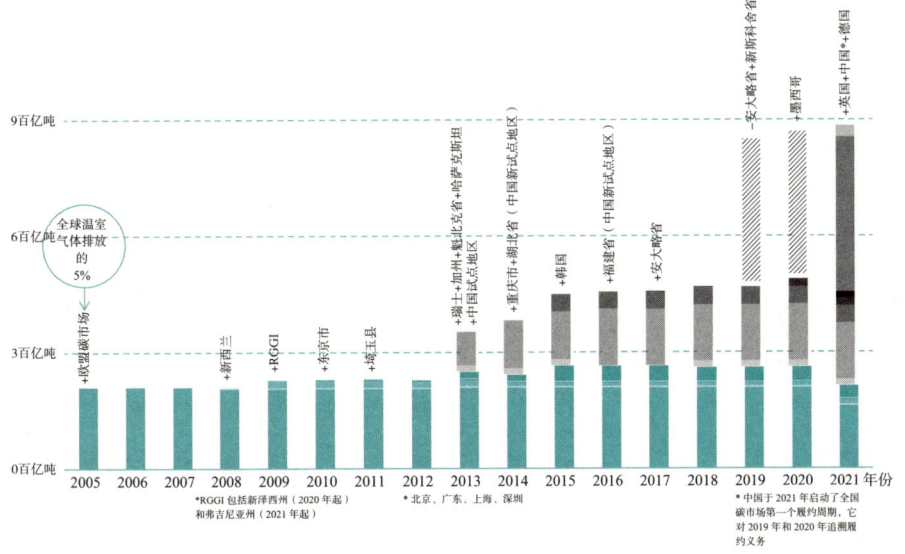

图10-8　2005—2021年全球碳市场规模[2]

虽然新冠疫情影响了部分辖区碳市场的建设进度，但整体看，国际上主要碳市场的运行并未受到影响，相反，国际主要碳市场的价格都在今年

---

[1]　数据来源：世界银行碳定价信息中心。
[2]　数据来源：ICAP《全球碳市场进展2021年度报告》。

创下了新高。欧盟碳配额价格一度接近100欧元（800元），美国加州的碳价也接近30美元（200元）、新西兰碳价则达到了50美元（300元）。

此外，2021年底在格拉斯哥举行的联合国气候变化大会就全球碳市场机制达成了框架性安排，一个新的全球碳交易市场正在浮出水面，未来巴黎协定缔约国相互之间开展碳排放权和减排量的交易市场将在联合国的监督管理之下得以建立和运行。

同时，国际民航组织于2016年10月通过了建立"国际航空碳抵消与减排机制"（Carbon Offsetting and Reduction Scheme for International Aviation，简称CORSIA）的决定。按照国际民航组织于2022年10月在其第41届年会上确定的CORSIA机制的最新安排，国际航空的碳排放以2019年碳排放量的85%为基准，新增的碳排放需要通过购买合格的碳减排量来进行抵消。通过一系列减排措施（如航空器技术提升、运行改进、使用可持续航空燃料等），加之CORSIA机制，航空业旨在实现国际航空碳排放零增长的近中期目标，以及2050年前净零排放的远期目标。按照国际民航协会的初步估算，在CORSIA机制下，到2035年国际航空业预计将产生约26亿吨碳排放量的抵消需求。

CORSIA的实施分为三个阶段，第一阶段（2021—2023）、第二阶段（2024—2026）和第三阶段（2027—2035）。前两个阶段各国可自愿参加；第三阶段起所有民航组织的成员国都需强制参加。截至2022年1月1日，有107个国家宣布参加2022年度的CORSIA。在此基础上，另有8个国家宣布将参加2023年度的CORSIA。我国目前未表示参加前两个自愿阶段，自2027年起，我国国际航空也要按照CORSIA要求，每年对超出基准排放量的新增排放进行强制抵消。

三、中国碳市场的发展历程

（一）试点碳市场为国家碳市场提供实践经验

中国碳市场建设从地方试点起步，经过了近10年探索。自2011年10

月以来，按照"十二五"规划纲要关于"逐步建立碳排放交易市场"的要求，国家在北京、天津、上海、重庆、湖北、广东、深圳两省五市，分别启动了碳排放权交易试点工作。2013至2014年，七个区域碳交易试点陆续开市交易。2017年，福建启动了国内第八个地方性碳市场，虽未纳入国家试点计划，但其影响力不亚于其他试点碳市场，为国家碳市场的建设做了有益探索，并作出积极贡献。

碳交易试点为建设全国碳市场建设积累了丰富的经验，增强了信心，营造了良好的舆论环境，并提升了企业实施碳管理、参与碳交易的理念和行动能力，锻炼培养了人才队伍，并培育了碳市场这个行业相关产业。这些人才队伍和行业机构，为国家推进"双碳"工作奠定了基础。

（二）国家核证自愿减排量丰富了碳市场的交易品种

国家核证自愿减排量（CCER）是中国碳市场的重要组成部分，是指对我国境内可再生能源、林业碳汇、甲烷利用等项目的碳减排效果进行量化核证，并在国家自愿减排交易注册登记系统中登记，可在市场上交易的一个交易品种。

2012年国家发展和改革委员会办公厅发布《温室气体自愿减排交易管理暂行办法》和《温室气体自愿减排项目审定与核证指南》（国家发展和改革委员会，2012），这两个文件确立了中国自愿减排项目的申报、审定、备案、核证、签发等工作流程，意味着国家核证自愿减排量（CCER）市场建设跨出了实质性一步。

截至2017年3月，国家发改委累计公示CCER项目达到2856个，获备案项目1047个，其中获得减排量备案项目有287个，合计备案签发减排量5283万吨CO_2e。根据国家气候战略中心披露，CCER实际备案签发量超过7000万吨。从项目类型看，主要集中在风电、光伏、农村户用沼气、水电等项目类型，详细情况如下图所示。

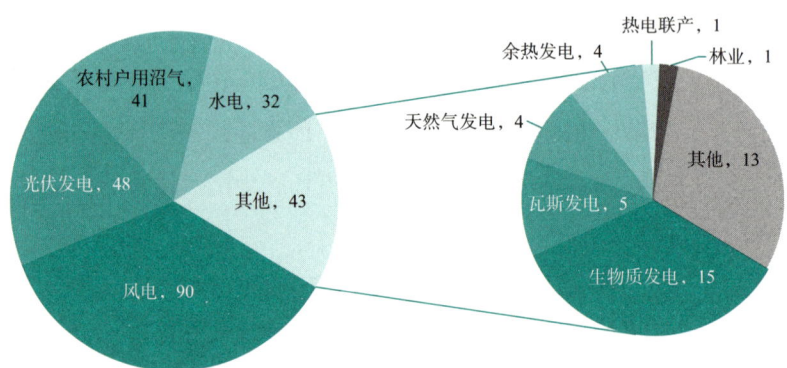

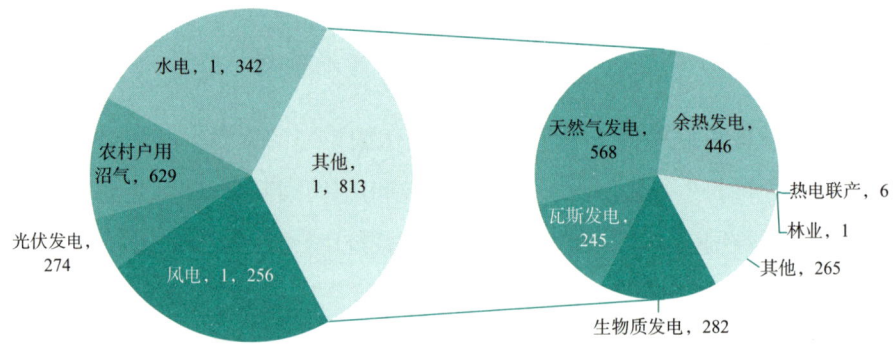

图10-9　CCER项目备案数与减排量[1]

从实践看，CCER市场的建立，意义重大，其作用可以归纳为四个方面。

第一，增加碳交易市场的供给灵活性，降低企业履约成本。通过引入CCER，等于变相在碳配额供给总量的基础上，增加了一定比例的CCER供给调节，实际上也是增加了市场的供给。控排企业直接减排的成本通常都高于购买碳抵消量，且考虑到市场上很多机构有囤货的需求，部分企业有惜售的心理，适量扩大供给弹性，有利于增加市场流动性，降低交易成本，从而降低企业的履约成本。

---

[1]　数据来源：中国自愿减排交易信息平台。

第二，通过碳抵消机制的经济激励，鼓励更广泛的市场主体开展减排行动，有利于促进全社会的低碳绿色转型。碳市场不但为控排企业确立了强制减排义务，而且通过建立抵消机制，为减排行动提供激励，激发了非控排企业开展减排行动的积极性，鼓励更多市场主体参与低碳减排行动。

第三，为全社会更广泛、更多元的主体开展自愿减排活动提供了标准化产品。随着低碳时代的来临，越来越多的市场主体、机构、团体、个人都在加入减排行动。例如，越来越多的碳中和会议、碳中和赛事活动、碳中和企业，这类活动都属于自愿减排行动，主要实现方式是通过购买碳减排量，抵消对应碳排放来完成减排。

第四，为企业开展供应链低碳管理认证提供标准化解决方案。目前欧盟已经推出了部分进口产品低碳认证的法规和标准，苹果、大众、博世、宜家、沃尔玛等跨国企业也制定了自己的供应链低碳认证要求，其中多有涉及碳减排绩效认定的环节，通过购买合格的碳抵消来完成碳减排绩效管理是一个普遍的做法。我国不少出口企业为达到出口国政府或者国际买家供应链碳管理认证的要求，不得不在市场上购买符合供应链认证要求的碳减排量。

可见，我国建立CCER机制，其意义已经远远超出了服务国家碳市场建设这个单一目标。随着碳中和目标的提出，CCER已经开始受到更为广泛的关注，市场也越来越期待CCER能够提供有公信力、广泛认可的碳减排公共产品服务。2013年CCER正式启动，至2017年3月，国家发改委发布公告暂停CCER项目和减排量备案申请，CCER在经历了将近5年后，进入调整改革期，重新启动的日期尚不明确。目前，各方期待主管部门尽快恢复CCER运行的呼声比较高。

（三）全国碳市场建设进展

2013年，党的十八届三中全会通过《中共中央关于全面深化改革若干重大问题的决定》，建设全国碳市场成为全面深化改革的重点任务之一，标志着全国碳市场建设正式纳入国家计划。

2017年12月18日，国家发改委公布《全国碳排放权交易市场建设方案（发电行业）》，将全国碳市场建设分为基础建设期、模拟运行期、深化完善期三个阶段。

随后由于机构调整，国务院碳交易主管部门由国家发展改革委转隶至生态环境部。生态环境部继续在《全国碳排放权交易市场建设方案（发电行业）》框架下开展碳市场建设，并于2020年12月发布《碳排放权交易管理办法（试行）》。2021年7月16日，全国碳市场开市交易，开盘价48元/吨，首日配额成交量410万吨，成交额2.1亿元。

2021年12月31日，全国碳排放权交易市场第一个履约周期顺利结束。第一履约周期内，全国碳市场累计运行114个交易日，碳排放配额累计成交量1.79亿吨，累计成交额76.61亿元。2022年7月15日，全国碳市场运行满一周年，市场基本要素及基础设施经受检验，完成闭环运行。全年配额累计成交量1.94亿吨，累计成交额84.92亿元，交易方式多样，以大宗交易为主（占比83%），交易价格稳中有升，但市场流动性不足，换手率约为2%。与之相比，欧盟碳市场2021年交易量约是5600亿欧元，交易量是100亿吨，换手率约为500%，7个试点省市换手率也有5%左右。

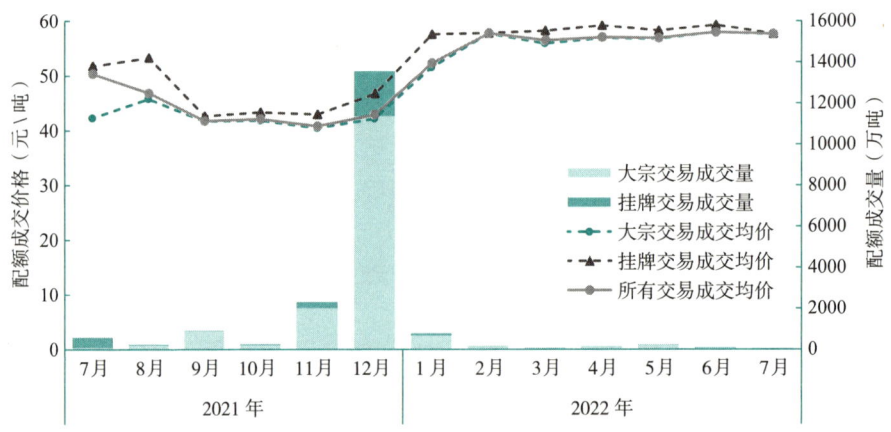

注：统计时间为2021年7月16日至2022年7月15日。

图10-10　全国碳市场开市一周年交易情况

四、全国碳市场政策要素

（一）覆盖范围

全国碳市场覆盖范围秉持"抓大放小，先易后难"的原则，在第一个履约期率先纳入了电力行业。企业的纳入门槛为年度温室气体排放量达到 2.6 万吨二氧化碳当量及以上。后期随着碳市场运行成熟及碳排放报告数据的积累，全国碳市场将遵循"成熟一个，纳入一个"的原则，分阶段逐步扩大管控行业。

目前，全国碳市场以发电行业为起步，计划在"十四五"期间完成高耗能行业（石化、化工、建材、钢铁、有色、造纸、航空）的纳入。届时，全国碳市场的配额总量有望从目前的 45 亿吨扩容到 70 亿吨左右，覆盖全国二氧化碳排放总量的约 60%。

（二）配额总量

全国碳市场在综合考虑经济发展要求和温室气体控排目标的基础上，采用"自下而上"的方法，并遵循"适度从紧"和"循序渐进"的原则设定碳市场总量。生态环境部 2020 年 12 月发布的《2019—2020 年全国碳排放权交易配额总量设定与分配实施方案（发电行业）》具体细化了总量设定方法，根据重点排放单位 2019—2020 年的实际产出量以及该方案确定的配额分配方法及碳排放基准值，核定各重点排放单位的配额数量，加总形成全国配额总量。

（三）配额分配

全国碳市场现阶段对配额实行免费分配，并采用基准法核算发电行业重点排放单位所拥有机组的配额量。基准法的基本计算公式为：企业配额

=企业实物产出量×行业碳排放强度基准值，意味着对发电企业施加以实物产出量为基础的碳强度控制。

配额分配基准法对标行业先进碳排放水平，配额免费分配而且与实际产出量挂钩，既体现了奖励先进、惩戒落后的原则，也兼顾了当前中国将二氧化碳排放强度列为约束性指标的考核制度安排。

（四）排放监测、报告与核查（MRV）

碳排放的监测、报告与核查（Monitoring、Reporting and Verification，MRV）的有效实施是确保排放数据准确的基础。国家发展和改革委员会自2013年起发布了24个行业温室气体排放核算与报告技术指南，组织开展2013—2015年、2016—2017年两次重点排放单位温室气体排放数据报告核查工作。转隶工作完成后，生态环境部持续推进重点排放单位历史碳排放数据报告和核查工作，进一步强化对碳排放监测工作的要求，将碳排放数据报告核查工作常态化。建立了中央和地方对碳市场数据工作的管理模式和技术规范体系，对企业、核查机构的报告与核查进行了原则性规定，初步确立了数据工作体系的"中央–省级–地市"三级管理模式。

全国碳市场第一个履约期出现了发电企业碳排放数据造假现象。为加强碳排放数据质量监督管理，保障全国碳市场平稳健康运行，2021年10–12月，生态环境部执法局牵头组织31个工作组开展了碳排放报告质量专项监督帮扶。2022年4月8日，碳达峰碳中和工作领导小组办公室召开电视电话会议，通报碳市场数据造假有关问题，部署打击碳排放数据造假行为、推进碳市场健康有序发展工作。

（五）履约考核

全国碳市场第一个履约周期，要求重点排放企业完成2019—2020两个年度的碳排放履约清缴，完成履约清缴的截止时间为2021年12月31日。为降低对企业的影响，生态环境部在配额清缴相关工作中设定了配额履约缺口上限。对于燃煤机组，配额履约缺口上限为经核查排放量的20%。为鼓励燃气机组发展，规定了燃气机组无须承担配额缺口部分的履约义务，而先进的燃气机组则可以出售盈余配额获益。

（六）抵消机制

生态环境部在《碳排放权交易管理办法（试行）》中规定，重点排放单位每年可以使用国家核证自愿减排量（CCER）抵消碳排放配额的清缴，抵消比例不得超过应清缴碳排放配额的5%。

2021年10月26日，生态环境部发布《关于做好全国碳排放权交易市场第一个履约周期碳排放配额清缴工作的通知》，允许控排企业使用CCER抵扣配额，最高不超过应清缴配额量的5%的比例完成履约。在通知发出后，CCER市场价格迅速飙升至40元/吨左右，市场上存在的4000多万吨左右的CCER存量几乎全部被市场吸收。

（七）交易规则

根据《碳排放权交易管理规则（试行）》，全国碳排放权交易主体包括重点排放单位以及符合国家有关交易规则的机构和个人。但在全国碳市场第一履约周期内，生态环境部并未公布其他机构和个人参与碳交易的条件，仅允许重点排放单位参与交易，后续相关政策何时放开受到市场关注。当前全国碳市场的交易产品为碳排放配额（CEA）现货以及CCER现货，暂未开展碳期货等金融衍生产品交易。广州期货交易所于2021年4月揭牌，将在证监会的指导下逐步推进创新型碳期货产品研发。

根据《关于全国碳排放权交易相关事项的公告》，交易方式主要包括挂牌协议交易和大宗协议交易两种方式。据统计，截至2021年12月31日，全国大宗协议的累计交易量与挂牌协议占比分别为83%和17%。总体来看，大宗协议交易为当前全国碳市场的主要交易方式。

五、中国碳市场未来展望

（一）尽快推动出台国务院条例

碳市场以政策为导向，需要强有力的法律政策支撑主管部门执行碳市场各项管理工作。国务院《碳排放权交易管理暂行条例》的出台已经成为我国碳市场建设任务的重中之重。2021年3月30日，《碳排放权交易管理暂行条例（草案修改稿）》（以下简称"条例草案"）印发，进一步对修订后的国务院碳排放权交易管理条例征求意见。目前已经纳入《国务院2022年度立法工作计划》。未来《碳排放权交易管理暂行条例》的出台将明确碳市场的地位和作用，明确各个部门监管全国碳市场的分工和职责，明确配额总量制定和分配的基本制度，明确碳排放数据监测、报告、核查基本制度，并界定相关违法行为的法律责任和处罚内容。

（二）进一步完善碳市场基础制度

除了出台国务院条例提供法律保障外，主管部门还需要进一步完善全国碳市场的基础制度，强化顶层设计，完善深化履约周期相关安排，进一步推动形成更加明确稳定的碳市场制度安排和碳价格信号。

1. 建立长期、稳定的政策预期。 探索"自上而下"确定配额的方式，逐步与我国碳达峰碳中和目标相衔接，制定行业长远减排目标和配额长期总量方案，指导行业进行长期减排，释放碳配额交易需求，促进企业将减排行动纳入战略规划。

2. 加强碳市场数据基础建设。 主管部门需要通过规范数据报送与核查技术规范和管理要求，明确数据监测、报告、核查工作中各类参与方的主体责任和职责边界，加强核查机构和核查人员的资质管理以及能力建设，加强对相关数据造假行为的处罚手段，规范和优化数据监测、报告、核查工作流程，不断提升数据质量。

3. 将碳市场纳入金融监管范围。 持续完善全国碳市场注册登记系统和交易系统，联合金融监管部门实时监控二级市场交易过程中可能出现的风险。不断加大执行力度，限制运行中违约和破坏市场环境的行为。

4. 持续提升碳市场信息披露力度。 加大信息披露的范围，对排放总量、配额分配和配额量、交易量及价格、未履约重点排放单位的惩处情况、完成履约企业的奖励情况及碳市场建立后的减排情况等相关信息进行更为全面的披露，更好地发挥社会公众、行业协会、新闻媒体等对碳市场运行的舆论监督作用。

（三）重启CCER机制

CCER的重新启动，将支持全国碳市场、试点碳市场、自愿减排市场以及国际航空碳减排市场CORSIA等需求。尽快完成对CCER管理办法的修订，修订减排方法学，推动重启CCER备案申请，并制定能够维持市场均衡的抵消规则。

同时，积极争取CCER成为航空企业未来完成民航组织框架下航空减排机制CORSIA下合格的抵消品种。这是CCER走向国际化的一个重要步骤，使CCER成为具备国际认可度和影响力减排机制，建立中国企业出口产品供应链低碳认证的中国标准。

第四节 企业碳资产管理

一、企业碳资产管理的内涵

碳交易市场启动后，企业碳排放行为受到管制，碳排放权（碳配额）成为一种稀缺商品。上海环境能源交易所2022年发布团体标准《碳管理体系要求及使用指南》，提出了碳资产的概念。碳资产（Carbon Asset）是指特定主体所拥有或控制的、可储存流通、预期会带来经济收益的、与碳排放活动有关的各种有形资产和无形资产[1]，狭义的碳资产指碳配额和碳减排信用（国内主要是CCER），广义的碳资产还包括减排技术、减排项目等。

碳资产管理的目的在于量化组织在碳减排方面的资源投入和产出，通过减碳固碳技术强化碳减排能力，并依据公司碳排放配额与碳排放情况，通过市场交易、金融投融资等方式降低成本、提高收益。

碳资产管理需技术先行，通过减碳固碳技术的投资和研究，强化碳减排能力，推进企业节能减排降耗，走高质量发展之路。能源和相关工业行业碳排放量占全国碳排放总量的90%，行业企业面临巨大的碳减排压力，迫切需要开展减碳固碳技术的创新研发，从源头上减少企业碳排放，降低企业对碳排放配额或碳减排信用的需求，进而使企业碳资产处于相对富裕的状态。

为确保企业在碳市场中的利益最大化，还需对具体的碳资产进行管理。当碳排放配额不足时，通过多种应对措施，在完成履约义务的同时，降低履约成本；当碳排放配额富余时，通过碳资产的合理经营，提高企业短期、中期和长期收益。

二、碳资产管理体系

企业资产碳管理的模式可分为集中式管理和分散式管理。集中式管理是指企业总部统一建立的碳管理公司或部门，拥有集决策权、执行权、管理权和监督权为一体的高度集权，有利于企业整体战略实施和最终目标实现，能够有效降低成本和管理费用，发挥资产规模效益，有效控制履约和金融操作风险，这需要匹配一支高素质的管理团队；分散式管理是指下属单位享有充分的决策权、执行权和管理权，企业总部仅行使监督权的管理模

---

[1] T/CIECCPA 002—2021，碳管理体系、要求及使用指南［S］.

式，以下属单位为主体开展自身的碳管理，并定期向企业总部汇报，能有效减少其统筹管理操作复杂程度，增加灵活性，响应速度快、管理效率高，有利于调动下属单位工作积极性。企业在进行碳资产管理工作时，要充分考虑自身实际情况，根据具体工作内容特点，选择合适的碳资产管理模式。

目前国内外碳市场允许交易的碳资产包括碳排放配额和核证碳减排量（碳减排信用）两类。依据《碳排放权交易管理办法（试行）》和《关于做好全国碳排放权交易市场第一个履约周期碳排放配额清缴工作的通知》，全国碳排放权交易市场的交易产品包括碳排放配额和国家核证自愿减排量（CCER），CCER即碳减排信用的一种。碳资产管理的主要工作内部包括碳配额管理、碳减排信用管理、碳资产调配管理、市场交易策略管理、碳资产会计管理等。

（一）碳配额管理

碳配额管理的核心是提高配额持有量、控制碳排放量、减小配额缺口，其管理目标是在确保配额量能够满足履约要求前提下控制履约成本。企业进行碳配额管理，需要开展的具体工作包括明确所属行业配额分配方法；明确履约工作流程与时间节点；针对企业排放情况进行配额盈缺测算；进行履约成本测算，财务预算；明确履约不合规的相关处罚机制；并对企业新增设施统一管理，按需进行新增配额申请。

（二）碳减排信用管理

随着碳市场的正式交易和企业自愿落实碳中和社会责任，碳减排信用的交易价值逐渐被发现，陆续有金融机构、碳资产管理公司、强制减排企业成为碳减排信用的买家，用来抵消配额，或作为金融资产。进行碳减排信用管理的具体工作包括：明确碳减排信用开发成本、流程与周期；明确碳减排信用履约规则、使用条件并密切关注相关政策；掌握碳减排信用市场动态与价格区间；挖掘碳减排信用开发潜力，研发碳减排信用方法学等。

（三）碳资产调配管理

对于大型企业，碳管理部门可将整个集团下所有控排企业所属的碳配额视为一个整体。碳市场启动后，各控排企业的配额将互有盈亏，考虑到整体经济性，碳管理部门可在每年履约前，在企业内部统一进行碳配额资产的调配工作。对于具体的配额调配，由碳管理部门对全企业范围所有控排企业当年的既有配额量、新增配额量、实际排放量进行统计汇总，并结合当年碳减排信用签发的情况，对企业整体的配额盈亏情况进行分析，并最终制定企业内部碳资产调配的整体方案，降低集团的履约成本。

（四）市场交易策略管理

碳市场交易策略管理的核心是降低企业的减排成本、交易成本以及实现碳资产有效保值增值。为此，企业需要实时关注碳市场交易价格变化，了解碳市场政策风险、市场风险和气候风险，在市场跟踪预测的基础上制定交易策略，合理安排买入和卖出时间点位以及每次交易的数量，在碳交易的过程中降低交易成本，在条件允许的情况下获得额外的收益。

（五）碳资产会计管理

低碳经济时代要求企业在生产经营过程中，不仅要关注销售、采购、生产、盈利等流程的传统会计指标，还需要核算企业碳资产的存量和流量，针对碳排放配额、碳减排信用、碳金融资产等项目编制碳资产负债表，健全碳资产核算体系，了解自身"碳足迹"，整合自身碳战略，预测企业的碳排放量，构建碳预算体系。

三、碳资产管理策略和手段

随着碳市场的深化完善，越来越多的企业将要面临每年付出额外碳成本的压力，这将不断倒逼企业积极做好碳资产管理。碳资产管理在具体操作层面应密切关注配额政策与抵消政策，把握市场价格趋势，充分运用灵活履约规则和风险控制措施，降低履约成本，寻求更多收益。

（一）CCER 履约交易

2021年全国碳市场正式开盘交易以来，配额成交均价超过42元/吨。生态环境部2021年10月底发布《关于做好全国碳排放权交易市场第一个履约周期碳排放配额清缴工作的通知》后，CCER的价格从原本几元到十几元不等迅速跃升至每吨40元左右。但总体而言，配额价格整体高于CCER价格。生态环境部《碳排放权交易管理办法（试行）》规定，重点排放单位每年可以使用不超过应清缴碳配额的5%的CCER抵销配额清缴义务。因此，企业可以利用抵消规则，通过购买成本更低的CCER完成履约。

（二）配额置换交易

配额置换交易是指企业利用持有的碳配额与其他组织持有的自愿核证减排量进行置换。企业一方面可以通过CCER抵消部分碳配额使用，灵活减少企业负担，适当降低企业履约成本。另一方面，也可以规避配额作废以及配额交易过程中供需不协调的风险。该模式有助于进一步优化资产组合。

（三）低买高卖交易

碳市场中碳资产价格一直在波动，2021年全国碳市场中碳配额挂牌协议价格在40-60元/吨范围内波动，碳配额大宗协议的交易价格相较挂牌协议交易低10%左右。CCER价格波动更高。及时、全面掌握低碳政策和市场信息，预测未来碳市场价格趋势，通过低买高卖和大宗协议交易实现低成本合规与资产增值盈利。

（四）套期保值交易

套期保值交易是指在某一时间点，在现货市场和期货市场对同一种类的商品同时进行数量相等但方向相反的买卖活动。当价格变动使现货买卖上出现盈亏时，可由期货交易上的盈亏得到抵消或弥补。在现货与期货，近期与远期之间建立一种对冲机制，以使价格风险降到最低限度。碳资产具有天然的标准化属性，需求量大，交易周期长，十分适合作为套期保值的标的物开展交易。针对碳资产进行套期保值交易，可以实现盈亏相抵，从而转移碳资产现货交易的风险。

（五）碳减排项目储备

企业应提高自身对碳减排项目储备与开发的意识，先行开展碳减排项目储备，其后通过选择适合的碳减排项目，将项目申报为经批准的CCER碳减排项目并签发CCER，开发出实际可用的减排碳资产。

（六）应用碳金融产品

随着碳市场的建立与发展，碳金融产品得到了不断创新。融资类碳金融创新包括碳资产回购、碳资产抵质押融资、碳债券等。投资类碳金融创新包括借碳资产交易、碳资产托管、碳基金、碳信托等。企业可以通过碳金融模式，利用碳资产获得金融机构贷款，开拓新的节能减排融资渠道，也可以通过金融市场来转移和分散碳价波动风险[1]。

1. 碳资产回购

碳资产的持有者（借方）向资金提供机构（贷方）出售碳资产，并约定在一定期限后按照约定价格购回所售碳资产以获得短期资金融通的合约。

---

[1] 中国证券监督管理委员会.《碳金融产品》金融行业标准（JR/T 0244—2022）.（2022-4-12）

2. 碳资产抵质押融资

碳资产的持有者（借方）将其拥有的碳资产作为质物/抵押物，向资金提供方（贷方）进行抵质押以获得贷款，到期再通过还本付息解押的融资合约。

3. 碳债券

发行人为筹集低碳项目资金向投资者发行并承诺按时还本付息，同时将低碳项目产生的碳信用收入与债券利率水平挂钩的有价证券。

4. 借碳资产交易

碳资产管理机构（借入方）向碳资产的持有者（借出方）存入一定比例的初始保证金后借入碳资产并在交易所进行交易，约定借碳期限届满后，由借入方向借出方返还碳资产并支付约定收益的合约。

5. 碳资产托管

碳资产管理机构（托管人）与碳资产持有主体（委托人）约定相应碳资产委托管理、收益分成等权利义务的合约。

6. 碳基金

依法可投资碳资产的各类资产管理产品。一般是指由政府、金融机构、企业或个人投资设立的专门基金，在全球范围内购买碳信用或投资于碳减排项目，经过一段时期后给予投资者碳信用或资金回报。

7. 碳信托

发起人通过发行受益权凭证，从投资者手中获得资金，再将这些集合起来的资金，按照信托协议的约定投资于碳减排项目，包括CCER减排项目，在约定期限内将获得的碳信用指标或现金以收益形式回报给投资者。

思考题

1.请结合当前国内外形势的发展，企业开展碳管理的必要性和内在驱动因子是什么？不同行业、不同性质企业开展碳管理的出发点是否相同？请结合现实典型案例，思考企业如何结合自身的特点开展碳管理？

2.面临全球供应链低碳管理的要求和政策趋势,请分别从政府部门和企业管理者两个不同的角度思考当前应该做哪些准备和应对工作?

3.请结合自身企业组织结构、经营范围等,思考开展碳管理需要企业在组织架构、管理机制、岗位设置方面需要做什么调整?企业开展碳管理需要哪些方面的专业人才?如果你是政府管理者,你觉得政府可以从哪些方面采取措施,推动企业开展碳管理?

4.请结合本讲内容,说说开展碳排放核算的意义,并总结不同维度的碳核算主要方法以及目的。

5.请结合本讲内容,总结我国建设碳排放权交易市场取得的进展、当前面临的主要问题,以及未来发展方向。不同性质的企业,分别可以从什么层面参与碳交易市场,如何应对?你对政府主管机构有哪些建议?

6.企业和金融机构如何理解碳资产管理和相关业务,该怎么参与?政府主管机构该如何理解这一块业务,并开展相应的管理和市场监管?

第十一讲 "双碳"目标与社会发展转型

张 莹

实现"双碳"目标意味对经济结构、能源结构、生产和生活方式的根本性重塑,将带来广泛而深刻的经济、社会系统性变革。社会、经济、能源与生态环境系统相关联,为了实现"双碳"目标,在推动产业和能源结构快速脱碳化的同时,还必须考虑与之伴随的社会影响与社会问题。习近平主席在2021年4月的领导人气候峰会上,提出要探索保护环境与发展经济、创造就业、消除贫困的协同增效,在绿色转型过程中努力实现社会公平正义。"以人民为中心"也被确定为我国应对气候变化新理念的五大支柱内容之一。[1]能源转型对每个人的生活有着直接而深远的影响,应该秉承"以人为本"的原则,通过针对性的机制妥善应对并推动社会最终实现公正、可持续的转型是获得社会各界对"双碳"目标支持的重要基础。推动社会公正的能源转型,需要关注与之相关的所有群体的福祉,提升公众

---

[1] 中华人民共和国国务院新闻办公室,《中国应对气候变化的政策与行动》白皮书,2021年10月。

的认知水平，促进所有人更深入地参与到这场转型中来，主动选择更加绿色、低碳、健康的消费和生活方式。

第一节　就业影响与公正转型

一、实现"双碳"目标带来的就业影响

实现"双碳"目标，必须从根本上改变化石燃料为主的能源结构，转向更多地使用可再生能源，这种调整会进一步影响到经济生活的各个方面，包括消费方式、能源生产和利用方式、能源技术发展、产业布局、商品生产和分配方式等。并产生相应的社会经济影响、给特定行业的就业人员带来冲击。国际能源署（IEA）的研究数据显示，2019年中国约有2000万人从事于能源相关行业。尽管一些新兴的行业会随之发展并创造出更多就业机会，但同时也有大批传统化石能源及上下游行业的就业群体会因此面临收入降低、转岗甚至失业的危机，并对周边地区的经济发展产生不利影响。[1]

"双碳"目标的实现涉及多个产业部门，将对不同部门、不同地区的就业产生程度不一的影响。在制定相关政策时，除了考虑技术可行性和经济成本之外，还必须认真评估相关政策对就业的影响。

一些高碳部门的就业机会将逐渐减少或增速放缓，而一些低碳、清洁能源相关产业将会创造出更多的就业岗位。短期内气候政策首先会给直接关联的产业带来明显的就业影响，而具体的净影响则取决于相关产业的就业规模和劳动生产率。[2]从我国的实际情况来看，煤炭开采、钢铁等部门

---

[1] 张莹，姬潇然，王谋.国际气候治理中的公正转型议题：概念辨析与治理进展［J］.气候变化研究进展，2021，17（02）：245-254.

[2] 潘家华，张莹.应对气候变化政策和目标对就业影响的评估分析［M］//李扬. 2017年中国经济前景分析.北京：社会科学文献出版社，2017：175-201.

的就业规模较大。煤炭供应相关部门的就业规模超过300万，石油和天然气的就业规模超过100万，煤电行业就业人口总数约为75万左右。因此，如果快速推进能源转型，将在短期内给这些部门稳定就业带来较大压力。此外，能源和产业结构的调整对就业的影响会通过产业传导效应从高碳部门和低碳部门波及整个经济体系。例如，煤炭开采和洗选行业的就业损失会导致运输行业也受到影响，与煤炭运输相关的就业机会也会相应减少。而新能源的开发利用，如风能和太阳能利用的发展也会推动相关的设备制造业创造出更多就业机会。"双碳"目标还会催生对专业性节能服务行业的需求增长，创造出一些新的工作岗位。与此同时，对既有建筑的节能改造也会给建筑行业带来新的就业需求。但是能源结构的清洁化会给企业带来额外的成本负担，也可能导致企业削减其他成本，并通过传导效应波及其他行业造成一些工作机会的减少。

随时间推移，"双碳"目标会刺激加大对低碳技术的投资，通过技术进步/创新效应创造新的工作岗位。这些政策在长期内能促进就业结构的升级，使劳动力从高碳产业转移到低碳产业中去，可以创造出更多绿色、环保、体面的工作机会。

二、"双碳"目标带来的就业影响错配问题

通过综合分析实现"双碳"目标所产生的短、中、长期就业影响不难发现，积极采取举措来减碳带来的就业影响利大于弊，机遇大于挑战。但在就业的创造和减少所面临的机遇与挑战上，存在一些行业、时间、空间和技能等方面的错配问题。

行业错配问题意味着，一些行业会面临很大的发展机遇，但另一些行业会受到很大的负面冲击，甚至会逐步被淘汰。因此，相关行业内的从业群体和所在地区将不得不经历痛苦的再就业或经济重新发展过程。

时间错配意味着一些高耗能项目和产业退出的负面影响会很直接、更

快地反映出来,而在绿色投资对经济和就业产生正面影响则需要经历一个过程。因此,在短期内,可能需要面临就业减少超过就业增加的困境。

空间错配意味着部分地区可以凭借资源禀赋、技术优势或发展基础迎接碳中和的红利,但另外一些地区只能接受化石能源退出带来的挑战。例如,江浙地区的太阳能行业、京津冀地区的风电行业发展已经具备较好的基础,随着政策力度的加大,有可能培育更大的就业市场;但山西等其他主要依赖煤炭资源禀赋的地区缺乏可再生能源资源禀赋以及发展相关产业的基础。因此,在一些地区获益的同时,另一些地区必须面临产业结构调整带来的就业压力。

就业技能和能力水平的错配意味着并不是所有在能源转型过程中受到冲击的群体都掌握了足够的技能去从事新创造的就业机会。必须针对这些群体加强技能培训帮助他们实现再就业,以确保没有人会被时代转型的大潮落下。[1]

三、公正转型的概念和要求

公正转型(just transition)从字面上分析只是对转型过程的公正性予以强调。然而,自该概念最早在20世纪末被提出并受到广泛关注之时伊始,主要被专用于指转型过程中需要关注就业和劳动力领域的公正性问题。最初的北美工会活动者提出公正转型概念时,是为了给因执行严格环保法规或政策导致收入降低或失业的工人群体提供帮助。因此公正转型的出发点是为了在环境保护和保障工人权益之间寻求一个平衡点。公正转型之所以引起越来越多的关注,是因为它与就业问题密切相关,同时涉及社会保障、社会正义等关乎民生的内容。公正转型概念在被工会活动者提出后,

---

[1] 张永生,巢清尘,陈迎,张建宇,王谋,张莹,禹湘.中国碳中和:引领全球气候治理和绿色转型[J].国际经济评论,2021(03):9-26+4.

随后逐渐被其他NGO、联合国机构和政府机构所广泛接受。国际社会所形成的普遍共识是能源结构向着清洁利用的方向转型代表着全球环境安全以及全社会的共同利益，因而也应当由全社会来共同承担责任，而不应将压力全部集中在相关产业工人身上。应关心和帮助失业工人和受影响的群体，以可持续和包容的方式淘汰低效、高污染的化石能源相关产业，帮助受影响群体重新找到就业机会。

"双碳"目标的实现，必须对旧有的生产范式进行调整，摒弃高碳的生产方式，重构环保、低碳、可持续的产业体系，这种转型一般都伴随着阵痛，正是因为转型也带来一些社会问题，公正转型概念才应运而生。但通过公正转型的方式实现"碳达峰、碳中和"，并不是要在保护就业或环境之间做选择题，而是寻找到两者兼容的最优方案，根本目的还是以最小化社会成本的方式来实现"双碳"目标。具有社会公正性的转型方式，不能以牺牲任何特定群体的福利为代价，让弱势群体和贫困人群在转型中受到不公平的不利影响。国际劳工组织针对这种向环境可持续发展方向转型的社会公正性要求提出了三个具体的目标方向，即转型过程中要为所有人提供体面就业机会，形成具有包容性的社会以及彻底消除贫困。[1]

要通过公正转型实现"双碳"目标，解决好受影响群体的就业和生计问题，需要构建一个保障公正转型的制度框架，明确该如何去促进创造更多体面的工作机会，包括根据实际情况预测转型对就业的影响、对就业损失和裁员的保障、技能发展、社会对话，有效保护劳动者权益。伴随能源和产业结构调整的就业公正转型是一个系统性工程，其核心是就业问题，但与很多其他领域的政策密切相关。而且由于不同地区、不同产业情

---

[1] International Labour Organization（ILO）. Climate change and labour: the need for a "just transition"［R/OL］. 2010［2020-08-09］. https://www.ilo.org/wcmsp5/groups/public/---ed_dialogue/---actrav/documents/publication/wcms_153352.pdf.

况的差异性，也缺乏一个通用型的解决方案能够普遍适用于不同领域。中国应该积极探索建立促进公正转型的制度框架，建立具有针对性的政策工具组合。

重点地区要解决产能过剩带来的就业压力，实质上是要寻找新的发展机会和可吸纳就业的新产业，改造原有的依赖产能过剩行业的社会环境，实现能源结构的公正转型。针对各地实际情况，应灵活选择政策工具，最大程度保护受影响人群的基本权益，维护社会稳定，寻求制度创新来实现经济脱困、就业公平的可持续发展目标。

四、能源公正转型的国际经验

2015年，在《联合国气候变化框架公约》（UNFCCC，以下简称公约）第21次缔约方大会上所缔结的《巴黎协定》明确将写入案文，指出"务必根据国家制定的优先事项，实现劳动力公正转型以及创造体面和高质量就业岗位"[1]将公正转型与应对气候变化产生的就业问题联系起来，也促使国际气候谈判和治理进程更加关注该议题。

要实现《巴黎协定》中确定的未来全球温升控制目标，意味着世界经济必须步入向低碳、可持续发展方向转型的道路，这将给经济社会的各个方面产生深远影响。在这难以避免的时代大潮中，煤炭行业的从业群体将因为工作岗位、就业机会的变化和调整而经历转型。必须考虑煤炭转型中受影响的工人、社区、消费者和公民群体的需要，并提供支持经济多元化战略、劳动力市场计划的政策，技能培训和社会保障。实现为所有人都能从事体面工作、实现社会融合以及消除贫困的目标。

---

[1] UNFCCC. Paris Agreement，Decision 11/CP.21［Z/OL］. 2015［2020-08-09］. https://unfccc.int/process-and-meetings/conferences/pastconferences/paris-climate-change-conference-november-2015/cop-21/cop-21-decision.

随着全球逐渐就积极应对气候变化问题达成了共识并逐渐意识到实现公正转型对于确保气候目标的重要性，越来越多谋求低碳转型的国家和地区都在探索建立相应的制度框架去保障实现公正转型。由于公正转型同时涉及经济、环境、社会三大领域，因此需要多部门协作地去制定政策和措施，构建相应的制度体系。但由于各国发展阶段和国情千差万别，也很难建立具有普适性的制度框架，必须根据各国、各地区的实际情况去提出具体的指导原则和政策体系。

英国、美国、德国、波兰、荷兰、捷克、西班牙、印度、澳大利亚等十几个煤炭产国都曾经历或正在经历主动或被动的煤炭转型。其中，像英国等完全依靠市场力量去自发调整，而在波兰等国，则制定了明确的公正转型计划，美国的奥巴马政府也曾为煤炭生产州的转型提供了专项基金。在实施中，很多政策与中国"去产能"时采用的就业安置政策大同小异，如提前退休、专项资金扶助、针对工人群体的技能培训等。德国鲁尔区是公认比较成功的煤炭转型案例，主要的经验是以科教投入带动替代产业的发展，迅速为过去的产煤地区找到新的支柱型行业。此外，国外煤炭转型中对于工人的健康问题也非常关注，很多国家专门制定了煤矿工人健康保障计划，避免这些群体因为健康问题无法重新在就业市场寻找到新的工作机会。这些制度和机制亦可供中国在未来借鉴参考。

欧盟在探索公正转型的制度构建方面走在全球前列，新一届委员会于2019年底推出的《欧洲绿色政纲》（European Green Deal）将实现"公正转型"作为该新政的重要目标之一，明确提出要建立公正转型机制（Just Transition Mechanism，JTM），将设立公正转型基金、开展投资欧盟计划和启动欧盟投资银行贷款计划作为支撑欧盟公正转型机制的三大支柱，旨在为在低碳转型过程中因为依赖化石燃料和碳密集行业而受影响的工人群体、地区和部门提供援助。欧盟计划为公正转型基金配置400亿欧元的资金量，用于支持欧盟整体实现2050年碳中和目标过程中开展经济和能源转型项目，支持对绿色中小企业的生产性投资和创建新的公司，加大与应对气候变化、环境修复、清洁能源相关的研发投资，对受影响工人提供技能培训、求职帮助等服务。由于美国特朗普政府对待气候变化议题态度消极，美国在公正转型问题中的参与度也有限，但拜登在竞选政纲中，明确提出将通过联邦投资和私人投资全力保障美国化石能源产业的工人和社区的经济福利和社会地位。美国智库战略与国际问题研究中心（CSIS）也在2020年6月发布了关于公正转型的研究报告，指出"公正转型是公众支持大规模气候行动的必要条件，也是通向气候安全和公正未来的唯一可行途径"。欧盟所提出的公正转型机制包括了三大政策框架：就业政策、产业政策和社会福利政策。就业政策主要聚焦于就业转移、经济援助以及培训和教育等领域；产业政策重点关注在产业集群，以及中小微企业和基础设施的投资领域；社会福利政策覆盖到了社会安全网络和政府主导的社会福利机制。从转型的技术选择原则来看是有要求的，需要零碳目标一致的政策，充分利用现有的煤炭产业既有的基础设施，而且要确保就业和福利系统的可持续性。其转型路径上来看主要有三类路径：第一类路径是将既有的煤炭项目转为当地的可再生能源的供应中心，比如将废旧的煤矿改造成抽水型能电站、光热发电等，或改造为生物质能电厂模式；第二类转型路径就是转型为更低碳的发电模式，如将煤电厂改造为天然气电厂或新能源发电等；第三类转型路径主要依托于煤炭地区和煤电产业所在地区有较高的商业利用价值，寻找具有生产性服务业的替代产业，如数据中心、物流园和工业生态园以及文旅中心等。

  总体而言，从化石能源向清洁可再生能源的转型是一个全球共同面临的问题，各国都在基于实际情况摸索和积累经验，国际社会也呼吁各国应该加强案例和经验分享，去规避失败的教训、总结成功的经验。中国在2016年开始的供给侧结构性改革相关政策的推动下，加速了煤炭行业中就业结构调整的进程，基本维持了社会稳定，积累了一些安置分流经验，可以与国际经验去进行互鉴比较。

五、鼓励创造绿色体面就业

尽管为了实现"双碳"目标所进行的能源转型会给一些行业带来不利影响,但整体而言,这一重要的转型能有效改善福祉,各项研究也证实,在该过程中所创造的就业机会也将超过带来的就业损失。国际可再生能源机构(IRENA)的一项研究揭示,如果根据《巴黎协定》确定的可持续性目标增加可再生能源投资,到2030年,全球经济将创造更多的绿色就业机会,规模甚至超过疫情期间失去的就业数量。为了实现公正转型,政府应该积极基于现有基础设施和产业基础,识别产出能源转型过程中孕育的就业创造机会,最大限度地抵消就业减少的影响,增加优质、体面的就业机会,推动劳动力市场的整体优化,为经济低碳转型提供强大和持续的动力。

尽管国际上尚未就绿色就业的界定达成完全一致的意见,但是关于绿色就业的特征却比较趋同,即在经济部门和经济活动中所创造的能对环境具有正向效应,并能促进能源节约与污染减少的体面工作机会。[1]为了实现"双碳"目标,地区、产业、财政、金融等宏观政策都会向这些绿色、可持续的低碳行业倾斜,绿色就业规模将有望持续扩张。2020年,我国节能环保产业的总产值已经达到7.5万亿左右,在GDP中的占比达7.38%,已经成为经济中的支柱产业之一。推进"双碳"目标实现的过程中,将进一步在节能环保、可再生能源利用领域中创造产出新的行业和商业模式。国外经验已经证明,绿色投资拉动就业的间接效应远大于直接效应,中国节能减排政策及太阳能、生物燃料、风电、水电等清洁能源的发展,将带来

---

[1] 周亚敏,潘家华,冯永晟.绿色就业:理论含义与政策效应[J].中国人口·资源与环境,2014,24(01):21-27.

就业的大量增加。[1]

能源是保障经济增长持续性和稳定性的必要物质前提，在实现"双碳"目标的过程中，首要的任务是利用技术进步提高能源利用效率，其次是优化产业结构，将高耗能行业控制在合理的发展空间内，同时积极发展与生产行业密切相关的技术服务业和消费型服务业，以便在降低能源需求的基础上促进就业目标的实现。针对高耗能的部门开展节能服务，不但可以推动经济增长，提供更多的社会服务，而且还能减少单位产出产生的温室气体排放，从而实现促进就业和实现碳减排的双重目标。[2]

为了促进低碳产业发挥就业创造效应，政府应该对相应的行业和企业给予政策支持和财政补贴，如提供税收优惠、担保贷款支持、以优惠政策鼓励绿色低碳产业落户等，[3]加强对具有绿色就业创造潜力企业和行业的扶植力度。通过制定明确透明的长期能源转型战略，刺激清洁能源产业发展，降低相关行业的私人投资风险，以支持创造就业机会。

低碳行业新兴的绿色就业机会需要从业人员具备相应的绿色技能，这也对教育和技能培训体系提出了新的要求。应通过针对性的绿色技能培训，依托政府、社会和个人等多元主体的努力，帮助有意在低碳行业中就业的从业人员掌握相关技能，尤其是关注那些随着传统化石能源产业逐步退出受到影响的群体，针对性地为这部分人群提供合适的技能培训，帮助条件合适的工人在新的绿色行业实现再就业。通过构建绿色技能和绿色职业资格认证体系，完善对绿色技能的鉴定考核制度，建立规范化的绿色就业环境。

此外，与实现"双碳"目标相关的绿色就业岗位不仅仅局限于城市中的第二、第三产业，碳汇林业的发展和以农村为基础的生物质能开发利用

---

[1] 张莹，刘波.我国发展绿色经济的对策选择［J］.开放导报，2011（05）：73-76.

[2] 潘家华，张莹.应对气候变化政策和目标对就业影响的评估分析［M］//李扬.2017年中国经济前景分析.北京：社会科学文献出版社，2017：175-201.

[3] 庞小钦.政府拓展绿色就业的渠道探析［J］.人民论坛，2019（32）：82-83.

对就业也具有较强的吸纳作用，在广袤的农村地区推进风光水等可再生能源利用同样也会创造出新的就业机会，因此应将新农村建设、城乡一体化发展等战略与"双碳"目标相结合，发挥农村绿色就业创造潜力。

第二节 促进转变消费行为和生产方式

一、实现"双碳"目标要求消费变革

在实现"双碳"目标的过程中，消费端和生产端的转型与调整同样关键。消费是满足人类各种需要的过程与行为，也是拉动国民经济增长的主要动力之一。消费活动是通过对物质产品与劳动力的消耗来提供物质资料与服务的生产过程，也是生产活动产生碳排放的根源。消费产生的碳排放从广义上看应该包括所有经济活动中产生的能源消费和相应的碳排放，包括企业在生产中对能源的消费和产品生产导致的碳排放。[1]但狭义来看，消费产生的碳排放主要与居民的消费行为与生活方式相关，即通过低碳产品和消费方式的选择满足个人生活需要的行为和过程。[2]本节对消费行为的讨论主要遵循"以人为本"的原则，聚焦居民生活消费行为产生的碳排放，旨在引导消费端向低碳甚至零碳方向的转型。居民消费过程中，通过在炊事、交通、取暖等活动的消费能源以及购买其他产品和服务产生了规模庞大的直接与间接碳排放。各项研究证实，居民消费领域产生的碳排放规模不断扩大：与生活方式及家庭消费相关的温室气体约占全球温室气体排放量的三分之二。[3]消费者也是实现"双碳"目标的主要参与者与贡献者，正因如此，消费行为的转型也具有巨大的减碳潜力。瑞典战略环境研

---

[1] 庄贵阳.碳中和目标引领下的消费责任与政策建议［J］.人民论坛·学术前沿，2021（14）：62-68.

[2] 庄贵阳，周宏春主编.碳达峰碳中和的中国之道［M］.中国财经经济出版社，2021.

[3] UNEP. Emission Gap Report 2020.

究基金会的一项研究揭示，如果消费行为转向更具可持续性的产品和服务，将可能使温室气体排放规模减少约40%。[1]中国同样具有巨大的消费减碳潜力，据估算，目前中国的人均碳排放水平约为每年7吨左右，在中国人口规模超过1000万人的一二线大型城市中，若在衣食住行上进行消费转型，更多地选择使用低碳产品或服务，将能推动每年人均消费产生的碳排放水平降低约1.1吨左右，约占中国人均碳排放水平的1/7。[2]在生产端的零碳转型具有规模大、效果明显等特征；与之相比，在消费端的零碳转型与个体相关，因此涉及的行动比较微观，个体效果不明显，但是通过全社会的努力改变高碳的消费模式和生活方式将能发挥积少成多、集腋成裘的效果。[3]

在传统工业文明下，经济高速发展伴随着化石能源依赖型的消费模式，出行采用燃油汽车、家用设备需要用电、炊事行为需要使用燃气、冬季取暖也需要大量使用能源，在化石能源为主的能源结构下，随着生活水平的提升，居民生活将产生更多的碳足迹。但随着技术进步和能源结构向着清洁化方向发展，高能耗家用电器更新速度加快，通过"煤改电""煤改气"等途径推进了清洁取暖工作，电动汽车、氢能汽车等新能源汽车对燃油汽车的替代等趋势深刻改变了生活模式和消费模式。以实现"双碳"目标为约束，推动消费变革，不是遏制必要的消费需求，而是减少高碳消费和不必要的奢侈消费模式，通过改变过去高度依赖化石能源的消费习惯，能够产生经济、社会和环境多重红利。

作为消费者，应加强对"碳达峰、碳中和"目标的认知和意识，并自觉与日常生活联系起来，通过各种方式了解消费行为伴随的碳排放水平，并根据这些信息作出更好的绿色消费选择，包括避免不必要的消费，减少

---

[1] 中国环境与发展国际合作委员会课题组.《绿色转型与可持续社会治理：专题政策研究报告》，2021。

[2] 碳阻迹.《大型城市居民消费低碳潜力分析》.2020。

[3] 夏光."双碳"行动的消费维度［J］.China Economist，2022，17（02）：93-108.

浪费，以最低碳、环保的方式完成必需的消费。同时也应该为质量更高、碳排放水平较低的产品付出更高的价格。此外，每个人都应该积极宣传、影响周边的人提高低碳意识，甚至建立零碳意识，选择绿色健康的生活方式，从消费端为实现"双碳"目标作出贡献。

二、改变消费行为减碳的路径

要实现碳中和目标，需要在全球范围内实现公平低碳的生活方式。改变低碳消费行为是一个长期的过程，个体和群体的价值观、习惯、教育与知识水平等因素都将影响该进程。尽管研究表明，大部分群众均认可良好消费模式对于应对气候变化和保护生态环境的重要性，但是实际行为与认知之间存在着明显的距离。需要政府、企业和所有相关方共同行动起来，创造更好的条件，帮助消费者将支持"双碳"目标的意识转化为实际消费行动。

消费端产生的碳排放主要源自人们日益增长的消费需要，因此通过改变消费行为来实现减碳需要识别两种类型的消费碳排放。一类是满足基本生活需求伴随的刚性碳排放，如用电、取暖等产生的碳排放；另一类是不必要消费或奢侈消费带来的碳排放。对于基本需求产生的碳排放，主要通过改变能源结构、提高能源利用效率和调整用能习惯等方式来实现减排；对于一些非必要的消费，应通过改变消费观念，调整生活方式，实现消费减量，通过减少食物浪费、勤俭节约的方式来降低碳排放。因此可以通过"避免－转变－改进"的路径来调整消费习惯和生活方式以降低不同类型的消费碳排放。[1]

---

[1] F. Creutzig, J. Roy, W.F. Lamb, I.M.L. Azevedo, W. Bruine De Bruin, H. Dalkmann, O.Y. Edelenbosch, F.W. Geels, A. Grubler, C. Hepburn, E.G. Hertwich, R. Khosla, L. Mattauch, J.C. Minx, A. Ramakrishnan, N.D. Rao, J.K. Steinberger, M. Tavoni, D. ürge-Vorsatz, E.U. Weber. Towards demand-side solutions for mitigating climate change. Nat. Clim. Change, 8（2018）, pp. 260–263

通过"避免"的方式来实现消费减碳主要是减少某些消费需求，减少不必要的旅行和电器使用。通过"转变"方式来实现消费减排，主要是调整消费模式，更多地用低碳、零碳产品和生活方式来替代过去的高碳产品和方式，例如，用步行、骑自行车和选择公共交通来替代私人汽车出行，转为素食为主的饮食结构等。通过"改善"方式来实现减碳一般不需要改变消费活动和习惯，主要是通过提高效率或者利用低碳技术来减少碳排放，例如，提高车辆效率或者用电动汽车替代燃油汽车，使用能效水平更高的家用电器，推广太阳能在家庭中的应用范围，选择有机种植的食物等。

全球对新冠疫情的应对也给消费行为和生活方式带来了很多变化，如减少出行，远程办公，视频会议等。这也表明存在短期内改变生活方式的可能性。总体而言，要实现消费端减碳需要多策共举，不仅仅是对社会经济体系、文化习俗和观念进行深刻的转变，还必须创造改变消费方式的有利条件，如完善支持行为改变的基础设施、对绿色消费行为鼓励的激励机制、有利于作出绿色消费决策的信息渠道等。

三、消费端减碳的主要领域

我国制定的在2022年发布的《促进绿色消费实施方案》对消费领域的绿色转型作出了清晰的部署，提出到2025年，绿色消费理念深入人心，奢侈浪费得到有效遏制，绿色低碳产品市场占有率大幅提升；到2030年，绿色消费方式成为公众自觉选择，绿色低碳产品成为市场主流，重点领域消费绿色低碳发展模式基本形成，确定了食品消费、衣着消费、居住消费、交通消费、用品消费等重点领域。

1.低碳饮食

食物是人类赖以生存和发展的基础，饮食消费中产生的碳排放规模也不容忽视，根据欧盟委员会发布的研究报告，人类饮食产生的温室气体排放在全球排放总量中所占比例约29%。饮食结构导致的碳排放不仅来源于农业生产部门，还包括农业生产所需的物质投入隐含的碳排放和食品加工、运输、仓储等环节带来的直接和间接碳排放。每年的粮食损耗和浪费也会导致规模可观的碳排放。因此，改变不健康的饮食结构，少吃加工食品，缩短食品供应链，减少食物污染等饮食习惯的调整将产生显著的减排效果。在日常生活中，应推行"光盘行动"等粮食节约行动，推进厨余垃圾回收堆肥实现循环利用。

2.低碳衣着

全球每年生产的服装数量中约有一半在一年内就可能被遗弃，过度浪费和不必要的服装处理也成为全球性的问题。纺织业每年产生的温室气体排放水平已经超过了国际航班和海运排放的规模。形成绿色衣着消费习惯，应该按需购置服装，加强服装的再利用率，选择低排放材质如棉麻等天然织物制成的服装，提高服装使用率，使用节水节能的衣物清洗方式，能降低与衣着消费相关的碳排放。

3.低碳居住消费

与建筑相关的碳排放一方面与建筑的用能结构和能源利用效率相关，另一方面也受日常生活习惯影响。消费者可以通过选择可循环利用的建筑材料、绿色家装模式、节能家电炊事设施、节水产品来减少生活中产生的碳排放。在农村地区，可以因地制宜扩大生物质能、太阳能等可再生能源应用。此外，应养成随时关电、关水，合理控制室内温度、亮度等好的居住用能习惯。

4.低碳交通消费

交通出行是现代人的日常生活中不可或缺的一部分。人民在享受快速、便利以及多样化的交通出行服务时，也推动来自交通领域的碳排放规模不断提高。从个人消费习惯出发，选择绿色低碳的出行方式，在兼顾出行效率的同时能够有效节约能源、减少污染，也能有益于健康。应积极选择公共交通出行，对于短距离可以以自行车和步行的方式出行。在车辆的选择上，应避免选择大型化、高排放的汽车；在条件允许的情况下，应尽早转向选择清洁能源汽车。

5. 低碳用品消费

我国是全球最大的家用电器生产国和消费国之一，通过选择高能效的家用电器水平，具有巨大的节能减排潜力。在各类用品选择决策过程中，应综合考虑基本性能、成本效益、低碳环保效益、使用便利度和外观设计等因素，更换或新购绿色节能家电、环保家具等家居产品，实现节能产品对高耗能产品的替代。

四、促进消费绿色低碳转型的国际经验

尽快实现"碳中和"的重要性已经在全球层面形成广泛共识，很多国家也认识到消费变革对于实现"碳中和"目标的重要意义，采取各种积极措施来引导国民转变消费观念、改变消费方式。联合国在2015年提出的面向2030年的可持续发展目标也将目标12确定为"确保可持续的消费和生产模式"。在国际层面，多以绿色消费、可持续消费等概念来规范消费行为，并建立了一系列的定性标准。但从实现"双碳"目标的视角看，对消费行为的引导应该聚焦于降低产品和服务消费中隐含的碳排放水平，鼓励选择完全零碳的消费方式。在这一方面，国外有一些好的经验做法可以提供借鉴。

1. 设立目标与建立制度框架

为了促进绿色消费，各国政府建立起多层次的制度体系，明确减碳目标和消费端发挥的作用。例如，日本国会在2021年对《全球变暖对策促进法》进行了修订，提出要在2050年实现碳中和目标，建成脱碳社会。欧盟在2019年推出《欧洲绿色新政》，确定了在2050年使欧洲成为第一个碳中和（气候中性）大陆的目标。

德国也通过颁布《推广清洁和节能汽车法》等法案，明确提出到2030年通过提高消费者对"个人消费足迹"认知、食物浪费减半、自行车使用

量增加一倍以及将电子商务中通过认证的可持续产品市场份额提高到34%等措施和目标，将基于消费层面的人均温室气体排放量在2016年水平基础上降低一半。

2. 披露能源消费或碳排放信息

许多国家通过编制或披露基于消费的碳排放信息，来为引导个人消费模式的转变提供数据支撑。

新加坡国会在《环境保护及治理法案》修订案中，要求电冰箱和空调等家用电器必须纳入"能源标签计划"：从2008年起这些电器设施必须用醒目的方式提供能源标签信息，以便于消费者识别，目前新加坡已经有超过一万四千种产品标有这样的节能标识，通过披露这些信息引导和鼓励消费者购买节能电器。

瑞典制定了针对性的计划来跟踪主要消费领域温室气体排放轨迹，包括个人交通、航空旅行、食品、建筑、纺织品等，并据此定期评估消费领域的减碳成效。

3. 践行绿色采购

许多发达国家的政府支出占比较大，如日本的国家公共部门支出约占国内总支出的五分之一左右；[1]欧盟的国家政府采购额在GDP中所占比重也可达到15%~25%。[2]因此，这些国家都非常重视政府在促进绿色消费中的引领作用，通过对于政府购买行为要求执行绿色采购，将能有效鼓励低碳产品和低碳企业获得成长。

日本早在2000年就颁布了《绿色资源购买法》，以法律形式确定了绿色采购制度，并建立起完善的政府绿色采购体系。2001年，欧盟颁布了《公共采购领域中考虑环保因素与适用欧盟法律的解释性通告》，公布了在公

---

[1] 高辉清，钱敏泽，郝彦菲.建立促进绿色消费的政策体系——日、德经验与中国借鉴[J].中国改革，2006（08）：44-46.

[2] 王宽，秦书生.发达国家发展绿色消费的经验及其对中国的启示[J].徐州工程学院学报（社会科学版），2013，28（05）：19-23.

共采购中向环保产品倾斜的一般性原则。随后,又针对不同的产品类别制定了明确的低碳、绿色采购标准,并逐渐形成了系统性的绿色公共采购法规体系,对所有成员国的绿色采购行为产生约束效力。

澳大利亚也规定电器产品必须披露能耗标识,让民众了解在购买电视、电冰箱、洗衣机、干衣机、电脑、空调等电器产品所标识的不同节能等级能省下多少能源和电费,可以在电器能耗星级网站上输入即时获得计算结果。

4.采取多样化的经济工具

各类经济调控手段是促进扩大绿色消费的重要工具。例如,德国为了鼓励电动汽车对传统燃油汽车的替代,颁布了《国家电动交通工具发展计划》,推出包括对混合/非混合动力电动汽车的环保补贴等在内的诸多采购激励政策,对购置电动汽车提供直接补贴和免缴汽车税等优惠措施。瑞典通过针对交通行业的"奖惩系统",要求化石燃料驱动的汽车车主缴纳额外的增值税和燃料税。日本也对电动汽车、燃料电池汽车、天然气汽车、插电式混动汽车、清洁柴油汽车等"下一代汽车"的车主实施减税优惠。新加坡政府也对高能耗汽车征收惩罚性税收,但购置混合动力或清洁能源汽车的车主却能获得相当于汽车价格40%的税收返还。

为了鼓励清洁能源消费,一些国家也积极探索利用财政补贴手段去扩大其应用规模。如德国政府通过实施《可再生能源优先法》,建立了鼓励可再生能源发电的政策体系。澳大利亚政府出台政策针对居民区自行安装的太阳能发电设施,提供安装费用补贴:在新南威尔士州政府曾对一般家庭在屋顶上装1.5千瓦的太阳能发电板及安装所需费用补助一半以上费用。安装太阳能热水器或热泵热水器取代电热水器的家庭也可以获得相应的财政补助。瑞典政府对生物质热电联产工程提供投资补助和生物质运输燃料免税政策,推动了生物质发电和生物质运输燃料产业的快速发展。

此外,一些国家对民众使用节能环保产品也提供奖励补助支持,如澳大利亚维多利亚州政府就推出了为购买节能型电器产品的消费者提供奖励补助的措施;悉尼政府通过政府财政购买节能灯泡免费向市民发放。

税收手段也是一种重要的经济调控工具。例如，瑞典在20世纪90年代就开始实施碳税制度，纠正了化石能源利用的外部性问题，推动化石燃料使用成本大幅提高，从而使可再生能源获得竞争力，最后推动燃油供热退出了市场。丹麦也是积极应用生态税、碳税的先行者之一。通过实施二氧化碳税，修改工业企业能源税的征收，废除温室气体税收的补偿和开征二氧化硫排放税等手段，同时规定将这部分税收收入反哺给私人部门，鼓励了能源消费从征税燃料向其他免税、清洁的能源利用的转型。此外，丹麦还通过对城市居民生活垃圾处理实行按类收费与按量收费相结合的办法，对垃圾处理进行差异化的税收政策，通过税收手段引导采用减碳效应最明显的处理方式，有效控制了垃圾处理产生的温室气体排放。英国也通过开征垃圾场税和进城费等经济手段，对不同排放水平的方式进行区别性收费，产生了积极的减碳成效。

5.宣传绿色低碳消费理念

宣传教育手段是引导消费观念改变的重要途径，一些国家通过各种方式来对民众开展绿色低碳消费的宣传，增强其环保意识，引导选择低碳产品。许多国家利用教育手段，在教材大纲中纳入可持续发展、绿色、低碳等理念。如意大利、英国等通过开展"可持续学校"活动，帮助学生从小培育绿色生活理念和绿色消费习惯。

英国在环境、食品与乡村事务部牵头下在全国范围内开展为期长达20年的CO_2活动，并发动各地政府积极参与。政府以"明天的气候，今天的挑战"为宣传语，在地铁、学校、医院宣传该行动，潜移默化地引导公众改变生活和消费方式。

日本政府也组织以"3R（reduce，reuse，recycle）"为主题开展各类针对民众的公益宣传活动，倡导加大废弃物的循环再利用和使用绿色产品。法国政府也资助一个以"减少垃圾"为主题的电视节目，呼吁民众减少生活中使用一次性产品产生的浪费和污染问题。

五、促进消费转型的措施与政策体系

通过消费方式转型实现减碳是一个长期的过程，需要通过建立健全有利于绿色低碳消费的制度政策体系和体制机制，通过政策引导、市场培育、经济手段等方式，面向"双碳"目标，推动低碳产品市场占有率提升，实现消费结构的绿色转型升级，形成绿色低碳的消费体系，让公众自觉选择低碳消费模式和生活方式，使得低碳产品成为市场主流。通过硬性的制度框架和软性的低碳文化，最终形成低碳消费社会范围。

1.培育低碳消费市场

绿色低碳消费是新时代消费需求升级的重要表现形式，在"双碳"愿景下倡导推广绿色低碳消费，能够提高消费者绿色低碳偏好程度，激活绿色低碳消费需求。通过各种手段培育低碳消费，可以从需求侧实现生活用能来源的碳减排，是实现"双碳"目标的重要途径。在我国深挖内需潜力的背景下，应鼓励消费市场向低碳产品和服务方向转型，提高低碳产品的质量，挖掘新的发展机遇。鼓励引导消费者在家电和家居产品的购置和更换决策中选择绿色低碳产品环保家具等家居产品。

各地区和各行业可以从自身实际情况出发，研究和制定因地制宜和符合行业特点的促进绿色低碳消费模式转型的行动方案，引导实现绿色饮食、绿色建筑、绿色出行、绿色家用、绿色旅游等，使消费者践行绿色低碳生活方式。为了进一步发挥消费领域的减排贡献，避免消费领域成为实现"双碳"目标的短板，应尽快研究制定专项规划，积极谋划绿色低碳消费保障举措，进一步明确消费领域配合实现"双碳"目标的时间表和路线图。

2.建立低碳产品标准、认证和标识体系

各类产品和服务的碳排放信息能够为消费者根据碳排放水平选择产品提供必要的信息。通过构建产品标准可以逐渐推动能效水平过低的高碳产品退出市场。国际社会已经积极探索建立碳标识体系，我国应该以能效标

识法规制度体系为基础，加快建立低碳标准、认证和标识体系。为了实现"双碳"目标，应从中国国情出发，参考国际经验，建立中国绿色低碳标准和标识制度体系，更好地在消费市场上引导消费者选择低碳产品，提高绿色低碳产品的交易效率，提升"碳达峰、碳中和"的消费拉力。[1]同时应监督产品排放信息的应用，加大对虚假信息和滥用认证标识的惩处力度，提升低碳标准、低碳认证和低碳标识体系的权威性，让更多消费者认同和信赖绿色低碳、零碳产品。

利用信息技术的发展，建立产品碳信息追溯系统，展示产品全生命周期的碳足迹，解决低碳、零碳产品消费信息不对称问题。要求企业主动、积极开展碳排放信息披露，维护消费者对于产品碳排放信息的知情权，基于碳排放信息探索开展社会碳积分体系。建立低碳、零碳消费信息平台，发布产品和服务信息，加快相关各行业、各个领域的低碳、零碳产品与服务的标准建设，提高产品生产和消费碳信息的透明度，激励消费者的绿色消费意愿。

3. 创造有利于低碳消费的环境

通过完善市场交易机制，建立有利于低碳消费的价格机制，使产品和服务的价格能够真实反映环境、资源成本，通过影响产品的价格、购买和使用的便利程度来强化消费者对选择低碳、零碳产品的消费意愿。

政府应加大建设零碳基础设施的投资力度，提升零碳技术、零碳基础设施的支撑条件，推动零碳交通、零碳建筑、零碳公共服务应用范围扩大，推广建筑光伏应用，加快电动汽车充电设施的建设，为公众选择绿色电力和清洁能源利用提供有利条件。

4. 使用经济手段引导低碳消费

应采用多元化的经济手段针对低碳消费习惯的培育建立针对性的奖惩

---

[1] 刘华军、赵传松.加快形成碳达峰碳中和的消费拉力.光明网：https://m.gmw.cn/baijia/2021-08/30/35124356.html.

机制，对低碳消费提供激励性的扶持政策，如对生产低碳产品的企业提供政策优惠；通过建立低碳技术研发基金等方式鼓励技术快速发展；积极探索使用低碳消费信贷、绿色低碳消费券、碳汇交易等金融手段激发消费者的低碳消费热情。对低碳节能产品提供适当的补贴和税收减免。通过碳积分等方式，在数字平台上引导公众的低碳消费行为，创新低碳消费的激励模式。通过互联网二手回收平台，鼓励产品反复利用，物尽其用，拓展低碳消费的渠道。

通过引入税收手段引导高碳产品和服务退出市场，通过加大对耗能大、碳排放水平高的产品征收差异化的碳税、能源税、环境保护税等，提高企业的生产成本和选择这类产品个人的消费成本，在与低碳产品的竞争中逐步失去优势，逐步收缩对生产这类产品企业的贷款额度，采用高利息贷款等手段，推动企业改用环保生产流程向清洁、低碳生产方向转型。

5.发挥政府部门低碳消费、低碳采购的示范作用

在转变消费模式的过程中，政府部门与其他公共机构应坚定提倡和使用低碳产品，发挥示范者、引领者的作用。建立科学、完善的政府绿色采购政策将能更好地发挥政府的需求引领作用。应要求各级国家机构实行绿色采购，规范绿色采购行为；建立健全政府低碳采购标准体系，采购符合低碳认证标准的产品与服务；探索设立专门的绿色采购执行部门；构建透明的绿色采购信息平台和绿色采购绩效评价制度，定期对绿色采购的成效进行评估。推动全面实行绿色政府采购节能环保产品清单制度，并将政府绿色采购纳入部门预算管理综合绩效考评指标体系，倒逼预算单位主动落实绿色采购政策。

在交通出行方面，应提高国家机构等公共机构使用新能源汽车比例，在公共机构内部新建和既有停车场配置新能源汽车充电基础设施或预留充电设施安装条件。鼓励公共机构干部职工优先购买新能源汽车以及主动选择低碳出行方式，严格执行公务用车管理，严禁超标准配车现象。

在公共机构办公建筑中严格执行绿色建筑标准，全面使用高效节能产

品，将公共机构节能成效纳入考评标准。推动实施绿色办公，鼓励使用可再生制品，推行无纸化办公，执行严格的用能标准。建设节约型政府，开展反对各类浪费行动。明确各类公务活动标准，倡导节俭办活动。

6.开展"双碳"宣传和科普，引导消费理念转变

积极探索以多种形式、各类传播媒介开展宣传活动，努力培养公民的生态保护观念，帮助大众理解"双碳"目标，推动全社会能够自发地以"双碳"目标为指导改变消费理念。推动绿色低碳理念进校园、进家庭、进社区、进商场、进超市、进电商平台，形成个体低碳消费的合力。在各项促销推广活动中设置绿色低碳产品专场，积极推广绿色低碳产品，形成新的低碳消费新风尚。普及关于低碳产品技术、排放水平、环境标准等知识，培育消费者对于低碳产品的识别能力，了解产品消费产生的碳排放影响。

针对青少年的教育，应积极把"双碳"目标指导下低碳、零碳、绿色消费的理念纳入教材体系，帮助青少年接受绿色消费理念的心态，养成健康的生活方式与消费习惯。并在家庭层面进一步影响其他家庭成员，发挥家庭内部的互助示范效应，使低碳消费行为在传承过程中不断强化。

在生活中鼓励群众绿色出行，动员更多人养成垃圾分类、重复利用购物袋、使用节能节水器具等绿色低碳生活新时尚，以尽可能少的能源消费满足生活水平和生活质量不断提高的需求。

第三节 引导公众有效参与"碳达峰、碳中和"行动

一、公众参与对于实现"双碳"目标的意义

实现"碳达峰、碳中和"目标，不仅仅要依靠政策和市场的力量与生产端的变革，更需要广大公众的积极参与和共同行动，形成合力。在我国现代社会运行与法律规制体系中，一切权力都属于人民，在法治实践中，

各项法律和规章制度都体现了人民的意志,从人民意志视角出发,探索多元发展路径,提升主人翁责任感,践行社会主义公众治理理念,对于实现民主法治目标具有积极意义,也是"以人民为中心"的发展思想的体现。当前,许多关于"双碳"目标下公众参与的讨论,重点都放在通过加大宣传、增强民众意识、通过改变生活方式来助力"双碳"目标的实现。实际上公众参与的内涵与范畴不仅仅是调整消费模式与生活方式,而是社会群体积极通过提出意见和建议等活动形式参与一些重要的公共利益决策过程。[1]对于重要的议题,公众参与是政府决策行为的有益补充,而环境保护领域一直是公众参与的重要平台。1992年,联合国环境与发展大会上通过的《里约宣言》首次明确提出环境领域的公众参与机制。随后的一系列重要国际机制中均强调了公众参与的重要性。由于应对气候变化是当前最重要的全球议题之一,因此积极鼓励公众参与与之相关的行动进程也具有重要的现实意义。[2]

公众参与原则作为一项基本原则,有助于整合社会资源,将广大人民纳入到经济社会治理体系中,实现环保法治工作目标,在社会经济发展实践中,只有人民掌控权力,实施人民意志,才有助于体现社会主义法治的根本目标。对此,在环保法规制定过程中充分融入并践行公众参与原则,对于构建现代法治社会、提升社会主义法治水平、建设绿色中国具有积极意义。

气候变化与全球生产、消费行为密切相关,除了政府部门和生产部门之外,所有的组织和个人都应当共同承担气候责任。只有所有个体和民众都积极参与其中,才能寻找到符合最广泛利益的减碳方式与减碳路径。在我

---

[1] 崔令之.环保法基本原则之公众参与原则[J].湖南科技大学学报(社会科学版),2004(04):31-34.

[2] Chang J W & Jiao Y D & Tang F Q: How to Enhance Public Participation in Enactment of Law on Coping with Climate Change?(Second Part), Environmental Impact Assessment, 2015, pp.41-45.

国社会运行中，一切权力属于人民，公共政策应当反映人民的意志。公众广泛参与能够有效整合社会资源，使广大人民在社会经济治理中发挥作用。

公众参与能够为政府制定政策和所采取的行动提供民意基础。通过各种宣传活动，让广大群众树立低碳意识，让公众相信"双碳"目标的必要性以及实现的可行性，有助于营造实现"双碳"目标是所有人共同社会责任的社会氛围。尽管当前大部分公众已经积极接受"双碳"目标，但也存在少数怀疑论者。这部分群体往往是因为不熟悉碳排放、碳达峰及碳中和的概念，以及不了解实现该目标所需的行动，认为减排的责任主要归于政府。事实上，公众已经成为环境治理的主要参与方之一。作为多元治理主体的一个重要维度，公众的参与能够有效解决政府机构效率低下、市场机制作用不理想等问题。通过在相关的决策机制中建立程序性的公众参与机制，对地方气候立法、减碳市场机制等问题开展政治性讨论，将能促进公平与效率价值在"双碳"目标实现过程中的真正实现。[1]

二、"双碳"愿景下公众参与的方式

在实现"双碳"目标的过程中，公众可以采取不同的形式参与到重要的决策和行动中来，包括参与国家层面政策的制定与修订以及在社区和日常生活中的各种相关活动，并在不同的参与形式中发挥差异性的作用。保障公众的知情权是公众参与的重要基础，公众知情的范围包括气候问题的根源、国家应对气候变化工作的最新进展、政策依据等内容，以便公众能够有效地参与相关行动，发挥积极作用。

1.公众参与相关决策

在关于"双碳"目标的政策决策过程中，应通过各种方式征求公众和

---

[1] 潘晓滨.碳中和背景下我国碳市场公众参与法律制度研究［J］.法学杂志，2022，43（04）：151-159.DOI：10.16092/j.cnki.1001-618x.2022.04.001.

其他利益相关方的意见。通过这种方式可以保障相关重要议题的立法和决策过程的科学性与包容性。在实现"碳达峰、碳中和"目标的过程中，涉及环节众多、牵扯利益繁杂，决策有效性决定了减碳的经济、社会成本，通过社会公众的广泛参与，寻找最优的政策组合，可以降低因为信息不对称、权力寻租等情况导致出现错误决策的可能性。公共参与下的环境评估和公共调查机制能够对各项活动的减碳潜力作出科学评估，还可以通过交流对话的方式促进政策制定者与公众就具体政策进行合作交流或行动。

2. 发挥公众监督作用

减碳问题关乎能源利用，与所有人的日常生活密切相关，因此相关政策也往往会影响到个体生活的方方面面，在这一过程中发挥公众监督作用是公众作为能源消费者参与能源转型影响评估的重要内容。公众对具体政策实施的实时监督，可以对政策影响效果实时纠偏，保障政策的社会公正性，避免政策受利益集团影响。要发挥好公众对相关政策的激励作用，可以设立第三方机构来保障公众监督信息的有效处理，同时应建立机制来激发公众的监督积极性。

3. 公众发起的宣传行动

政策关注的焦点是通过政府行为加大对公民的宣传力度以培育低碳意识，但公众同样可以在家庭、社区、地方等层面发起自发的低碳宣传行动。相比较于政府宣传，公众主导的宣传模式形式更为多样，包括案例展示、成果宣传、行为艺术等。通过这些方式，能够让社会了解部分群体的诉求，而这种公众参与模式在引起公众关注方面往往能发挥更好的效果。

4. 公众自发的行为改变

与参与式的机制不同，公众还可以通过行为方式来有效融入"双碳"行动，例如，通过向可持续、低碳的生活和行为方式转型来支持实现"碳达峰、碳中和"。传统来看，行为方式的调整主要聚焦于消费者行为和技术方式，但是实现"双碳"目标所需要的观念和行为转变幅度更大，包括生活理念的转变和生活中的方方面面。公众可以通过参与或拒绝一些生活方式来推动目标实现，例如，在有条件的情况下，积极在家庭采用可再生能源设施等。

三、构建有利于公众参与的制度机制

气候变化是事关人类前途命运的重大全球性挑战，积极应对气候变化、推动"双碳"目标的实现不仅是政府和企业的责任，也需要社会不同利益相关方的共同参与。"双碳"目标的确定是党中央经过深思熟虑确定的重大战略决策，实现"双碳"目标将成为我国未来的重要任务，为了有效推进"碳达峰、碳中和"目标的全面实现，需要建立健全机制，实现公众参与意愿和行动的结合。

1. 健全保障公众参与的制度环境

我国已经基本具备公众参与国家治理的制度体系，但也存在公众参与环境治理制度化与非制度化参与并存的情况。针对碳减排问题的特征，完善细化配套机制，应进一步建立针对性的制度框架，建立科学、民主、合法的公众参与机制体制。通过精细化与灵活性结合的原则，完善党政领导、各方参与的立法工作格局。提高信息公开、利益表达、参与决策、实施监督等各环节的执行效率和可操作性，同时应该保障政府对公众参与的回应反馈落实到位。

2. 拓展公众参与"双碳"目标实现的空间

现行的制度体系下，公众即使参与了相关重要的政策决策过程也较难对政策提出实质性的意见，一些意见能否发挥影响决策的效果也取决于决策部门的意愿，导致了公众参与的效果比较有限。在"双碳"目标相关的能源政策制定中，应对公众参与范围扩大到决策全过程，建立全流程、多渠道的公众参与机制，拓展公众参与重要决策的空间，使公众的意见能够有效影响决策。

3.完善公众参与的渠道

充分发挥参与群体理性的价值将能有效提升治理成效。公众参与的对象不光是个人,还应包括其他社会团体、非政府机构等组织化实体。通过制度创新,引导建立公众参与气候治理的决策与管理,加强人民群众与各项行动的联系。除了常规的听证会、座谈会、恳谈会以及问卷调查公众等形式之外,应积极应用信息技术和大数据技术,丰富公众参与的方式与渠道,例如,通过网络新媒体发布相关信息,通过政府互动平台了解民意。以人工智能、大数据、机器学习等方式分析公众需求和舆论趋势,以此为基础来制定和调整政策。

4.优化相关的政府信息公开制度

信息知情权是公众参与的基础和要求,但目前与"双碳"目标的相关信息公开和披露体系尚待建立和完善。针对"双碳"目标的进展和相关政策的执行情况,应面向政策的相关利益主体以多样化的方式定期发布信息,除了主动公开信息制度之外,还可以扩大申请公开方式,对涉及公众利益的能源价格政策调整信息等主动公开,还应通过新闻发布会、多媒体、政府热线等方式让公众能第一时间了解"双碳"政策的实施进展与效果。

5.建立民意调查机制

由于主动参与决策制定的群体规模有限,为了更大范围地了解公众广泛的利益诉求,提高决策的科学性、合理性和可操作性,应建立面向大众的民意调查机制,对于相关政策决策,坚持"以人为本",搭建可靠的民意调查渠道,收集各方面公众的意见,体现最广大人民群众的意志。鼓励独立的第三方机构参与构建民意调查机制并进行分析,保障公众持续参与"双碳"行动的权益。

思考题

1.实现"双碳"目标会给就业带来怎样的影响?应该通过怎样的政策举措来应对这些影响?

2.怎样可以通过消费端的行为改变来助力实现"双碳"目标?相应的政策措施有哪些?

3.为什么公众参与也能够帮助实现"双碳"目标?可以通过哪些方式促进公众参与到实现"双碳"目标的行动中来?

第十二讲 "双碳"目标与技术创新

张 贤

我国正处于新型工业化、信息化、城镇化、农业现代化快速发展阶段,通过实施积极应对气候变化国家战略、推动经济社会全面绿色转型,已经基本扭转了二氧化碳排放快速增长的局面,但未来一段时期内,工业、建筑、交通等领域的能源需求仍将保持刚性增长,能源系统高度依赖化石能源的局面短期内难以转变。在推动经济高质量发展的同时,确保2030年前碳达峰和2060年前碳中和目标如期实现,需要付出艰苦的努力。针对碳达峰、碳中和目标实现的重大科技需求,亟须加强技术发展顶层设计和前瞻布局,把创新作为引领发展的第一动力,推进技术研发与示范部署,为碳中和目标实现做好技术储备。

本讲从我国当前碳排放特征入手,分析"双碳"目标的实现途径,阐述我国碳中和技术体系的构建思路;重点介绍实现"双碳"目标的七大类关键技术,包括节能提效低碳技术、零碳电力能源技术、零碳非电能源技术、燃料/原料与过程替代技术、碳捕集利用与封存(CCUS)/碳汇与负排放技术、集成耦合与优化技术、非二氧化碳温室气体(简称非二温室气体)减排技术等,并以代表性技术举例说明技术特征和发展趋势;最后提出激励技术创新和应用的相关政策建议。

第一节 "双碳"目标的技术需求

碳中和技术体系的构建需要立足我国基本国情和排放特征，以支撑我国碳中和目标实现为出发点，在分析能源供给侧能力和消费侧需求及未来发展趋势的基础上，从低碳到零碳和负碳等各类技术进行统筹部署。

一、我国碳排放特征

工业革命以来，人类在使用化石资源、从事工业生产以及改变土地利用方式等过程中向大气排放大量二氧化碳（CO_2），科学界普遍认为这是导致全球变暖的主要原因。除CO_2之外，甲烷（CH_4）、氧化亚氮（N_2O）以及含氟气体（F-gas）也会产生温室效应并导致气候变暖，从低碳到零碳和负碳等各类技术进行统筹部署。1997年制定的《京都议定书》将上述气体一起统称为温室气体。广义的碳排放一般指温室气体排放，包括在能源活动、工业生产等过程中排放的二氧化碳与非二温室气体的总量，净排放还需考虑通过人为活动增加自然生态系统碳汇。

2020年，我国温室气体年净排放总量约为126亿吨二氧化碳当量，包括约136亿吨的温室气体排放和约10亿吨的碳汇。温室气体排放中二氧化碳排放约112亿吨，其中包括约40亿吨的电力能源活动碳排放、约59亿吨的非电能源活动碳排放、约13亿吨的工业过程碳排放；非二温室气体排放约24亿吨二氧化碳当量。

当前我国温室气体排放总量大，能源活动、工业过程二氧化碳和非二温室气体排放的削减都面临巨大挑战，不仅需要供给侧的主动调整，而且需要消费侧的积极响应。基于我国国家自主贡献目标（到2030年实现碳强度比2005年下降65%以上，非化石能源占比达到25%），若延续"十三五"节能减排与低碳转型政策，保持现有技术发展趋势不变，我国可实现在

2030年前二氧化碳排放达峰，但到2060年无法实现碳中和。如期实现碳中和目标，需要根据碳排放现状和减排目标，明确碳减排路径，确定实现"双碳"目标的技术需求，构建碳中和技术体系。

二、"双碳"目标的实现途径

碳达峰、碳中和的实现过程，即为经济社会发展与化石资源消耗从开始脱钩到完全摆脱依赖的过程。纵观人类历史，历次工业革命都伴随着能源体系、产业结构和社会发展模式的重大变革。在碳中和目标的驱动下，人类社会将迎来一场以"去化石资源"为特征的经济社会系统性变革，人类生活方式发生划时代的重大变化。要支撑碳中和总体目标与阶段目标的达成，我国需围绕能源供给、能源使用、过程排放与重点/难减领域，全方位加强面向碳中和目标的技术研发，并在电力、工业、建筑、交通等重点领域进行碳中和技术推广应用。

一是加快能源结构低碳转型，提升能源利用效率。在能源供给方面，大力发展清洁电力与燃料。利用清洁能源发电取代化石能源电力。按我国能源结构规划，非化石能源比重需从2020年的16%提升至2060年的80%以上[1]，电力在能源供给的比例提升至70%~80%。利用零碳非电能源解决高品位热力、高能量密度燃料的需求。2060年氢能在能源供给的比重计划达到10%~15%。在能源消费方面，工业、建筑、交通、农业等部门需要提升用能效率、变革能源利用形式，实现能源消费结构向电气化、零碳燃料的过渡，各行业普遍实现零碳能源的广泛应用。

二是推动工业流程低碳改造，替代高碳燃料原料。工业生产具有显著的高能耗和高排放特征，是温室气体的主要来源。需要对钢铁、水泥、化工、有色等重点行业进行原料替代和工艺流程再造，大幅削减工业制造过

---

[1] 中共中央 国务院.关于完整准确全面贯彻新发展理念做好碳达峰碳中和工作的意见.中国政府网，2021. http://www.gov.cn/zhengce/2021-10/24/content_5644613.htm

程中产生的碳排放。

三是加强前沿负碳技术攻关，巩固提升碳汇能力。某些领域的部分过程受到技术本身原理及社会经济发展要求的制约，难以直接实现零碳排放。针对减排难度大的重点领域，需要利用CCUS、碳汇与负排放等技术，抵消难以削减的碳排放。

四是推进非二温室气体全流程削减。在实现二氧化碳深度减排的基础上，科学管控非二温室气体排放。国内对于非二温室气体的研究刚刚起步，需要尽快明确其在不同过程的排放机制，从源头、过程和末端进行处置，并尝试进行再生利用，实现非二温室气体的削减。

五是加强碳中和技术协同，支撑实现各项发展目标。实现碳中和是一项复杂、长期的系统性工程，在创新各项碳减排技术的同时，还需要开展系统集成与优化，支撑区域、行业和领域部门各项减排技术的应用，实现减排目标与其他经济社会发展和可持续发展目标的协同、各行业技术的耦合优化、碳中和治理体系的构建、人工智能等新技术的应用。

三、碳中和技术体系的构建

统筹考虑经济社会发展与碳中和目标，可将我国碳减排路径划分为四个时期：在达峰期，我国经济维持中高速增长，2030年单位国内生产总值二氧化碳排放比2005年下降65%以上，实现二氧化碳排放增加与经济增长基本脱钩；在稳中有降期，从达峰年到2035年，经济保持合理增速，实现经济发展对化石能源和资源依赖的进一步减弱，碳排放稳中有降；在快速去峰期，预计为2035年到2050年，我国经济发展向第二个百年目标稳步推进，基本完成以非化石能源为主体的新型能源系统构建，碳排放快速下降，基本摆脱经济发展对碳排放的依赖；最后，在碳中和期，也就是2060年前，面向前期难减部门进行持续深度减排，最终实现碳中和。为实现各时期的阶段性目标，需要根据不同领域特点协调发展与部署各种低碳、零碳和负碳技术，形成"以低碳技术为基础、以零碳技术为重点、以负碳技术为保障，各项技术协同发展"的技术布局思路。

1. 以低碳技术为基础

发展节能提效等低碳技术一直以来是我国应对气候变化、减少环境污染的重要举措，在化石能源高效清洁利用方面处于世界领先水平，在工业、建筑、交通等领域提高用能效率的相关工作中取得了显著成效。在能源结构实现全面转型、深度脱碳与负排放技术完全成熟前，应坚持贯彻节能减排战略，充分发挥低碳技术的基础性作用。

2. 以零碳技术为重点

碳中和要求全社会温室气体实现源汇相抵、达到净零排放，而非相对量减排，仅依靠低碳技术不足以支撑碳中和目标的实现。因此，碳中和目标提出了对于零碳能源技术的需求，包括可再生能源发电和核电等零碳电力能源技术，以及氢能和氨能等零碳非电能源技术。零碳技术有助于实现深度减排，将成为我国碳中和技术体系的重点部署方向。

3. 以负碳技术为保障

在低碳和零碳技术全面应用的情况下，到2060年在能源活动、工业过程中仍将有部分温室气体无法实现减排。需要从现在开始，部署和发展负碳技术，做好实现碳中和目标的托底保障。将CCUS、碳汇与负排放技术纳入碳中和技术体系中，用于抵消低碳技术难以削减的碳排放。

4. 各项技术协同发展

碳中和依赖电力、工业、建筑、交通等领域的各种低碳、零碳和负碳技术，是一个复杂的系统性问题。碳中和技术发展不仅要实现能源转型和温室气体减排等目标，而且要兼顾能源资源安全和经济社会可持续发展等重大问题，从全产业链和跨产业的角度提供协同减排的科技支撑。同时，碳中和技术的应用与推广需要考虑不同应用场景，加强集成耦合与系统优化，实现"1+1>2"的协同效应。

综上所述，碳中和技术体系需要覆盖全口径温室气体，在各行业领域继续发展节能提效低碳技术，兼顾供给侧和消费侧减排需求，发展零碳电力能源技术、零碳非电能源技术、燃料/原料与过程替代技术；以净零排放目标倒推技术需求，注重脱碳/负碳技术，发展CCUS/碳汇与负排放技术；打破产业、行业、区域边界限制，统筹考虑技术应用需求，发展集成耦合与优化技术；同时，发展非二温室气体削减技术，实现非二温室气体的深度减排。按照上述技术分类与布局的思路，构建了七大类技术组成的碳中和技术体系（图1）。

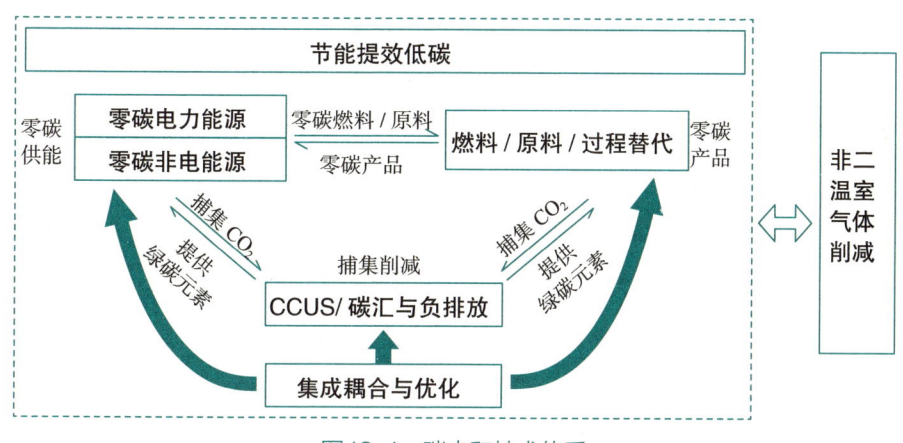

图12-1　碳中和技术体系

第二节　实现"双碳"目标的关键技术及发展趋势

碳中和技术体系包含节能提效低碳技术、零碳电力能源技术、零碳非电能源技术、燃料/原料与过程替代技术、CCUS/碳汇与负排放技术、集成耦合与优化技术、非二温室气体削减技术七大类技术。本节着重讲解碳中和技术体系中各类技术的特点及发展趋势，并以代表性技术及相关案例进行介绍。

一、节能提效低碳技术

节能提效低碳技术减少能源消耗、提升资源利用效率、降低碳排放强度，是保障国家能源供应安全的第一要素。我国目前能源结构仍以化石能源为主，在深度转型的过程中，发展节能提效低碳技术是立足我国国情快速降低碳排放强度的主要手段，在碳达峰时期需重点部署。在我国节能减排战略指导下，各领域的节能提效低碳技术研发已取得突出进展，各项技术得到广泛应用，后期研发重点在于通过技术创新进一步提升效率。在能源生产方面，这类技术主要解决一次能源向二次能源转化的能效提升、能量输送过程损耗降低等问题，例如，超高参数超超临界发电、煤气化联合循环发电等化石能源清洁高效利用技术。在工业、建筑、交通等能源消费部门，这类技术主要包含能源利用的节能减排与提质增效技术。本部分以化石能源清洁高效利用技术和节能提效技术为例进行介绍。

1. 化石能源清洁高效利用

在现有资源禀赋下，我国还将在较长一段时间内保持以煤为主的能源结构。为实现碳中和目标，提高非化石能源比例是能源发展的主要方向。我国计划在2060年非化石能源消费比重达到80%以上，届时化石能源还将起到兜底保障作用。因此，化石能源的消耗将持续存在，需要继续推进化石能源清洁高效利用技术的发展。

以发电效率提升为例，火力发电的提效技术主要通过提升机组容量和蒸汽参数，提高机组热效率、降低污染物排放。超超临界发电技术是指燃煤电厂将水蒸气压力、温度提高到超临界参数以上，是一种更加低碳、高效、清洁的燃煤发电技术。超超临界发电机组的蒸汽压力为25兆帕，温度在580℃以上，其发电效率在43.8%~45.4%之间。随着发电技术的进步与材料性能的提升，在镍铁基、镍基高温材料研发突破的基础上，更高参数的超超临界发电技术供电效率预计可达47%~53%。一台600兆瓦的700℃级先进超超临界机组，可比同容量600℃级超超临界机组每年节省标煤约14.3万吨，减少碳排放约30万吨，具有十分显著的经济效益和环境效益。

 **案例**

超高参数超超临界发电技术应用案例[1]

上海外高桥第三发电厂2008年投运两台国产百万千瓦超超临界发电机组，机组运行时蒸汽温度达到600℃，压力达到27兆帕。投产时设计供电煤耗为291.5克/千瓦时，设计供电效率为42.1%。通过系统设计优化、设备改进、专门节能设备研发、机组启动/运行方式及控制策略的优化创新，全年平均实际供电煤耗降至276克/千瓦时，全年平均实际供电效率达到45.4%。对比日本排名第一的矶子电厂，其新1号机组供电煤耗为304克/千瓦时。上海外高桥第三发电厂是全球第一个将度电煤耗降至280克以下的电厂，被美国《电力杂志》评选为2015年度世界顶级火力发电厂[2]。

2. 节能提效技术

我国在"十一五"规划纲要中提出"节能减排"政策，自此能源消费侧的各个部门开展了一系列节能提效技术的研发与示范工作。工业部门节能减排的重点包括高耗能产业的工艺技术节能、电机节能及创新工艺节能等。交通部门的重点包括发动机节能、路径优化及创新运载方式等。建筑部门的重点包括热工性能提升、设备能效提升、设计方法优化等。

以建筑节能为例，节能贡献主体包括建筑本体、建筑能源设备和建筑运维三个部分。在建筑设计建造时，需要通过被动式节能技术降低建筑用能需求，例如，建筑围护结构保温技术、屋顶绿化技术等降低供热供冷需求，光导技术降低照明能源需求，自然通风与遮阳技术同时降低供冷需求和提高室内舒适度。利用终端设备能效提升技术高效满足建筑用能需求，

---

[1] 资料来源：上海外高桥第三发电厂实地调研.

[2] 杨虞，波罗，沈光倩. 上海外高桥第三发电厂获《世界顶级电厂》奖. 人民网，2015. http://it.people.com.cn/n1/2015/1231/c203889-28001841.html.

例如，变制冷剂流量技术、变流量技术提升机组能效，空气源/地源热泵技术、太阳能光伏/热技术充分利用自然资源节能。同时，利用绿色环保的建筑材料，采用节能低碳的施工工艺。在建筑运营阶段，利用智慧建筑运维技术进一步挖掘总体节能减排潜力，包括系统集成优化、负荷形状调节、建筑能源管理、自动故障检测诊断等。

建筑节能国家标准案例

2005年住建部颁布国家强制标准《公共建筑节能设计标准》GB 50189—2005，利用该标准的技术指标与80年代初的建筑相比，总能耗减少50%[1]。随着节能意识增强和建筑技术水平提升，该标准于2015年进行修订，新版标准GB 50189—2015的技术参数与2005年版本相比，进一步节能20%~23%[2]。2021年，住建部颁布实施《建筑节能与可再生能源利用通用规范》GB 55015—2021，新建居住建筑和公共建筑的平均设计能耗水平在前期执行的节能设计国家标准的基础上分别降低30%和20%[3]。

二、零碳电力能源技术

通过电能替代化石能源的直接利用，提高终端能源消费的电气化水平，显著减少终端用能的直接碳排放。电能将在能源供给中的比重不断提升，电力系统的零碳化是能源脱碳的核心。零碳电力能源技术主要完成供

---

[1] 中华人民共和国建设部. 公共建筑节能设计标准（GB 50189—2005）. 北京：中国建筑工业出版社. 2005.

[2] 中华人民共和国住房和城乡建设部. 公共建筑节能设计标准（GB 50189—2015）-条文说明. 北京：中国建筑工业出版社. 2015.

[3] 中华人民共和国住房和城乡建设部. 建筑节能与可再生能源利用通用规范（GB 55015—2021）. 北京：中国建筑工业出版社. 2021.

给侧电力生产与输送的零碳化改造，推动实现电力系统绿色转型，为终端用能电气化提供基础。根据电力的生产、存储和输配三大环节，可分为可再生能源电力与核电技术、储能技术、输配电技术等子类技术（图2）。

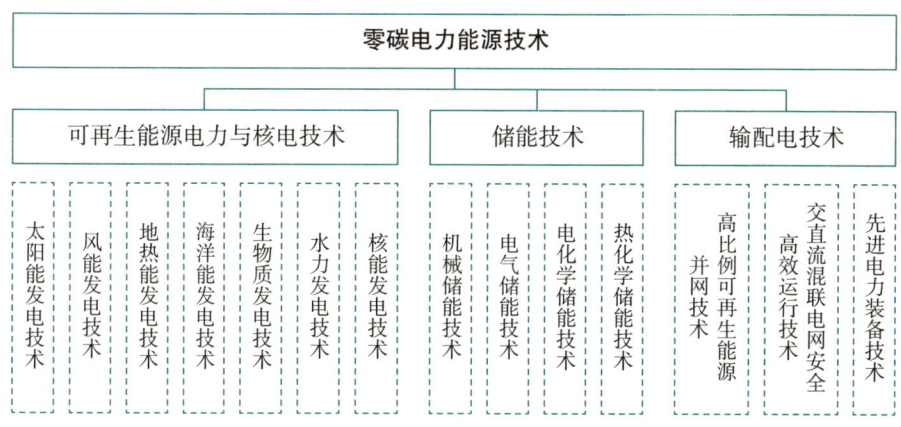

图12-2　零碳电力能源技术分类

可再生能源电力与核电技术是电力系统低碳转型的核心。硅基太阳能电池、陆上风电、水力发电等技术已实现规模化发展；海上风电、光热发电等技术完成多个示范工程，正向市场化推进；潮汐能发电、地热能发电等技术已有运行中的示范工程；第三代核电技术具备较为完整的产业链，高温气冷堆等第四代先进堆型已并网发电。储能技术是零碳电力系统稳定高效运行的重要支撑。抽水蓄能、锂离子电池等技术实现大规模推广，压缩空气储能、钠离子电池、超级电容器储能等技术正在进行示范应用，钙基热化学储能等技术正在开展基础研究。输配电技术是零碳电力系统安全稳定运行及资源优化配置的关键。特高压常规直流输电技术具备商业化推广条件，虚拟电厂、柔性直流输电、柔性配电等技术正在开展工程示范。本部分以可再生能源电力、核电、储能技术为例进行介绍。

1. 可再生能源电力

可再生能源电力技术是将太阳能、风能、地热能、生物质能等非化石能源转化为电能的技术。可再生能源在自然界可循环再生，是清洁、绿色、低碳能源，其利用潜力依赖于自然条件。过去，可再生能源在能源供应中的作用经历了从微不足道到举足轻重的转变；未来，其在能源系统中的地位也将从补充能源变为主流能源。

习近平总书记在气候雄心峰会上提出，到2030年非化石能源占一次能源消费比重达到25%左右，风电和光伏总装机容量达到12亿千瓦以上[1]。目前我国水力发电、风力发电、太阳能发电已实现商业化应用。2021年，全国水力发电新增并网装机2349万千瓦，全国风电新增并网装机4757万千瓦，全国光伏发电新增并网容量5488万千瓦。截至2021年底，我国可再生能源累计装机规模突破10亿千瓦，其中水电累计装机3.91亿千瓦，风电累计装机3.28亿千瓦，光伏发电累计装机3.06亿千瓦。2021年，风电发电量同比增长40.5%，光伏发电量同比增长25.1%[2]。

2. 核电

轻原子核融合和重原子核分裂能放出能量，核能发电利用核反应堆中聚变或裂变时释放大量热量发电，能量按照从核能到机械能再到电能的形式进行转换。地球上存在储量丰富的核资源，可供开发的核燃料能提供的能量是化石燃料的十多万倍。核电作为一种安全、清洁、低碳的能源，已在越来越多的国家用于能源供应。

核电技术历经40余年发展不断取得突破，我国逐渐从核电站的探索阶段发展成为核电大国。核能发电技术目前是较为成熟的零碳电力技术，已经实现商业化应用。核电产业发展在波折中前进，2016—2018年，核电陷入了三年"零审批"的停滞阶段。自2019年开始，核电项目重新开始审批，并纳入《政府工作报告》，2021年3月提出"在确保安全的前提下有效、有序发展核电"。2021年全国17个核电厂共运行53台核电机组，完成

---

[1] 习近平. 继往开来，开启全球应对气候变化新征程——习近平在气候雄心峰会上的讲话（全文）. 新华网，2020. http://www.xinhuanet.com/politics/leaders/2020-12/12/c_1126853600.htm.

[2] 国家能源局. 国家能源局2022年一季度网上新闻发布会文字实录. 国家能源局，2022. http://www.nea.gov.cn/2022-01/28/c_1310445390.htm.

累计发电量4071.4亿千瓦时，同比上升11.17%[1]。截至2021年底，我国核电装机容量已突破5000万千瓦，居全球第三位，在建核电装机容量世界第一。目前已建成若干先进三代技术核电站，新一代核电、小型堆等多项核能利用技术取得明显突破。在碳中和背景下，核能发电将得到快速发展，到2025年全国核电运行装机容量规划达到7000万千瓦。

核能发电技术应用案例[2]

山东荣成的石岛湾核电站是球床模块式高温气冷堆核电站，采用能够适应未来能源市场需要的第四代先进核反应堆堆型。一期工程设计容量20万千瓦，2021年底实现首次并网发电。高温气冷堆技术采用模块式反应堆设计，可不停堆在线换料，具有安全性好、发电效率高、环境适应性强、多模块灵活组合等特点，核心工程技术由清华大学自主研发，设备国产化率达93.4%。石岛湾核电站远期规划容量将达到900万千瓦，整体建设周期长达20年。

3.储能

储能技术利用物理或化学方法可将电能转化为其他形式的能量进行储存，使用时可将存储的能量重新转化为电能。储能技术是零碳电力有效消纳的重要保障，是能源结构转型的关键支撑技术。储存的能量可以用于削峰填谷，减轻电网波动，也可以用作应急能源。储能技术的发展将直接决定电力系统转型的广度和深度。储能技术根据其工作原理可分为机械储能、电化学储能、电气储能、化学储热和热化学储能。2021年，中国新投运的

---

[1] 中国核能行业协会. 全国核电运行情况（2021年1–12月）. 国家核安全局, 2022. https://nnsa.mee.gov.cn/ywdt/yjzx/202202/t20220208_968871.html.

[2] 资料来源：山东荣成石岛湾核电站实地调研.

储能项目规模达1019万千瓦,累计装机容量达到4575万千瓦,同比增长29%[1]。在未来技术进一步发展、成本大幅度下降的情况下,储能的部署规模将迎来飞速增长,储能将在新型能源系统中发挥至关重要的作用。

机械储能中的代表性技术抽水蓄能,在电力负荷低谷时利用电能将水抽至高位水库,在电力负荷高峰时将水放至低位水库发电。抽水蓄能技术相对成熟,具有存储容量大、系统效率高、使用寿命长、响应速度快等特点,是当前主流的大规模储能技术。"双碳"目标驱动下,国家从规划、政策等方面对抽水蓄能给予了引导和支持,使其得到飞速发展。储能周期长、投资小的压缩空气储能和功率密度较高、充放电次数多的飞轮储能,同样在不同应用场景中具有广阔发展前景。

抽水蓄能技术应用案例[2]

浙江安吉的长龙山抽水蓄能电站配置6台发电机组,总装机容量210万千瓦,全部机组投产后年平均发电量可达24.35亿千瓦时。电站额定水头高达710米,具有"超高水头、高转速、大容量"的特点,多项设计达到世界先进水平。该电站在同一厂房内布置两种不同额定转速的抽水储能机组,5号和6号机组额定转速均为每分钟600转,布置复杂度高,振动控制难度大。该项目建成后,将为"西电东送"提供配套。

各种储能电池通过电能与化学能之间的相互转化,实现能量储存与释放功能。铅蓄电池技术成熟、成本低、安全可靠,但是放电功率较低、寿

---

[1] 陈海生,李泓,马文涛,等. 2021年中国储能技术研究进展. 储能科学与技术. 2022, 11 (03): 1052-1076.

[2] 资料来源:浙江安吉长龙山抽水蓄能电站实地调研.

命较短，目前研发主要集中于铅炭电池，在负极添加高活性的碳材料，提高电池快速充放电能力。锂离子电池具有储能密度高、充放电效率高、响应速度快等优点，其产业链完整，是近年发展最快的电化学储能技术。钠离子电池是最接近锂离子电池的化学储能技术，虽然在技术成熟度方面还有差距，但由于其资源丰富、低温性能好等优点，钠离子电池的研发得到了高度关注。液流电池具有安全性高、寿命长等优点，在大规模储能领域具有良好的应用前景。据美国能源部预计，在储能时长为4~10小时的电网规模储能方面，液流电池储能技术具有较大优势。

三、零碳非电能源技术

由于电力的能量密度难以满足某些能源活动的需求，且电能的储存与运输存在一定困难，部分终端用能模式难以实现电气化，需要根据用能特点，采用不同的非电力能源。因此，零碳非电能源是在大规模电气化情境下对电力能源的补充，共同形成零碳能源系统。零碳非电能源技术根据不同的能量形式和应用范围，可分为氢能、零碳非氢燃料、零碳供暖等子类技术。氢能技术是非电能源脱碳的关键，需要"制储输用"全链条解决方案。工业副产氢、高压气态储氢、气氢拖车运氢、商用车领域质子交换膜燃料电池等技术已大规模应用，电解水制氢、低温液态储氢、液氢槽罐车运氢、内河湖泊领域船舶质子交换膜燃料电池等技术已有示范工程，核能制氢、氢燃机等技术处于基础研究阶段。非氢燃料技术为非电能源脱碳提供重要支撑，包括生物质燃料、氨能燃料、二氧化碳制备燃料等技术。生物乙醇燃料、沼气、钌基低温低压合成氨等技术已实现规模化推广，生物航煤、生物天然气等技术已具备商业化应用能力，二氧化碳制备燃料等正在开展技术示范，氨动力内燃机技术尚在进行基础研究。供暖技术是零碳非电能源的重要组成。长距离供热、地热利用等技术的多个示范工程持续推进，水热同产同送和热电协同等正在开展技术示范。本部分以氢能、余热供暖技术为例进行介绍。

1. 氢能

氢气燃烧的热值为142千焦每克，约为石油的3倍、煤炭的4.5倍，在常见燃料中最高。氢能储量大，氢元素在地球储量排第三。氢能是一种清洁、高效、可持续的二次能源，被认为是最具应用前景的能源之一，将在未来能源格局中发挥重要作用。氢能利用形式主要包括直接燃烧、通过燃料电池转化为电能和核聚变。氢气通过内燃机直接燃烧，基本原理与汽油或柴油内燃机相似，不需要任何特殊环境或者催化剂就能做功，可用于航天、汽车、冶金等领域。氢燃料电池发电的基本原理是电解水的逆反应过程。氢燃料电池的本质是一种将化学能直接转化为电能的化学发电装置，把化学能直接转化为电能的化学发电装置，可视为一种特殊的储能形式。氢燃料电池所产生的电能可直接驱动电机，相比直接燃烧的能源利用效率更高。

氢气的制取主要采用水电解的方法。根据所用电能的来源，可分为灰氢、蓝氢和绿氢。灰氢是通过化石燃料燃烧产生的电能制取的氢气，蓝氢是通过化石燃料燃烧同时使用CCUS技术产生的电能制取的氢气，而绿氢是利用太阳能、风能等可再生能源通过电解水方式获取的氢气。另外，还有矿物燃料制氢、甲烷催化热分解制氢、生物制氢等方法。我国是世界上最大的制氢国，年制氢量约3300万吨，其中达到工业氢质量标准的约1200万吨[1]。

氢能综合利用示范案例[2]

浙江台州的大陈岛风力资源丰富，但因风力发电波动大，无法匹配岛

---

[1] 国家发展改革委，国家能源局.氢能产业发展中长期规划（2021—2035年）.国家能源局，2022. http://zfxxgk.nea.gov.cn/2022-03/23/c_1310525630.htm.

[2] 资料来源：大陈岛氢能综合利用示范工程实地调研.

内用电负荷，弃风现象严重。据此，台州建立了大陈岛氢能综合利用示范工程。该工程是海岛"绿氢"综合能源示范项目，采用质子交换膜电解水制氢系统实现制氢，具有更好安全性、更高产氢纯度、压力调节幅度大、响应性好等优点。项目通过构建百分百新能源发电的制氢—储氢—燃料电池热电联供/燃料电池汽车加氢站系统，平抑可再生能源的波动性和间歇性，实现清洁能源100%消纳与全过程零碳供能，支撑海岛高质量绿色发展。

国内氢能产业呈现积极发展态势，已初步掌握氢能制备、储运、燃料电池和系统集成等主要技术，在部分区域实现燃料电池汽车小规模示范应用。我国计划到2035年，形成氢能产业体系，构建涵盖交通、储能、工业等领域的多元氢能应用生态。可再生能源制氢在终端能源消费中的比重将明显提升，对能源绿色转型发展起到重要支撑作用。

2. 余热供暖

目前我国北方城镇供暖面积约147亿平方米[1]，80%采用不同规模的集中供暖方式，其中约60%的热源为热电联产提供，其余为大型燃煤、燃气锅炉及少部分工业余热。未来，各种生产活动的余热是城市集中供暖的重要能源。

热力发电厂无法将所有产热转换为电能，部分热量变成余热损失。热电联产通过捕获发电产热进行二次利用，同时产生电力和热能，高效热电联产的热效率可达80%。工业部门钢铁、水泥、冶金等行业涉及大量高温热过程，冶金炉、加热炉、工业窑炉、燃料气化装置等工艺设备都有大量高温烟气排出，余热回收可用于城市热网供暖。工业余热利用的经济性与烟气量相关，烟气量少时，即使初温很高也不一定经济合理，不少地区出于稳定性、持续性及经济性的担忧，目前对工业余热的利用率不高。数据中心作为互联网的心脏，消耗的电能中有近90%转化为热能，大量余热通

---

[1] 清华大学建筑节能研究中心. 中国建筑节能年度发展研究报告2022. 北京：中国建筑工业出版社. 2022.

过散热系统排出，损失巨大。国内已有部分数据中心开展余热利用的尝试，主要用于办公区供暖，但目前仍存在余热回收等技术难点。污水处理厂排出的再生水具有一定的余热，热量可用于将水预热后进入热泵机组进行二次热交换，产生适宜温度的热水进行供暖，提高热泵机组运行效率。

核能供热技术示范案例[1]

山东海阳"暖核一号"一期供暖项目于2019年投运，被国家能源局命名为"国家能源核能供热商用示范工程"。2021年二期工程投运后，供暖面积达520万平方米，供暖范围覆盖海阳城区，惠及20万居民。海阳"暖核一号"机组取代了12台燃煤锅炉，全厂热效率约40%。通过该项目海阳市每个供暖季预计节约原煤10万吨，减少二氧化碳排放18万吨。三期900兆瓦核能供热工程正在推进，同步开展与储热结合，解决新能源消纳和跨区域清洁供暖。

未来清洁低碳供暖需因地制宜采用多种能源协同，余热供暖是一种经济、高效的低碳供暖方式，相关技术预计还需5~10年技术研发达到商业化水平。同时，由于余热利用存在不稳定性，需要同步研发储热技术，预计未来5年内有望实现商业化应用。

四、燃料/原料与过程替代技术

在工业生产与日常生活中，可将能源消费侧的化石能源利用转向电气化应用实现减排，另外，氢燃料、生物质燃料等低碳燃料利用也是减少碳

---

[1] 资料来源：山东海阳"暖核一号"供暖项目实地调研.

排放的解决方案。对于建材、冶金、化工等行业，原料替代是削减过程排放的关键。同时，目前很多传统工艺流程在生产过程中会产生大量碳排放，需要对工艺流程进行调整甚至重塑，有效避免高碳排放环节。因此，燃料/原料与过程替代技术解决燃料与原料替代工艺和流程问题，利用工艺过程的改进和技术变革提供低碳和零碳产品。该类技术可分为电气化应用技术、燃料替代技术、原料替代技术、工业流程再造技术、回收与循环利用技术等子类技术。

电气化应用技术是削减能源终端消费碳排放的核心技术手段。乘用车电气化、工业电锅炉等技术已实现大规模应用，建筑柔性用电等技术示范工程持续推进，水泥、平板玻璃等重点高耗能行业的电窑炉技术正在开展前沿探索。燃料替代技术是削减能源终端消费碳排放的补充技术方案。生物质燃料、垃圾衍生燃料等替代燃料制造水泥技术已开展工业示范，氢能冶金等技术示范工程正在建设，氢能煅烧水泥、氢能熔制玻璃等技术正在开展基础研究。原料替代技术是降低工业过程碳排放的关键技术选择。非碳酸盐原料替代、冶金渣辅助制备胶凝材料、生物质原料制备乙醇等技术已实现商业化应用，万吨级二氧化碳钢渣矿化工业示范项目已投产，碱激发胶凝材料、生物矿化胶凝材料等功能性替代技术的基础研究取得进展。工业流程再造技术通过提质增效与过程重构实现工业制造流程的零碳化重塑。过程强化、高效煅烧等技术已在化工、水泥等重点领域广泛应用，生物冶金、太阳能高温辅助水泥窑外分解、绿色生物化工等技术正在开展基础研究。回收与循环利用技术通过物质和能量的高效高质循环利用实现逆向制造流程的深度减排。工业固废综合利用、可燃气体回收、工业窑炉/锅炉余热利用等技术已广泛普及，危废协同处置、废旧金属循环再造等已开展多项技术示范。本部分以交通、建筑部门电气化应用和钢铁、水泥行业的工业流程再造为例进行介绍。

1. 电气化应用

未来电力系统将采用零碳清洁能源，电气化应用技术是削减能源活动碳排放的核心手段。在能源消费环节以电代煤、油、气、柴，形成电为中心的能源消费体系，使能源利用绿色化。另一方面，采用电气化技术更有利于提高能源利用效率，实现节能减碳协同。未来中国的电气化水平将不断提升，计划到2025年，电能占终端能源消费比重达到30%以上，减少碳排放4.6亿吨。

交通部门需大力发展电动汽车，限制和逐渐淘汰燃油车。2021年新能源汽车全年市场渗透率达到13.4%[1]，相比2020年的5.4%提升1.5倍。同时，在轨道交通、港口、机场等推广电气化技术。

对于建筑部门而言，低碳转型要求全面电气化，包括分散式供暖、热水、炊事等。"十三五"以来，建筑部门电气化率累计提高10.9个百分点，达到44.1%[2]。进一步提升电气化水平还需解决直流建筑配电、柔性用电等技术问题，通过发展分布式、智能化可再生能源网络，实现热电的协同。

2. 工业流程再造

工业流程再造技术包括钢铁、建材、化工、有色等行业的提质增效技术与过程重构技术。提质增效技术通过能效提升、产品延寿等手段实现温室气体减排，是供能系统零碳化进程完成前工业领域快速脱碳的重要支撑，该类技术普遍较为成熟，预计经3年~5年技术研发可实现商业化应用。过程重构技术通过对工业制造模式的颠覆性变革实现减排，是碳中和期消除难减温室气体的关键技术，该类技术处于基础研究阶段，预计经15~20年技术攻关可具备商业化应用条件。

钢铁产业是国民经济发展的支柱产业。我国是世界第一钢铁大国，2020年粗钢产量达10.65亿吨，占全球的56%[3]。当前主流的钢铁冶炼方式是以铁矿石为原料的长流程炼钢和以废钢为原料的短流程炼钢。长流程炼钢的

---

[1] 中汽协行业信息部. 数据简报–2021年12月新能源汽车产销情况简析. 中汽协会数据，2022. https://mp.weixin.qq.com/s/SJeMBNxsleEYzfUXanrtqQ.

[2] 中国电力企业联合会. 中国电气化年度发展报告2021. 2021.

[3] 世界钢铁协会. 世界钢铁统计数据2021. 2021.

碳排放主要来自烧结、高炉两道工序。烧结是将铁矿粉、燃料、溶剂混合加水润湿制粒后点火烧结，形成烧结矿；高炉将烧结矿、铁矿、球团矿等含铁物质熔炼，还原成铁水。长流程吨钢碳排放达1.8~2.2吨。短流程炼钢由于以废钢为原材料，没有高碳排放的炼铁环节，直接由电弧炉发热熔炼废钢，碳排放主要来自废钢中的碳及发热用石墨电极自身氧化反应。短流程吨钢碳排放仅0.4~0.8吨。目前我国粗钢的生产工艺主要以长流程炼钢为主，严重依赖煤基化石能源，导致碳排放量较高。

水泥是我国重要的基础原材料。我国水泥产量从1978年的0.6亿吨，增长至2020年的24亿吨[1]。水泥生产是典型的流程工业，包括原料开采、生料粉磨、熟料煅烧及水泥制备等环节。水泥熟料煅烧是将煤粉喷入回转窑和分解炉中燃烧，产生大量煅烧煤耗，燃料替代是更优先、更具成本效益的减碳手段。原料中石灰石分解释放二氧化碳，是水泥区别于其他工业碳排放的主要特点，水泥熟料生产可通过寻找替代活性材料或减少熟料使用实现减排。

五、CCUS/碳汇与负排放技术

在利用各项低碳和零碳技术后，仍存在部分难以削减的碳排放，CCUS/碳汇与负排放技术将在全面实现碳中和关键时期起到托底保障作用。CCUS技术将二氧化碳从能源利用、工业过程或大气中分离出来，输送到适宜场地加以利用或封存，是电力、工业等领域实现近零排放的关键。近年来我国CCUS技术发展取得积极进展，大部分技术已进入工业示范阶段，特别是碳中和目标提出后，我国CCUS的技术研发水平、示范工程数量和规模都有较大提升。碳汇技术主要通过自然生态系统吸收大气中的二

---

[1] 国家统计局. 2020年12月份规模以上工业增加值增长7.3%. 国家统计局，2021. http://www.stats.gov.cn/xxgk/sjfb/zxfb2020/202101/t20210118_1812459.html.

氧化碳，是抵消难以完全消除的部分温室气体排放的重要手段。造林/再造林、人工修复湿地、增强沿海红树林固碳等技术已广泛实施，保护性耕作、荒漠土壤固碳、滨海盐沼生态修复固碳等技术正在开展试点示范，海洋（铁）施肥等技术正在进行基础研究。负排放技术包括生物质能碳捕集与封存（BECCS）、直接空气捕集（DAC）、人工光合作用等，是实现碳中和目标的重要托底技术选择。BECCS、DAC等技术具备示范条件，人工光合作用、增强风化等技术正在开展基础研究。本部分以CCUS和碳汇为例进行介绍。

1. CCUS

碳中和目标下，CCUS技术定位发生转变，不仅可以实现化石能源利用的近零排放，促进钢铁、水泥等难减排行业深度减排，而且对在碳减排约束条件下增强电力系统灵活性、保障电力安全稳定供应、抵消难减CO_2和非二温室气体排放等方面具有重要意义，CCUS与新能源耦合的负排放技术是实现碳中和目标的托底技术保障。近年来，CCUS技术不断丰富和发展，特别是随着全球对气候变化的重视和多个国家碳中和目标的提出，CCUS技术受到越来越多的关注，成为减少温室气体排放、实现碳中和目标、推动人类社会可持续发展的重要技术手段。

我国CCUS技术的工业示范经历了三个发展阶段。2004~2006年是我国CCUS示范工程的起步阶段。2004年，中联煤层气驱替项目在山西省沁水县投运，总计注入二氧化碳1000吨，成为我国首个CCUS技术示范项目。2007年，我国CCUS示范工程进入稳步发展期。2007~2015年，示范工程数量以每年1~2项的速度递增，建成项目以捕集类和驱油驱气类项目为主。从2016年开始，我国CCUS示范工程数量大幅增加，开始进入快速发展阶段。2016年至今，几乎每年都有4~5个示范工程落成，示范技术类型也呈现多样化的发展趋势：捕集类项目的捕集源从电力和煤化工行业扩展到水泥、钢铁行业；利用类项目技术类型也从驱油驱气类拓展到微藻、矿化等生物、化工类。截至2022年5月，投运和规划的CCUS示范项目达50个，已投运项目具备捕集能力200~300万吨/年[1]。

CCUS示范工程案例[2]

中石化胜利油田CCUS项目是百万吨级CCUS项目，由齐鲁石化二氧化碳捕集、管道运输和胜利油田二氧化碳驱油与封存三部分组成。在碳捕集环节，通过压缩和低温精馏技术，回收化肥厂煤制气装置低温甲醇洗单元产生废气中的二氧化碳，提纯浓度达99%以上；增压与液化提纯后的二氧化碳经长度80千米的高压密相管道输送到封存地，设计输送量100万吨/年；在利用与封存环节，运用超临界二氧化碳易与原油混相的原理，向油井注入二氧化碳，增加原油流动性，提高石油采收率，同时二氧化碳通过置换油气、溶解与矿化作用实现地下封存。

CCUS技术具体分为捕集技术、压缩与运输技术以及地质利用与封存技术。捕集技术、压缩与运输技术均处于工业示范阶段，预计5~10年内即可实现商业化应用。地质利用与封存技术处于中试阶段，已完成10万吨/年的咸水层地质封存和多项万吨级的驱替采油示范项目，部分技术有望5~10年内实现商业化推广。

2. 碳汇

森林、农田、江河湖海是生态系统中的综合碳库。碳汇技术通过积极植树造林、植被恢复等措施，吸收大气中的二氧化碳，从而减少温室气体在大气中的浓度。碳汇技术主要包括陆地碳汇技术与海洋碳汇技术。森林

---

[1] 黄晶. 中国碳捕集利用与封存技术评估报告. 北京：科学出版社. 2021.
[2] 资料来源：中石化胜利油田CCUS项目实地调研.

碳汇是有效的固碳方式，通过植树造林、生态系统修复、农林复合系统建立、加强森林管理等措施提高林地生产力，进而增加森林碳汇。在一系列气候公约国际谈判中，国际社会对森林吸收二氧化碳的作用越来越重视。《波恩政治协议》《马拉喀什协定》将造林、再造林等林业活动纳入《京都议定书》确立的清洁发展机制，鼓励各国通过绿化、造林来抵消一部分工业源碳排放。陆地碳汇中，林业碳汇技术成熟，已广泛应用并推广；农田、草地和湿地碳汇技术处于示范阶段。海洋活动及海洋生物能够吸收大气中的二氧化碳，具有很强的固碳能力。海洋碳汇技术整体处于基础研究阶段，部分技术预计需经15年以上的技术研发与示范，才可具备商业化应用条件。

六、集成耦合与优化技术

碳中和技术涉及各行业领域，各项技术需协同发展，才能最终实现碳中和目标。集成耦合与优化技术使各类技术在特定场景下组合实现最优减碳效果，加强碳中和目标与社会经济高质量发展、生态文明建设、可持续发展等目标的协同。该类技术可分为能源互联技术、产业协同技术、节能减污降碳技术、管理支撑技术等子类技术（图3）。

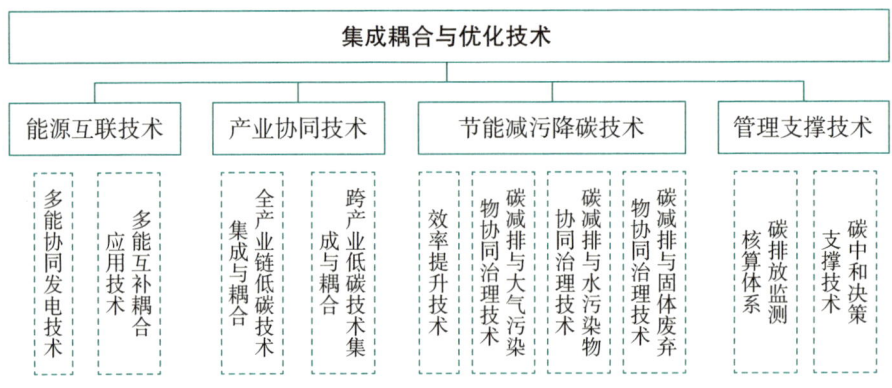

图12-3　集成耦合与优化技术分类

能源互联技术是多种能源形式灵活互转和互补利用的重要手段。大型火电耦合可再生能源发电、风光互补耦合发电等技术已实现大规模应用，多元复合储能耦合、燃煤掺氨发电等已经开展技术示范。产业协同技术为全产业/跨产业资源优化配置和深度减排提供系统解决方案。农光耦合等技术已实现商业化推广，生命周期评价与系统优化等技术已在钢铁、有色等重点行业示范应用，CCUS源汇匹配、电解产氢协同制备生物基材料等技术正在开展基础研究。节能减污降碳技术为促进能源高效利用和碳污协同治理提供技术支撑。超超临界发电、有机固废热解/生物处置协同碳减排整体煤气化联合循环发电等效率提升技术广泛应用，有机固废热解/生物处置协同碳减排技术已实现大规模应用，污水处置协同微藻生物能源生产等技术正在开展工业示范，工业烟气碳污协同治理等技术正在进行基础研究。管理支撑技术为构建碳排放监测核算体系以及制定碳中和政策提供科学依据，数字化技术将为碳排放管理提供有力支持。二氧化碳排放监测卫星反演、新能源大时空尺度发电预测、高精度碳排放在线监测等技术在相关行业已有应用，大数据/区块链与减碳融合等技术正在开展基础研究。本部分以产业协同技术、数字化技术为例进行介绍。

1.产业协同技术

社会经济运行的实质是物质与能量的流动，产业内部各个环节与各个产业之间存在广泛联系，例如，电力的源网荷储、工业原料与废物循环利用、能源化工产业耦合等。产业协同是指如何通过价值链、供需链和空间链的优化配置，打通产业上下游间和不同产业间各个环节、各项技术协同发力，实现提高效率、降低成本、减少排放的目标，达成多赢局面。

 案 例

产业协同技术应用案例[1]

陕西榆林国家级能源化工基地占地8万平方公里，煤、气、油、盐资源丰富，组合配置好，开发潜力巨大。该基地建立了超超临界煤电一体化、煤制甲醇–甲醇制烯烃–高端石化产品、煤基固废–余能制建材及高值新型材料的能源化工产业集成耦合，为煤炭资源的清洁利用开辟新途径，实现了系统性节能减排和减污降碳。2019年，榆林生产原煤、原油、天然气分别占全国总产量的12.39%、5.52%、10.16%；电力中装机容量3071.4万千瓦；生产烯烃240万吨、煤基油品160万吨、煤制甲醇305万吨，使榆林成为中国第一产能大市[2]。未来将实施碳达峰榆林行动，确保单位GDP能耗、碳排放五年分别下降13%和19%。"十四五"期间继续开展碳捕集利用与封存（CCUS）大科学装置平台、大数据智能绿色矿山等重大应用示范，稳步推进能源绿色低碳转型，力争可再生能源装机占比五年提高到50%以上，为能化产业低碳绿色转型发挥引领示范作用。

产业协同技术包括全产业链和跨产业低碳技术集成与耦合。全产业链低碳技术集成与耦合处于基础研究阶段，跨产业低碳技术集成与耦合处于中试阶段，预计需要15年以上技术攻关实现商业化应用。

2.数字化技术

"双碳"目标的实现需要从能源节后调整、产业结构调整等几方面共同发力。数字化技术对绿色低碳产业发展的重要性日益凸显，利用数字化

---

[1] 资料来源：陕西榆林国家级能源化工基地实地调研。

[2] 吴杰，白潇，李志东等.建设世界高端能源化工基地.榆林市人民政府，2020. http://www.yl.gov.cn/info/iList.jsp?cat_id=10009&tm_id=148&info_id=65629.

技术实现整合管理，可以大幅提升系统效率。

在构建清洁低碳安全高效的能源体系和源网荷储一体化的新型电力系统的过程中，利用数字技术将实现广泛互联、智能互动、灵活柔性、安全可控。在能源互联网中的能源管理与运行技术，减少弃风弃光，支持能源结构调整。数字技术助力输配电网智能化运行，数字化储能系统加速实现规模化削峰填谷。

在工业部门，数字技术能够促进传统产业能源优化、成本优化、风险预知及决策控制，整体上实现节能增效。数字技术赋能工业碳减排主要包括产品工艺研发、生产过程管控、经营模式管理、运维与服务、多环节协同优化、产业链供应链协同等方面。

数字孪生城市是指通过构建城市物理世界与网络虚拟空间的相互映射、协同交互的复杂系统，在网络空间再造与之对应的"孪生城市"，实现城市全要素数字化和虚拟化、城市全状态实时化和可视化、城市管理决策协同化和智能化。城市数字化使城市资源利用效率极大提升，有效控制城市碳排放。

七、非二温室气体削减技术

非二温室气体的全球变暖潜势值（GWP）普遍大于二氧化碳，以二氧化碳的GWP等于1为基准，甲烷100年的GWP为27.9、氧化亚氮为273、六氟化硫达到25200[1]，非二温室气体减排对减缓气候变化的作用不可忽视。甲烷削减技术用于削减化石能源开采、动物养殖和水稻种植、废弃物处理等过程的甲烷排放。填埋场甲烷高效收集与利用、水肥高效作物选育与管理优化等技术已实现大规模应用，厌氧消化资源能源利用、瓦斯梯级利用等技术正在进行工业示范，低排放水稻育种改良、细胞培养肉等技术正在

---

[1] 联合国政府间气候变化专门委员会.气候变化2021：自然科学基础.2021.

进行基础理论研究。氧化亚氮削减技术用于降低来自氮肥施用、己二酸加工生产等过程的氧化亚氮排放。污水处理精准控制技术与水肥高效作物选育与管理优化等生物农药技术已具备规模化应用条件，生物质废物高效堆肥与氧化亚氮催化分解等技术正在进行工业示范。含氟气体削减技术用于解决制冷剂/发泡剂的生产与使用、电解铝及电气保护等过程中含氟气体排放问题。六氟化硫气体回收循环利用技术已具备大规模应用推广条件，含氟制冷剂低能耗消解与再生等技术正在开展工业示范，惰性阳极和低全球变暖潜势值（GWP）制冷剂替代和惰性阳极等技术已开展中试试验，六氟化硫无害化处理技术正在进行基础研究。本部分以甲烷、氧化亚氮削减技术为例进行介绍。

1. 甲烷削减技术

甲烷是典型短寿命温室气体，减排短期气候效益明显。甲烷主要来源于煤炭油气开采、农业活动和废弃物处理等过程，大量农业排放源使得甲烷难以实现快速减排。煤炭开采和油气生产过程中，存在大量甲烷泄漏风险，需尽快开发适合中国煤炭油气储存条件的采集技术和工艺，例如，多介质助燃煤矿风排瓦斯氧化处理、泄漏检测与修复技术、油气生产过程伴生气回收技术等，减少甲烷逃逸。在农业生产过程中，需要改变种植方式、施肥方式，发展低排放水稻育种改良技术；同时需要发展反刍动物瘤胃甲烷减排技术、反刍动物食物改良优化技术等，以减少农业甲烷排放。在废弃物处置方面，做好垃圾分类处理和填埋，发展大型填埋场甲烷高效收集与利用技术，充分利用有机垃圾产生的甲烷作为燃料；改善填埋场地设施，降低填埋场湿度以抑制甲烷的产生，同时发展分散易降解有机废物原位快速腐殖化等技术。

2. 氧化亚氮削减技术

氧化亚氮主要来源于化工产业、生物质与化石燃料燃烧、农业化肥和污水处理等过程。在化工行业制酸过程产生氧化亚氮，需结合工艺流程发展氧化亚氮催化分解、联合吸附、精馏等多单元工艺纯化氧化亚氮回收等技术。农用土壤排放氧化亚氮所占比例较大，主要通过人为途径降低氧化亚氮排放，发展农业投入品精准调控与优化、水肥高效作物选育与管理优化等技术，实现精准施肥，提高氮肥利用率，避免过量施肥。固氮转基因技术通过固氮微生物将空气中含氮气体转化为氨，提供给作物，减少氮肥使用，该技术国际上整体处于基础研究阶段。

第三节　鼓励技术创新和应用的政策措施

碳中和是一场经济社会系统性变革，在认识科技创新重要性的同时，也需要充分发挥政策制度、市场机制等作用。通过制定相应的法律法规和政策规定，为实现碳减排目标提供有力的制度保障。

一、科技部署

《中共中央　国务院关于完整准确全面贯彻新发展理念做好碳达峰碳中和工作的意见》（以下简称《意见》）于2021年9月发布，提出"加强绿色低碳重大科技攻关和推广应用"；国务院印发《2030年前碳达峰行动方案》（以下简称《方案》），聚焦2030年前碳达峰目标，对推进碳达峰工作作出总体部署，提出"绿色低碳科技创新行动"等碳达峰十大行动。《意见》和《方案》中指出需强化基础研究和前沿技术布局，完善创新体制机制，制定科技支撑碳达峰碳中和行动方案，编制碳中和技术发展路线图。

科技部牵头编制《科技支撑碳达峰碳中和实施方案（2021—2030年）》，作为国家碳达峰碳中和"1+N"政策体系的重要组成部分，针对我国各重点行业，系统提出科技支撑碳达峰碳中和的创新方向，统筹低碳科技示范和基地建设、人才培养、低碳科技企业培育和国际合作等措施，推动科技成果产出及产业化、规模化应用，为实现"双碳"目标做好技术支撑。同

时，稳步推进《碳中和技术发展路线图》编制工作，全面系统梳理碳中和的技术需求，构建碳中和技术体系，提出近中远期技术研发重点与针对性部署建议。

二、研发支持

当前是碳中和各项创新技术研发攻关的重要时期，《意见》和《方案》中提出"在国家重点研发计划中设立碳达峰碳中和关键技术研究与示范等重点专项，采取'揭榜挂帅'机制，开展低碳零碳负碳关键核心技术攻关"。碳中和技术研发需要科研创新基地平台的强力支撑，加速"培育一批节能降碳和新能源技术产品研发国家重点实验室、国家技术创新中心、重大科技创新平台"。我国实现"双碳"目标时间紧、任务重，亟须一批高素质科技人才攻坚克难，推动技术进步，《意见》和《方案》中提出需"建设碳达峰、碳中和人才体系，鼓励高等学校增设碳达峰、碳中和相关学科专业"。

"十四五"期间，瞄准关键技术问题，围绕能源、建筑、交通、碳监测与核算等重点领域，部署"可再生能源技术""储能与智能电网技术""氢能技术""城镇可持续发展关键技术与装备""新能源汽车"等12个重点专项。针对不同领域重点专项中难以统筹考虑的碳中和共性支撑技术研究示范、低碳/零碳工业流程再造工艺技术与示范、非二温室气体控制与碳汇关键技术研究与示范等关键问题，部署"碳达峰碳中和关键技术研究与示范"重点专项，全面支撑我国碳达峰碳中和技术体系构建。国家自然科学基金瞄准基础科学问题，部署"面向国家碳中和的重大基础科学问题与对策"专项，支撑碳达峰碳中和人才和团队建设，增强源头技术创新能力。教育部编制《加强碳达峰碳中和高等教育人才培养体系建设工作方案》，加快储能和氢能相关学科专业建设，加快碳捕集利用与封存相关人才培养，启动碳达峰碳中和领域教学改革和人才培养试点项目。

三、示范推广

示范推广是技术从研发走向应用的重要环节，强化科技创新引领作用，统筹考虑碳中和技术的成熟度、经济可行性、技术风险与社会环境效益，有序推动技术在多领域、多层级、多方位的示范推广。《意见》和《方案》中指出需"加快先进适用技术研发和推广应用"，包括"加强电化学、压缩空气等新型储能技术攻关、示范和产业化应用""加强氢能生产、储存、应用关键技术研发、示范和规模化应用""推广园区能源梯级利用等节能低碳技术""推动气凝胶等新型材料研发应用""推进规模化碳捕集利用与封存技术研发、示范和产业化应用"等。

为了有效推动"双碳"工作进展，多地政府围绕碳减排的奖励、补贴政策也陆续出台，对碳中和技术示范推广起到积极推动作用。北京市财政局发布《2022年北京市高精尖产业发展资金实施指南》，对高效节能设备利用、低碳发展等领域项目给予奖励。上海徐汇区印发《节能减排降碳专项资金管理办法》，鼓励产业、建筑等领域的节能减排降碳技术应用，对示范项目给予资金扶持。深圳市工信局发布《深圳市工业和信息化局支持绿色发展促进工业"碳达峰"扶持计划操作规程》，对自主实施的工业能源资源节约和综合利用相关项目给予无偿资助，对获得国家、省、市各项落实绿色发展、促进工业"碳达峰"目标工作有关的示范项目给予奖励。

四、国际合作

气候变化是全球共同面临的挑战，各国政府及国际组织均在积极商讨应对策略。在此背景下，应进一步深化国际合作，共同推动碳中和实现进程。《意见》和《方案》中提出"深度参与全球气候治理"，主动参与全球

绿色治理体系建设，坚持共同但有区别的责任原则、公平原则和各自能力原则，推动各方全面履行《联合国气候变化框架公约》及其《巴黎协定》；"开展绿色经贸、技术与金融合作"，加大绿色技术合作力度，推动开展可再生能源、储能、氢能、二氧化碳捕集利用与封存等领域科研合作和技术交流；"推进绿色'一带一路'建设"，加强与共建"一带一路"国家的绿色基建、绿色能源、绿色金融等领域合作，提高境外项目的环境可持续性。

国内政府部门、科研机构、企业、社会组织等已开始聚焦"碳中和"背景下的全球科技创新合作。科技部持续推进中美、中英、中德在应对气候变化领域的科技创新合作，发起"中欧气候变化与生物多样性旗舰计划"等国际合作项目，广泛借助多边合作机制开展应对气候变化国际合作交流。通过技术转移南南合作中心等平台，继续推进"一带一路"技术转移南南合作，促进低碳技术在发展中国家的推广应用，为全球碳减排作出贡献。

思考题

1.党的十八大以来，以习近平同志为核心的党中央高度重视科技创新工作，坚持创新在我国现代化建设全局中的核心地位。在气候变化背景下，如何发挥科技创新对碳中和目标实现的驱动作用？

2.习近平总书记提出，要正确把握共同性和差异性的关系、中华民族共同体意识和各民族意识的关系、中华文化和各民族文化的关系、物质和精神的关系。在实现碳中和过程中，应如何准确把握"四个关系"的科学内涵？

第十三讲 "双碳"目标与绿色金融

蓝　虹

　　绿色金融对"双碳"目标的实现具有至关重要的作用。首先,"双碳"目标的实现需要大量资金,碳信贷、碳债券、碳保险、ESG投资等,其政策、工具和技术,可以帮助减碳项目获得优惠融资。其次,碳信贷、碳债券、碳保险等要求的碳信息披露政策,可以在金融机构的尽职调查阶段,就将高碳项目扼杀在摇篮,以推动低碳产业转型。最后,ESG风险管理,将气候风险纳入ESG风险管理的重要内容,可以引导投资者避免投资高碳项目,并对低碳减碳项目给予优惠投资。

第一节 "双碳"目标与绿色信贷

一、绿色信贷支持"双碳"目标政策演进

　　2020年9月,习近平主席在第七十五届联合国大会上首次提出中国将在2030年前实现碳达峰、2060年前实现碳中和的"双碳"目标,并在2021年3

月召开的中央财经委员会第九次会议上，进一步提出将"双碳"目标纳入生态文明建设的整体布局，由此开启了"双碳"目标驱动的新时代。

作为具有明显政策导向性的绿色金融工具，绿色信贷通过对环境负外部性的内生化，通过引导资金的流向，推动金融资源的有效配置，实现金融对具有环境效益经济活动的有力支持。在一系列政策的支持下，绿色信贷规模由2013年的5.2万亿增长到2021年的15.9万亿，其中，"双碳"目标的提出为绿色金融的发展提供了路径规划和引导，从2020年开始，绿色信贷的重点转向"双碳"目标，绿色信贷也在支持"双碳"目标发展的过程中与碳紧密相连，碳信贷一方面是直接为低碳减排项目提供贷款，另一方面是通过碳排放权、碳收益权质押开展绿色信贷业务。在此背景下通过出台政策指引、鼓励金融创新、强化信息披露、开展评价激励、提升声誉责任等方式，对银行业金融机构开展绿色信贷业务提出相应的要求。

在出台政策指引层面，2007年，国家环保总局、人民银行和银监会联合发布了《关于落实环保政策法规防范信贷风险的意见》（以下简称《意见》），从政策层面提出绿色信贷理念，指导商业银行的资金向低碳减排产业投放。在银行层面，中国工商银行率先制定绿色信贷政策，并推行了环保"一票否决制"。随后，2012年银监会发布的《绿色信贷指引》（以下简称《指引》）从制度上规范了银行的信贷决策与企业的环境绩效，尤其对商业银行的公司治理与信贷风险管理流程提出了更高的要求。而后基于《指引》，政府又颁布了一系列相关政策，包括2014年的《绿色信贷实施情况关键评价指标》、2020年《商业银行绩效评价办法》、2021年《银行业金融机构绿色金融评价方案》等，均从不同维度支持了绿色信贷业务对"双碳"目标的支持。

在金融创新层面，2021年，中国人民银行推出碳减排支持工具，金融机构向重点领域发放碳减排贷款后，可向人民银行申请资金支持。人民银行按贷款本金的60%向金融机构提供资金支持，利率为1.75%，期限1年，可展期2次，金融机构需向人民银行提供合格质押品。碳减排支持工具发挥政策示范效应，引导金融机构和企业更充分地认识绿色转型的重要意义，鼓励社会资金更多投向绿色低碳领域，向企业和公众倡导绿色生产生活方式、循环经济等理念，助力实现碳达峰、碳中和目标。各银行业金融机构在业务开展过程中创新了与碳中和紧密相关的产品，如碳汇贷、碳账户等。

在信息披露层面，2013年银监会发布的《绿色信贷统计制度》中就明确要求21家主要银行机构统计环境安全的重大风险企业、节能环保项目以及信贷服务情况，并每半年报送银监会，定期进行信息披露。2018年，银保监会发布了《绿色信贷统计信息披露说明》。2020年，银保监会制定了《绿色融资统计制度》，扩大了商业银行绿色业务的统计范围，细化了绿色融资项目分类，增加了节能减排指标。2021年，人民银行专门针对银行等金融机构下发了《金融机构环境信息披露指南》，提供了金融机构在环境信息披露过程中遵循的原则、披露形式、内容要求等。

在评价激励层面，2014年，银监会颁布的《绿色信贷实施情况关键评价指标》中，基于绿色低碳经济、环境与社会风险管理和自身环境与表现三方面，为绿色信贷设定了关键绩效指标（KPI），从组织管理、政策制度、流程管理、内控制度与信息披露以及监督检查等多维度设立了82个定性指标、17个定量指标，共计99个总体指标。而后2018年、2020年和2021年有关绿色银行和绿色信贷的评价方法与方案的政策相继颁布，重构了定性指标、升级了定量指标、拓展了考核评价的范围，提升了评价的效能。环保部门可以对环境达标企业进行激励；商业银行可以建立绿色企业白名单；财税部门可以对环保企业给予一定的税收减免；人民银行可以对绿色信贷评价优秀的商业银行给予一定的奖励，从政府、银行和企业全方位促进绿色经济高质量发展，共同奔赴"双碳"目标。

二、央行结构性货币政策工具：碳减排支持工具

中国人民银行2021年11月8日宣布推出碳减排支持工具（carbon-reduction

supporting tool）。中国人民银行将通过碳减排支持工具向金融机构提供低成本资金，引导金融机构在自主决策、自担风险的前提下，向碳减排重点领域内的各类企业一视同仁提供碳减排贷款，贷款利率应与同期限档次贷款市场报价利率（LPR）大致持平。

碳减排支持工具发放对象暂定为全国性金融机构，人民银行通过"先贷后借"的直达机制，对金融机构向碳减排重点领域内相关企业发放的符合条件的碳减排贷款，按贷款本金的60%提供资金支持，利率为1.75%。创设推出碳减排支持工具这一结构性货币政策工具的目的是以稳步有序、精准直达方式，支持清洁能源、节能环保、碳减排技术等重点领域的发展，并撬动更多社会资金促进碳减排。

在监管方面，为保障碳减排支持工具的精准性和直达性，金融机构向央行申请碳减排支持工具时，需提供碳减排项目相关贷款的碳减排数据以及贷款带动的碳减排数量等信息，并承诺对公众披露相关信息。金融机构参考碳减排项目可行性研究报告、环评报告或市场认可的专业机构出具的评估报告，以及贷款占项目总投资的比例，计算贷款的年度碳减排量。金融机构获得碳减排支持工具支持后，需按季度向社会披露碳减排支持工具支持的碳减排领域、项目数量、贷款金额和加权平均利率以及碳减排数据等信息，接受社会公众监督。人民银行将会同相关部门，通过委托第三方专业机构核查等多种方式，核实验证金融机构信息披露的真实性。

碳减排支持工具的推出将发挥政策示范效应，引导金融机构和企业更充分地认识绿色转型的重要意义，鼓励社会资金更多投向绿色低碳领域，向企业和公众倡导绿色生产生活方式、循环经济等理念，助力实现碳达峰、碳中和目标。

总体看，碳减排支持工具这一结构性货币政策工具主要有以下特点：一是碳减排支持工具重点支持清洁能源、节能环保和碳减排技术三个碳减排领域。二是碳减排支持工具发放对象暂定为全国性金融机构，央行通过"先贷后借"的直达机制，对金融机构向碳减排重点领域内相关企业发放的符合条件的碳减排贷款，按贷款本金的60%提供资金支持。三是利率方面，金融机构向碳减排重点领域内企业提供碳减排贷款的利率应与同期限档次贷款市场报价利率（LPR）大致持平；同时，金融机构向重点领域发放碳减排贷款后，可向央行申请碳减排支持工具的资金支持，利率为1.75%，期限1年，可展期2次。四是金融机构申请碳减排支持工具时，需提供碳减排项目相关贷款的碳减排数据，并承诺对公众披露相关信息。

截至2021年12月30日，央行披露已向有关金融机构发放第一批碳减排支持工具资金855亿元，支持金融机构已发放符合要求的碳减排贷款1425亿元，贷款加权平均利率为3.98%，约为银行平均贷款利率的一半，共2817家企业，带动减少排碳约2876万吨，具体情况如表1所示。

表13-1 央行第一批碳减排支持工具发放去向部分汇总

发放单位	发放金额	带动发放符合要求的碳减排贷款量	投资项目	带动碳减排量
中国农业银行	113.68亿元	189.46亿元	国家电投张北"互联网+智慧能源"800MW风光电示范项目、大唐象山渔光互补太阳能发电、山西垣曲抽水蓄能等项目263个，支持企业197家	382.56万吨
国家开发银行	102.67亿元	171.11亿元	湛江徐闻海上风电场项目、山东文登抽水蓄能电站项目、青海海南州塔拉滩光伏电站项目等	343万吨
中国银行	162.73亿元	271.21亿元	中广核吉林省大安市两家子一期100MW风电项目、利通区中核200MWp光伏复合发电项目、青海华电德令哈西出口500万千瓦光氢储一体化示范基地一期100万千瓦光储及3兆瓦光伏制氢项目等	618.68万吨
浦发银行	69.03亿元	115.05亿元	锡林浩特市京运通风力发电有限公司京运通宝力格300MW风电项目、奉贤海上风电场项目、大唐青岛海西250MW风电场项目等	333.81万吨

续表

发放单位	发放金额	带动发放符合要求的碳减排贷款量	投资项目	带动碳减排量
中国邮储银行	123.28亿元	205.46亿元	中电工程吉林大安大岗子镇一期100MW风电项目、中科蓝天达茂旗100MW风电项目、阳光电源（300274）沙坡头区孟家湾100MW光伏项目等	383.43万吨
平安银行	1.28亿元	2.13亿元	远景能源有限公司风电项目、鹤壁市鹤风新能源有限公司风电项目、秀美怀来新能源有限公司光伏电站项目	6.95万吨
中国民生银行	8.64亿元	14.4亿元	张家港宏昌钢板有限公司绿色循环高炉置换项目、辽宁大唐国际瓦房店镇海100MW网源友好型风电场示范项目工程、华能驻马店市口门风电场项目	42.19万吨

第二节 "双碳"目标与绿色债券

一、绿色债券与碳债券

绿色债券指募集资金专门用于支持符合规定条件的绿色产业、绿色项目或绿色经济活动，依照法定程序发行并按约定还本付息的有价证券。狭义的绿色债券只包括贴标绿色债券，即由发行人自行标明或第三方机构审查认证的绿色债券。广义的绿色债券指公认为"绿色"的债券，为气候或环境项目融资。最广义的定义是由气候债券倡议组织（Climate Bonds Initiative，CBI）提出的"气候相关债券"，即为气候相关活动提供资金的债务融资工具。

绿色债券起源于2007年，欧洲投资银行发行了全球首只资金明确投向绿色项目的债券——气候意识债券，为可再生能源和能源效率项目融资。2008年，世界银行推出了"发展与气候变化战略框架"，并在此框架下推出世界银行绿色债券，为寻求减缓气候变化或帮助受影响的人适应气候变化的合格项目提供资金。2010年后，气候债券倡议组织、国际资本市场协会（International Capital Market Association，ICMA）分别发布《气候债券标准》(*Climate Bonds Standard*)、《绿色债券原则》(*Green Bonds Principles*)，两项标准互为补充，成为自律性行业认证标准，CBS对GBP在低碳领域的项目标准进行了细化，并补充了第三方认证等具体的实施指导方针，两者一起构成了国际绿色债券市场执行标准的坚实基础，绿色债券执行标准逐步完善。此后，国际绿色债券市场迅猛发展，许多国家或国际组织也在《绿色债券原则》和《气候债券标准》的基础上对绿色债券进行定义，并发布绿色债券标准。2020年，欧盟委员会宣布建立欧盟绿色债券标准（EU green bond standard），要求欧盟绿色债券的收益或等值金额专门用于新增和/或现有的绿色项目，并为《欧盟分类方案》提出的6个环境目标中的至少一个作出重大贡献。

我国绿色债券市场起步较晚，始于2015年9月国务院发布的《生态文明体制改革总体方案》。方案首次明确了建立绿色金融体系的顶层设计，并将发展绿色债券市场作为重要内容，初步建立了我国绿色债券发展的顶层设计。自此，我国绿色债券标准逐渐细化，不同类型的绿色债券的定义逐渐明确（表2）。2015年底，国家发改委发布的《绿色债券发行指引》和中国人民银行发布的《在银行间债券市场发行绿色金融债券的公告》分别定义了绿色企业债、绿色金融债券。2017年，《中国证监会关于支持绿色债券发展的指导意见》和《非金融企业绿色债券融资工具业务指引》分别对绿色公司债券和绿色债务融资工具进行具体定义。由表2，我国各种类型的绿色债券定义的重点均为"募集资金专门用于支持绿色项目"。

表13-2 我国绿色债券的定义

类型	定义	文件
绿色企业债券	募集资金主要用于支持节能减排技术改造、绿色城镇化、能源清洁高效利用、新能源开发利用、循环经济发展、水资源节约和非常规水资源开发利用、污染防治、生态农林业、节能环保产业、低碳产业、生态文明先行示范实验、低碳试点示范等绿色循环低碳发展项目的企业债券	《绿色债券发行指引》
绿色金融债券	金融机构法人依法发行的、募集资金用于支持绿色产业并按约定还本付息的有价证券	《在银行间债券市场发行绿色金融债券的公告》
绿色公司债券	符合《证券法》《公司法》《公司债券发行与交易管理办法》及其他相关法律法规的规定，遵循证券交易所相关业务规则的要求，募集资金用于支持绿色产业项目的公司债券	《中国证监会关于支持绿色债券发展的指导意见》
绿色债务融资工具	境内外具有法人资格的非金融企业在银行间市场发行的，募集资金专项用于节能环保、污染防治、资源节约与循环利用等绿色项目的债务融资工具	《非金融企业绿色债券融资工具业务指引》
绿色债券	将募集资金专门用于支持符合规定条件的绿色产业、绿色项目或绿色经济活动，依照法定程序发行并按约定还本付息的有价证券，包括但不限于绿色金融债券、绿色企业债券、绿色公司债券、绿色债务融资工具和绿色资产支持证券	《绿色债券支持项目目录（2021年版）》

碳债券是绿色债券的一种，是指所募集资金专项用于碳减排、碳吸纳（包括碳捕获与封存）和适应气候变化项目的债券融资工具。

国际较少使用"碳债券"这一说法，气候债券、绿色债券、可持续债券的认可程度更高。但实际上，气候债券、绿色债券、可持续债券均包含气候相关用途，属于或部分属于碳债券。世界银行将绿色债券定义为专门为气候相关的环境项目发行的债务证券。世界经济论坛提出，绿色债券的资金专门用于资助对环境有积极影响的项目，如可再生能源和绿色建筑。气候债券倡议组织在《气候债券标准》中将气候债券定义为由气候债券标准委员会认证，符合气候债券标准要求的绿色债券，覆盖项目范围包括能源、运输、水、低碳建筑等。国际资本市场协会将可持续债券定义为募集资金或等值金额专项用于绿色和社会责任项目融资或再融资的各类债券工具（ICMA，2021），包括绿色债券、气候债券、社会责任债券等，其中绿色债券是相对发展规模最大、最受关注的品种。可见，气候债券、绿色债券、可持续债券的定义和内涵覆盖减缓和适应气候变化领域，本质上仍与碳相关。

我国早在2010年就已经开始讨论碳债券，部分学者将其定义为支持低碳经济的发展而发行的企业债券或国家债券，主要功能是为环保低碳项目筹集大量资金。2015年，《绿色债券发行指引》《绿色债券支持项目目录（2015年版）》发布，我国绿色债券市场正式规范发展，绿色债券成为热点。碳债券作为绿色债券子类别，将资金引入节能环保项目，为筹集资金推动低碳经济项目建设。

2020年碳达峰碳中和目标提出是绿色债券发展的转折点。为实现"双碳"目标，碳中和债券于2021年正式发行。碳中和债券的本质是在绿色债券政策框架下，将募集资金专项用于清洁能源、清洁交通、可持续建筑等具有碳减排效益的绿色债券。碳债券以碳中和债券的形式再成为关注重点。碳债券可引导社会资金流入碳中和领域，助力"双碳"目标的实现。根据中国人民银行，我国为实现碳达峰、碳中和目标所需资金在150万亿元至300万亿元之间，相当于2020—2060年的40年间平均每年投资3.75万亿元至7.5万亿元。由于政府财政资金仅能覆盖少部分实现碳达峰和碳中和目标所需的项目资金，二者间的差距仍需市场资金的投入。碳债券可引导市场闲置资金流入碳中和实践相关领域，为碳减排、碳汇、气候变化适应等项目提供资金。

二、碳债券种类

自2007年欧洲投资银行发行全球首只气候债券，国际绿色债券市场逐步发展。2015年后，在《巴黎协定》2℃温升目标的推动下，碳债券市场迅猛增长，形成了多样化的碳债券品种。

（1）发行主体

按照发行主体，碳债券可分为碳主权债券、碳企业债券和碳金融债券。

碳主权债券指由国家或地方政府发行的碳债券，由政府信用担保，风险水平较低。英国、法国、德国等国家均发行了碳主权债券，其中英国绿色金边债券已筹集161亿英镑，为清洁交通、可再生能源、能源效率、生活和自然资源、适应气候变化、污染预防和控制等项目提供资金。目前我国尚未以国家的名义发行碳主权债券，但部分地方政府已经发行了"碳中和"政府专项债券。青海省发行了林业生态专项债券为湟水规模化林场建设项目融资。河南、湖北、广西等多地已发行了湿地公园专项债券，为保护修复湿地项目融资，阿克苏多浪河国家湿地公园建设项目、广西梧州沧海国家湿地公园生态建设项目是典型案例。

碳企业债券指由企业发行的碳债券，例如，我国中广核风电有限公司发行的附加碳收益中期票据。2014年5月，中广核风电有限公司发行首单"碳债券"，发行金额10亿元，发行期限为5年，债券利率与发行人下属的5家风电项目公司在债券存续期实现的CCER净收益正相关，实现债券收益与碳收益相挂钩的产品创新。

碳金融债券指由金融机构发行的碳债券，例如，欧洲投资银行发行的气候意识债券。2007—2020年末，欧洲投资银累计发行超过337亿欧元的气候意识债券。2020年，欧投行将约合85亿欧元的气候意识债券募集资金投向了30个国家的121个气候项目，其中近40%为交通和仓储类项目，38%为电、气、汽和空调供应类项目，另外12%为房屋建设等其他项目，对全球应对气候变化工作作出了重大的贡献。

（2）项目领域

按照项目领域，碳债券可分为碳减排债券、碳汇债券、碳适应债券和碳中和债券。

碳减排债券指碳债券募集资金用于减少二氧化碳排放量的项目，包括能效提升、可再生能源、绿色建筑等多方面，例如，中国铁路投资有限公司发行的碳中和债券。中国铁路投资有限公司于2021年5月发行20亿元规模的"GC国铁01"公司债，募集资金将全部用于国铁融资租赁有限公司开展融资租赁业务，充分发挥中国铁投AAA级资信优势，积极推动绿色租赁高质量发展，加速铁路运输与先进制造业融合发展。

碳汇债券指碳债券募集资金用于保护、增加森林、海洋、湿地等碳汇的项目，例如，森林碳汇债券、蓝色债券。中国农业发展银行于2021年9月发行了用于森林碳汇的碳中和债券，募集资金将全部用于支持造林及再造林等森林碳汇项目的贷款投放。美国大自然保护协会于2018年10月发发行了塞舌尔蓝色主权债券，资金用于保持和维护塞舌尔群岛周边的珊瑚生态，扩大海洋保护区。

碳适应债券指碳债券募集资金用于适应气候变化项目，即通过基础设施建设等方式减少气候变化的影响。例如，欧洲复兴开发银行于2019年9月发行了全球首单气候韧性债券，募集资金投向摩洛哥、阿尔巴尼亚等欠发达国家的气候韧性基础设施、农业水利工程建设、发电站现代化改造等项目，帮助这些地区提升整体气候适应能力。

碳中和债券的募集资金应用于以上三个领域，但不区分具体用途，其中的典型是我国的碳中和债券。我国已发行了碳减排、碳汇、碳适应领域的碳中和债券，资金用途广泛，类别多样。

（3）项目期限

按照项目期限，碳债券可分为碳短期债券、碳中期债券、碳长期债券。

碳债券的发行期限与项目建设周期相关，与普通债券相比往往期限较长。

碳短期债券的期限在5年以下，如英国发行的三年期绿色储蓄债券。英国绿色储蓄债券于2021年10月推出，运作方式类似普通的三年期定期储蓄账户。投资者将在三年期结束后收到储蓄和利息，英国国民储蓄和投

资（NS&I）将保证投资者获得稳定的回报率（1.3%），并确保用于绿色项目。

碳中期债券的期限为5-10年，如德国在2020发行了10年期和5年期的绿色主权债券。2020年9月2日，德国成功发行了其首笔绿色债券（10年期），发行规模为65亿欧元，2030年8月15日到期。2020年11月，德国第二只绿色债券发行（5年期），发行规模为50亿欧元。

碳长期债券的期限为10年以上，如法国OAT债券的期限为20年。2017年1月23日，法国财政部筹资局宣布发行绿色OAT债券，该只绿色国债初始期限为22年5个月，发行规模为70亿欧元。2017—2020年多次续发后，该只绿色国债规模已达273.75亿欧元，市场地位已经与普通20年期基准国债无异。

三、气候债券标准和气候债券

气候债券标准是绿色债券领域的奠基性标准之一，气候债券倡议组织于2011年发布了《气候债券标准（1.0版本）》，规范了气候债券的资金用途、项目评估流程、资金管理、信息披露等。由于发布时间较早，气候债券标准已成为普遍接受的绿色债券共识性标准。

2011年以来，气候债券标准共经历了三次大型改动，气候债券的定义、项目范围、债券种类不断完善（表3）。气候债券标准1.0版于2011年底发布，并于2015年更新，初步规定了气候债券的认证要求，但并未对气候债券作出明确定义，绿色项目范围较小。2017年，气候债券标准2.1版将认证的气候债券定义为"符合气候债券标准并通过气候债券标准委员会认证的债券或其他债务工具"，并将项目范围拓展到能源、运输、水、低碳建筑、通信技术、废弃物与污染控制、自然资产、工业及能源密集型产业等各领域。2019年，气候债券标准3.0版进一步拓展了气候债券的定义、项目范围。定义上，3.0版定义了绿色债券，强调其募集资金投向绿色项目，并承认气候债券是绿色债券的一部分。项目范围上，3.0版新增了海洋可再生能源、生物能源、森林、土地保护、废物管理领域的行业标准，并已启动制定航运、水力发电、电网、农业、节能设备和工业资产等领域的标准。

表13-3 气候债券标准

	1.0版	2.1版	3.0版
定义	未明确定义	认证的气候债券：符合气候债券标准并通过气候债券标准委员会认证的债券或其他债务工具	绿色债券：募集资金专门用于投放或再投放新增和/或现有的绿色合格项目的一部分或全部，且与绿色债券原则或绿色贷款原则的四个核心模块相一致的债券 认证的气候债券：由气候债券标准委员会认证，符合本气候债券标准要求的绿色债券
项目范围	风能发电、太阳能发电、公共汽车快速交通系统、低碳建筑	风能、太阳能、地热能、低碳建筑、低碳运输、水利基础设施、土地使用、生物质能、水电、海洋资产和自然水务基础设施、工业能效、废弃物处理、信息技术和宽带、能源管理，以及气候变化适应和恢复基础设施	风能、太阳能、地热能、海洋可再生能源、生物能、低碳建筑、低碳交通及水利基础设施、林业、土地保护和废物处理、航运、水能、电网、农业、能源效率设备及工业资产

资料来源：《气候债券标准1.0》《气候债券标准2.1》《气候债券标准3.0》

气候债券倡议组织还在巴黎协定所设定的全球2℃温升目标的基础上发布了《气候债券分类方案》（以下简称"分类方案"），识别了减缓和适应气候变化的资产及项目范围，为能源、交通、水资源、建筑、土地使用和海洋资源、工业、废弃物、信息通信技术等领域的行业制定了具体的资格标准（表4）。在能源和交通领域，《分类方案》明确规定了电力、热力生产和交通工具的可再生能源使用比例和碳排放强度，要求使用低碳燃料

（如氢燃料），减少温室气体排放。

可见，气候债券属于碳债券，其项目范围覆盖减缓和适应气候变化领域，本质上仍与碳相关。

表13-4　气候债券分类方案

类　别	子类别	具　体
能源	电力和热力生产	太阳能、风能、地热能、生物质能、水电、海洋可再生能源、化石能源、核能、其他
	传输、分配和存储	传输和分配、存储
交通	客运、货运以及配套基础设施	私人交通、公共客运交通、货运铁路、跨领域资产、航空、水运
水资源	供应管理和废水处理	水利基础设施
建筑	商业、住宅及能效	建筑、用于建筑能效的产品和系统
	城市发展	建筑环境、城市规划
土地使用和海洋资源	农业、畜牧业、水产养殖业和海产品	农业（包括混合用途生产系统）、商业林地、自然生态系统保护和恢复、渔业和水产养殖、供应链资产管理
工业	工业和能源密集型工艺	主要资源、燃料生产、碳清理、其他工业和制造业、供应链
废弃物	回收、利用及其他废弃物管理	准备、再利用、回收、生物处理设施、废转能、垃圾填埋场、放射性废弃物管理、污水
信息通讯技术	网络、管理和通信工具	宽带网络、信息技术方案、电能管理

资料来源：《气候债券分类方案》

法国国家铁路公司气候债券

法国国家铁路公司是欧洲领先的绿色债券发行人，也是全球铁路行业最大的绿色债券发行人。截至2019年12月31日，法国国家铁路公司共发行57亿欧元经CBI认证的气候债券，占其总债务的11%。

法国国家铁路公司将债券筹集的资金用于升级/更新核心网络和开发新线路，积极开发替代的可持续燃料（如生物甲烷、生物柴油、电力和氢气），持续改进火车的环保性能，并将列车制动时的能量用于车站和社区的供电。另外，法国国家铁路公司还通过与其他公司合作，促进各种形式的共享出行，推动运输业在生态转型中发挥积极作用。法国国家铁路公司核算发现，"绿色升级"计划的投资可获得37万吨二氧化碳当量/亿欧元的环境效益。

发行时间	发行总额	期限	特点
2016年10月	9亿欧元	15年	铁路基础设施管理公司首次发行的绿色债券
2017年3月	10亿欧元	17年	同期法国绿色债券市场期限最长
2017年7月	7.5亿欧元	30年	同期内贴标绿色债券欧元计价最长
2019年8月	1亿欧元	100年	首个100年期债券

资料来源：法国国家铁路公司网站https://www.sncf.com/en/group/finance/green-bonds

气候债券倡议组织发布的气候相关债券市场报告显示，2013年至2018年，未偿付的气候相关债券市场存量增长近8000亿美元，达到1.45万亿美元。2020年，全球非贴标气候相关债券市场存在9130亿美元的投资机遇，几乎占全球绿色、社会和可持续发展债券市场规模的一半，具有巨大的发展潜力。其中亚太地区是发行规模最大的地区，共计发行4366亿美元气候相关债券。发行期限方面，气候相关债券期限相对普通债券较长，5~10年期和10~20年期的气候相关债券占比最大，分别为32%和26%，20年及以上占17%。发行行业方面，交通运输和能源占据主导地位，分别为55%和24%。评级方面，几乎所有气候相关债券（90%）都是投资级债券，AAA级约占30%，AA级约占22%。发行规模方面，小额债券的交易次数最多，45%的气候相关债券的交易金额在5000万至2.5亿美元之间，约25%的交易金额不超过5000万美元。

四、我国绿色债券标准和碳中和债券

我国绿色债券市场起步于2015年。2015年发布的《绿色债券发行指引》和《绿色债券支持项目目录（2015年版）》均界定了绿色项目的范围，节能减排、污染防治、资源高效利用与循环经济、清洁能源、生态保护是两者共同的重点。

2020年，碳达峰碳中和目标提出，"双碳"目标的实现需要绿色金融领域的全面配合，我国也推出了新的绿色债券标准和种类，助力"双碳"目标的实现。

2021年4月，中国人民银行、发改委、证监会联合发布《绿色债券支持项目目录（2021年版）》（以下简称《目录》），整合了绿色债券的定义，明确规定了绿色债券支持的项目范围。《目录》将绿色项目分为6类，包括节能环保产业、清洁生产产业、清洁能源产业、生态环境产业、基础设施绿色升级和绿色服务。其中节能环保产业、清洁生产产业、清洁能源产业、生态环境产业、基础设施绿色升级均涉及气候变化减缓和适应活动。能效提升、清洁能源、可持续建筑部分等均对装备、设施、材料提出明确的能效要求和碳减排目标。此外，《目录》中排除了煤炭等化石能源清洁利用项目，增加了二氧化碳捕集、利用与封存工程建设和运营等碳吸纳项目，突出了生态环境保护中海洋、森林等自然资源的碳汇功能，并通过基础设施升级同时实现减排和适应目标。

同年，碳中和债券正式发行。中国银行间市场交易商协会发布《关于明确碳中和债相关机制的通知》，明确碳中和债是指募集资金专项用于具有碳减排效益的绿色项目的债务融资工具，并规定碳中和债的募集资金全部专项用于清洁能源、清洁交通、可持续建筑、工业低碳改造等绿色项目的建设、运营、收购及偿还绿色项目的有息债务。

表 13-5　我国绿色债券标准

文件	绿色债券发行指引	绿色债券支持项目目录（2015年版）	绿色债券支持项目目录（2021年版）
领域	节能 污染防治 资源节约与循环利用 清洁交通 清洁能源 生态保护和适应气候变化	节能减排技术改造 绿色城镇化 能源清洁高效利用 新能源开发利用 循环经济发展 水资源节约和非常规水资源开发利用 污染防治 生态农林业 节能环保产业 低碳产业 生态文明先行示范实验项目 低碳发展试点示范项目	节能环保产业 清洁生产产业 清洁能源产业 生态环境产业 基础设施绿色升级 绿色服务

截至2021年年末，我国碳中和信用债累计发行151支，发行规模合计1807亿元，其中74支贴标"碳中和债"。发行品种方面，碳中和债发行以中期票据、公司债和超短融为主，发行规模分别为1051亿、422亿、285亿元，分别占总发行规模的58%、23%、16%。发行期限方面，碳中和债发行以3年及以上的中长期为主，3~5年期、5年期及以上的占比分别为53.2%和11.3%。我国碳中和债整体信用资质较高，主体评级几乎全为AAA级，占比超过95%。发行主体方面，碳中和债发行主体以国有企业为主，占比超过98%。发行行业上，发行主体集中在公用事业与交通运输，分布占62.2%和15.5%。募投项目上，已发行的碳中和债主要投向清洁能源（水电、风电等）领域，此外，清洁交通、可持续建筑项目也有涉及。

第三节 "双碳"目标与绿色保险

一、绿色保险与碳保险

对于绿色保险，狭义的理解是保险的绿色化，过去我国通常将环境污染责任保险和巨灾保险称为"绿色保险"，而另一种广义的绿色保险指的是在适应绿色发展过程中解决因经济社会活动中的环境问题衍生的环境风险，而提供的一种保险制度安排和长期治理机制。具体而言，在保障生态安全与绿色发展、促进节能减排、实现气候变化的适应与应对过程中，所用到的兼顾风险管控和资金运用的手段，都可作为绿色保险的创新发展方向。而碳保险也是近几年来低碳发展背景下未来极具发展潜力的绿色保险之一。

作为绿色保险的一类，部分学者将碳保险定义为对碳减排技术升级项目，或者为CCER项目提供保障的保险。不过随着减碳政策不断完善，低碳不仅仅局限于生产端，而是逐渐扩展到消费端，将更为广泛的社会群体卷入低碳发展的潮流中，带动社会从更广泛、更深层进行低碳变革，对于碳保险的需求变得更加多样，所以原本狭义的碳保险已经难以满足社会发展的需求。所以我们将碳保险定义为所有为帮助实现碳减排或者为"双碳"目标的实现提供支持的保险，这是一种广义上的更符合实际的碳保险定义。具体而言，它既包括巨灾保险、天气风险，还包括为绿色能源、绿色交通、绿色建筑、绿色技术等领域为实现减碳目标而提供风险保障的保险。

碳保险分为以下几个层次：①碳保险为实现"双碳"目标的减碳项目提供融资保障，实现碳中和是应对碳变化的重要战略，所以保险为有利于碳中和的项目提供融资保障理应是碳保险的范畴；②碳保险通过发挥其监督功能促进"双碳"目标的实现，由于碳保险的风险识别和风险控制所需的专业性，保险行业可以通过聘请专业性的风险监管机构，为投保者提供风险管理服务，同时发挥监督作用，保障项目实现减碳目标；③碳保险分散碳适应项目的风险，保障国民经济平稳增长。碳保险通过为风险不确定的碳适应产业提供保险产品，在时空上分散产业风险，平滑经营者收益，最小化发生风险区域经营者损失，保障国民经济稳定；④碳保险通过差别化保费激励引导人们进行低碳消费。碳保险通过差别化保费，激励广大民众进行低碳生活，倒逼供给端进行低碳改革，有利于推动社会低碳化；⑤保险资金投资绿色项目推动低碳发展，保险资金的特性与绿色投资需求契合度高，保险资金可以投向绿色项目，推动社会绿色项目落地，对碳中和目标实现起到推动作用；⑥保险行业自身低碳化来推进"双碳"目标实现。保险行业内部人员办公及出行低碳化既有利于节能减排又能起到社会示范作用，带动其他行业效仿。保险业对承保对象进行选择，将企业是否履行环境责任纳入考量，促进企业履行环境责任，践行低碳发展理念，促进"双碳"目标实现。

二、国际碳保险经验

国际上碳保险产品种类丰富，在减缓气候变化和促进全球低碳发展方面发挥着重要作用。具体来说，各国的实践包含以下几方面：光伏发电保险、绿色建筑保险引导保险资金投资于有利于环境保护的项目，促进全球的低碳发展；可再生能源项目保险及UBI车险通过差别化的保费激励人们进行绿色消费及低碳消费，有利于鼓励广大民众进行低碳生活，同时通过生活方式的转变引导供给者作出产品的改变，促进低碳发展。

（一）保险资金投资绿色项目推动低碳发展

1. 光伏发电保险

光伏设备制造商、项目开发商和投资机构等对保险均有需求，保险恰好能满足光伏发电需要有效的风险管理措施和工具的需求。光伏设备制造商通过保险可以分散设备在生产、销售、运输等环节的风险，如设备在质保期内因批量故障带来的风险；光伏项目开发商和投资机构为确保资产安全和收益稳定，也可通过投保来转移光伏发电项目在建设、调试、运行等全生命周期中可辨别的风险。

欧美国家光伏保险经过近30年的发展已相对成熟。20世纪80年代，最初应用于光伏行业的保险产品仅有火险和风暴险；随后产生了工程保险（含火险和风暴险）。经过不断发展和完善，保险产品发展至今已能覆盖光伏行业的各个环节，如光伏设备生产、运输，光伏场前期开发、土建、吊装、运行、维护等。目前，国际光伏保险市场上还出现了与清洁发展机制项目相关的保险产品和贯穿光伏项目全过程的综合性保险产品。自2010年起，欧美的保险公司如慕尼黑再保险公司和Power Guard纷纷开发了各自的25年期组件功率保险产品，光伏项目保险持续发展。

2. 绿色建筑保险

国际绿色建筑保险21世纪初才开始发展，主要分为绿色建筑财产保险和绿色建筑职业责任保险两大类。目前，为传统建筑受损后重置、并升级为绿色建筑的形式提供保险保障是国际绿色建筑保险发展的主要形式。

绿色建筑财产保险主要针对节能减排的建筑（尤其是为LEED认证的建筑）和附属设施、材料、装备等能耗情况进行保障，建成后进行节能性能评定，不达标将由保险公司进行赔付。

绿色建筑职业责任保险主要保障建筑师、工程师、顾问和专业设计师等绿色建筑专业人员由于职业责任方面的错误和遗漏造成的赔偿和诉讼等风险。与传统保险相比，绿色建筑职业责任保险有许多不同，比如明确表示保障专业人员承诺的担保风险和未取得绿色认证时的索赔风险；保障绿色认证建筑后续运行过程中可能发生的诉讼风险；保障绿色施工设计、节能节水设计、材料选择、绿色室内环境设计等更多绿色设计责任风险等等。

具体来看，绿色建筑保险主要包括6种形式，有竣工后的绿色建筑和非绿色建筑；竣工前的在建绿色建筑；设计阶段和认证阶段绿色建筑专业人员的职业责任；消费者贷款买房阶段的绿色建筑贷款；运行维护阶段，绿色建筑的质量和财政激励的维持；绿色名誉的维护等。

绿色建筑由于需要符合绿色建筑的标准，无论是绿色建筑财产保险保证建筑的环保性和绿色性还是绿色建筑职业责任保险保证绿色建筑从业人员的利益，都有利于绿色建筑的发展，从而减缓气候变化进程、推进低碳发展进程。

德国维多利亚保险公司总部大楼及其运营在2000年被德国权威机构授予德国生态环保一等奖。双层幕墙与空调采暖制冷系统的配合。使得该建筑全年70%的工作时间完全放弃空调，只有不到30%的时间里需要送风和供暖制冷。为了避免浪费能源，所有内侧幕墙上的可开启扇都安装有电磁感应装置，如果某一办公室的窗户打开，该区域的制冷、制热系统将自动关闭。

（二）通过差别化保费引导人们进行低碳消费的碳保险

1.可再生能源项目保险

为可再生能源行业的公司（如太阳能，风能，水力等）提供服务，帮助他们管理风险，防御诉讼和保护资产。这些保险产品和服务旨在涵盖项目从设计到销售的所有阶段。

例如，丹麦一个养老基金财团（养老基金Pension Denmark、PKA、Pædagogernes Pensionskasse（PBU及Dansk Vækstkapita））向丹麦气候投资基金提交12亿丹麦克朗，旨在促进丹麦太阳能及发展中国家其他可再生能源技术。

该基金旨在协助小型和中型丹麦公司进军新的国际市场，共同资助太阳能项目，并向丹麦太阳能设备供应商打开市场，同时资助发展中国家其他可再生能源、能源效率及环境计划；该基金将运行四年，在这期间

其将投资于非洲、亚洲、拉丁美洲以及新兴欧洲经济体150个国家的绿色项目。

投资将遵循企业社会责任（CSR）政策，采用2009年联合国哥本哈根气候峰会设定的联合国和国际准则，决定为发展中国家气候投资筹资。联合国旨在每年为发展中国家的气候变化项目筹集一千亿美元，直至2020年。

2. UBI车险

绿色出行指能够节约能源、提高能效、减少污染、有益健康、兼顾效率的出行方式，包括乘坐公交及轨道等公共交通工具、骑自行车、步行、合作乘车、环保驾车等低碳出行行为。

UBI车险被称为是绿色保单，UBI车险是根据驾驶人的实际驾驶时间、地点、里程、具体驾驶行为来确定该缴纳多少车险，车主为了获得更大的保费优惠就会减少车辆的使用频率，继而降低二氧化碳的排放量，有可能缓解环境污染问题。UBI车险定价模型的技术基础是车联网、智能手机和OBD等联网设备，OBD即"车载自动诊断系统"，是车载监控系统的通信接口。

UBI车险自1998年在美国出现后，目前在国际上的发展已经较为成熟，据不完全统计，目前全球有超过300家保险机构推出UBI车险产品。UBI车险在意大利的渗透率最高，已超过15%，美国的UBI渗透率虽不及意大利，但其UBI保费规模位列全球第一，超过半数的保险公司都提供UBI产品和服务。

新型车险主要有UBI车险。UBI车险大多将行驶里程纳入保费厘定的考虑；因为行驶里程影响排放量，而排放量会影响空气质量，因此以保费限制汽车的行驶里程有利于减少二氧化碳排放进而改善空气质量、减缓气候变化进程。

还如，随着混合动力及节油型汽车、新能源汽车等新型车辆的普及，英华杰集团推出根据汽车年排放量计算的保费抵减政策，混合动力及节油型汽车可享受10%的保费优惠。

（三）保险公司自身低碳化

1. 净零保险联盟

2020年7月11日，德国安联集团、法国安盛集团、意大利忠利保险、英国英杰华集团、慕尼黑再保险、法国再保险、瑞士再保险和苏黎世保险集团共8家全球性保险和再保险公司成立"净零保险联盟"，以实现碳中和的共同目标，加速向净零排放经济的过渡。

首先，该联盟成员通过倡导企业和行业行动以及支持经济部门低碳转型的公共政策，寻求实现其净零承诺。比如，通过促进负责任的投资实践，将全球气温上升幅度控制在不超过1.5℃。目前，NZIA管理资产已达到2.4万亿美元，这也就意味着2.4万亿美元背后代表的企业和经济体都已经接受了低碳转型的想法并将为此付诸实践。

其次，该联盟将为各家公司提供测量保险组合碳足迹的工具和方法，将帮助保险公司更好地支持客户转型。例如，在承保时，NZIA可以考虑鼓励绿色活动的项目结构，如使用可再生能源或清洁汽车，鼓励在重建楼宇时使用循环再造零件或绿色材料，理赔申请符合循环经济的原则等。

再次，逾40家大型银行机构参与"净零碳排放银行业联盟"。2022年4月21日成立的"净零碳排放银行业联盟"，已至少吸引全球逾40家大型银行机构参与。这个联盟也是GFANZ的创始成员行动计划之一。该联盟成员提出要实现贷款和投资组合运营与温室气体排放转型，确保在2050年前实现净零排放；他们还将参与客户机构的转型和脱碳计划，促进实体经济转型。

此外，17家金融服务机构发起"净零金融服务提供商联盟"。国际会计行业通过国际六大会计师事务所发起的全球公共政策委员会，与GFANZ就碳排放相关问题进行了讨论，并最终确定成立"净零金融服务提供商联盟"。"净零金融服务提供商联盟"的17家创始成员承诺，将通过调整产品和服务，有效减少自身运营排放，并助力企业实现净零碳排放目标，以实际行动应对气候变化；他们还将帮助企业评估碳排放状况，并将环境、社会和治理（ESG）风险纳入资本配置和长期规划。

最后，金融联盟支持净零排放将"加速我们的转变"。根据联合国环境署金融倡议提出的"可持续保险原则"，多家保险公司也在协力打造"净零碳排放保险业联盟"，并计划加入GFANZ之中。从银行到保险公司，从资产管理公司到主权财富基金，行业正在重新调整资本的供应。金融行业可以调动数万亿规模的资金去支持企业转型成为净零排放的模式。

2. 瑞士再保险集团的行动

近日，瑞士再保险宣布全新减碳目标，将通过资产管理、承保业务以及自身运营的崭新举措，进一步支持"净零排放"的经济发展模式。

采取的行动包括将绿色、社会及可持续债券敞口扩大至40亿美元——从债券在公司管理资产总额中的占比来看，属于行业领先的目标。此外，瑞再还将增加社会及可再生基础设施投资至7.5亿美元。

制定目标明确的全新合作框架，使其投资的公司在气候问题上进行更积极的对话，力图共同将全球变暖幅度控制在1.5℃以内。

在2030年实现自身运营"净零排放"。在"Do Our Best"策略的支持下，瑞士再保险将重点通过降低碳排放，在2030年实现自身运营"净零排放"。自2020年起，瑞再已实现100%可再生能源供能。此外，为了避免商务旅行强度回升至疫情前水平，瑞再计划于今年将航空旅行的排放量在2018年基础上降低30%。

早在2006年，瑞士再保险集团就通过旗下的欧洲国际再保险公司，向美国一家专门从事国际环境市场业务的投资公司出售了碳信用保险，主要涵盖碳信用在审批、认证和发售过程中产生的风险。

瑞再是首家在公司内部推行三位数碳排放税的跨国公司，碳税范围覆盖直接碳排放以及由商务旅行等产生的间接碳排放。2021年，瑞再的新碳税制度将二氧化碳排放定价为每吨100美元，并预计在2030年前逐渐提高至每吨200美元。在碳税制度的激励下，瑞再将进一步减少自身运营过程所产生的碳排放。此外，为贯彻公司的"Remove The Rest"策略，瑞再还制定了10年低碳基金计划,将重点逐步从抵消碳排放转向支持碳移除项目,从而对企业运营中难以避免的碳排放进行补偿。

三、国内碳保险产品与发展

目前我国涌现出多类气候保险产品,其在我国"双碳"目标的实现过程中发挥着多样化作用。碳排放权保险、碳汇保险、低碳技术保险等气候保险为减碳项目提供融资保障,降低其融资成本与财务波动性;森林保险等绿色资源类气候保险保障了绿色资源的碳吸纳能力,提高了森林等环境资源的减排价值;巨灾保险、农业保险等气候适应类气候保险则增强了我国经济、社会对极端气象灾害的应对能力,降低气候变化给财产、人身等带来的损失;绿色消费类气候保险通过差异化的条款设计,可引导消费者购买低碳产品、践行绿色生活方式。此外,气候保险产品还可将保费投资于绿色项目,促进低碳化发展,规避传统企业的环境相关风险;保险行业还可通过自身商业模式的低碳化改造,降低二氧化碳的排放量。

(一)为实现"双碳"目标的减碳项目提供融资保障的气候保险产品

气候保险通过为投保人提供资金支持,保障了投保人的财务稳定性,提高了其抗风险能力;此外,由于投保人拥有了更稳定的财务状况,其信用风险有所降低,投保人的融资成本得到缩减。

1. 碳排放权保险

为达成减碳目标,碳排放权交易企业会加快生产设备的转型升级与新技术的应用,存在着新生事物所伴随的大量风险。碳排放权交易保险旨在承保意外给企业减排带来的风险,若因设备等原因导致减排难以达标,保险公司将按合同对其赔付,减轻企业损失并鼓励其加大设备更新投入;此外,碳排放权交易保险也有利于畅通环保企业的绿色信贷融资渠道。由于

我国碳排放市场建设与碳排放权交易试点尚处于起步阶段，碳排放权保险尚未得到广泛应用。

2021年，由平安产险肇庆分公司承保、受肇庆银保监分局指导的碳排放保险产品在广东省内推出。通过该保险，绿色企业以小额保费撬动了累计达100万的年内赔偿限额。投保企业四会市骏马水泥有限公司则成功于2021年3月31日以110万吨的碳排放配额做质押，获得四会农商银行的1000万元碳中和贷款并享受优惠利率。根据公司负责人吴世健，银行和保险的双重服务打消了公司对"脱碳"升级的后顾之忧，预计公司的二氧化碳排放量将在当前基础上再降10%。

2.碳汇保险

随着人与自然的和谐相处日益受到政府重视，近两年碳汇保险领域涌现出众多创新产品，包括碳汇价格保险与碳汇指数保险等创新品种。

2021年3月15日，国家主席习近平主持召开中央财经委员会第九次会议，明确"加强森林资源培育，开展国土绿化行动，不断增加森林面积和蓄积量，加强生态保护修复，增强草原、绿地、湖泊、湿地等自然生态系统固碳能力"等，将强化森林固碳能力提升为国家战略。

碳汇价格保险旨在保障林业碳汇的价格损失风险。以广东省首单林业碳汇价格保险为例，其于2021年12月30日落地广东省清远市，由中国人民财产保险股份有限公司清远市分公司承保、中国人民财产保险股份有限公司广州市分公司协同推进。该保险为清新区三坑镇布坑村林场碳汇林提供了221万元的风险保障。

碳汇指数保险以碳汇损失为补偿依据，将火灾、冻灾、泥石流、山体滑坡等约定事由导致的森林固碳量损失指数化，由保险公司予以赔付，保险赔款用于灾后林业碳汇资源救助、碳源清除、森林资源培育及生态保护修复的加强等。2021年全国首单林业碳汇指数保险由中国人寿财险福建省分公司承保，并在福建省龙岩市新罗区落地。该保险年保费为120万元，在森林固碳量累计损失触发阈值时视作保险事故发生，最高可提供2000

万元的保险赔偿。

3.低碳技术保险

风能、太阳能等可再生能源具有不稳定的特征，且相关企业在融资上普遍存在期限长、资金需求量大的特点，严重依赖银行信贷的单一融资方式使企业的资金缺口巨大。此外，目前国内光伏、风电、水电等分布式电站多采用项目融资方式，投资回报与项目收益挂钩，项目投资方为实现风险分散与控制，多偏好已投保的项目甚至主动要求其购买保险，由此新能源保险在分布式电站大力推广的背景下实现发展。

光伏辐射指数保险旨在平衡日照时长不稳定对光伏电站运营收入构成的风险。在太阳辐射不足导致电站发电量减少、发电收入下降时，保险公司会赔偿电站的经济损失。该险种最早于2014年出现在我国光伏保险市场。

光伏组件效能保险旨在对组件效能低下的风险加以保障。该保险为保险年度内的太阳能电池组件签发单独保单，对输出功率不达厂商保证水平的太阳能电池组件加以赔付，在我国光伏组件出口海外并占据主要市场份额的过程中提供了良好保障。

光伏电站综合运营保险相当于光伏保险领域多险种的结合体，主要承保太阳辐射不足、自然磨损、老化等非人为故意因素导致的光伏电站收入下降，有利于确保项目所有人和运营商的营业收入稳定性，并助力项目融资。当光伏电站的年营业收入下降到一定比例时，保单的赔付机制得到启动。

（二）保障碳吸纳能力的绿色资源风险保障类气候保险

我国保障碳吸纳能力的绿色资源风险保障类气候保险的代表是森林保险。由于我国森林面积小、资源数量少、地区分布不均，森林资源的保护已多年纳入政府工作议程，森林保险也在我国福建省、云南省等森林资源丰富地区得到充分应用。

目前我国的森林火灾保险主要存在中央财政建立专项森林巨灾保险基金、中国再保险公司承担再保险职责，以及中央财政建立巨灾风险准备金供商业保险总公司专项使用、亏损补充、盈余滚存的两种运作方式。一些经济实力雄厚的省份也有省级财政建立风险补偿金，分层保障巨灾风险，降低省级保险公司的赔付率，减轻中央巨灾风险准备金的负担与保险公司的经营压力。

以云南省为例，2010年森林火灾保险制度在昆明等5州市建立，约1.28亿亩森林被纳入保险；2011年11月7日，云南省森林火灾保险试点范围扩大，覆盖15个州市共3.26亿亩的森林，涵盖区域内95%的林业农户。在这一森林保险产品下，820多万户林业经营者受益，受财政资金支持，每亩只需缴纳6分钱的保费，且在火灾导致林木死亡时可得到高达400元的赔款。新平彝族傣族自治县扬武镇赵米克村村民方玉英在家中的24.8亩林地于火灾中受损后，便得到了6642元保险赔款。

（三）提升气候变化适应能力的气候保险

对极端气象灾害的应对是适应气候变化的核心内容，气候保险通过为气候变化导致的直接灾害损失与节能减排的运营风险提供有力的风险保障，降低了气候变化对财产、生命和健康等造成的损失。

1. 巨灾保险

巨灾即影响程度大、范围广的极端气候事件，此类气象灾害会对财政与人身安全造成威胁，严重破坏正常的生产生活秩序。由于早期财政与社会捐款应对巨灾损失的乏力，我国巨灾保险体系的建设早在2006年便纳入议程并得到实践。

2006年，国务院《关于保险业改革发展的若干意见》指出要"完善多层次的农业巨灾风险转移分担机制，探索建立中央、地方财政支持的农业再保险体系"，并提出"建立国家财政支持的巨灾风险保险体系"，巨灾保险重新进入保险市场。随着2008年汶川地震的发生，巨灾保险相关制度得到陆续出台。此后《中共中央关于全面深化改革若干重大问题的决定》（2013）、《国务院关于加快发展现代保险服务业的若干意见》（2014）先后发布。在2016年,《建立城乡居民住宅地震巨灾保险制度实施方案》《中国保险业发展"十三五"规划纲要》《地震巨灾保险条例》等系列政策陆续出台,停滞十年的巨灾保险再次受到关注并重获发展。

2016年8月1日,汕尾市政府与人保财险广东省分公司签订了有效期一年的巨灾指数保险协议。2016年10月21日中午,"海马"登陆汕尾市海丰县鲘门镇,登陆时风力14级,最高风速42米/秒。强风、强暴雨在汕尾市境内影响超过10个小时,给汕尾带来了巨大灾害。根据巨灾指数保险协议,"海马"登陆风速42米/秒已超保单约定台风事件阈值,触发赔付条件。按照合同约定受灾指数,保险公司赔偿1000万元,发挥了巨灾保险对自然灾害的经济补偿功能,为政府应急响应、灾难救助、灾后重建等救灾救助工作提供资金支持。

2.农业保险

作为受自然灾害负面影响最大的群体之一,农户具有较高的经济脆弱性,因此农业保险较早便被纳入了我国气候保险制度体系,是发展最为成熟的气候保险种类之一。

早在2007年,中国农业部就与国际农业发展基金、联合国世界粮食计划署部署了农村脆弱地区农业天气指数保险的合作。2008年,三方签署了农业脆弱地区天气指数保险合作项目谅解备忘录,于安徽省开展农业天气指数保险试点,并于2009年开发出以安徽省长丰县为样本的水稻种植天气指数保险产品。此后,农业天气指数保险在全国推广开来。

2007—2013年,中国天气指数保险处于试点初期,发展较为缓慢;2014年后,天气指数保险进入快速发展期,各地区纷纷推出相关保险的试点。目前,我国已形成国家气候中心、农业部、保险公司、国际农业发展基金、联合国世界粮食计划署等多方参与农业气象指数保险项目的局面。

(四)通过差异化保费引导人们进行低碳消费的气候保险

气候保险还可通过差异化的保险条款设计引导消费者作出绿色消费选

择。此类气候保险的典型有新能源车险。

相较于传统汽车，新能源汽车属于新生事物，面临着包括技术风险、市场风险与经营管理风险等在内的多种风险因素。2021年，中国保险行业协会发布《新能源汽车商业保险专属条款（试行）》，将新能源汽车的"三电"系统——电机、电池与电控，纳入保障范围。除为"三电"系统提供保障外，《专属条款》还覆盖了新能源车行驶、停放、充电及作业等多种使用场景，新能源车起火燃烧与充电桩的损失等都在保障范围之内。就第三方险而言，新能源车险的责任限额最高可达1000万元，消费者还可在此基础上选择投保"法定节假日限额翻倍险"，享受更高的责任限额。

（五）保险资金投资绿色项目促进低碳发展

绿色保险资金可通过投资于绿色项目促进低碳化发展。首先，绿色项目普遍具有技术先进性高、资金需求量大、回报周期长与不确定性大的特点，难以匹配银行贷款等短期资金对项目风险回报属性的要求。保险业聚集了大量资金且具有明显的长期性与稳定性特征，符合绿色项目的资金需求，有能力参与国家重点低碳项目，甚至直接投资于环保相关新型技术。

根据银保监会的数据，截至2021年8月底，保险资金投向的绿色项目各领域规模为：交通3306.22亿元、能源3211.05亿元、水利695.04亿元、市政564.61亿元等；保险资金以股权形式投资了114亿元的绿色项目。以中国人寿为例，其2020年新增绿色投资金额达306亿元，与华能集团、国家电投等共同出资成立的两只清洁能源基金已超120亿元；其与国家电投联合推进的国家级清洁能源项目旨在为京津冀地区提供绿色电力，并保障了2022年北京冬奥会的绿色用电需求。

（六）保险行业自身低碳化促进"双碳"目标实现

作为轻资产行业，保险行业也可通过自身业务的低碳化降低二氧化碳的排放量。2010年以来，保险行业启动了自身业务的绿色化转型。典型例子是电子保单对纸质保单的替代，其减少了大量不必要的纸张使用。以众安保险为例，2020年公司保单达79亿单，其中电子保单占比约99.8%，用纸量同比减少47吨，相当于减少了946棵树木的砍伐量，形成17.3吨的固碳量。公司承保自动化率达99%，理赔线上化率达94%，在线机器人客服问题解决率超90%，交互式语音应答识别准确率达97%；众安保险还研发了"步步保"产品，与50余家智能电子设备厂家、运动健康APP合作，鼓励客户培养低碳生活习惯。

1. 平安产险"一纸化"低碳理念

自2014年起，平安产险践行低碳理念，对《机动车保险索赔申请书》进一步整合优化，客户只需填写一张单证即可完成理赔。据悉，该举措在为客户提供理赔方便的同时，也将为社会每年节省下约250万张纸，让客户安享简单、低碳的现代化金融生活。

新版《机动车保险索赔申请书》将之前的小额版和通用版索赔申请书进行了整合，查勘员携带两种申请书开展查勘的情况将成为历史。同时，新版申请书重新梳理了告知栏，增加了第三者责任支付授权等内容，理赔单证得到简化和优化，客户理赔实现个性化和场景化。

"新版索赔申请书不仅有效简化了客户理赔流程，同时还将提供更多信息，让客户对理赔过程一目了然。"平安产险车意理赔部负责人介绍，新版索赔申请书不再按照事故类型划分材料，而是按照单证类型重新整理告知栏，同时预留了"其他材料"一栏，查勘员可根据事故场景勾选理赔资料，并告知客户需要提供的特殊单证及其他相关信息，单证处理变得更加灵活。

新版索赔申请书的推出，受到了广大客户的欢迎。有客户表示，由于添加了第三者责任支付授权，涉及第三者责任的出险客户将不再需要重新填写支付授权书即可完成支付授权；同时，新版申请书区分了标的、三者定损清单及金额，并且增加了4S店发票告知；增加了平安产险官方微信，引导客户利用微信自助开展理赔服务，客户体验得到进一步优化。

作为一家重视社会责任的企业，长期以来，平安产险在公司经营过程中开展多项低碳措施，为客户带来简单、便捷服务的同时践行低碳理念。早在2013年，平安产险便通过微信自助理赔、即时支付以及远程定损等服务形式，将业务经营与低碳结合，取得了不错的效果。平安产险表示，未来会继续将低碳作为公司经营的重要理念之一，同时继续将客户作为经营出发点，持续运用低碳手段为客户打造最优体验。

2. 绿色销售：植入绿色基因，推进数字化转型

中国人寿寿险公司拥有庞大的销售队伍，从入司签约到客户经营、考核晋升、队伍管理、保险销售，都离不开纸质资源的利用。为积极响应"双碳"政策，促进"双碳"目标实现，公司在销售人员队伍及投保流程管理方面采取一系列线上化举措，减少纸质资源的过度使用，促进业务的数字化转型并取得良好成效。

成功打造线上签约平台。从销售人员入司开始，建设了一套可快速接入并实现不同销售队伍无纸化签约的线上签约平台，整个销售队伍的增员过程中，不仅完成了身份证影像件、学历影像件、保证金卡影像件的信息采集，还完成了代理合同、代理合同附件等一系列文件的线上签署，打破了增员的时间、地域限制，极大地节约了纸质合同成本。

实现销售档案电子化。实现销售人员包括培训档案、签约类档案、人员管理过程类档案等共计48类档案信息的电子化建设，并留存信息变化轨迹。全面支持内勤管理人员进行档案的线上查询、下载、打印、维护，实现对销售队伍档案信息的线上规范化管理。

实现投保全流程电子化。在投保流程方面，"智能投保"聚焦客户与销售伙伴两大用户，深耕数字化、场景化、社交化投保服务，集成30+项前后端数智化能力，依托数据+AI重构投保价值链，实现从客户投保−核保−双录−审核−保单生成送达全链路无纸化、线上化、智能化。2021年无纸化投保率达99%，长险电子保单件数达318万件，投保环节年度节约纸张超1343吨。

四、保费投资绿色化

目前关于绿色投资并没有统一的概念，国内学界有人认为绿色投资就是环境保护投资；也有人认为，绿色投资与绿色GDP相联系，凡是用于增加绿色GDP的货币资金（包括其他经济资源）的投入，都是绿色投资。西方国家的学者主要是从企业的社会责任角度出发，通常把绿色投资称作"社会责任投资"（Socially Responsible Investment，SRI）。认为它是一种基于环境准则、社会准则、金钱回报准则的投资模式，它考虑了经济、社会、环境三重底线，或称作三重盈余，又叫作"三重盈余"投资。顺应可持续发展战略，综合考虑经济、社会、环境等因素，促使企业在追求经济利益的同时，积极承担相应的社会责任，从而为投资者和社会带来持续发展的价值。综合现有研究对绿色投资所给出的定义，我们认为绿色投资实际上就是将资金用于绿色项目的行为，在当前的"低碳"发展背景下，减碳项目无疑是最为重要的绿色项目之一。所以所谓保费绿色化就是指将保险资金投向绿色项目，推动绿色项目落地的过程，而保费在此过程中通过项目增值达到自身保值增值的效果。

传统投资模式是在传统经济下形成的。它的主要特征是在不考虑资源短缺和保护环境，或者较少考虑这些因素与后果的前提下，通过资本投入实现盈利的目的。赚取利润是投资的唯一目标。这种投资行为使厂商在生产过程中，容易忽视生产所带来的对社会和环境的消极影响，放弃企业的社会责任。绿色投资则相反，绿色投资形成绿色生产力，表现为在生产上，实行清洁生产，即省能、节料、无废或少废的物资循环型生产；在产品上，小型化（少废料）、多功能（用处多）、可回收利用，对环境污染少；在环境保护上，表现为生产与环境保护同时进行，生产过程既是产出过程，也是防污和治污过程。

出于增值保值的目的，保险公司通常会将聚集的保险资金用于投资活动。保险公司在经营过程中，经过精算预测，将沉淀资金和大部分准备金进行合理的期限安排以及资产重组，进而投资于资本市场。保险资金所具有的长期性、灵活性和稳定性的特点与绿色投资的需求高度契合，保险资金可以通过股权投资、产业基金、私募基金、PPP等方式，支持节能环保、新能源等绿色低碳产业发展。因此在"双碳"战略下，保险资金常直接投资于能源、环保、水务、污染防治等领域的绿色项目投资建设；另外，保险资金也通过间接方式特别是以购买绿色债券的方式，参与低碳、环保项目融资。保险资金的投资也起到一定的示范作用，从而也能带动其他社会闲置资金投入到绿色项目中，使得更多低碳环保项目完成融资，促进低碳环保项目建设，推动我国碳中和目标的实现。

例如，2018年，太平投资控股委托太平人寿以基金股权投资形式出资2.9亿元，投入广业绿色发展基金，用于某公司新一轮环境综合整治及环保产业并购项目。该基金在两年内累计投资污水处理、河流整治等环保项目44个，涵盖广东省12个城市和地区，为广东省污染治理、环保行动起到积极的推动作用。2007年德累斯顿银行与欧洲投资银行推出银行债券项目，有望成为史上最大的指数挂钩联合债券，债券收益用于资助可再生能源和能效项目。KBC通过其绿色能源贷款为业主提供优惠贷款以提高能源效率。上海汇丰银行为可再生能源项目提供了资金，例如，为印度的风能项目提供了4500万美元。

第四节 "双碳"目标与ESG

一、ESG起源、标准和发展

ESG是英文Environmental（环境）、Social（社会）和Governance（治理）的缩写，是一种关注企业环境、社会、治理绩效而非财务绩效的投资理念和企业评价标准。ESG内涵由环境方面（E）、社会方面（S）和治理方面

(G）的具体评价指标界定。具体来看，包括以下三方面。

环境（E）：主要涉及环保和可持续发展等议题，涉及气候变化、环境管理机制、能耗、污染、可再生能源和循环经济利用情况等；

社会（S）：其核心关注点是以人为本的理念和社会责任的承担，主要涉及员工权益保障、供应链管理、消费者保护政策以及和其他利益相关方的关系；

治理（G）：主要涉及管理架构、薪酬、内部控制、审计独立性，风险管理、技术创新等议题。

目前，虽然国际上尚未形成关于ESG的统一的权威定义，但这些界定的共同点是均关注企业在环境、社会、治理领域的绩效，基本内涵一致，差异仅仅在于各领域内的分类和具体指标有所不同。

ESG一词最早明确出现是在2004年，由当时的联合国秘书长安南提出。他邀请全球50家主要金融机构的CEO，讨论如何将环境（E）、社会（S）和公司治理（G）这三个环节与资本市场结合在一起。一年后，报告《Who cares Wins》诞生，这份报告通过案例说明了整合ESG要素的企业会有更加出色的财务表现，另一份由联合国环境署（UNEP）提供的《Freshfield Report》则阐述了ESG与公司市值的关系。2006年，在联合国环境署与联合国全球契约（UNGC）的联合支持下，联合国社会责任投资原则组织（UNPRI）诞生，随之ESG投资理念被正式提出。联合国的"责任投资原则（Principles for Responsible Investment，PRI）"将社会责任、公司治理与环境保护相结合，首次提出ESG理念和评价体系，旨在帮助投资者理解环境、社会责任和公司治理对投资价值的影响，鼓励各成员机构将ESG因素纳入公司经营中，以降低风险、提高投资价值并创造长期收益，最终实现全社会的可持续性发展。

在ESG标准方面，各大国际机构均提出过ESG信息披露框架，但由于缺乏统一标准，依据ESG信息披露数据的投融资决策者难以对不同标准下的信息进行比较，降低了ESG评估的客观性与有效性。在充满各类冲突与多元的ESG标准现状中，市场上最具权威性的ESG报告框架与标准制定者包括GRI（Global Reporting Initiative，全球报告倡议组织）、SASB（Sustainability Accounting Standards Board，可持续性会计准则委员会）、CDSB（Climate Disclosure Standards Board，气候披露标准委员会）、IIRC（International Integrated Reporting Committee，国际综合报告委员会）。国际上，ESG信息披露标准已经进入统一与整合的阶段。例如，美国证券交易委员会（SEC）在2022年3月21日宣布了拟议规则，明确了上市公司气候数据披露的三大范畴，以气候相关财务信息披露工作组（TCFD）和温室气体议定书（GGP）中普遍被接受的框架为基础，未来也有可能采用ISSB与GRI组织更具体的标准，并持续优化。

反观国内，中国出现了各类绿色金融组织、绿色研究院、三方服务机构、行业协会、自律组织、指数公司等，都提出各式不同的信息披露框架与标准，但是缺少符合国情的、普遍认可的ESG标准，不同评价机构对同一家公司的评价结果往往相差较大。而国际机构由于对中国特色和中国公司理解不深，对中国公司的ESG评价结果系统性偏低，亟须研究建立细则与统一的标准。

ESG的前世今生

ESG的发展可追溯至20世纪20年代的"伦理投资"，排除与宗教伦理观相悖的投资领域（如烟草、军火等）的"伦理投资"概念出现，成为最早考虑社会因素的投资，这也是最早出现的与ESG类似的概念。美国最早记录的伦理投资案例是18世纪的贵格会教徒，因为厌倦了欧洲大陆的旧世界陋俗，他们限制会员将时间或金钱投资在奴隶贸易上，并拒绝投资赌博、军火等领域。在同一时代，卫理公会的创始人约翰·韦斯利（John

Wesley）在《金钱的使用》中号召"使用金钱的人不该参与罪恶的交易",如投资于损害邻居的行业（如化工厂）。宗教基金就是早期伦理投资的一个典型代表。借助伦理投资的概念,投资者会筛选掉他们认为"不道德"的投资对象,例如,破坏环境的石油重工,影响和平的武器制造,对大众健康有损的烟草等。

ESG投资概念的出现最早来自《高盛2007年环境报告》,高盛公司在其报告中提出,ESG包括环境标准、社会标准和治理标准。其中,环境标准包括投入（Input）和产出（Output）两方面,前者指能源、水等资源的投入,后者指气候变化、排放物、废料等。社会标准包括领导力（Leadership）、员工（Employees）、客户（Customers）和社区（Communities）四个方面。其中,领导力包括可问责性（Accountability）、信息披露（Reporting）、发展绩效（Development）等;员工方面包括多样性（Diversity）、培训（Training）、劳工关系（Labor Relations）等;客户方面包括产品安全性（Product Safety）、负责任营销（Responsible Marketing）等;社区方面包括人权（Human Rights）、社会投资（Social Investments）、透明度（Transparency）等。治理标准则包括透明度（Transparency）、独立性（Independence）、薪酬（Compensation）和股东权利（Shareholder Rights）等方面。

在ESG理念流行之前,更为人熟知的概念是"责任投资"。由于当时经济高速增长带来负面影响,全球面临越来越严峻的气候、环境、资源挑战,环保运动也随之兴起。20世纪六七十年代,欧美的公众环保运动,抵制和抗议企业因过度追求利润而破坏环境、浪费资源。随着环保运动影响力的逐步扩大,国际机构开始关注环保问题。

二、ESG对"双碳"目标的推动作用

"双碳"目标明确指出了全社会可持续发展的基本方向,并确定了具

体、量化的目标。实现"双碳"目标涉及能源、环境、气候、经济、社会等众多领域，尤其对高耗能、高排放的行业和企业，如煤炭、石油、钢铁、建筑、传统装备制造等，带来的挑战尤其大。离不开政府、企业、公众等多方面的力量凝聚和共同行动，并需对各具体实施方案计划的效果进行持续评价监测以利及时调控。

企业作为最主要的能源使用和排放主体，必然成为实施减排降碳方案的主要执行者，需要对碳排放现状进行摸底调查，制定实施合理的减排方案，同时需控制短期内因降碳投入而带来的财务压力，并及时同主管部门和公众（其中包括员工和客户等）进行沟通。这需要依托ESG推动企业可持续发展管理水平升级，增强对国际国内绿色资金和绿色债券的融资能力，通过近期的绿色融资和中远期的企业价值提升来平衡短期内为达到减排投入的成本，增加企业实施降碳计划的积极性。以ESG带来的企业绩效和价值提升而平衡降碳减排的投入，并引导绿色资金对ESG绩效好、降碳减排成果好的企业倾斜，促进和保障"双碳"目标的实现。政府和地方主管部门则需要掌握区域内企业的ESG评价数据，从而制定全面反映辖区内企业降碳实施计划。不同企业的ESG绩效的评价数据可为金融机构提供企业可持续发展绩效评估，以作为绿色投资和信贷的依据，为金融机构落实碳达峰碳中和重大决策部署，完善绿色金融政策框架和激励机制的工作要求提供有效支持。金融机构须主动识别和控制风险，重视对项目的环境风险暴露、负面环境影响、正面绿色绩效、环境信息披露水平的评价，促进被投企业加强在发展过程中对环境保护、技术创新等方面的重视，帮助企业规避政策和行业风险，不断提升绿色研发和创新能力，创造良好的环境和社会效益。

因此，ESG对"双碳"目标的推动作用主要表现在以下几个方面：

一是ESG为碳中和提供具有共识的信息披露和评价框架：ESG信息披露可以有效衡量上市公司在环境、社会和治理维度的表现，有助于在"双碳"目标下引导企业进行低碳转型。主要国家或地区的证券监管机构也将ESG有关风险及披露纳入监管重点，陆续发布监管文件要求或建议企业披露非财务信息，如欧盟已经公布制定ESG报告准则，美国证监会针对气候影响披露进行审核，明确2021年监管重点为ESG和气候相关的风险，成立ESG风险专门小组等，香港联交所发布《环境、社会和管治报告指引》等。在ESG相关政策方面，在政策端落实并运用ESG理念，与当前经济绿色转型的目标相契合，将有效助力传统产业结构调整和碳减排工作的开展，促进行业能源使用效率的提高。监管部门的规范作用能够构建统一ESG行业信息披露标准，最终助力碳中和目标的达成。可以看到早在2006年深交所就发布了《上市公司社会责任指引》，随后2008年上交所发布了《上市公司环境信息披露指引》，均要求上市公司积极履行社会责任，但披露ESG报告依然为自愿行为，政策自上而下的推动。2017年中国加入UN-PRI之后，监管陆续推出多项政策积极推广ESG投资，例如，2018年修订《上市公司治理准则》，确立了ESG信息披露基本框架，2019年设立科创板并要求上市公司披露ESG信息。2021年9月18日，由国务院国资委主办、中国社会责任百人论坛承办的"责任创造价值，责任引领未来——中央企业社会责任报告集中发布活动（2021）"在京召开，会上发布了《中央企业社会责任蓝皮书》和首本《中央企业上市公司ESG蓝皮书（2021）》。

二是ESG评级为碳中和投资者提供多维度投资基准和投资工具：ESG评级可以为市场提供绿色低碳的发展机会，从而助力实现"双碳"目标。现有ESG评级体系诸多指标都与碳中和目标直接相关，能够引导践行ESG投资的资金流向对"双碳"目标带来正向影响的领域。全球评级机构也越来越重视对ESG信息的分析并转化成定量数据。全球各大主要评级机构也都有针对性地开发了多种ESG评分、评级和指数数据。其中，摩根士丹利资本国际公司（MSCI）、穆迪（Moody's）、富时罗（FTSERussel）、标普道琼斯（S&PDowJones）、汤森路（ThomsonReuters）、晨星（MorningStar）、中国证券投资基金协会等国内外著名的评级机构和组织都在跟踪发布ESG评分数据。从境内ESG领域发展来看，缺少符合国情的、普遍认可的ESG标准已成为制约ESG发展的重要因素。目前，境内ESG评价机构不断增长，不同评价机构对同一家公司的评价结果相差较大。而国际机构由于对中国特色和中国公司理解不深，对中国公司ESG评价结果系统性偏低。适应"双碳"目标的ESG评价体系应全面包含企业实施降碳计划应考虑的各方面内容及具体步骤，包括：减排降碳（应对气候变化）的战略、减排降碳的短中长期实施方案、决策和执行机构、宣传与培训、直接和间接能耗使用量、直接和间接温室气体排放量统计、可再生能源占比、利益相关方关注议题和沟通机制、员工培训、社区共建和党建、供应商管理、企业经济绩效、企业科技创新投入等。当企业依照ESG方法践行时，即从战略和管理、实际减碳绩效监测、利益相关方沟通、经济绩效平衡等各方面进行了系统全面的管理，可有效保障减碳计划的顺利实施。为进一步提升资本市场ESG数据披露的数量和质量，推动资本市场和整体经济的可持续发展，"自上而下"出台强制性数据披露政策至关重要，未来需要逐步强制披露ESG有关信息，从制度上保障ESG投资的开展。

三是ESG投资能够加强企业进行"双碳"目标相关投资的积极性："双碳"目标开启了中国投融资体制改革的新征程，给金融投资行业带来了新的历史性机遇，ESG投资将进入加速发展期。我国的绿色金融发展存在发展不平衡问题，绿色信贷占比超过我国绿色金融产品总规模的90%，未来有必要建立更加多元的ESG投资体系。ESG投资产品的国际化特点可以为市场提供双碳领域投资机会，以ESG投资产品作为媒介，向国内外投资者提供更多维度价值投资产品的同时，传达中国在积极实现碳中和目标、应对气候变化对各市场主体的综合可持续发展品质给予足够的重视，从而实现碳中和的战略目标。ESG投资力图把企业在追求利润最大化过程中造成的外部性尽可能"内部化"为企业的成本，能够加强企业积极布局"双碳"目标相关投资的动机。当前国内UN PRI签约机构快速增长、泛ESG公募基金绝对规模仍小，但发展处于提速阶段，头部资管机构已开始积极投身ESG投资实践。截至2021年9月，中国有71家机构签约UN PRI。另外，产品规模自2020年也快速增长。截至2021年7月31日，ESG主题公募基金存续产品共80只（另有15只待成立，0只已终止）。除未披露规模产品外，ESG主题公募基金产品净值总规模达到人民币2,741亿元，其中规模超过人民币10亿元的产品有47只，占比58.8%；超过68.8%的产品资产规模大于人民币5亿元。

三、"双碳"目标下ESG的发展机遇

在ESG相关政策方面，在政策端落实并运用ESG理念，与当前经济绿色转型的目标相契合，将有效助力传统产业结构调整和碳减排工作的开展，促进行业能源使用效率的提高。另一方面，监管部门的规范作用，能够构建统一ESG行业信息披露标准，最终助力碳中和目标的达成。可以看到早在2006年深交所就发布了《上市公司社会责任指引》，随后2008年上交所发布了《上市公司环境信息披露指引》，均要求上市公司积极履行社会责任，但披露ESG报告依然为自愿行为，政策自上而下的推动。2017年中国加入UN-PRI之后，监管陆续推出多项政策积极推广ESG投资，例如2018年修订《上市公司治理准则》，确立了ESG信息披露基本框架，2019年设立科创板并要求上市公司披露ESG信息。2021年9月18日，由国务院国资委主办、中国社会责任百人论坛承办的"责任创造价值，责任引领未来——中央企业社会责任报告集中发布活动（2021）"在京召开，会上发布了《中央企业社会责任蓝皮书》和首本《中央企业上市公司ESG蓝皮书（2021）》。

从境内ESG领域发展来看，缺少符合国情的、普遍认可的ESG标准已成为制约ESG发展的重要因素。目前，境内ESG评价机构不断增长，不同评价机构对同一家公司的评价结果相差较大。而国际机构由于对中国特色和中国公司理解不深，对中国公司ESG评价结果系统性偏低。为进一步提升资本市场ESG数据披露的数量和质量，推动资本市场和整体经济的可持续发展，"自上而下"出台强制性数据披露政策至关重要，未来我国将逐

步强制披露ESG有关信息，从制度上保障ESG投资的开展。

从投资者结构看，ESG一直以来都由机构投资者主导，这与资本市场一直以来的整体表现并无显著差异。伴随着该投资理念的推广，目前个人ESG投资者的占比有一定程度的上升，在2020年初已经达到了25%。与此同时，境内ESG投资还处于发展初期，ESG相关的投资产品多样性和规模都还有很长的路要走，随着碳中和战略不断深入，可以预见未来ESG信息披露环境会不断改善，ESG指数和投资产品也将更加丰富，产品的投资生态更加完善，尤其是养老金和长期投资资金在ESG投资方面的配置比例还有很大的空间。在践行ESG投资方面会发挥更加重要的作用。

在ESG评级方面，"双碳"目标为完善本土ESG评级体系提供了一个明确的指导方向。"双碳"目标对高耗能、高排放的行业和企业，如煤炭、石油、钢铁、建筑、传统装备制造等，带来的挑战尤其大。投资机构须主动识别和控制风险，重视对项目的环境风险暴露、负面环境影响、正面绿色绩效、环境信息披露水平的评价，促进被投企业加强在发展过程中对环境保护、技术创新等方面的重视，帮助企业规避政策和行业风险，不断提升绿色研发和创新能力，创造良好的环境和社会效益。"双碳"目标可以鼓励更多市场机构提供有助于"双碳"目标的ESG信息数据、评级、咨询服务。目前，全球有大约600家ESG服务机构，其中大型机构约有数十家。这些机构为企业提供ESG信息披露服务，为投资者提供ESG数据、评级或评价、鉴证服务等，是ESG市场发展不可或缺的重要组成部分。而我国目前ESG服务机构约有20家，都还处于初步成长阶段，正在不断探索设计具有我国本土特色的ESG服务，并需要加以引导和鼓励。

思考题

1. 什么是绿色信贷、绿色债券、绿色保险？
2. 企业为什么要重视ESG？
3. 绿色金融如何支持"双碳"目标的实现？

第十四讲　全球碳中和目标下的国际合作

陈　迎　王　谋

　　自《联合国气候变化框架公约》签署以来,全球气候治理进程产生了《京都议定书》《巴黎协定》等标志性成果,国际社会协同应对气候变化的目标也不断提升,呈现出目标逐步提升、行动更加积极的国际合作态势。2015年联合国气候谈判达成《巴黎协定》,其中第四条指出"为了实现全球长期气温管控目标,各国旨在尽快达到温室气体排放的全球峰值,并在公平和可持续发展基础上,在本世纪下半叶实现温室气体源的人为排放与汇的清除之间的平衡(碳中和)",是碳中和概念首次出现在国际协议中。截至目前,全球已有130多个缔约方提出了碳中和目标,在全球碳中和目标下,积极应对气候变化,推动绿色低碳发展转型,已成为全球共识。国际气候治理形势日趋复杂,大国之间的国际竞争与合作并存。

第一节　国际气候治理进程

　　全球气候治理是以各主权国家为主,多个利益相关方共同参与,通过气候公约机制和公约外机制，共同应对气候变化的国际合作模式。全球气候治理的参与方包括主权国家政府、政府间国际组织和非国家行为体等。历经30多年的发展，联合国气候变化框架公约秘书处（UNFCCC）依然是全球气候治理的核心，政府间国际组织，如IPCC，以及数量众多的各类非国家行为体也日益在全球治理中发挥重要作用。

一、国际气候谈判历程及重要里程碑

科学家对气候变化问题的科学研究揭示了人类活动燃烧大量化石能源排放的温室气体是造成气候变化的主要原因，已经严重威胁到全社会的安全与发展。温室气体排放具有时空的外部性，排放是瞬时的、局域的，但排放后果的承担却是长期的、全球性的。20世纪70年代，气候变化问题从科学研究逐步走向国际政治议程，国际社会试图通过国际合作共同应对气候变化。

1.《联合国气候变化框架公约》

1990年政府间气候变化谈判拉开帷幕，通过多方努力，最终在1992年联合国环境与发展大会上通过《联合国气候变化框架公约》（以下简称《公约》），与会154个国家以及欧洲共同体的元首或高级代表共同签署。1994年3月《公约》正式生效，奠定了世界各国紧密合作应对气候变化的国际制度基础。

《公约》由序言及26条正文组成，具有法律约束力。《公约》的目标是"将大气中温室气体的浓度稳定在防止气候系统受到危险的人为干扰的水平上"。《公约》确立国际合作应对气候变化的基本原则，主要包括"共同但有区别的责任"原则、公平原则、各自能力原则和可持续发展原则，强调各缔约方均有义务采取行动应对气候变化，但发达国家对气候变化负有历史和现实的责任，理应承担更多义务；而发展中国家的首要任务是发展经济、消除贫困，但也需要采取措施降低温室气体排放，走低碳发展的路径[1]。

由于《联合国气候变化框架公约》仅是一般性地确定了稳定大气中温室气体浓度目标,没有明确不同阶段的实施目标,需要就不同阶段更加具体的目标开展谈判。1995年3月28日首次《公约》缔约方大会(COP1)在德国柏林举行,通过《柏林授权》。之后,联合国每年举行一次《公约》缔约方大会。唯一例外的是2020年,受新冠肺炎疫情影响,第26次缔约方会议延迟到2021年在英国格拉斯哥举行。

2.《京都议定书》

1997年在日本京都召开的《公约》第3次缔约方大会(COP3)达成了《公约》的第一个执行协议,即《〈联合国气候变化框架公约〉京都议定书》(简称《京都议定书》)。《京都议定书》首次为附件一国家(发达国家与经济转轨国家)规定了具有法律约束力的定量减排目标,要求在2008~2012年间将全球温室气体排放量削减5.2%。其中欧盟将6种温室气体的排放削减8%,美国削减7%,日本削减6%。《京都议定书》还引入排放贸易(ET)、联合履约(JI)和清洁发展机制(CDM)基于市场的三个灵活机制。由于美国小布什政府退出,《京都议定书》的生效一波三折,经过漫长的8年谈判,最终于2005年2月16日生效。

2007年,在印尼巴厘岛召开的《公约》第13次缔约方会议(COP13)达成"巴厘岛路线图",确立了"双轨制"的履约模式,勾画了构建2012年后国际气候制度的路线图和基本框架,也将游离于国际合作之外的美国拉回谈判轨道。2011年,在南非德班召开的第17次缔约方会议(COP17)决定建立"德班平台",开启了2020年后国际气候制度的谈判进程;2012年多哈召开的《公约》第18次缔约方会议(COP18)明确执行《京都议定书》第二承诺期,包含美国在内的所有缔约方就2020年前减排目标、

---

[1]《联合国气候变化框架公约》(1992年)第二条:目标、第三条:原则。

适应机制、资金机制以及技术合作机制达成共识,并形成长期合作行动工作组决议文件。2015年在法国巴黎召开的第21次气候大会（COP21）,在中美等各方大力推动下达成了《巴黎协定》,基本明确了2020—2030年期间国际气候治理的制度安排和合作模式,国际气候治理由此进入一个新阶段。

3.《巴黎协定》

《巴黎协定》是《联合国气候变化框架公约》2021—2030年期间的执行协议。该协定于2015年12月12日在《公约》缔约方第21次会议期间达成,于2016年11月4日正式生效。《巴黎协定》是继1992年达成的《联合国气候变化框架公约》及1997年达成的《京都议定书》之后,国际气候治理进程中达成的第三个里程碑式的国际条约。

《巴黎协定》的目标是"将全球相对于工业革命前温度水平的平均气温升高控制在低于2℃以内,并努力将升温控制在1.5℃之内,从而大幅度降低气候变化的风险和危害"[1]。2021年11月,在英国举行的第26届缔约方大会通过了《格拉斯哥气候协议》,完成了对《巴黎协定》实施细则的谈判。《巴黎协定》是在变化的国际经济政治格局下,为实现《公约》目标而缔结的针对2020年后国际气候制度的法律文件。

《巴黎协定》确立的制度框架主要包括以下几点：第一,继续肯定了发达国家在国际气候治理中的主要责任,保持了发达国家和发展中国家责任和义务的区分,发展中国家行动力度和广度显著上升；第二,采用"自下而上"的承诺模式,各国基于自身条件和行动意愿提出贡献目标,保证了《巴黎协定》广泛的参与度；第三,构建了义务和自愿相结合的出资模式,有利于拓展资金渠道并孕育更加多元化的资金治理机制；第四,确立了符合国际政治现实的法律形式,既体现约束也兼顾了灵活性,"协定"相比"议定书"相对简化各国批约的程序；第五,建立每5年一次的全球

---

[1] 《巴黎协定》（2015年）第二条

盘点机制，动态更新和提高减排努力。促进形成动态更新的、更加积极的全球协同减排和治理模式。

2017年6月，美国特朗普政府宣布退出《巴黎协定》对国际气候治理造成不利影响，但并不能阻挡全球应对气候变化的发展进程。2021年1月，美国拜登政府上台宣布重新加入《巴黎协定》。2021年11月，在英国格拉斯哥会议召开的《公约》第26次缔约方会议是新冠疫情大流行后全球环境治理领域举办的第一次大规模现场会议，备受关注。会议就《巴黎协定》实施细则中尚未达成共识的议程项"市场机制""透明度""共同时间框架"等问题进行了重点推进，并就以上议程和包括适应、资金、技术、能力建设等议题达成了一揽子协议，标志《巴黎协定》进入全面实施阶段。2022年12月，在埃及沙姆沙伊赫召开的《公约》第27次缔约方会议，197个与会国重申了格拉斯哥气候大会成果，讨论了《巴黎协定》目标的实施、全球能源危机的影响以及气候转型的融资问题。在会议最后一刻决定建立一个新的基金"损失和损害基金"，为遭受气候变化不利影响的脆弱发展中国家提供资金援助。

二、IPCC的科学评估进程

国际气候治理大致可以分为两条线在推进，一条是政治线，另一条是科学线，气候变化的科学与政治之间密切相关，相互支持，共同推动国际气候进程不断前行（图14-1）。

IPCC成立于1988年11月，由世界气象组织（WMO）和联合国环境规划署（UNEP），根据联合国大会决议联合建立，下设三个工作组，第一工作组负责科学基础，第二工作组负责影响、适应和脆弱性，第三工作组负责减缓，此外还有一个排放清单特别小组，负责制定排放清单指南。IPCC定期开展科学评估，旨在就气候变化问题为国际组织和各国决策者提供科学咨询，共同应对气候变化。

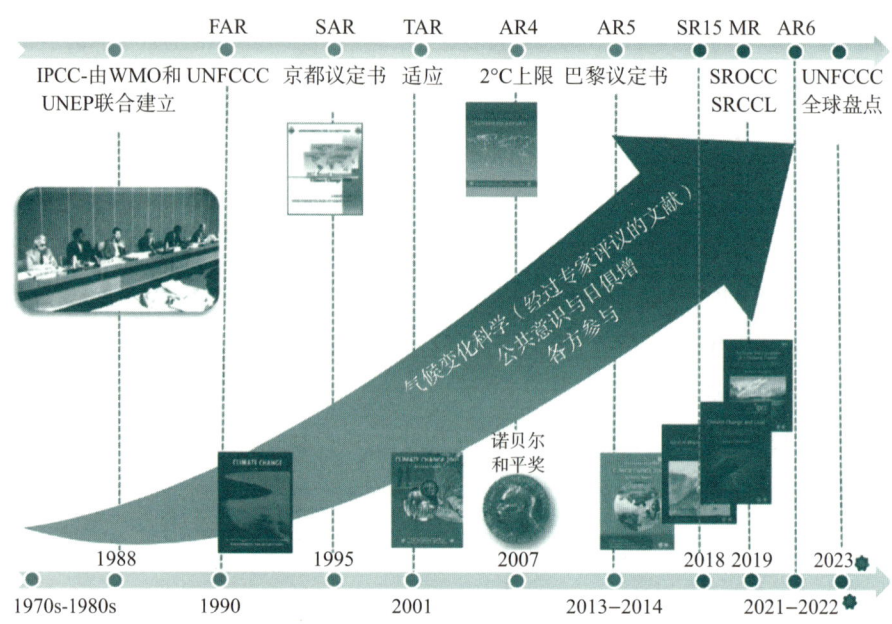

图14-1 国际气候进程中科学与政治互动

1990年IPCC发布《第一次评估报告》（FAR），报告确认了对有关气候变化问题的科学基础，促使联合国大会作出制定联合国气候变化框架公约（UNFCCC）的决定。

1995年IPCC发布《第二次评估报告》（SAR）[1]，报告提出如果全球温度较工业化革命前增加2℃，气候变化产生严重影响的风险将显著增加，明确了实现《公约》最终目标的前进方向，但判定什么构成了"危险的人为干扰气候系统"，及需要采取什么行动阻止类似的干扰还有很大的不确定性。该报告对促成《京都议定书》的达成发挥了积极作用。

2001年IPCC发布第三次评估报告（TAR）[2]，报告指出，自然、技术和

---

[1] IPCC. IPCC第二次评估报告 气候变化1995.

[2] IPCC. Climate change 2001: Synthesis Report. United Kingdom and New York, NY, USA. Cambridge: Cambridge University Press, 2001.

社会科学可以对确定哪些要素构成"气候系统危险的人为干扰"提供所需的信息和证据，但决策是一种价值判断，需要在考虑发展、公平、可持续性以及不确定性和风险等情况下，通过一个社会政治进程来决定。

2007年IPCC发布第四次评估报告（AR4），进一步强调了气候变化对极地和高山群落和生态系统的影响、珊瑚白化事件发生和大范围死亡、极端天气事件及其产生不利影响、格陵兰和南极冰盖融化的风险等，更加强化了气候变化风险评估与价值判断对确立长期目标的重要性，这也推动了政治进程上关于温升目标的讨论。在2009年哥本哈根气候大会上，公约各缔约方首次就"2℃温升目标"展开讨论并纳入《哥本哈根协议》。虽然《哥本哈根协议》因没有得到《公约》缔约方一致认可而不具有法律效力，但在2010年坎昆气候变化大会形成的《坎昆协议》中明确了长期合作行动的共同愿景是"通过减少全球温室气体排放量，使与工业化前水平相比的全球平均气温上升幅度维持在2℃以下……考虑报告以最佳可得科学知识为基础，包括有关全球平均升温1.5℃的知识，强化长期全球目标"，自此，2℃目标成为一个全球性的政治共识，同时也提出了在科学上需考虑"1.5℃温升目标"。

2014年发布的IPCC第五次评估报告（AR5）[1]实际成为以"2℃温升目标"为核心内容的评估报告。报告认为最有可能实现在2100年将全球温升控制在工业革命前2℃以内的情景，需要将温室气体浓度控制在450ppm二氧化碳当量，这要求到2030年全球温室气体排放量要限制在500亿吨二氧化碳当量，即回到2010年排放水平；2050年全球排放量要在2010年基础上减少40%~70%；2100年实现零排放。AR5推动《巴黎协定》达成了控制全球平均气温较工业化前水平升高幅度控制在2℃之内并力争把升温控制在1.5℃之内的新的全球长期减排目标。

---

[1] IPCC. Climate Change 2014: Synthesis Report. United Kingdom and New York, NY, USA. Cambridge: Cambridge University Press, 2014.

受《公约》秘书处的邀请，2018年10月IPCC发布了《全球1.5℃增暖》特别报告[1]。报告指出要将温升控制在1.5℃，全球需到2030年将二氧化碳排放量在2010年基础上减少45%，并在2050年左右达到净零排放；要将温升控制在2℃，全球需要在2030年将二氧化碳排放量在2010年基础上降低20%，并在2075年左右达到净零排放。

2021—2022年IPCC陆续发布了《第六次评估报告》（AR6）[2]，综合报告受疫情影响推迟到2023年4月发布。报告围绕《巴黎协定》的2℃和1.5℃目标，指出要实现全球温升不超过工业化前1.5℃的目标，到2050年全球对煤炭、石油和天然气的使用量需在2019年的基础上分别下降95%、60%和45%；实现全球温升不超过工业化前2℃的目标，到2050年全球对煤炭、石油和天然气的使用量需在2019年基础上分别下降85%、30%和25%。为实现低排放情景（特别是控制1.5℃温升），二氧化碳移除（CDR）就成了重要的减缓手段之一。AR6将为2023年《巴黎协定》的全球盘点提供重要科学信息。

第二节　碳中和目标与全球排放差距

一、各国碳中和目标

2020年以来，根据气候公约秘书处的要求，各国在更新国家自主贡献

---

[1] PCC. Global Warming of 1.5℃. An IPCC Special Report on the impacts of global warming of 1.5℃ above pre-industrial levels and related global greenhouse gas emission pathways, in the context of strengthening the global response to the threat of climate change, sustainable development, and efforts to eradicate poverty Cambridge: United Kingdom and New York, NY, USA. Cambridge University Press, 2019.

[2] IPCC, 2022: Summary for Policymakers. In: Climate Change 2022: Mitigation of Climate Change. Contribution of Working Group III to the Sixth Assessment Report of the Intergovernmental Panel on Climate Change. Cambridge University Press, Cambridge, UK and New York, NY, USA.

(NDC)目标的同时纷纷提出碳中和目标。国内更多使用"碳中和"概念，而国际上更多使用"净零"(net zero)概念。中文语境下的"碳中和"概念，其实已有广义和狭义之分。狭义理解，碳中和仅指二氧化碳中和，广义理解则是二氧化碳中和、温室气体中和、气候中和、净零二氧化碳排放及净零温室气体排放等相关概念的统称。

全球已有130多个国家提出了碳中和目标，利用国际机构zerotracher的数据库详细分析得到，利用Zerotracker的数据库详细分析得到，各国具体提法不尽相同。大约80%的国家使用"净零"，大约10%的国家使用"碳中和"，欧盟和一些国家使用"气候中和"或"温室气体中和"[1]。尚未承诺碳中和目标的国家，也大多提出了绝对减排目标或相对基准线（BAU）的减排目标。

一些国家，如苏里南、不丹，自称已经实现了碳中和。一方面，他们是小国，人口较少，几乎没有什么工业，碳排放自然很少；另一方面，他们森林覆盖率很高，还有丰富的水电资源。苏里南是世界上森林覆盖率最高的国家，约为95%，不丹约为72%，而全球森林覆盖率约为22%。

从各国承诺碳中和的时间看，100多个国家承诺2050年，马尔代夫和巴巴多斯2030年，芬兰2035年，奥地利、冰岛、安提瓜和巴布达2040年，德国、瑞典、葡萄牙2045年，中国、俄罗斯、沙特、巴林、尼日利亚、巴西、乌克兰、斯里兰卡2060年，印度2070年。

从各国承诺的法律效力看，欧盟、德国、瑞典、日本、英国、加拿大等13个国家已完成立法，中国、美国、巴西等30个国家发布了政策文件，南非、澳大利亚、印度等十几个国家作出了声明或承诺，另外还有很多国家仍处于建议或讨论阶段。

---

[1] 仅统计全球前25位的排放大国中的地区和人口超过50万的城市，仅考虑国家层面计算各项占比，详见https://zerotracker.net/

二、全球排放差距

根据UNFCCC官网公布的信息,《巴黎协定》的193个缔约方均提交或更新了国家自主贡献（NDC）目标，各国NDC目标有些是无条件的，有些目标是得到国际资金和技术援助条件下才能实现的。但根据评估，即使各国承诺的NDC目标都能实现，也不能实现《巴黎协定》确立的相比工业革命之前控制全球温升不超过2℃并努力实现1.5℃的目标。2022年10月，联合国环境规划署（UNEP）发布了《2022年排放差距报告》[1]（图14-2，表14-1），如果各国延续当前的政策，2030年全球温室气体排放量大约为580亿吨二氧化碳当量。无条件和有条件的国家自主贡献将在2030年将全球排放量分别减少5%和10%，而这些排放量是基于当前的政策。为了实现采取最低成本将全球变暖控制在1.5℃的目标，到2030年，排放量必须比现行政策下的排放量减少45%。为了实现2℃的目标，则需要削减30%。因此，评估结果表明，2℃目标下，2030年的排放差距在120亿-150亿吨二氧化碳当量，1.5℃目标下，则2030年排放差距在200亿-230亿吨二氧化碳当量。

该称2022年是被浪费的一年，因为自格拉斯哥COP26会议以来的最新承诺使2030年的温室气体排放量减少不到1%。评估结果表明，目前的政策可能会导致本世纪全球升温约2.8℃，考虑无条件的国家自主贡献，有66%的机会将全球升温限制在2.6℃左右。如果有条件的国家自主贡献也能得到实施，这个数字可降低到2.4℃。为了实现《巴黎协定》的目标，全球需要在未来8年内以前所未有的力度减少温室气体。正如该报告封面强调的，应对气候变化的窗口期正在关闭，应对气候危机急需社会快速转型。

---

[1] UNEP：《2022年排放差距报告》，2022年10月，https://www.unep.org/zh-hans/resources/2022nianpaifangchajubaogao。

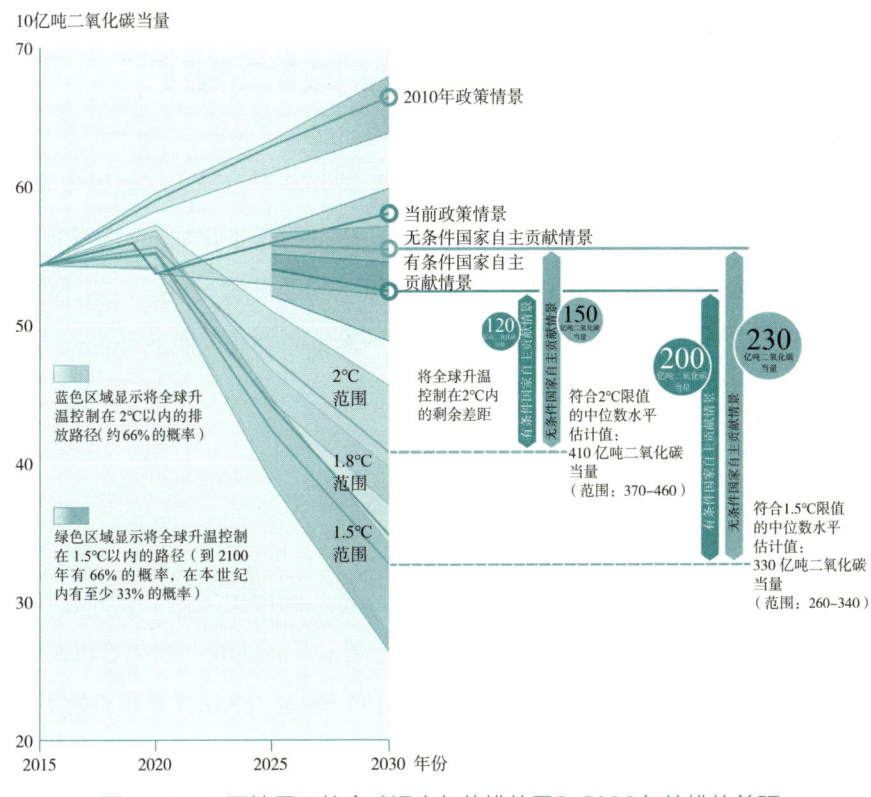

图14-2 不同情景下的全球温室气体排放量和2030年的排放差距

资料来源：联合国环境规划署《2022年排放差距报告》

表14-1 2030年全球温室气体排放总量和不同情景下的估计排放差距

	2030年的温室气体排放量（10亿吨二氧化碳当量中位数和范围）	2030年的排放差距（10亿吨二氧化碳当量）		
		升温2.0℃以内	升温1.8℃以内	升温1.5℃以内
2010年政策	66（64~68）			
当前政策	58（52~60）	17（11~19）	23（17~25）	25（19~27）
无条件的国家自主贡献	55（52~57）	15（12~16）	21（17~22）	23（20~24）
有条件的国家自主贡献	52（49~54）	12（8~14）	18（14~20）	20（16~22）

资料来源：联合国环境规划署《2022年排放差距报告》

第三节　主要发达国家的政策和做法

碳达峰是通向碳中和进程中的重要里程碑，截至目前，多数欧美发达国家已实现碳达峰，主要目标转向碳中和，近期纷纷推出面向碳中和的绿色新政，政策走向日趋明朗。发达国家如何实现经济发展转型，如何推动碳排放与经济增长的脱钩发展，对发展中国家实现绿色、低碳转型发展具有重要借鉴意义。

一、已经实现碳达峰的国家和地区

碳达峰是指一个国家某一年的碳排放总量达到历史最高值，并且在这一最高值出现后，碳排放量呈稳定下降的趋势。是否达峰，当年难以判断，必须事后确认。一般来说，实现碳排放峰值年后至少5年没有出现相比峰值年的增长，才能确认为达峰年。碳达峰的"碳"通常仅指化石燃料燃烧和工业过程排放的二氧化碳，有时也将多种温室气体折算为二氧化碳当量纳入其中，以加强对非二氧化碳温室气体的管控。

研究碳达峰的意义，主要是为了判断一个国家或地区碳排放的趋势，以及探寻经济社会低排放发展的实现路径，特别是那些已经经历经济增长过程并实现较高水平财富积累和社会福利且实现碳达峰的国家。对于低人类发展水平和低收入水平的国家，即使实现碳达峰也意义不大，一来这些国家人均排放量本来就很低，从排放公平的角度看，应该存在增加排放的权益；二来这些国家未来发展具有较大不确定性，目前观察到的峰值，随着经济社会发展很可能只是一个阶段性的峰值。

如表14-2所示，根据1750—2019年全球各国和地区二氧化碳排放数据，对高于世界银行高收入国家标准的国家和地区二氧化碳排放趋势进行分析发现，截至2019年，全球共有46个国家和地区实现碳达峰，主要为发达国家，也有部分发展中国家和地区。

表 14-2　截止到 2019 年底碳达峰国家和地区的达峰时间与峰值

达峰时间	国家	峰值（万吨）	达峰时间	国家	峰值（万吨）
1969	安提瓜和巴布达	126	2003	芬兰	7266
1970	瑞典	9229	2004	塞舌尔	74
1971	英国	66039	2005	西班牙	36949
1973	文莱	997	2005	意大利	50001
1973	瑞士	4620	2005	美国	613055
1974	卢森堡	1443	2005	奥地利	7919
1977	巴哈马	971	2005	爱尔兰	4816
1978	捷克	18749	2007	希腊	11459
1979	比利时	13979	2007	挪威	4623
1979	法国	53028	2007	加拿大	59422
1979	德国	111788	2007	克罗地亚	2484
1979	荷兰	18701	2007	中国台湾	27373
1984	匈牙利	9069	2008	巴巴多斯	161
1987	波兰	46373	2008	塞浦路斯	871
1989	罗马尼亚	21360	2008	新西兰	3759
1989	百慕大三角	78	2008	冰岛	382
1990	爱沙尼亚	3691	2008	斯洛文尼亚	1822
1990	拉脱维亚	1950	2009	新加坡	9010
1990	斯洛伐克	6163	2010	特立尼达和多巴哥	4696
1991	立陶宛	3785	2012	以色列	7478
1996	丹麦	7483	2012	乌拉圭	859
2002	葡萄牙	6956	2013	日本	131507
2003	马耳他	298	2014	中国香港	4549

数据来源：Our World in Data 网站公开统计数据 https://ourworldindata.org/grapher/annual-co2-emissions-per-country?tab=chart；世界银行对高收入国家的最新衡量标准参见 https://datahelpdesk.worldbank.org/knowledgebase/articles/906519-world-bank-country-and-lending-groups.

注：峰值选用达峰当年二氧化碳排放量（不含土地利用变化）。

发达国家碳达峰可分为自然达峰和气候政策驱动达峰两类。由于1990年国际气候谈判拉开帷幕，在此之前达峰的属于自然达峰，如瑞典1970年，英国1971年，瑞士1973年，比利时、法国、德国、荷兰均为1979年。1992年联合国环发大会签署了《联合国气候变化框架公约》，1997年通过的《京都议定书》首次为发达国家规定了定量减排目标，日趋严格的气候政策促进了发达国家碳达峰，如葡萄牙2002年，芬兰2003年，西班牙、意大利、奥地利、爱尔兰、美国2005年，希腊、挪威、克罗地亚、加拿大2007年，新西兰、冰岛、斯洛文尼亚2008年，日本2013年等。

发达国家碳达峰与工业化、城镇化进程密切相关。发达国家基本遵循了碳强度率率先达峰，而后碳排放总量、人均碳排放几乎同时达峰的阶段轨迹。不同国家达峰时的人均GDP呈现较大的差异，但城镇化率均达到70%以上。工业化和城镇基础设施建设基本完成，人口集聚促进了第三产业的蓬勃发展，产业结构逐渐转向技术密集为主导，为实现碳达峰创造了基本条件。

发达国家碳达峰的主要措施是产业结构升级、低碳燃料替代、能效技术进步、碳密集制造业转移等。例如，英国是第一个使用煤炭发电的国家，其煤炭消费在1956年达峰（2.44亿吨），此后英国积极以石油、天然气、核电等替代煤炭，煤炭消费量逐年下降，但用于发电的煤炭量仍在上升，直到1980年达峰。当时英国发电总量中煤电占比高达75%，2012年仍占42%。随着天然气发电和可再生能源的发展，到2017年降至7%，基本淘汰了煤电。

二、主要发达国家碳中和目标和实现路径

2019年12月，欧盟推出绿色新政，提出了欧盟2050年实现碳中和的目标和行动路线图。2021年2月，美国拜登政府上台，重回《巴黎协定》，提出了2050年净零温室气体排放目标，推出了一系列促进绿色低碳发展的

主张，积极拨乱反正，消除特朗普政府的不利影响。发达国家碳中和行动方案有一些共性，可以为发展中国家绿色低碳发展提供经验借鉴。

首先，碳中和的关键是能源转型，重点是大力发展可再生能源，积极控制和减少煤炭使用。全球能源消费中煤炭占比大约为27%。煤炭相比石油天然气是高碳的化石能源，减少煤炭使用，逐步"弃煤"是很多国家碳中和政策的重点。2017年，由英国、加拿大等国共同发起成立的"助力弃用煤炭联盟"（PPCA），目前有超过80个国家、地方政府和企业加入，并提出弃煤时间表，其全球影响力不可小觑。如美国拜登政府积极部署2035年前电力部门实现零碳排放、增加可再生能源产量、优先考虑清洁能源投资等行动，并撤销价值90亿美元的基斯顿输油管道发展计划。2022年8月通过《通胀削减法案2022》（IRA）计划融资3690亿美元用于能源和气候变化领域，其中受益最大的是清洁能源制造业，包括太阳能电池板、风力涡轮机、电池、电动汽车以及关键矿物等项目超过600亿美元，清洁电力和储能的项目300亿美元，清洁技术研发270亿美元等。

欧盟煤炭大国德国弃煤进程一波三折。2019年1月，时任德国总理默克尔在达沃斯世界经济论坛年会上承诺，德国将逐渐停止以煤炭作为电力来源，并将可再生能源的发电比重从现在的38%提升至2030年的65%。随后，德国煤炭退出委员会宣布将在2038年前关闭所有煤炭火力发电厂，但这一计划遭到一些环保组织的批评，认为太晚了。2020年随着欧盟提出碳中和目标并提高2030年减排目标，德国加速弃煤进程，大幅度减少煤炭进口。2022年俄乌冲突后，欧洲终止从俄罗斯进口天然气，对国际能源市场造成巨大冲击，欧洲陷入能源危机。德国原本计划在2035年前实现100%可再生能源发电，德国2022年7月8日的立法投票中决定推迟这一目标，并重启煤电，度过短期能源危机的难关。但是，德国并未放弃2045年的碳中和计划，而是以更大力度支持清洁能源的发展。例如，它确保了德国现在有2%的国土面积被用于风能，并加快了规划和审批程序。

其次，大力推进交通、建筑部门的清洁化、电气化、智能化。发达国家基本完成工业化进程，交通和建筑部门大约各占总排放的1/3，成为重要的排放源。欧洲早在2018年就提出了气候中和目标下的经济长期战略愿景，提倡清洁互联的交通、智能网络基础设施、零排放建筑以及完全脱碳的能源供应，而后又在2019年《欧洲绿色协议》里再次强调清洁可负担和安全的能源、可持续与智能交通、高能效翻新建筑。英国政府出台了能源白皮书，除促进电力系统迈向零碳目标之外，非常强调实现居民生活供暖的低碳替代技术方案，建立低碳产业集群，停售汽油和柴油汽车。美国《通胀削减法案2022》也将电动汽车作为交通部门转型的关键技术，计划为购买新的和二手电动汽车的个人分别提供高达7500和4000美元的税收减免。为了支持美国本土和自由贸易伙伴的企业，法案还规定2024年前获得补贴的前提条件是至少一半电池组件来自美国或自由贸易伙伴，2028年该比例将提高到100%。2023年起，电动汽车电池所含金属的40%应在美国或自由贸易伙伴境内开采、加工或循环，到2026年该比例将提高到80%[1]。

第三，积极研发、示范和部署面向碳中和的关键技术。碳中和必须依靠技术创新，也将带来新一轮技术革命。欧美非常重视引导公共和私营部门加大对碳中和相关关键技术的研发力度。2022年8月，美国能源部（DOE）宣布为54所大学和11个国家实验室投入超过5.4亿美元，支持清洁能源技术和低碳制造研究[2]，其中投入超过4亿美元用于新建和延续43个能源前沿研究中心，研究涵盖清洁能源科学、先进制造、量子科学等，以应对阻碍能源技术进步的科学挑战。1.4亿美元支持化学和材料科学基础研究项目，涉及储能技术、氢能技术、能源材料、太阳能技术、CCUS技术、碳转化技术、核能技术和先进制造技术等。欧盟、日本提出部署氢能技术在能源供

---

[1] BCG：US Inflation Reduction Act：Climate & Energy Features and Protentional Implication, August，2022.

[2] DOE：DOE Announces $540 Million for Technologies to Transform Energy Production and Cut Emissions, Aug. 25，2022, https://www.energy.gov/articles/doe-announces-540-million-technologies-transform-energy-production-and-cut-emissions.

应、工业生产、交通等多个领域的系统深度应用。多国启动生物能源耦合CCS（BECCS）、直接碳捕获（DAC）等负排放技术的研究，日本有意在2023年开始进行负排放技术的商业化探索。

第四，加强碳中和相关立法，不断完善气候政策体系。例如，英国于2019年6月通过《气候变化法案》修订案，成为全球首个以国内立法形式确立碳中和目标的国家。2021年6月28日，欧洲理事会发表公报称欧盟国家最终通过了《欧洲气候法案》，为欧盟各国在2050年实现碳中和的目标铺平了道路。欧盟试图更新碳交易市场（EU ETS），将建筑、海运纳入行业覆盖范围，并考虑取消化石能源补贴，对选定行业设定碳边境调节机制。英国脱欧后从2021年1月1日起启动本国排放交易体系（UK ETS），排放上限将比欧盟体系降低5%。2021年5月，日本国会参议院正式通过修订后的《全球变暖对策推进法》，以立法的形式明确了日本政府提出的到2050年实现碳中和的目标。

值得注意的是，发达国家在能源转型中也遇到能源安全、能源价格上涨等风险和困难，处理不好就会引发社会矛盾甚至政治动荡。例如，2021年2月美国能源转型方面表现突出的得州突遭遇极寒天气，造成大规模停电，超过400万人受灾，加剧社会撕裂。积极减排的加州，汽油价格为每加仑3.438美元，大大高于全美平均价格，电价比全美平均电价高出47%，引发了很多抗议活动和法律诉讼。德国为了鼓励可再生能源发展，2000年以来的税收减免和可再生能源补贴总支出超过2430亿欧元，引起国内组织的不满。2018年11月，法国发生席卷全国的黄衫军运动，起因就是因为车用燃料和电费上涨。

第四节　全球碳中和目标下国际合作的前景展望

实现碳中和目标不仅是对一个国家的挑战，是对国际社会集体努力的挑战。它要求加强全球气候治理，国际社会共同开展行动，分享先进技术和经验,并通过国际合作降低国际社会减排成本,共同找寻经济可行的碳中和发展路径。

一、中国积极参与全球气候治理和国际合作的贡献

1992年各国在巴西里约热内卢达成《联合国气候变化框架公约》以来,国际社会围绕细化和执行《公约》开展了持续谈判,达成了《京都议定书》《坎昆协议》《巴黎协定》等标志性成果。2022年是《公约》达成30周年,回顾历史,我国一直积极参与全球气候治理进程,在各阶段都为推动全球应对气候变化作出了重要贡献。

20世纪90年代,在《公约》谈判过程中,南北对峙,发达国家和发展中国家两大阵营泾渭分明。发达国家以美国和欧盟为代表,承担减排责任,发展中国家承担自愿减排责任。中国坚定与发展中国家站在一起,形成了"77+中国"的谈判模式,经过艰苦努力确立了《公约》"共同但有区别的责任"的原则,为全球应对气候变化奠定了重要基础,也为发展中国家的可持续发展赢得了发展空间。

1997年,《京都议定书》引入基于市场的三个灵活机制,即国际排放贸易机制(ET)、联合履约机制(JI)和清洁发展机制(CDM)。其中,CDM就是在中国努力推动下形成的发达国家和发展中国家之间基于项目合作减排机制。此后,中国企业积极参与CDM,一方面帮助发达国家减排温室气体超过一亿吨,另一方面也为中国的低碳发展积累了资金,为推动中国企业减排积累了经验。

2001年美国拒绝签署《京都议定书》,全球气候治理遭遇低谷,中国不仅率先签署《京都议定书》,还团结大多数国家,为促成《京都议定书》最终生效作出贡献。

2007年前后,我国成为全球第一大排放国后,我国的减排努力和行动受到国际社会高度关注。我国参与国际气候治理的立场随着我国经济社会

发展水平的提升、减排责任和义务的加重产生了比较明显的变化，提出并且不断提升了减排目标和国内行动部署，建立了南南应对气候变化合作基金，尽最大努力帮助发展中国家开展减排行动。

2013—2015年，习近平主席与时任美国总统奥巴马进行了三次历史性的会晤，两次发布国家元首联合声明。2014年，发布了《中美气候变化联合声明》，最大的发展中国家和最大的发达国家，也是两个最大的温室气体排放国，公布了各自自主贡献的目标。给全球带了一个好头，自然形成了一个自下而上、自主决定各国应对气候变化目标的模式。2016年的G20会议上，中美两国元首向时任联合国秘书长潘基文递交了两国批准和加入《巴黎协定》的法律文书，又为全球带了好头。中国政府在《巴黎协定》的达成、签署、批准、生效的整个过程中作出了关键性的重要贡献。

2017年6月1日，美国宣布退出《巴黎协定》，很多国家对《巴黎协定》的前景忧心忡忡，全球气候治理再次遭遇严峻挑战。而中国坚定立场，向全世界承诺将不折不扣履行《巴黎协定》，百分之百兑现自主贡献的承诺，在全球气候治理中发挥了引领作用，将《巴黎协定》推向新阶段。

2020年9月22日，习近平主席在第七十五届联合国大会一般性辩论上向国际社会郑重宣布，"中国将提高国家自主贡献力度，二氧化碳排放力争于2030年前达到峰值，努力争取2060年前实现碳中和"[1]，为推动全球碳中和进程注入了强大动力，展现了中国作为负责任大国的担当。中国在全球气候治理中的引领作用日益凸显。2021年底，在格拉斯哥气候谈判的关键时刻，中美联合发布《中美关于在21世纪20年代强化气候行动的格拉斯哥联合宣言》，给世界一个"惊喜"，为整个大会的成功奠定了重要的基础。2022年8月，由于美国众议长佩洛西窜访中国台湾地区，中美一度暂停气候变化磋商。11月印尼G20峰会上，中美两国元首达成了政治共识，

---

[1] 习近平在第七十五届联合国大会一般性辩论上的讲话，新华网，2020年9月22日，http://www.qstheory.cn/yaowen/2020-09/22/c_1126527766.htm。

恢复两国在气候变化领域的对话，为在埃及举行的沙姆沙伊赫气候谈判（COP27）的最后阶段发挥了重要的作用。

二、国际碳中和竞争与合作的新形势

当今世界正处于"百年未有之大变局"。2020年7月，中共中央政治局会议指出，"当前经济形势仍然复杂严峻，不稳定性不确定性较大，我们遇到的很多问题是中长期的，必须从持久战的角度加以认识"。但无论如何，全球绿色低碳发展的趋势不可逆转。碳中和目标提供了一个很好的竞技场，各国在碳中和目标下的技术经济竞争和博弈，必将整合各种力量，重塑国际政治经济格局。

1996年，美国学者内勒巴夫和英国学者市兰登勃格提出了竞争性合作的概念，简称"竞合"，其含义是竞争企业在同一市场竞争利润或市场份额，一方面竞争企业的利益相冲突，但另一方面，竞争企业在某些领域(如科研、开拓新市场、物流等）也存在共同利益，合作可以创造更大的价值。在全球碳中和目标下，各国之间的竞争性合成特征日益凸显，呈现出不同层次的分化。

首先是碳中和带来国家分化。全球达成碳中和共识，意味着已经开启了一个面向碳中和目标的新的竞技场，各国如同站在不同赛道上的选手，即将展开激烈的竞赛，其中中美欧是这一进程的决定性力量。那些跑得更快、以更低成本做得更好的国家将在未来的世界经济政治格局中取得更多话语权，而那些继续依赖化石能源，转型不坚定甚至后知后觉的国家就会失去宝贵的发展机遇，国家相对实力的变化势必带来国际政治经济格局的深刻变革。

其次，碳中和还带来地区分化。如一些经济发展水平相对落后的地区，由于风光水等可再生能源资源丰富，生态环境优越，绿色发展政策先行先试，反而可以率先碳达峰，取得绿色发展优势。而一些经济发展水平较高但高度依赖化石能源的地区，落实"双碳"目标面临更大的挑战。

最后，碳中和带来产业分化。能源密集型高排放产业虽然不会很快消亡，但转型面临更多困难，可能逐步失去传统支柱地位。而碳中和催生的新兴绿色产业，由于社会需求旺盛，发展前景更加广阔。就业也会从高耗能、高排放行业转向更加绿色低碳的新兴产业。一些科技企业本身排放量不大，但通过其产品或服务可以对全社会减排作出重要贡献。根据全球移动通信系统协会统计，全球信息与通讯类企业年总排放量约2.2亿吨二氧化碳当量，仅占全球排放总量的0.4%，但其为社会避免碳排放量达20多亿吨二氧化碳当量。2030年，信息技术可将全球GHG排放量减少约20%，数字化赋能社会碳减排量121亿吨二氧化碳当量。

在全球碳中和目标和新形势下，无论国际形势如何风云变幻，人类社会的可持续发展是永恒的主题。国际社会需要加强合作，构建更加公平和有效的全球气候治理体系。

三、积极推进全球气候治理，构建人类命运共同体

中国共产党第十九次全国代表大会报告首次把引领气候治理和全球生态文明建设写进党的报告，指出中国要"引导应对气候变化国际合作，成为全球生态文明建设的重要参与者、贡献者、引领者"。党的二十大报告进一步强调，"积极参与应对气候变化全球治理""坚持绿色低碳，推动建设一个清洁美丽的世界"。全球气候治理是全球生态文明建设的重要内容，也是构建人类命运共同体的重要领域。

全球气候治理具有长期性、综合性、复杂性等特点，推动生态文明建设，引领全球气候治理，是中国新形势下参与全球气候治理的重大课题，对全球气候治理范式转变具有重大意义。中国应立足国情，主动探索，积极创新，引领引导有机结合，积极推动全球气候治理有序开展，取得实效。

第一，做全球气候治理正义的维护者。气候变化是人类共同面临的最严峻挑战之一，引发许多领域非传统安全威胁持续蔓延，加强全球气候治理成为国际社会面临的共同任务。但在传统全球治理体系中，西方发达国家及其集团一直占主导地位，包括当今在气候治理领域也在争取主导话语权。中国作为全球第二大经济体，也是最大的发展中国家，完全应当与新兴国家站在一起积极参与全球治理，秉持全球气候治理正义，扩大发展中国家的话语权，在全球气候治理领域应主动发出声音，提出既符合应对气候变化历史逻辑，又符合各国发展水平，更符合发展中国家利益的气候治理主张，在国际气候治理规则中应更多地反映发展中国家的利益与诉求，彰显和维护全球气候治理正义。

第二，做全球气候治理机制的促进者。中国为推动《巴黎协定》通过所采取的积极努力赢得了国际社会的高度评价。《巴黎协定》已完成实施细则谈判进入全面实施的新阶段。各方围绕全球盘点、全球适应目标、损失和损害基金等新议题的谈判前景尚不明朗，在碳中和目标下制定更具体、更细化的全球气候治理规则仍是摆在各缔约方面前的严峻挑战。中国应继续坚持"共同但有区别的责任""各自能力"原则，从构建人类命运共同体和维护人类共同利益出发，积极促进国际社会平等协商，倡导和推动制定全球气候治理新规则，有效促进各国尤其是发达国家依约履行气候治理责任，推进相应措施有效落实，以实现全球气候治理目标，共同保护好人类赖以生存的地球家园。

第三，做全球气候治理的积极贡献者。2021年，中国更新了2030年国家自主贡献，承诺到2030年，中国单位国内生产总值二氧化碳排放将比2005年下降65%以上，非化石能源占一次能源消费比重将达到25%左右，森林蓄积量将比2005年增加60亿立方米，风电、太阳能发电总装机容量将达到12亿千瓦以上。党的二十大报告站在人与自然和谐共生的高度谋发展，强调协同推进降碳、减污、扩绿、增长，对积极稳妥推进"双碳"工作作出新部署。中国一贯"言必信，行必果"，中国在全球气候治理领域的积极贡献，将给国际社会作出有力示范，也会增加国际社会对中国引领全球气候治理的认同。

第四，做全球气候治理的广泛合作者。全球气候治理是国际社会的共同任务，实现全球气候治理目标，需要国际社会广泛而持续的合作。近年来，中国在气候变化的国际舞台上，通过G20、金砖国家、亚太经合组织（APEC）、上海合作组织、中美、中欧、中法对话等平台，以更加积极开放的姿态与其他发达国家合作，先后形成《中欧气候变化联合声明》[1]《中法元首气候变化联合声明》[2]《中美应对气候危机联合声明》[3]《上海合作组织成员国元首理事会关于应对气候变化的声明》[4]等成果文件，彰显了中国在气候外交上更加灵活务实的姿态，为应对气候变化领域的全球合作注入新动力。《巴黎协定》进入全面实施新阶段后，广大发展中国家在减缓与适应气候变化方面将会面临更多挑战。中国不仅需要主动承担与我国国情、发展阶段和实际能力相符的国际义务，而且需要大力倡导国际社会合作应对气候变化，进一步加大气候变化南北合作，利用好中国气候变化南南合作基金项目，帮助其他发展中国家提高应对气候变化能力，促进更多发达国家向发展中国家提供更多支持，并促进国际社会向发展中国家转让气候治理技术，为发展中国家技术研发应用提供支持，促进绿色经济发展。

第五，做全球气候治理的科技创新者。实现全球碳中和目标，破解气候变化问题的关键还是要依靠科技进步。《巴黎协定》实施中，发展中国

---

[1] 《中欧气候变化联合声明》，2015年6月30日，中国政府网，http://www.gov.cn/xinwen/2015-06/30/content_2886776.htm。

[2] 《中法元首气候变化联合声明》，2015年11月3日，中国政府网，http://www.gov.cn/xinwen/2015-11/03/content_2959078.htm。

[3] 《中美应对气候危机联合声明》，2021年4月18日，中国政府网，http://www.gov.cn/xinwen/2021-04/18/content_5600381.htm。

[4] 《上海合作组织成员国元首理事会关于应对气候变化的声明》，2022年9月17日，中国政府网http://www.gov.cn/xinwen/2022-09/17/content_5710373.htm。

家在全球碳减排中扮演着十分重要的角色，但却缺乏先进的技术来实现减排目标，而发达国家拥有较多先进技术但推广应用有限。中国一方面应加强应对气候变化科技创新，大力加强节能降耗、可再生能源等低碳技术的推广应用，以及储能、氢能、先进核能、碳捕集利用和封存等碳中和关键技术的研发和示范；另一方面，还应充分利用先进的科学技术深化国际合作，积极推进南北对话、沟通与协调，推动国际社会形成更加符合维护全球气候安全需要的技术合作机制，促进全球气候治理技术的深入研究和深度推广运用。

第六，做全球气候治理的理性担当者。尽管自哥本哈根气候大会以来，中国在气候治理领域的声音愈来愈强，在塑造全球气候治理新机制上日益发挥着举足轻重的作用。然而，近年来，一些发达国家尚未完成自身减排目标却不断搞"小圈子"，向中国施压，一些发展中国家对中国出资也有很多不切实际的期待。我们也必须清醒认识到，中国仍然是一个发展中国家，还有许多自身的问题需要解决。在参与全球气候治理中，应保持战略定力，既发挥引领作用，又量力而行，不做力所不能及的承诺，也敢于与各种强加的不合理压力做斗争。中国应继续秉持"共同但有区别的责任"基本原则，坚持全球气候治理行动关于照顾各国国情和发展阶段的理念，推动全球气候治理更加包容、务实和富有建设性。

无论如何，中国只有做好自己的事才能够引领全球面向碳中和的气候治理进程。2020年，中国刚刚提出碳中和目标时就有一些国外媒体提出质疑：中国的具体减排路径和措施是什么，中国会不会通过"一带一路"向其他国家转移污染和排放，中国政府决策能否获得普通老百姓的支持等。"十四五"时期是绿色低碳转型的重要窗口期，也是一块"试金石"。两年多来，中国已基本建成碳达峰碳中和的"1+N"政策体系。根据中国向《公约》秘书处提交的《中国落实国家自主贡献目标进展报告2022》，2021年我国单位GDP二氧化碳排放比2020年降低3.8%，比2005年累计下降50.8%，非化石能源占一次能源消费比重达到16.6%，风电、太阳能发电总装机容量达到6.35亿千瓦[1]。不仅如此，我国光伏产业已在全球光伏产业链中占据主导地位，多晶硅、硅片、电池片、组件占全球的产量都达到80%左右。中国落实"双碳"目标的具体政策行动和靓丽成绩单向世界证明了中国走绿色低碳发展道路的决心和信心。

总之，碳中和是一场广泛而深刻的经济社会系统性变革，要碳达峰碳中和纳入生态文明建设总体布局，是党中央经过深思熟虑作出的重大战略决策，事关中华民族永续发展和构建人类命运共同体。中国落实"双碳"目标已成为实现人与自然和谐共生、探索人类文明新形态的重要内容。中国积极参与和推进碳中和目标下全球气候治理，硬实力和软实力不断增强，成为维护发展中国家利益的主导力量，有力地推动了全球气候治理朝着更加公正、合理和有序的方向发展。未来，全球气候治理还将不断涌现新议题，非国家主体参与度不断增强，治理方式及结构上也可能发生变化。中国迫切需要不断根据国际新形势塑造自身治理能力，提升治理水平，携手国际社会，为构建人类命运共同体贡献中国智慧和中国力量。

思考题

1. 中国在全球气候治理进程中做出了哪些重要贡献？
2. 全球碳中和目标对世界经济和国际政治格局可能带来哪些影响？
3. 在全球碳中和目标下，如何加强和推动国际绿色低碳合作？

---

[1] 中方提交《中国落实国家自主贡献目标进展报告（2022）》，2022年11月12日，中国政府网，http://www.gov.cn/xinwen/2022-11/12/content_5726372.htm。